最新整理珍藏版 本书编委会主编

【学术顾问】汤一介 文怀沙

中国书店

大清十二帝

五

清宫密档全揭秘 大清皇帝全纪实

皇帝是封建王朝政权和神权的象征，有着至高无上的权力。清朝作为专制主义中央集权发展的顶峰时期，其在位的十二位帝王上演了中国封建社会最后一幕历史大剧。

第五章　天国不太平

一

1856 年 9 月，北王韦昌辉起兵杀死东王杨秀清，这代表着太平天国史上有划时代影响的天京内讧开始了，从此太平天国的统治开始走向了下坡路。

天京内讧，也有称"杨韦内讧"、"洪杨内讧"，其实都不甚确切，因为这场内讧波及到太平天国领导集团和高层次的所有人物。共患难易，同富贵难。它也是小农固有的本性的必然走向和终结。

东王被杀的消息传来，全城军民有欢庆的，有难以理解的，当然也有黯然的，那就是东王的部属。

天王也曾降诏，说杨秀清逆谋是上天泄露的，余党一概赦宥不问。

可是，当年在杨秀清专政时，东王部属多有仰仗杨的权威，欺凌他人的，现在靠山倒了，报复性的杀戮是难以控制的。

洪秀全、韦昌辉等也不放心杨的部属。由韦昌辉出面主持肃清所谓"余孽"事。当时，杨秀清在天京的部属为了图生存，由东殿礼部一尚书傅学贤率领，自峨眉岭扎营至虎贲仓，韦昌辉即率党羽扎营于小仓至大行宫，两军对垒，巷战三天，不分胜负。

这也使洪秀全不寒而栗。洪、韦大概此时又作密谋，仍由韦昌辉出面应付。

9月4日，即杀杨后的第三天，天王府女宣诏在天王宫殿前栏杆里宣布天王诏旨，因为韦昌辉、秦日纲血洗东王府，杀戮无辜，特惩罚其罪，令受鞭刑四百，由是东王部属都允诺前往观看韦、秦受罪行刑；在行刑时，行刑者故意尽力打击，响声可闻四方，木棍当场打断；东王部属五千人不知是假，全都徒手前来观看。接着他们都被关进两间大屋，遭遇了惨无人道的大屠杀，而且还涉及他们的家属，连婴儿都没有逃过。尸体随即抛进江中，其中很多是穿黄袍和红袍的中高级将领。

如此草菅人命，其规模之大，用心之恶，在太平天国史上是没有的。韦昌辉深知动用本部将士行刑，毕竟出于同根生，不甚利落。他就全都换了童子兵充作行刑队，"行刑者辄为小童，以杀人为嬉戏乐事"（《裨治文通讯》）。韦昌辉等就是利用头脑简单、天真无邪的童子兵张大他的屠杀力度的。

壮丽的东王府也在洗劫一空后，化为瓦砾场。

天京事态仍在继续，每天仍有人被指责为东王的余孽而处死。

9月中旬，督师湖北的石达开听说天京发生了内乱，赶回天京。石达开也曾与韦昌辉商量杀杨和他的三个兄弟。石达开回京后，即对韦昌辉规劝，要他停止暴行；韦昌辉不听，反而对石产生怀疑，有杀戮之心。石达开风闻有杀身之祸，急忙和随员曾锦谦、张遂谋连夜缒绳吊城而出，回到安庆去了。杀红了眼睛的韦昌辉，就将翼王府亲属满门抄斩，无一幸免。

半月后，韦昌辉又命秦日纲率一万五千人乘船溯江西上，讨伐石达开。他在西梁山还歼灭了忠于石达开的一支小部队，但当得悉天京之外的太平军将士都对石达开持同情、支持态度时，才掉转枪口对清军作战。

石达开在安庆，从武昌洪山前线抽调四万将士，连同安徽驻军，东进至安徽宁国，上奏天王要求处死韦昌辉、秦日纲等。否则他将清君侧，班师回朝平息内乱。韦昌辉负隅抵抗。他怕石达开军凭借聚宝门外的报恩寺塔作攻城的炮垒，竟然下令把这座建于明初，规模宏大向来有天下第一塔之称，并被欧美人誉为世界七大奇迹之一的建筑彻底毁灭。他真是已到了自作孽不可活的地步。

韦昌辉血腥屠杀，且殃及满朝非杨系文武，这让洪秀全感到了不安，石达开讨韦上表，他没有驳斥，而对韦讨伐石持暧昧态度，不作赞同和支持，于是引起了韦昌辉的不满。他竟然怀疑洪石联盟。最后终于萌生了要杀洪秀全的想法。

11月中旬，韦昌辉利令智昏带领本部军队进攻天王府，天王府围墙高大，没有能攻下，他扬言要火攻。不料，天王府里随着一阵阵冲锋号声，墙头上突然升起翼王的红字蓝边四方军旗，旗帜飘扬下一群群雄起赳赳气昂昂的将士荷刀持枪，装出一副准备出击的姿态，韦昌辉不禁胆战心惊，他的将士不明虚实，以为是石达开军队已经进入天王府守卫，一哄而散。其实这些将士都是天王府里服役的广西客家妇女所扮装的。韦昌辉孑然一身，东躲西藏。洪秀全趁机发动合朝文武处理韦的罪行，传令北王部属一律不问罪，但在搜查北王府时，却把玠也杀死了；并严加把守各城门，张贴捉拿韦昌辉的布告。每日搜查各馆衙，各街巷口设木栅栏，至黄昏后派人看守，往来者必须掌灯点烛，经口号属实方准通行。三日后，桥栅口有人偷偷在张望，引起了守栅人警觉，就问道是谁，要上哪里去？回答说："往铅码街。""为什么没有掌灯？"回答说："出来时候天色还早哩！""今日口号是什么？"回答说："没有人告诉我。"守栅人感到奇怪，用灯火照亮，发觉来人有些像韦昌辉，大声呼唤多人前来捉拿，来人急忙腾身跳上屋脊，四街守栅人都赶来了，经多人团团围住，终于把他捉住，果然是韦昌辉。

洪秀全得悉韦昌辉被捉获，不作任何审讯，就下令将他五马分尸，他的党羽前后有两百人被杀。韦昌辉在死前，曾愤懑地说："我为渠（洪秀全）除大害，今反责我而欲沽名耶！"（《金陵省难纪略》）他被贬为"北孽"，尸体被分割为方二寸许的一块块，悬挂城中各栅上，告示说："北奸肉，只准看，不准取。"

秦日纲也被天王召回天京和同谋的陈承瑢一起处斩。

韦昌辉的首级被贮放在盐箱里，飞马快递到芜湖附近某村的翼王驻地，石达开亲视果然是真的。他便于11月底回到天京。

历时两个月的天京内讧暂告一段落。洪秀全及其家族是天京内讧最大受益者，他们成为太平天国最高的军国统治者，宗教的绝对权威，皇上帝唯一的代言人和化身。但是，自此之后，"人心改变，政事不一，各有一心"（《李秀成供词》），致使它所肇成的信仰危机，必然引起政治、军事危机的连锁反应。

二

石达开出走是天京内讧后期的一件大事，也可以说是内讧的延续。

石达开是太平天国出类拔萃、才华出众的农民军事家、政治家。后来陈玉成在囚中，当问及太平天国人物时，他说："皆非将才，唯冯云山、石达开差可耳。"李秀成被俘时也曾表示太平天国军政首领多属"中中，而独服翼王，言其谋略甚深。"因此敌对阵营诸帅，如曾国藩说

"逆首石达开狡悍为诸贼之冠",左宗棠说"石逆狡悍著闻,素得群贼之心,其才智出诸贼之上"。

1856 年 11 下旬,天京内乱平息,石达开由安徽宁国回到天京。他以天国安危、大局为重,没有诛杀任何一个有悖于他的异己分子。

当石达开风尘仆仆来到天王府议事大厅时,在那儿聚集的朝臣把他环绕起来,大家寄以很大的希望,尊称他为"义王"。中华几千年的儒家文化和伦理道德,使太平天国当家的农民群体很注视和讲究若干包含美好意思的文字,其中一个就是"义",它是维系农耕社会人际第一道德要素。因而尊称石达开为"义王",也是对他的行为的崇高评估。

太平天国全朝同举石达开提理政务,辅佐洪秀全,主持朝政,总理军国大事。

石达开在群众中有这么高的威望,这是他始料不及的,也是使他不高兴的。囿于群臣推举,才同意改封他为"义王"的。在这年编印的太平天国戊午八年天历,石达开所系爵号即是义王;后来太平天国创设六爵最高级时,始也定名为"天翼";"天翼"还没有公布几个月,因石达开坚持不接受"义王",仍称翼王,于是改"天翼"为"天义"。

天京内讧后,金田时期所封的四位军师中仅存的两位军师(杨秀清、韦昌辉)都死了。洪秀全再也不肯把大权外放了,乃自兼军师,所谓"主是朕做,军师也是朕做"。集决策和行政大权于一身。他封石达开为通军主将,通军,全军也。由左军主将到全军主将,都是位列天王之下,万人之上的。他仍是原地踏步。

但石达开在天京半年,以自己的行为,安定人心,团结臣民,逐渐淡化和消除天京内讧带来的负面因素。太平天国的是马上争天下的,在无日不战的大江南北几个战场，石达开又以高明的以守为攻的战略方针，重振军威，粉碎了湘军主力对九江等重镇的围攻，强化了拱卫天京的句容、溧水和镇江等卫星城镇的防御，特别是积极支持陈玉成、李秀成在两淮团结、联络十万捻军主力部队，使他们接受太平天国领导和封爵，联合作战。这年夏天，陈玉成还与张洛行、龚得树的捻军部队合军深入鄂东腹地，在薪州大败清军，为保卫天京上游的重镇安庆作出贡献。

太平天国逐步恢复了内讧之前的元气。

共患难易，同富贵难。洪秀全的家天下思维和设计是不愿意不允许石达开和他并肩而坐的。

洪秀全以他从古史中所学到的帝王学权术，对石达开下手了。主要采取了以下的措施。

一是改革官制。在天国中枢的天王府，增设了掌率（总司令官），并取消了六官二十四个正副丞相，改为天王府主持吏户礼兵刑工等六部的六个侯爵级丞相，他把亲信尽量超擢，放在这些重要位置上，如正掌率是弄臣蒙得恩，副掌率是姐夫钟芳礼。钟芳礼原是织匠，管理天京织造和杂匠行。他们名义上在石达开之下，但有实权在握，不像石达开位高望重却无名义，名不正则言不顺，难在天京发号施令。

二是封两兄为王。他封长兄洪仁发为安王，次兄洪仁达为福王，让他们参政议军，和石达开并起并坐。这是为洪氏亲族当家的起步，也是打破唯所谓天父诸子婿封王的尝试，洪氏兄弟是朝野以至敌国皆知的庸才。

洪仁发、洪仁达没有才情，他们只是天王的影子，抑制石达开，常与他抬杠、推横车。但他们也实在是贪劣、恣横和无能兼而有之，受到了人民群众的鄙视。每当见兄弟俩在会上阔谈政务国事，无人要听；而当石达开每论时务时，人们全神贯注，环绕面听。于是两人更为嫉恨，以至发展到排挤、打击，有阴图谋害之意。

这也是洪秀全玩弄权术的终结。

石达开过着艰难的日子。

当时石达开部属张遂谋建议他闹一次宫廷政变，他不同意：同室操戈，不能重蹈旧路；石达开是深知天王老兄的心理的，他也难以委曲求全；至于所谓解甲归林，那更是幻想，石达开确有些黄老思想，可在四郊多垒、烽火遍野的太平天国，是难以找到一块能安谧的干净地的。

狡兔死，走狗烹，是马上皇帝夺得天下后的一大措施。洪秀全似乎低能得多，他只占有南京和若干沿江城镇，却已容纳不了与他并肩打天下的石达开。

洪秀全的最终目的，是要建立一个以洪氏家族为核心圈的理想国。

合则留，不合则去。石达开的最佳选择，就只能是离开天京。在他看来，这是避免、淡化内祸的唯一可行的途径。

1857年5月下旬，石达开决定离京出走。

6月2日，石达开借口赴南门外雨花台太平军驻地"讲道理"，就与曾锦谦、张遂谋等人离开了天京，经铜井镇渡江，取道无为州往安庆，沿途遍贴告示：

> 为沥剖血陈，谆谕众军民。
> 自愧无才智，天恩愧荷深。
> 惟矢忠真志，区区一片心，
> 上可对皇天，下可质世人。
> 去岁遭祸乱，狼狈赶回京，
> 自谓此愚衷，定蒙圣鉴明；
> 乃事有不然，诏旨降频仍，
> 重重生疑忌，一笔难尽陈。
> 疑多将图害，百喙难分清。
> 惟是用奋勉，出师再表真，
> 力酬上帝德，勉报主恩仁。

惟期成功后，予志复归林。

为此行谆谕，谆谕众军民，

依然守本分，各自立功名，

或随本主将，亦一样立勋。

一统太平日，各邀天恩荣。

布告用五言韵文，简明扼要，通俗易懂，且语气要扼，词句深沉，表达了继续效忠太平天国的愿望，它有纯朴的感情，富有号召力，以致得到天京和各地官员和将士的认同。

但它毕竟是石达开和洪秀全不合作的公开亮相。

大清王朝也感到了石达开和洪秀全的不合作，咸丰皇帝要曾国藩设法招安，福济、李元度还分别写信予石达开劝降，福济信一千二百字，李元度信竟写了四千五百字，千篇一律，都是以威胁利诱来打动石达开的，但也都流露出对他才华出众的钦佩。

石达开没有理睬它。

洪秀全有石达开，不安，石达开跑了，也不安。朝野还多有议论，两位老兄成事不足，败事有余，主要还是洪氏家族全掌太平天国还未成气候。远在淮南战场的李秀成也甘冒不大韪上表，要求黜安王、福王爵，再启用翼王。而各路清军，尤其是江南大营在石达开离京后卷土重来，先后攻陷了溧水、句容，围困了镇江。大京内外交困。

洪秀全不得不博采众议，削去两位兄长的爵位，将爵号另设新爵，即六爵的天安、天福。并镌刻义王金牌一道及天京朝臣联合签名的求救表送往安庆，请石达开回京主政。石达开不接受封爵义王，也不表示回京。在杨秀清被杀后，他已两次奉天王旨进京，但两次又都以逃出为结果，前车之鉴，风浪险恶，他是再也不愿第三次进京，和洪秀全合作了。

三

石达开出走后，面对危局，洪秀全不得不采纳李秀成等人的建议，削去洪仁发、洪仁达的王号，并且镌义王金牌一道及满朝文武求救的表章一起送往安庆，但石达开既不受物，又不来援，在此情况下洪秀全病倒了。

九江失守后，洪秀全的病更加严重了，国医院里的高手们一一给他看过，可大家都说不出天王得的是什么病，只有洪秀全自己清楚，他得的是心病。

石达开的出走，就像在洪秀全的心上狠狠地戳了一刀。这些年，在高层的倾轧中，洪秀全都是有惊无险地过来了，而石达开却是例外。他不但不就范，居然还另立山头，差一点拉垮了太平军的根基。如果没有陈玉成、李秀成、林启蓉这些人支撑危局，他真不知会怎么样呢。

洪秀全毕竟不是等闲之辈，他也清楚地看到了困境中的有利因素。在江南，天地会发展迅猛异常，江北又有捻军驰骋江淮之间，这些力量，无疑可以成为太平天国扭转危局的有利条件。于是，他积极采纳了百官的意见，封蒙得恩为正掌率，主持政务，陈玉成为又正掌率、李秀成为副掌率，主持军事。

1858年9月，一支队伍行进在从安徽全椒通往乌衣的大路上。虽是急行军，没有要求整齐的队容，但是从将士们的神气上，一眼就可以看出，这是一支斗志昂扬的队伍。这是陈玉成号称二十万的大军。

两个月前，他刚刚在安徽枞阳召集了军事会议，与李秀成等将领研究了解除天京之围的作战方略，确定了避实就虚，首先集中兵力攻击江北大营的计划。会后，各路大军都神速地行动起来，李秀成率东路大军，牵制庐州东线清军，并切断江北大营向庐州提供支援；西路大军由陈玉成亲率，与左军主将李世贤、右军主将韦俊合兵，先攻占了庐州。在乌衣、水口一线，陈玉成与强大的李秀成部会师后，太平军兵威大振。

两个统帅从马上下来，一人手里拿一根随手拣来的木棍，在河边沙滩上勾画出一幅地图，分析起敌情来。

陈玉成说："清廷已经派重兵集结在乌衣，除了江北大营的都统德兴阿派来的援军之外，还有蒙古都统胜保的军队。蒙古人善于骑马射箭，不可小看他的骑兵。"接着，他便请教李秀成有什么好计可施。

李秀成早已成竹在胸，他对陈玉成的提问笑而不答。

陈玉成便转移话题，他说："你听说了吗？杨辅清、杨宜清，还有石镇吉、石镇常，都脱离石达开了，眼下正返回天朝，回保天王了。"

李秀成说："石达开不得人心，以后会被更多的将士看清。这是好事，天朝中兴有望了。"

陈玉成扔掉木棍，信心百倍地说："只要我们能拿下江北大营，即可扭转天朝的被动局面。"

9月25日，胜保终于没有耐性了，率领兵马前来叫阵。骄勇的蒙古兵挥刀跃马，尘土蔽日，着实有锐不可当之势。正当他们横冲直闯之际，突然，战鼓喧天，只见无数头包红巾的牌刀手铺天盖地而来。他们一手用盾牌护身一手持大刀砍削敌人的马腿，那些烈性战马的腿一受伤，便随便地乱踢乱窜。这下可乱了套，不多时，胜保的骑兵便溃不成军。太平军乘胜追击，两路人马对败军猛烈夹攻，不多时就全歼了胜保的骑兵，清军损失三四千人，胜保单骑落荒而逃。

26日，陈、李率部乘胜进军江苏江浦小店，将由江南大营派来增援的冯子材军击败。

这一天，陈玉成、李秀成联军以迅雷不及掩耳之势，向浦口江北大营发起声势浩大的总攻。德兴阿已成瓮中之鳖，愁急交加。次日，他舍出老命东拚西突，有一万人为之阵亡，才得以突出重围，狂奔一百多里，一直到了扬州方敢喘息。

江北大营主帅逃走了，清军已无力再战，丢下遍地的粮草、弹药四散奔逃，太平军则如风卷残云一般，把江北大营彻底摧毁了。

陈玉成、李秀成拿下江北大营后，又连破江苏江浦、六合、仪征，安徽天长。这几仗下来，将天京和长江以北的通道打通，江北粮米从此源源不断地运往天京。天国在江浦地区设立天浦省，派重兵把守，从此开始扭转太平天国的被动局面。

四

江北大营虽被摧毁，可江南大营仍然威胁着天京的安全。自从 1858 年江南大营被击破，向荣兵败死去后，清廷派江南提督和春继任钦差大臣，督办江南军务，和春乘天京内讧之机重建了江南大营。提督张国梁于 1860 年二月，占领了九洑洲后，又增添了堡垒，在天京城西、城南、城东增掘长壕，绵延百余里，加紧围困天京。因此，彻底摧毁江南大营，解除天京肘腋之患，成了当务之急。正在这个时候，偏偏出了差错。

一日，浦口守将薛之元巡城回营时，遇到了扮成道士的李昭寿。此二人先前同在捻军，又是从小换过帖子的拜把子兄弟，李昭寿降了清军后，就与薛之元不再来往，这次李昭寿乔装打扮混入浦口是受张国梁之命来劝降的。李昭寿没费什么功夫就把薛之元说动了。1859 年 2 月 28 日，薛之元与张国梁、胜保分别通过信后，先剃掉头发蓄起了辫子，来到沙洲指定地点向张国梁投降。张国梁欣喜若狂，他对薛之元说："我将保举你，皇上不会亏待你的。"

薛之元也表示，他已做好了献城准备。

浦口危在旦夕，可李秀成丝毫没有察觉。

两天以后李秀成在巢县才得知浦口被叛将献城的消息。李秀成一面给天王写表请罪，一面积极调兵，准备夺回浦口。浦口一失，太平天国的江北粮道就等于断了，这还得了，洪秀全能不发火？

洪宣娇充当特使来见李秀成，一见面，洪宣娇就说："你犯了什么过失，你知道吗？"

"用人失察。"李秀成说："薛之元这个反贼，我没想到一个四品顶戴就把自己卖了。"

洪宣娇说："失察两个字就能搪塞过去吗？李昭寿是你手下的将领，他与薛之元是拜把子兄弟你不知道吗？为什么不用谭绍光来守浦口？"

李秀成说："我知罪了。现在说什么也晚了，我拼力夺回来就是了。"

浦口一失，天王很是着急，蒙得恩又有病，洪仁发去看过后对洪秀全说，蒙得恩怕是没有几天活头了。洪秀全叹息道："真是多事之秋啊。"

就在洪秀全心力交瘁，深感身边没有一个杨秀清这样的人物时，洪仁玕风尘仆仆地回来了。

这可恰似天上掉下来的人才，洪秀全高兴得几乎跳起来，他大呼小叫，一反他平日稳健的作派。立即令人备宴给洪仁玕接风洗尘。傅善祥等人摸不着头脑，不知这洪仁玕有何德何能居然让天王高兴成这样。

早年，这位洪仁玕与洪秀全一道砸了村塾中的孔子牌位后，便被其兄长赶出了家门。金田起义之后，在清远教村塾的洪仁玕，约了五十人去广西浔州追奔太平军，因途中受到清兵的拦阻，只好折回。后来，洪氏家族被清廷追捕，洪仁玕流落到香港，给传教士瑞典人韩山文教汉语。韩山文听了他讲述的拜上帝会起义经过后写了本很有影响的书，这就是《太平天国起义记》。1854年春天，洪仁玕由香港到上海，他想由上海到天京，在上海他见到了小刀会的首领刘丽川，可空口无凭，人家见他又会说洋文，还怀疑他是奸细呢。洪仁玕去留无计，身上又分文皆无，只好在上海靠教洋文生活，八个月后回到香港。这一次能来天京，一路上也是充满了说不尽的曲折。

洪仁玕说完自己的经历后，洪秀全感慨道："你我一别八年，天下已大变了。"他想起了杨、韦之乱，想起了石达开的不辞而别，洪仁玕若是早些来辅佐他，也许天京就出不了那么多令人痛心疾首的悲剧了。

洪仁玕说："这些年一想起年轻时我与天王巷里相接、长年交游起居的情谊，也是常常感叹啊。"洪仁玕感叹的是自幼熟读四书五经，经考五科不中，才追随洪秀全另辟通途，而今洪秀全已建立了天国大业，他却经过八年漂零，才算叶落归根。

洪仁玕以他的才学和口才，很快在太平军中树立起了威信。夺下浦口之前，他令陈玉成绕道天长、扬州假道渡江，直捣清军江南大营。这样的安排让陈玉成等人心服口服，觉得他在军事上也是个内行里手。因此，将领们对洪仁玕也有了新的认识。

太平军重新夺浦口后，洪仁玕又制定出了皖北作战计划，并交于陈玉成审看，他对将领们的尊重，也赢得了太平军将士对他的信任与信心，就连洪秀全都说：将相和则国安，干王是蔺相如啊。

洪仁玕的到来，使太平天国重新建立了领导核心。干王、英王、忠王年轻有为，才能出众，更重要的是，这三人能够一门心思对敌，这样，就起到中流砥柱的作用。

重新夺回浦口后，天京仍面临着不容乐观的形势。目前，英王陈玉成在皖北被曾国藩牵制着，不能移动，韦俊在池州受曾国藩的离间计降敌后，余部已无多大战斗力，杨辅清在池州、东流一线也被曾国藩困住了手脚，左军主将李世贤此时在南宁、湾址一带，现在天京四门皆为和春、张国梁两部重重围困，朝内已无多少存粮，仅浦口一线粮道可解燃眉之急，必须找出解救天京，打破重围的办法才行。为了彻底解决江南大营，洪仁玕提出围魏救赵的作战计划。

洪仁玕召来陈玉成、李秀成讨论作战计划，他详细分析当前形势后，说："我们可东取苏州、杭州、上海，一待下路既得，我们可买小火轮二十个，沿长江上取湖北，一旦取得了苏杭，则敌必救苏杭，这叫攻敌之必救。"

李秀成见洪仁玕分析得丝丝入扣，不禁赞道："好一个围魏救赵！我赞成打苏杭，这确是攻敌之必救，可分散清妖的兵力。一旦占了苏杭，我们再返师自救，天京之围可解。这应是第二步。"

陈玉成说："那就向苏杭移师吧。我部可虚援安徽，牵制上游湘军，不让他们东下。"李秀成决定在芜湖会齐谭绍光、陈坤书，然后星夜东进，奇袭苏杭。

洪仁玕说："这就周全了，若没有异议，就呈报天王。"陈玉成、李秀成十分赞成。

1860年2月24日，李秀成率轻骑快速攻下广德州，留下陈坤书、陈炳文驻守，自率谭绍光、陆顺德、吴定彩几只大军突入浙江。二十七日攻取泗安镇、虹星桥。二十九日与李世贤合兵，占安吉县，又攻下长兴县。尔后，李秀成率精兵八千，奇袭浙江首府杭州。

这下可吓坏了浙江巡抚罗遵殿，急调各路兵马来守城。兵力有限，除衢州镇总兵李定太的两千兵，杭州将军瑞昌只能拼凑五百人上城防守，这五百兵对太平军早已是闻风丧胆了，哪堪一击？

三月十日，谭绍光率一千余名先锋军赶到杭州西北之良渚，士兵一律着清兵号衣，冒充来援的提督郑魁士的兵，就快要成功时，被杭州守军识破，故而没能一举攻下杭州。随后李秀成赶到，猛攻武林门、钱塘门。至二十九日，清波门被轰开，李秀成率部一举攻入杭州。巡抚罗遵殿、布政使督粮道王友瑞等高官全部自尽。

江南大营统率和春，接到杭州守军的急报后，立即派张玉良统兵一万三千多人，增援杭州。

张玉良率部苦苦行进，花了几天功夫才赶到杭州城下，只见城内无数大小黄旗如林而立，却不闻车马喧嚣之声，疑是有伏兵在此，不敢贸然进城。等他们发现这是李秀成布下的疑兵阵时，李秀成早已率部离开杭州回师南京了。

李秀成部只在杭州呆了四天，围魏救赵之策已取得了初步的成效。

在回师天京的路上，谭绍光明知故问地对李秀成说："围魏救赵之计是忠王殿下出的吧？"

李秀成说："这是干王所定，我不过是附议而已。"李秀成现在对干王真的是心服口服了，他不再以为洪仁玕和洪仁发、洪仁达是一样的酒囊饭袋了。

其实，洪仁玕的本领谭绍光早已从夫人傅善祥那里听说了，他这是在与忠王开玩笑呢。快到天京时，谭绍光问："这下我们该打江南大营了吧？"

李秀成说："等着吧，用不了多久，江南大营我们志在必得。"

攻击江南大营的日子比李秀成想象的还要早。

四月底，李秀成、陈玉成、李世贤等五路大军一起向江南大营发起猛攻。此役是太平军将士憋了许久的战斗，开战以后，各路大军的将士都争先恐后地向前冲，清军拼力抵抗也无法挽回败局。五月初，江南大营全部被摧毁，和春、张国梁等清军头目败退丹阳，太平军迅猛追击。张国梁在飞马出逃时，慌不择路，落水而死，和春逃到无锡浒墅关时，无路可逃，于绝望中自缢身亡。

这场出奇制胜的战役，暂时解除了天京的肘腋之患，结束了清兵对天京的三年长围，并为远征苏杭开辟了道路。同时，营内存银十多万两，还有无数枪炮等军需，都成了太平军的战利品。江南大营从此再也不能重建。

二破江南大营，天王洪秀全设宴庆功，并利用这一机会召开高级将领会议，商讨下一步的行动计划。

因是胜利之后的会议，将领们个个意气风发，畅述己见。陈玉成主张救援安庆，李秀成、李世贤等想攻取闽浙，洪仁玕则主张先攻苏、杭、沪，然后再行西征，成功之后，溯长江向南攻江西，向北进蕲黄，合取湖北。洪仁玕还激动地说，这样，长江两岸就是我们的囊中之物了。

李秀成听了洪仁玕的计划，立刻竭力赞成。洪秀全斟酌一番，也觉得这个方案最为可行，当即批准。先东进、后西上的方针就这样定了。

这个胜利之后的作战方案，取得了相当大的成功，对维持太平天国的后期斗争奠定了基础。

然而，洪秀全和众将领们怎么也不会想到，此方案的实施也为把天国推向末路埋下了伏笔。

五

1860年6月军事会议以后，李秀成即刻率部挥师东进，一路上攻城夺池，犹如秋风扫落叶，直逼苏州城下，进而又轻而易举地拿下了杭州，接着，太平军又兵分几路，迅速攻克苏南各重镇。

拿下杭州后，忠王李秀成就开始着意于苏州的经营。

李秀成虽没有多少文化，但他却一下子喜欢上这个充满诗情画意而又古色古香的小城了。他把忠王府选在了这里，并且在石益阳的帮助下自己动手设计了一些忠王府的布局、构造。李秀成在天京也有王府，但那是他无心也无时间居住的王府，所以显得很粗糙，比起别的王府来，甚至有点寒酸。这一次不同了，他要专心地建一座王府。

李秀成之所以有心为自己建造一个像样的王府，是因为他的运气和战功使他有了这样的闲情逸致。李秀成开创了苏南基地，李世贤进军浙江，也打出一片大好形势。而身处安庆的陈玉成却一再苦战。

从 1859 年年底开始，曾国藩就率一万余名湘军围攻安庆，但因城内守将指挥有方，始终没能将安庆攻破。1860 年 1 月，陈玉成率十万大军进至桐城，揭开了安庆大战的序幕。这一仗时断时续地打了一年左右，但安庆始终在太平军的手里。

这安庆地处长江中游，又是天京的西大门，它对于地处长江下游的天京之安危，具有十分重要的作用。曾国藩正是看准了这一点，他一直把攻破安庆视为破金陵的前奏。曾国藩采取先拔枝叶后去其根的手段，他把湘军主力摆在了安庆外围和与安庆隔江相望的皖南，同时又不放弃进攻安庆，甚至不惜违抗咸丰调他去苏杭的命令，力破安庆一门。

为了解安庆之围，洪秀全在洪仁玕的劝说下，决定执行第二步计划，派陈玉成、李秀成率大军沿长江两岸向西挺进，奔袭武汉，以达到救援安庆的目的。

打武汉避实就虚，这本是一步相当英明的举措，此时的湘军主力集中在安庆一线，大后方湖北却是兵力空虚的地方。如果此举成功，打到了曾国藩的"七寸"上，也可望歼灭湘军主力，使太平天国的形势进一步好转。但此时的太平天国已不能像初期那样军令如山了，大家都忙着经营自己的小地盘，很少有人能从全局着想。

此次西征，太平天国的两大主帅陈玉成、李秀成，对这次事关全局的行动，都不怎么积极。陈玉成过于看重安庆一点，他率领北路军西进的途中，还想顺道去解安庆之围。太平军在桐城西南的挂车河与湘军交战失利，这时候，陈玉成才决意西进，他在攻克离武汉只有八十里的黄州后，忽闻报有英国参赞巴夏里求见。

陈玉成在黄州的大营里接见了巴夏里。巴夏里刚一坐下就威胁说：你们攻取武汉，大英帝国的贸易和商业利益均受到了损害，我们奉劝你们，必须远离武汉。

当时，外国侵略者还没有撕下中立的面纱，太平天国还同这些所谓的洋兄弟保持着礼尚往来的外交。所以，陈玉成对巴夏里的话就得有所考虑。陈玉成沉吟片刻，回答说："此事待上奏天王后再议。"

巴夏里又乘机造谣说："南路西征军至今尚未进入江西，你现在进兵汉口，势将陷入孤军作战，必将受到武昌守军和安徽援军的夹击。"

巴夏里走后，陈玉成思考再三，终于决定停止进攻武汉。他一面派人回天京请示，一面派赖文光留守黄州，自己率大军转攻麻城、黄安、孝感、应城，又北上德安、随州。至此，仍不见李秀成的南路军到来。

李秀成对解救安庆和攻取武汉，都表现得不积极，他片面强调江浙基地的重要性。他十月率南路军从天京出发，十二月逼近曾国藩的祁门大营，曾国藩大惊失色，连遗嘱都写好了。然而，李秀成并不知道这里是曾国藩的要害所在，轻易放过祁门，丧失了这一良机。李秀成又过高地估计了湘军的实力，因而绕道徽州，进入浙江，再转江西，直到次年六月才逼近武昌，却也和陈玉成一样没有进攻武汉。

却说曾国藩闻知陈玉成进逼武汉，虽惊呼"贼之善用兵，比昔年更狡黠"，但又坚持力破安庆，督军猛攻安庆。

陈玉成没有等到天京传来指示，便匆匆撤军回援安庆。到了1861年八月，安庆的形势已经相当危险了。杨辅清、黄文金各部试图来解安庆之围，但都没有成功，到了八月十七日，曾国荃攻破了安庆北门外的太平军营垒，守军惟一的退路也被堵塞了。

这时安庆城里已难以为继了，守将张朝爵、叶芸来派人出城给陈玉成送信，说城里又一次断粮了。以前他们断粮时还能从外国商人手里买，后来，曾国藩通过朝廷与外国人交涉，不准城里的外国人卖粮给太平军，这样一来，他们就真正地弹尽粮绝了。

杨辅清对陈玉成说："看来，我们唯一的指望就是等忠王发动对武昌的攻势了，那样可以吸引曾国藩回援。"

陈玉成此时才意识到自己犯了错误，但同时他对李秀成也充满怨气。一向沉稳的陈玉成说："别指望了，忠王已东返江浙了，路过这里也没有来助我们解安庆之围。"

黄文金说："现在大家都忙着打自己的算盘了。"

陈玉成说："说这些已没有用了，我们为解救安庆尽最后的努力吧。"

陈玉成重新布置了兵力，他和辅王杨辅清由清河、三桥头一带出击，林绍璋、吴如孝一路从桐城西进挂车河，黄文金部从东路绕到鸡公庙、麻子岭，三路同时向安庆外围之敌攻击。

曾国藩在安庆也做出了孤注一掷的决定，他把粮食看得尤其重要，他对众将领说："饿也要饿死城里的长毛。"

安庆城里早已出现粮荒，守城的士兵全都集中在城墙上，他们已经吃了好几天树皮了，个个饿得站都站不直。

九月的一天，湘军往挖好的地道里放入火药，不一时，只听轰隆隆一声巨响，待硝烟散去，只见十几丈的城墙倒下了，湘军从倒塌处蜂拥而入。太平军与湘军在北城展开白刃战。守城的士兵虽勇气可嘉，但湘军却越战越勇，已经几天没吃粮食的太平军将士纷纷倒下。

安庆失陷了。

　　安庆失陷的消息传来，洪秀全急得一连几顿饭都没吃，他把洪仁玕叫到天王府，脸色难看地质问洪仁玕："安庆丢了，怎么办？安庆是天京的钥匙，是安徽的屏障啊！"

　　洪仁玕也很沉痛，他知道，安庆一落入敌手，天京立即危急，安庆一日无恙，天京一日无险。如今他只能回答知罪，只能令英王他们再想法夺回，但洪仁玕也深知，重新夺回已不可能。洪仁玕知道洪秀全对他已经失望了，他伤心自己未能力挽狂澜。

　　洪秀全说："失了安庆，我得有所重罚。这样吧，军师你先别当了。"当即降洪仁玕为精忠又副军师，他认为不这样无以公平治天下。

　　洪仁玕心悦诚服地接受了洪秀全对他的处罚，他还在想着天国的未来，于是就问："不知陛下想用谁来主持军政大事？"

　　洪秀全试探地反问道："你看呢？"

　　洪仁玕说："陈玉成吧，非他莫属。"

　　洪秀全哼了一声说："非他莫属？丢了安庆的事我还没有追究呢，怎么能让一个败将来提理军政大事呢？让林绍璋进京吧。"

　　洪仁玕大为意外。无论从哪方面来考虑，也轮不上林绍璋呀。洪仁玕对林绍璋并不了解，但他也听人说起过。当年，林绍璋带两万精兵守湘潭，结果让塔齐布、王鑫打得惨败，只带几百人逃到靖港。这是太平军与刚刚出世的湘军打的第一仗，以林绍璋大军的全军覆没为终结，石达开当时就想把他杀掉，后来因为靖港小胜，才只是免了他的职。这个人岂能总揽太平天国的军事大权？这可真是山中无老虎，猴子称大王了。这话洪仁玕当然不敢对洪秀全说出来，他心灰意冷了。他的灰心不在于安庆的失守，而在于天王用人只看一时一事，这是最让他伤心的。更让洪仁玕瞠目结舌的是洪秀全对陈玉成失去了信心，天王不但要革陈玉成的职，还要从陈玉成的部将里选一些人封王。

主将要为战败而革职，部将却要加官进爵乃至封王，这怎么说得过去呢？

洪仁玕力劝无效，甚至危言耸听地提示了滥封王的后果不堪设想。但洪秀全有他的道理，他想让皖北重振雄风，就要重新招兵买马。不给一个王的封号，谁肯卖命？没有王的旗号，有什么号召力？

洪仁玕知道自己已劝不动天王了，不禁暗自叹息。他看着要被封王的名单说："有些人是不够封王的，骤然封王，我以为弊大于利。还请天王三思。再说英王部下一下封了这么多，那忠王手下封不封？这会不会引起新的震荡？"

洪秀全说："安庆一战，陈玉成所部精锐死伤殆尽，部下又流言四起，不广施爵赏，无法安定人心，也许这些人里有后起之秀能替代陈玉成。"

洪仁玕说："恐怕无人能替代陈玉成。这次安庆失利，不只是陈玉成一人的错，这里有很多因素……"

洪仁玕的话还没说完，洪秀全就显得不耐烦了。在洪秀全看来，洪仁玕这个书生实在担当不起大任，他哪知道我封王的真实意图呀。等到洪秀全给李秀成的部下封王时，洪仁玕才看出王号在天王心目中只是一张张牌罢了。

一日，洪秀全刚走进便殿，傅善祥就拿来一份表章，他以为又是什么让他头痛的事，没想到傅善祥说："这是朱衣点、吉庆元联合六十八位跟石达开出走的将领们给天王上的表章。"

原来这六十八位将领跟石达开走到广西后，因不能忍受他那种东敲西击的打法，便离开石达开万里回朝，已先后到了陈玉成、李秀成麾下。表章上说，他们愿听天王驱策，无不竭尽心力，永不图报。

中华藏书

第九卷 苦命天子，内外交困

中国书店

二○六一

洪秀全当即对傅善祥说："下诏嘉许，将朱衣点、吉庆元部命名为天扶军，统归李秀成指挥。"

傅善祥答应马上拟旨后，洪秀全又问："石达开现在还有多少人马?"

傅善祥说："只有天台宰赖裕新所部一万余人了，石达开自己有亲兵万余。现在清兵在后面穷追不舍，石达开正一步步走向绝地了。"

洪秀全得意地说："你看见没有，这就是背主的下场。"

朱衣点等率部万里回朝，当然是件让洪秀全高兴的事，可在高兴之余，他不免生出些担心。

洪秀全说："你知道'众建诸侯而少其力'的道理吗?"

傅善祥当然明白。她知道，轮到为李秀成的部下封王了，封王不过是为了分李秀成的权势。但她没想到，洪秀全一下子会封那么多王。傅善祥认为，这些要封的人里，大多数都不够封王的资格，她想让天王再斟酌一下。

洪秀全说："有先例的嘛，陈玉成部下不都封过了吗?"

洪秀全认为，权力过于集中就是容易滋生祸患。而今李秀成、李世贤兄弟拥兵百万，占据苏、浙富庶之地，他又听说，李秀成在苏州的忠王府比天王府还阔气，这不都是要出事的先兆吗?

傅善祥的心也凉了。说来说去，还不是对李秀成不放心。这个天王啊，杨韦之乱以后他再也不相信任何人了。想到此，傅善祥在心里说不知道石达开部将的返朝，是不是给李秀成带来了祸患。

谁也没有想到，洪秀全的滥封王位自此一发不可收拾，至他死去，竟为太平天国前后封了两千七百多个王。洪秀全起初是为了削弱英王、忠王的势力，让他们彼此受牵制，但他忘了这样势必造成内部矛盾，产生严重的离心倾向，致使军令政令都不能统一实施。

六

安庆失陷以后，陈玉成退守庐州，打算死守庐州，作为天京的犄角。

安庆之役后，曾国藩和他的湘军名噪天下了，坐镇安庆的曾国藩锁定了庐州作为下一个目标。他知道胜保正在加紧围攻庐州，想抢头功。曾国藩不能让胜保坐收渔人之利，他不动声色地运兵过去，他觉得，自己在安徽大战中九死一生，还搭上了六弟的性命，陈玉成最后的覆灭只能由他来完成。

除了军事上的进攻外，曾国藩又运用了反间计。他诱降韦俊，已领略到了不战而胜的滋味，这一次他利用的是苗沛霖。

早年苗沛霖是安徽凤台山的一个落弟秀才，以办团练起家，当过清廷赏给的候补道，后来投奔了太平军，在陈玉成手下供职。陈玉成非常信任他，还亲自写奏章为他请封，洪秀全真的封了他个奏王，又赏了他三个王娘。按说，苗沛霖该知恩图报，但这个势利小人见陈玉成大势已去，早与胜保、曾国藩眉来眼去了。

曾国藩之所以选中苗沛霖，是因为他看出来，苗沛霖是个利欲熏心、反复无常的小人，小人不可信任，但可以利用。曾国藩对他许下重金高官后，他就对陈玉成抛下了诱饵。

原来，苗沛霖给陈玉成出了个主意，说庐州是孤城难守，兵家大忌，还说他在寿州能招募几万兵马，一旦陈玉成来到寿州他还可进击汴京。这对急于重整旗鼓的陈玉成来说，的确诱惑力太大了。

此时，坐困危城的陈玉成并没有消沉。他虽然被革去职权，可虎威仍在，皖省太平军将领还都能自觉地听他提调。此前陈玉成已派几个部将率部北上，去会合征北主将、由捻军过来的张乐行，一起攻打颍州府，同时又令赖文光等几路人马渡淮河向豫陕作战。陈玉成选择的是清廷防守薄弱的地方，以图有所发展。但他守的庐州却为胜保和荆州将军多隆阿马队、步军团团围困。他也曾想过让张乐行、陈得才等人回兵救他突围，这又有悖于他向天王表示的"愿老于庐城"的决心，而且那几支兵也因受清兵所阻，未能接近庐州。

就在这时，苗沛霖建议英王退出庐州去守寿州。陈玉成马上召集紧急会议。

陈玉成太急于破围而出了，他一开口就说："苗沛霖真有韬略，我一定要到寿州。"

既然如此，已没有什么可争的了。众将领都把目光投向了曾晚妹。那是无声的语言，他们想，只有曾晚妹说话有分量，显然没有人同意放弃庐州。这不是因为庐州坚不可摧，也不是寿州有什么危险，只是对苗沛霖不信任。

曾晚妹说："苗沛霖这人反反复复，不可信。"

陈玉成说："怎么能这样说人家，我不问从前，只论今天，他是太平天国的奏王！"

曾晚妹一带头，众人都说这个苗沛霖近来行动鬼鬼祟祟，对他的建议不可不防。陈玉成被大家你一言我一语地弄得有点不耐烦了，他大声地说："我陈玉成用兵以来，战必胜，攻必取，虽虚心听受良言，但此次你们所说，完全没有根据，我已决心去寿州。"

陈玉成轻而易举地就将庐州放弃了。

1862 年 5 月 15 日，陈玉成赶到了寿州城下。为防万一，曾晚妹率一千人马故意与陈玉成拉开一段距离。

苗沛霖和侄子苗景升开了城门，在城门口相迎。苗沛霖满脸堆笑地说："英王辛苦，快请入城。"

陈玉成高兴地说："有了寿州，得图大业，首功是你苗沛霖的。"

苗沛霖说："同是为了太平天国嘛。"

当陈玉成率亲随百余人走过吊桥，大队人马正待入城时，忽然听咔啦啦一阵巨响，吊桥撤除了。陈玉成大惊，厉声喝问："苗沛霖，你想干什么？"

直到此时陈玉成才知中计，可为时已晚矣。就在陈玉成的牌刀手们拉开阵势准备与敌决斗时，城内伏兵四起，杀声震天，顷刻之间陈玉成的亲随都倒在了血泊之中。城外，曾晚妹等人一见大事不好，立刻攻城，可苗沛霖早有准备，只见乱箭齐发，火药向城下猛掷，他们已无法取胜入城了。

苗沛霖望着陈玉成大笑道："对不起了英王，我想立功，只有拿住你才是最大的功！"

陈玉成厉声骂道："苗沛霖，你这个无耻小人，众人都看出你是个卑劣之徒，惟独我陈玉成瞎了眼，想不到我英名一世，却中了你的圈套。"

苗沛霖不敢把陈玉成等人押在寿州，他怕太平军皖省各部与他拼命，连夜就把陈玉成用重兵押往颍州请功。

胜保终于有了露脸的机会，他乐不可支地立刻提审陈玉成。他没有想到陈玉成这么年轻，又这么英俊。他见陈玉成昂首阔步地走进来，就想给他个下马威，一拍桌子大叫："长毛成天豫，跪下！"

陈玉成轻蔑地一笑，说："我不是成天豫，我是太平天国的英王，岂能给你下跪？何况，你胜保向来是我手下的败将，我中了小人的奸计，落入你手中，并非败在你手下，我为何要跪你？"

陈玉成那双犀利的眼睛在几十个翎顶辉煌的官员中看到了苗沛霖，径直走向他，大声说："苗沛霖，你这条走狗，迟早有人来收拾你的。"

曾国藩一听说陈玉成被俘，急忙从安庆来到颖州，并对胜保说，他想单独审陈玉成。胜保对曾国藩的到来并不高兴，可又不敢这惹这位权力炙手可热的人物，他事先已上报了朝廷，所以也不怕曾国藩抢功，就顺水推舟地说："也好，我也懒得与陈玉成磨嘴皮了。就有劳曾大人去审了。"

陈玉成被带来后，曾国藩立刻将打手们全打发了，他对陈玉成拱拱手说："英王别来无恙啊？"

这令陈玉成大为吃惊，举目细看，才认出是曾国藩，同时发现他已换了仙鹤的官服，头上也拖了少见的三眼花翎，今非昔比了。陈玉成说："是你呀。你脑后都插上三眼花翎了？这是你杀太平军杀得太多，清妖皇上对你的奖赏吧。上次高河埠见面，我还讽刺你说，满主子并不把你当回事，这回不一样了，你节制四省，顶两个总督了，真是今昔不同往日了。"

那年，三河镇一役，曾国藩的六弟曾国华被打死，陈玉成把曾国华和李续宾的尸体在高河埠交还给了曾国藩。那时，曾国藩就对陈玉成有极好的印象，他以为陈玉成没有借机杀他，是为了将来留一条后路，如今，曾国藩觉得是陈玉成用那条后路的时候了。

曾国藩没有在意陈玉成对他的讥讽，还搬来椅子让他坐下。曾国藩说："我敬你是个英雄，也有惺惺惜惺惺之意，你相信我说的是真的吗？"

陈玉成说："你想招降我，是吧？你存了这个心，那可能是对我好，为的是拿我当诱饵，再去诱降别的太平军将士，是不是这样？大帅的算盘打得够精明，可你失算了。你把陈玉成看得太有价值了。我所以有价值，那是因为我身上有太平天国人的浩然正气，有天朝人的硬骨头，我若降了你，就像一条抽去了脊梁的狗，太平天国的人都会唾弃我，提到我的名字都会恶心，我去招降他们，他们会来吗？”

曾国藩被说得哑口无言，半天才说：“我真是希望给你一条生路。”

陈玉成说：“你是读书人，岂不知文天祥的正气歌吗？人生自古谁无死，留取丹心照汗青。你该成全了我的名节。”

审完陈玉成，曾国藩不想与人说话，胜保招待他吃饭时说：“看曾大人的神色，那陈玉成依然不识好歹，是不是？”

曾国藩没有回答，他说：“长毛失去了陈玉成一人，一半的江山就算没了。”

胜保及在坐的官员，对曾国藩这句话不无惊讶。

处斩陈玉成那天，颖州大校场如临大敌，城墙上布满了清兵，校场四周也是重兵把守。当陈玉成的囚车从大街上经过时，陈玉成谈笑自如，他昂着头大声说：“皖北的父老兄弟们，多年来，你们为太平军提供了诸多帮助，陈玉成在此多谢了。我陈玉成虽死，可太平军还会打回来，耕者有其田、人人幸福的天堂一定会到来……”

行刑前，陈玉成接过刀斧手递给的一碗酒，一扬脖一饮而尽。而后随手将空碗抛向了空中，空碗落地前陈玉成高喊了一声：“愿天国昌盛！”

这位太平天国顶天立地的英雄，牺牲时年仅二十六岁。

七

拥有他的时候，不一定知道他的价值，失去了他的时候，才猛然惊觉，你的损失是不可弥补的。陈玉成的被俘、被杀，对于洪秀全来说，就是这种感受。

洪秀全在上书房里骂人，先骂李秀成"拥兵自重，只顾看守自己的地盘"，接着骂捻军的张乐行见死不救，他清楚，失去陈玉成，对太平天国意味着什么。他沮丧地说："这不是北天折柱吗？没有陈玉成，朕倒了一面屏障啊！"

洪秀全心里是无比后悔，他哭了，他是真心地哭了。

安庆失守、陈玉成被杀，太平军在西线的精锐丧失殆尽。湘军乘机向天京进逼，外国侵略者也加紧了向太平军的进攻。太平天国面临着极其严峻的局势。

曾国藩掌握了苏、浙、皖、赣四省军政大权之后，对清王朝更加衷心，决心掀天揭地做一番大事业。他自己坐镇安庆，指挥全局，派出三路大军向太平军的最后基地——苏浙地区大举兴兵。第一路是他的弟弟曾国荃率领的湘军主力，进攻天京；第二路是左宗棠率领的楚军，进犯浙江；第三路是李鸿章的淮军，进驻上海，以图苏州、常州。

天京在曾国荃的围攻下，几度告急，但各路战火正酣，又抽不出多少人马来援助。洪仁玕分析了天京和苏浙一带的形势，他将洪秀全的旨意传达给李秀成，不能置天京的安危不顾。李秀成此时正攻打上海，他讲了一大堆的困难，最后才答应说，待新购的一批洋枪洋炮一到，马上来解天京之围。洪秀全心里很不痛快，不禁感慨万分。如今封王也封了一大堆，太平军号称百万大军，却总是四处告急，而当初起义时，才几万人，所到之处如摧枯拉朽，而今连个李秀成都不听指挥了，这到底是什么原因呢？洪秀全真是弄不懂了。

其实，李秀成并非像洪秀全想的那样对他不忠，他一回到前线，李鸿章就联合英法士兵的洋枪队，攻打苏浙太平军所占城市，来势异常凶猛，如果他此时回援天京，苏浙各城就有可能丢了。为表白自己对天王的一片忠心，他叫族弟把家眷，包括老母亲在内，全都送回天京了，那意思是说，天王信不着我，有我的家眷为人质。

苦苦等着李秀成援兵的洪仁玕和傅善祥，在城楼看到来的是一群妻儿老小，就明白李秀成来不了啦。他们心照不宣地都有了几分寒意。为挽回面子，他们对李秀成派来的人说："忠王太多心了，天王既然封他'万古忠义'，断无不信任之理。"

洪秀全又骂洪仁玕指挥不当，命他到安徽奔走，希望能调来一支生力军援救天京。

此时，李秀成所部着实吃紧，他正处在四处救急的关头，同时又认为，只有把外围战打好，自然就会减轻天京的压力。但他面临的却是强大的敌人。

英、法公使与清廷达成联合镇压太平军的协议后，驻上海的英军、法军以及华尔的洋枪队向太平军驻地猛烈进攻。1862 年 6 月 9 日，英国海军司令和华尔带着增援部队抵达青浦，谭绍光领兵与洋枪队激战。

谭绍光怕他的士兵叫洋人的阵势吓住，就组织了二百人的敢死队，把新购进来的洋枪集中起来。谭绍光集合起来的这支队伍全部由指挥官组成。他赤膊上阵，号召太平军不要畏惧洋枪队的猛烈炮火，他举着一条长枪说："打下青浦我给各位请功，谁后退半步，我可不客气。"

敢死队在主将谭绍光的率领下冲向了青浦城，慕王的大旗引导着这支冲锋队勇敢向前。守青浦的洋枪队胆怯了，城外法国海军的第一道防线很快就土崩瓦解了。谭绍光的敢死队一路呐喊着冲进敌人的营垒，法国兵、英国兵，四散而逃。这一战，将法国海军上校卜罗德击毙，还俘虏了洋枪队副统领法尔斯德，而谭绍光的部队伤亡却出奇地少。谭绍光得意地说："这就叫软的怕硬的，硬的怕不要命的，对付洋枪洋炮就得这么干。"

打下青浦，上海也就指日可待了，可此时李秀成调集了十几个王的军队要赶回天京，只留下谭绍光、陈坤书稳住上海。谭绍光只得守住青浦、嘉定、太仓一线，暂与洋兵对峙。谭绍光为功亏一篑没能拿下上海而深表遗憾。

原来，洪秀全并没有因李秀成把一家老少送回天京而收回成命，他以前所未有的口气，令李秀成星夜赶回解天京之围，如再抗命，则要处死他。李秀成还能说什么呢？他不得不错过了攻下上海的有利时机，率军回援天京。

李秀成挥戈西指，不日，兵临天京城下。他联合十三个王的部队，督率四五十万大军，在天京城下与湘军主力展开了一场大会战。这场会战从 10 月 13 日开始，到 11 月 26 日结束，共持续了四十六天。这场会战，一方是太平军的重兵，兵锋正锐；一方是湘军主力，将悍兵凶，所以，从开始就打得空前激烈。

太平军在五六十里的广阔阵地上，环攻曾国荃的湘军。这个时候太平军不仅占有人数上的优势，也拥有一些洋枪洋炮，因此战斗的攻势相当猛烈。昼夜的环攻，更迭进击，湘军往往只有招架之功，没有还手之力，曾国荃面部受伤，险些送命。然而，这时太平军也面临着极大的困难。大军云集，粮草奇缺，加上诸王各争雄长，指挥不灵，难以持久攻坚。湘军虽一败再败，却仍有锐不可当之势。曾国荃执意要拿下天京立头功，甚至连援军都不想让来。曾国藩明白他九弟的心思，便把银两及粮草源源不断地送往天京城外，同时，还为曾国荃置备了洋枪洋炮，这下攻打天京的湘军更是如虎添翼了。

李秀成见此情形，恐再战仍无结果，便率领大军主动撤离了天京。

1862 年 11 月 26 日，李秀成分兵几路退走，为此洪秀全大骂李秀成无能，他让洪仁玕赶紧拿出个办法来。洪仁玕知道李秀成的难处，他对傅善祥说："现在苏州那面也吃紧，清妖又勾结洋人对付我们，忠王天京、苏州两面奔命，也挺难为他的了。"

傅善祥知道这是各自为政的结果，就劝天王把王分成几等，洪秀全接受了她的建议，可洪仁玕认为这已是亡羊补牢了。

苏州的确到了紧要关头。戈登的常胜军和李鸿章的淮军一齐攻陷太仓、昆山、吴江等地后，常熟守将又向李鸿章献城投降。李秀成明白，常熟一丢，就等于撕开了苏州北部的口子，他决定亲自去攻打常熟。由于淮军和"常胜军"的支援，李秀成久攻常熟不下，西线战场又告急，李秀成不得不奉天王令又一次返回去保卫天京。天京形势稍有好转他又折回危在旦夕的苏州。李秀成在刚刚建成的忠王府里召开了第一次也是最后一次的军事会议。他坐在大殿正面高悬着的"热血千秋"的匾下，心情极其复杂地对将领们说："大兵压境，苏州已成了孤城，已无法再守，何况天京危难，天王一天传来几个意旨，我只能将太平军悉数撤走。"话是这么说，可李秀成并不想放弃苏州，他想征求各位的意见。

慕王谭绍光说："我愿死守苏州，战死为止。"

李秀成说："好吧，你留下，其余各王均归你节制。"

1863年12月1日，一场罕见的大雪降临苏州，李秀成在这一天带兵离开了苏州，他对来送他的谭绍光说："我本不想让你留下，我明知你守不住，这是在难为你呀。"

谭绍光说："苏州再丢了，天京会更加危险，李鸿章就会长驱直入，与曾国藩合兵一处攻打天京。我愿守到一兵一卒，城破玉石俱焚，誓不生还。"

李秀成抱住谭绍光，两人失声恸哭。

谭绍光抱了誓与苏州共存亡的信念，可他却没有想到他会死在忠王府里，而不是战场上。

李秀成留下的其余八个王早已对太平天国失去了信

心，郜永宽等人已与李鸿章在城北阳澄湖上会了面，商议将苏州献出。他们联合起来去劝谭绍光时，谭绍光勃然大怒，他大义凛然地说："我生是天国人，死是天国鬼，岂能与你们这班鼠辈为伍，玷污了我一世的清白！"

"那就对不起了！慕王。"说着，汪安均向谭绍光开了第一枪，接着，几个人同时向谭绍光开了枪。谭绍光的血溅在了"热血千秋"的金匾上。

苏州城失陷了。

李鸿章进入苏州后，郜永宽、汪安均等人紧随其后，热情地为李鸿章介绍各处的防务。并将杀死谭绍光的经过向他做了汇报。但是李鸿章连眼皮都没有眨一下就下令将他们拉出去斩了，并且命手下人选个好地方厚葬了谭绍光。

天京方面，为了摆脱困境，李秀成提出了"让城别走"的建议，劝洪秀全放弃天京，取道江西和湖北，会合陈得才、赖文光率领的太平军，攻取中原，复兴大业。这显然是一个明智的建议，可洪秀全却不愿意采纳，并且骂李秀成无能。在这种情况下，李秀成只得被动守城。

天京城一直缺粮严重，洪秀全为了鼓励城中军民，竟然带头吃起"甜露"来，他声称这是上帝天父的昭示。什么是甜露呢？是一种叫菊花脑的植物，这种东西连房檐上都长。

八

自从吃了甜露，洪秀全原有的病就更重了，他又不肯服药，几个月下来，便已病入膏肓。

1864年6月1日，天王洪秀全终于被天父收去了。

洪秀全死后，太平天国的形势骤然直下，7月3日，湘军攻破太平军在城外的最后一个堡垒——龙脖子，也就是紫金山上的地保城。天京完全处于敌军的包围之中了，此时，再想让城别走已是不可能的了。

湘军在龙脖子山和南京城墙之间用大量的蒿草、灌木填上，同时，还在几处挖好地道，企图为轰塌城墙做准备。

李秀成、洪宣娇为阻止敌人挖地道，几次冒险冲出去破坏，都因寡不敌众又退缩回去。7月18日晚上，李秀成对洪宣娇等人说："天京陷落就这一两天的事了，让我们做好与它共存亡的准备吧。"

7月19日，湘军通过地道埋放火药，曾国荃一声令下，城墙被炸开二十多丈。湘军如潮水般地冲了过来。洪宣娇率领的女兵一排排地冲向豁口处，与清兵展开格杀。一时间杀声震天，女兵们的兵刃直砍得湘军的大炮都失了声，兵勇们团团围住所剩无几的女兵后，斜刺里又杀出一队女兵，把湘军兵勇砍倒无数。毕竟是寡不敌众，不多时，女兵的尸体便堆满了二十几丈的豁口。

城外，曾国荃看呆了，下令："大炮猛轰，我就不相信这些女人比城墙还抗打！"

洪宣娇见大势已去，就和女营剩下的士兵一起跳到早就准备好的干柴上，一把火让她们的身体和天京城一起消失了。

天王府里，傅善祥静静地服下毒药。这个被人称为太平之花的女状元，听着湘军杀人的声音，慢慢地让自己的灵魂回归了天国。

公元1864年7月19日，天京城被清兵攻占。

湘军破城之后，对天京军民进行了疯狂的报复。曾国荃纵兵烧杀抢掠，太平天国经营了十余年的天京，数日内便成了一片废墟。

天京破城之后，李秀成舍家别母，保护着幼天王冒死突出重围。混乱中，李秀成与幼天王被冲散了。后来幼王

中华藏书

大清十二帝·最新整理珍藏版

逃到了洪仁玕那里，李秀成因老百姓告密被俘。

李秀成被俘后，曾国荃让兵勇割了他的腿和胳膊，一时鲜血淋漓，李秀成却神色自若，一动不动。

在曾国藩的囚笼里，李秀成写了数万言的《李秀成自述》。

李秀成在自述里详细记述了太平天国的历史及他本人的经历，总结了天国失败的原因，称为十大错误。并提出了搜集太平军余部归降曾国藩的十种办法，称做招降十要。他以为曾国藩会因此放他一条生路，以图东山再起。可这个叱咤风云的英雄万没有想到，就在他写完《自述》的当晚，竟秘密地死在了曾国藩的屠刀下。

刀斧手挥刀的那一刻，惊飞了无数鸥鸟，与此同时，宽阔的江面仿佛凝固成一面巨大的镜子，映射着李秀成如柱而喷的鲜血。英雄倒下时，江面轰然炸响，继而又滚滚向东流去。

长江的流水记住了李秀成，记住了所有死去的英雄，轰轰烈烈的太平天国运动就这样结束了，便却在近现代史上留下了辉煌的一页。

第六章　捻军起义

一

　　洪秀全等人在广西掀起了轰轰烈烈的太平天国运动，对于捻党活动自然会产生有利的影响。《剿平捻匪方略》序中写道："当粤西初用兵时，皖、豫之间，伏莽即已蠢蠢欲肆，一二年后，日益鸱张，分股数十，贼圩林立。"《湘军记》也说："咸丰元年，广西寇起，豫、皖之间，奸徒窃发，南阳、寿州皆有捻患。"河南地方志载："咸丰之初，粤匪（即发逆）之乱，皖匪（即捻匪）与土匪蜂起。"《湖北通志》又道："自粤匪倡乱，群捻揭竿而起，受其嗾指，或分扰以掣我军，或前驱以助贼势，亡虑千数百股。"捻党活动更加积极了。

　　1851 年 3 月，河南南阳府属泌阳捻首乔建德率众2000 多人，以泌阳、裕州、舞阳、西平、遂平、确山诸州县附近路径丛杂深险的角子山为基地，从事拦路讹索、劫夺钱财，"掳人勒赎"，以致"道途梗塞"。5 月间，他们就抢掠富户十数家，杀毙事主 7 人。9 月，乔建德被捕，余部继续活动，随后又有 100 人左右落入敌手。次年 3 月，乔建德及其同党高起选、王国青等遭到处死。他们前后坚持斗争近一年之久。

同年 6 月，河南南召捻首李大、李二带领 1000 余人，出入山村，掠取财物，并同数百清军作战，李大不幸被俘。大致同时，唐县（今唐河）捻众 1000 多人，"肆行焚抢，几至围城"；邓州（今邓县）、桐柏、新野等地也有群众聚合结捻，或数十人，或数百人，进行活动；河南捻首陈舜漳、梁锤、李红、韩勇光、吴群等人在内乡、淅川、邓州和湖北均州（今均县）、房县、光化、襄阳等处出入，为清军俘获。

接着，安徽合肥高四八孜、寿州（今寿州）程六麻孜等结捻抗官，不久先后被捕杀害。寿州魏水烟头、张大炮等集结捻众，高树"魏大元帅"、"张大将军"的旗号，"每逢殷实之家，随时散帖，勒取钱文，谓之定钉，无论男妇大小，强拉人群，给钱放还"。随后，他们相继为官府捕获。庐州、凤阳、颍州三府的捻首其绰号为"太岁"、"金刚"、"阎王"、"老虎"等者，俱有抬炮、鸟枪、刀矛、器械，每逢村镇赶集，他们欲来，"先摆队伍、枪炮居前，刀矛在后，……一至村口，先放三炮，吓令贸易人等出钱，方肯过去"。这一年，安徽捻党攻入河南确山县城，打开监狱，夺取仓库，清朝官吏自知县以下纷纷逃窜。

1851 年至 1852 年（咸丰二年）间，皖北饥馑荐臻，亳州公记寺磨盘松村人龚德树，出身贫苦，聚集捻众起事，很快发展至 1 万余人，并请张乐行负责带领。

张乐行（1810—1863 年），安徽蒙城、亳州交界雉河集（今涡阳）张老家人，出身于地主家庭，家有良田 500 余亩（一说三四顷），后来兄弟分家，他得一顷多，曾经开过粮食行、杂货铺、糟坊（烧酒作坊）、宝局（赌场），"为人宽厚和平，极重义气"，"交游广，朋友多"，急人之急，慷慨疏财，"江湖亡命多依之"。道光、咸丰之际，当地灾荒严重，穷人前来他家求食的更多，门庭若市。由于投奔他的人多了，入不敷出，"家益落，辇私盐以食"。于是，他同捻众活动联结起来，并从一位盐趟主成为远近闻名的捻首。他遂率捻众进抵河南，在永城、商丘一带同地主团练老牛会打仗。据说老牛会开始是由地主牛庚组织的，所以有此称号，后来牛庚被杀，此会仍称"老牛会"，或曰"牛头会"，该会以白布裹头，也称"孝帽子会"，是一支凶恶的别动队。张乐行等捻党在与之斗争中，围攻永城。他们之所以将进攻目标指向此地，是同劫狱有关。原先，雉河集张老家人张德才与杨春、司马荣、张德全、张德元、高瞎子、张双老头、张德明、张好、刘亭、张义雅、刘百雅（似即刘白鸭）等 18 人，自北方保运私盐返回，路经河南永城，见田野上散牧羊群，便顺手牵羊而归。永城地主王超群等怀恨在心，借此挑起事端，再买羊群放牧，并对张德才等说："要是有胆量，再到永城来撵羊。"张德才等不甘示弱，再往永城撵羊百余只，王超群带人追赶，双方发生恶斗，张德才等失利，18 人被捕，投入监狱。张乐行、龚德树等为了救人，经过奋战，攻入永城，从狱中救出张德才等人。因此，他们逐渐形成自己的声势，如同《涡阳县志》所言："众依乐行自固，乐行声势始大。"

从 1851 年起，苏北及其与山东交界地区，捻众也很活跃。是春，李牛、袁驴等在江苏丰县许家寺庙劫取衣包银两，复于张家集行劫布物，因兵勇邀同王家庄人王清元等追捕而未成，随后他们火烧王清元等草屋，并将其打伤，又使王克礼伤重毙命，进行报复，李牛被清军捕杀。

7 月，陈荣宗、饶以勤等 40 余人组成一捻，号称"陈捻"，刘拉腿等 20 多人聚为一捻，曹兴荣等 30 余人又结一捻，随即"三捻合为一捻"，且临时邀集其他人加入，共有 100 多人，"时聚时散"。于是，陈荣宗等人在江苏邳州（今邳县）附近土山集、张家集向各铺户分别讹得钱 150 余千文和 120 千文，且于宿羊山抗击清军。8 月，刘拉腿等人在聚山等地绑架两人，索取钱 80 千文、劫牛 3 只卖钱得 40 千文，饶以勤等人执械于沙字社搜劫衣物骡马卖钱。9 月，陈荣宗、饶以勤等人各持枪炮在八岔集掠得钱 10 千文与大钱 800 文，并同清军开火，击伤差役，而陈荣宗当场身死，饶以勤随之被捕；曹兴荣等人带着枪棍在铜山汴塘纪家渡劫得钱 35 千文。

就在此时，山东滕县人夏三等闻黄河丰北决口，起意结捻，聚合王小二以及来投的袁驴等 30 余人，各带枪械至江苏萧县杜家集、永丰集劫取银钱衣物。10 月，他们驾船往铜山、沛县抢夺钱物。不久，曹兴荣与夏三等被捕，同饶以勤等共 14 人为清朝当局所杀害。次年 6 月，刘拉腿、聂士义、张有才、王小二等人也遭捕杀，刘凤林等人被捕后受到惩处。

由于这股捻众遭受清朝当局的缉捕，袁驴等人在 1852 年 3 月投入皇甫吉所组之捻中，后来他们相继于丰县、河南虞城等地劫夺银钱衣物。7 月，袁驴自行结捻，集合 18 人，继而向江苏铜山乡村铺户强借钱文。11 月，袁驴与皇甫吉等又聚集一起，驾船在铜山抢夺当铺财物；与之合伙的王宗岳（即王瘸子）等往砀山劫取衣物。12 月，王宗岳等十余人自行结捻，各带刀械，接连于丰县、砀山行劫钱文衣物；随后，他们又在砀山、丰县等地劫夺银钱衣物多起同年 12 月，张信沅起意结捻，聚有刘安太等 15 人，在砀山讹索过路客车得钱四五千文；接着，他们从附近地方的富户与殷实钱铺中劫得银两钱票衣物。这些捻子除皇甫吉等逃逸外，不久大都为清军捕获，袁驴、王宗岳、张信沅等被处死，刘安太等充军。

1852 年夏，徐州一带素习拳棒、已经活动多年号称将军的捻首徐四同其子徐庭篙、徐庭放领众继续在山东、河南、安徽一带进出，捉人勒赎，被清朝当局捕杀。同时，捻众梁随、梁鹤年、耿赢子、陈全等 20 多人，在河南新蔡与安徽阜阳接壤地方活动，为清军所抄袭，梁鹤年等被捕。10 月，山东捻众靳豹等 100 余人进入江苏邳州铁佛寺地方，被清军堵击，遂即折回郯城抵拒，5 人被捕。

几乎同时，山东又有捻众至郯城与江苏海州交界的马陵山区活动，且入海州博望镇讹索银钱，沿途有人被捕，进抵阿湖镇附近，又遭到清军夹击，死亡 2 人，被俘 27 人。

11 月间，河南永城胡庄人曾充县役后在李家口、岳家集聚众活动的冯金标即冯震（绰号"老捶手"）同张凤山、安徽亳州宋洪占、陈赶生、邓作仁、尹甲、王怀山、孙五楼、倪中平、朱天保、蒙城胡化众、张狗、史鸭、陈小爱、江怀勤、凤台刘洪立、王之重、宿州（今宿县）李殿元等 18 人各自结捻，号称"十八铺"（即十八股，一铺就是一股），约有 1000 人，拥张乐行为首领，在雉河集普济桥畔山西会馆"祭旗起事"。他们出入于蒙、亳之间。

这一年，捻首邓鸭、刘四、牛造等聚众数百人在亳州义门集起事，活动于亳州、太和一带。邓鸭被知州马新贻擒获后，所部捻众于 12 月转至河南鹿邑，在白马驿、试量集等地"剽掠"，被该县兵勇击败于张寨，遂折往宁陵、商丘。

同在 12 月，江苏沭阳、宿迁与山东兰山、费县交界处，有姚广明、史大、丁自省、张池节、庞经臣、于计彩、李馨化、范秉须、马和尚等一批捻子活动，遭到清军的击杀与逮捕共八九十人。

1853 年 1 月，河南、安徽、江苏、山东边界地方，陈四、陈二、耿金豹、邓七等结捻活动。耿金豹及其同党数人曾被河南虞城知县逮捕入狱，陈二随即纠众冲入该县，索取耿金豹等人，又强借银两，知县畏惧，只得将人与银两都交出来。他们进至山东曹县、单县一带，且同江苏丰县皇家楼捻首皇甫棠（绰号二先锋）等联络一气，皇甫棠所部捻众甚多，分布在水陆各处要隘，屡同清军周旋。

二

太平天国运动从珠江流域扩展到长江流域，且在江南地区建立了自己的政权，震撼了清朝的腐朽统治，清朝"天下岌岌不可终日"，"中外诸臣，纷纷告假"；也鼓舞了包括捻党在内的全国人民的反抗斗争，尤其是攻占安庆后，太平军释放监狱中有正被查办的捻党在内的"囚犯"，并每人授以一刀，鼓动反抗，对捻党的影响比较直接，有的起事就是被释人员发动的。

在长江以北至黄河流域的辽阔地区，捻党闻风而起，积极响应，近在皖北的捻党更是如此。兵部侍郎周天爵奏道："自发匪（指太平军）披猖，叠陷楚皖省城，所有江北一带、黄河南北闻风响应者，结成大股捻匪，或数百人，或千余人，肆行抢夺，杀人放火。"他又奏："皖省自安庆失守后，土匪闻风四起，宿州、怀远、亳州、蒙城、灵璧等州县尤多，著名捻匪聚众抢劫。"三品卿衔袁甲三奏言："颍郡捻匪因正月间粤匪攻陷安庆，人心惊惶，奸徒到处煽惑，愚民从而响应，纠众焚掠，视为故常。"地方志也说："贼（指太平军）势猖獗，越湖南陷武昌，抵九江，江北震动，雉河集一带民心思变，加以饥馑，匪徒乘衅而起。"又云："粤逆陷安庆，淮南北不逞者群相煽诱"。方浚颐记载其家乡皖北定远一带情况时写道："一旦闻金陵失守，人人思乱，劫掠肆起，道途梗塞。"河南巡抚陆应穀奏言："据永城县吕赞扬（该县知县）禀报，安庆失守后，宿、蒙、亳、寿等处捻匪蜂拥四起，不下二三十股，人数多寡不等。……查永城县与安徽亳州、江南砀山、萧县毗连，为豫省东路门户。现在发逆窜入江皖，该处相距甚近，防堵吃紧，乃复有捻匪乘机蠢动，潜入滋扰，深恐勾结为患。"他又说："豫省归德、陈州、光州皆与皖省接壤，又时有捻匪出没。"工部侍郎吕贤基上奏："自安庆失守后，匪徒蜂起，肆行劫抢。""贼匪已满浦口（指太平军初至南京时），淮（江苏淮安）、徐（徐州）乱民猬起。"《山东军兴纪略》载："（咸丰）三年春，粤贼（指太平军）陷江南，北方震动，土寇果炽。"

可以看出，皖北、豫东、苏北、山东等地的捻党和其他农民起义军纷纷集结起来，展开斗争。其中捻党主要采取了如下一引起战略措施：

1853 年 2 月，捻党冲入安徽合肥县署，劫夺被捕在狱中的一百数十人，破械而逸，这些人遂成为捻党的骨干力量。同月亳州捻首刘白鸭率 100 余人，进至河南永城裴桥活动，杀死曾经为敌的地主王超群等 30 多人，永城知县吕赞扬带领兵勇 400 名前来搜捕，被他们击败，退至龙亢集监生崔峰家，又受围困，崔峰许给他们钱八百千文讲和，于是吕赞扬才得逃归。

同月，蒙、亳之间的"十八铺"捻党打败蒙城知县宋维屏、守备赵应试所带兵勇，俘获宋维屏，逾日释放。颍州知府毛含煜便率军前来围攻，追至雉河集，捻党走避。旋因太平军攻下安庆和南京的消息传来，清军立即各自遁回，防守城市。在张乐行带领下，捻党遂重新集结，人数增至数千人，控制了涡河、沱河流域。

3 月，江苏萧县张山集地方有大批捻众开展活动，清朝道员王梦龄派出兵勇 250 名前往弹压。同月，山东金乡县羊山"聚匪数十百，东至济宁，西抵单（县）、巨（野），南连鱼台，北暨嘉祥，数县间昼伏宵动，劫夺居旅"。这些群体可能就是捻党，或者其中便有捻党。

同月，安徽灵璧捻首刘增谦与泗州捻首李三闹（即李兴青）各聚数百人，在灵璧会塘沟夺得米车，将米粮散发给受灾无食的贫民，又于孟山至渔沟地方从事斗争。

3月14日，安徽临淮磨盘山捻众数千人至河南永城薛家湖地方活动，同归德府知府陈介眉等所部兵勇接仗，阵亡50余人，被俘200多人。同月，豫东捻众1000多余人入虞城县大杨家集等地，和总兵崇安、道员林扬祖、陈介眉等部清军作战不利，折回商丘、永城边界马头寺，再战受挫，牺牲280多人，被俘26人。

3月中旬，河南鹿邑捻首朱效先与安徽捻首王万等领众数百人，自安徽太和至鹿邑南丰集，为当地地主武装所阻。4月上旬，朱效先等转至白马驿，准备反击，又受挫折，王万带领数千人赶来相助，仍然不敌，退往沘河集。

3月，安徽定远捻首陆遐龄起义爆发。陆遐龄，安徽定远荒陂桥旗杆村（今长丰县沛河乡旗杆村）人，武生，地方上的财主，耿直大方，乐善好施，同邻近瓦屋刁村倚仗财势称霸一方的土豪刁宗葛的土地仅有一沟之隔，界沟上有座小石桥名叫经济桥，陆家造圩缺一块石板，就派人到经济桥上去抬，刁家不许，双方争执不下，动起武来，互有伤亡，刁家更重，遂向官府告状，结果陆遐龄与刁宗葛均被逮捕，押入省城安庆监狱。陆遐龄长子陆聚奎，"弓马娴熟，有膂力，乡试几得复失"，自陆遐龄入狱，"郁郁思逞"，准备反抗。太平军攻占安庆后，陆遐龄获释，投入太平军，旋太平军"令归结党为北路应"，遂回定远家乡，曾作诗抒怀："沧海桑田一微生，历来林同与庶民。官贵徇私洪拯吾，立志酬王济贫人"。诗中之林指他本人，认为自己不过是沧海桑田中一个平民，和其他劳苦群众完全一样，表示憎恨官府的徇私枉法，而对太平军的救命之恩感激不尽，立志报答天王洪秀全，反抗清朝，赈济贫穷百姓，随即招兵买马，"建立随天大王百战百胜等旗"，自称帅主，率众于荒沛桥、李家冈、左家店、戴家店子等处起事。《蕉轩随录》载道："遐林自狱中逃归，自谓时事多艰，官如木偶，起意揭竿啸聚。"

他们与饥民联合，人数很快扩至一二万人，以陆继恩为谋士，陆聚奎、陆良奎、陆双龄、吕恒祥、刘大夯、罗裁缝、杨裁缝、傅金山、傅金存等为主要战将，在朱家湾、张桥等地活动，"焚烧驿号，抢劫质库，附近村庄掳掠殆尽"。他们将所得粮食平分给百姓，"众呼之陆王，淮上大震"。定远知县郭师泰带领乡兵，前往拘捕，被打得大败，"抱头鼠窜"。他们还攻破先被释放回家的刁宗葛的圩子，刁宗葛逃至近邻的曹家荒地，被逮住砍头。

3、4月间，安徽合肥梁园西北有谢家大户，族中有千余户人家，聚集群众，联络十余村庄，以谢四老虎谢珍科为首，"抢劫焚杀"，得知官府前来搜捕，"逃散一空"。与此同时，捻首陈学曾、纪黑壮等聚众4000余人，屯聚阜阳王市集，屡败清军，声势颇大。

各地捻党奋起斗争，使震慑于太平天国运动的清朝政府更加惶恐不安。是年3月，为了加强对捻党的镇压，清朝政府以工部侍郎吕贤基督办安徽团练、兵科给事中袁甲三为帮办、同办防务的周天爵为署理安徽巡抚和巡抚，寻改为以兵部侍郎衔办理安徽防剿事务。周天爵随即在宿州设立行营，专攻捻党，采取毒辣的两手策略：一面用利诱笼络手段竭力招降捻首，促使冯金标等先行赴营投降，又派其长子至雉河集，"尽赏顶戴"招抚张乐行，令其协同进攻定远捻众，张乐行一时动摇，接受招安，率领数百人守卫宿州，"仍桀骜不用命"；一面用极其残酷的手段大肆屠杀捻众，先捕杀淮北捻众牛文礼等598人，又策划攻打定远捻众。

关于张乐行是否接受招安之事，说法不一，需再加以考释，情况如下：张家后代说他因其妻杜金婵极力反对，"拒绝投降"。由于后代往往隐恶扬善，这一说法应有其他确凿材料作证才能判断可信与否。而当地群众提供的材料各不相同，有的说，当周天爵前来劝降时，张乐行只是酒饭招待，"并不接受"，其中传奇色彩颇浓；有的说，张乐行曾经投降周天爵且往衙门充当"盐警"。从有关的史料包括官方文书看，如《两淮戡乱记》、《重修安徽通志》、《蒙城县志书》、《涡阳县志》以及《剿平捻匪方略》等均有投降记载，此事难以否定。

4月上旬，周天爵命游击刘玉豹、寿州知州金光筋等分路前往定远，枪炮齐施，进行攻击，焚毁捻党的据点左家店，4月12日在庄木桥又生擒陆双龄、陆继恩等十余人，陆遐龄等退至寿州甘罗庙，清军跟踪而来。4月16日，陆遐龄及其子陆聚奎等不幸被捕，随即于炉桥大寺巷后的温家土地庙（今炉桥镇街北）惨遭杀害，据说他的另一个儿子陆良奎得脱，继续抗争。陆遐龄起义虽被扑灭，但牵制了安徽的清军，有利于太平军在江南一带的进展，对捻党奋起斗争也有推动作用，还影响了后来的农民起义。

在镇压定远捻党过程中，周天爵屠杀了捻众1000多人。可是，这并没有吓倒捻党。定远捻党失败不久，张乐行等"以饷项无着，遣散归籍"。返回雉河集后，他们重新开展活动，"居民从者愈众"。

在太平军进向江南的影响下，捻党跃跃欲试，其活动积极异常，并且大大增强同清朝兵勇的武装斗争，从而加速了自身向捻军的转化进程。自1851年开始的这个转化进程至是完成，为大规模的武装起义作了进一步的演习。

三

在半年不到的时间里，北伐军从扬州至天津，经历了江苏、安徽、河南、山西、直隶等五省，长驱北上，进展神速，这既猛烈冲击着清朝的腐朽统治，也直接触发了捻军的广泛起义。

《涡阳县志》载道："粤匪到处仇官而不害民，市不易肆，凡藏有印信公文者杀无赦，革新潮汛，渐染渐深，匪胆愈壮。"又说："时州县无官，匪始蜂起。"清晰揭示，太平军攻城夺地仇杀官吏的抗清行动，如蒙城知县宋维屏就死于太平军刀下，州县没有官吏，更加激励捻众的斗志，使其胆气愈壮。因此，他们的反抗斗争如火如荼地展开了。

5、6月间，皖北沿临淮至亳州等地，捻军的义旗到处飘扬，他们纷纷跃起响应，迎接太平军北上。6月7日北伐军进至雉河集后，以张乐行为首的"十八铺"捻众重聚于该地北面山西会馆，歃血为盟，竖立黄旗，号召贫苦农民起义。不久，宿州、蒙城、亳州、永城交界处捻首邓六、李月在雉河集一带聚集1000余人，开展活动。8月，捻首马老虎于雉河集埋伏二三千人，同清军作战失利，马老虎战死，另有捻众四五百人从后路包抄清军，也被击败，共计阵亡400多人。

阜阳地区捻众更多。10月13日，周天爵奏道："匪（指捻众）多如猬，大小各股，不下三万余，且皆本籍之人，道路熟悉，出没无常"。4天后，周天爵病死于阜阳王市集。这个酷吏是捻军的凶狠敌人，残忍异常，在皖北"杀人遏乱，河水尽赤，断残塞道，豺虎厌肉，岸无不悬头之树，树无不悬头之枝，远望离离，骡马望之返奔"；而且招抚一部分捻众进攻另一部分捻众，使捻众大受其害。他的死去，给捻军的发展，提供难得的机会。清方记载："贼侦知益肆，团练无主，地方窘甚。"事实的确如此。

周天爵死后，阜阳、亳州等地捻军立即乘机"合五十八股为一捻"，树起"兴国天子"、"齐天大圣"、"替天行道"、"八卦"、"飞龙"、"帅字"等旗号，且以马和尚、陆老凤、江邦位、武大僧为首领，称"四大天王"，扩大队伍，学习太平军，加强活动。10月23日，捻军三四千人在阜阳、亳州交界的孙村店"焚掠肆扰"，袁甲三、颍州知府张清元等派兵前往镇压。10月25日，清军败捻军于高公庙，捻军退往雉河集。11月5日，清廷授袁甲三三品卿衔，命他接替周天爵办理剿匪事宜。

从雉河集返回的捻首邓大俊（即邓大王）在附近标里铺集合邓天儿等30余人"沥血为盟，约定每人招集一百人，誓与官兵死斗"，被袁甲三派部围捕，邓天儿等落入敌手，邓大俊避走亳州南境蒋家老庄，也被捕获。11月12日，捻军2000多人在雉河集外八里庄为清军所败，捻首孙重伦等被俘，清军占据雉河集。次日，捻军400多人又于附近临湖铺作战失利，捻首宫步云等被捕。11月18日夜，捻首马九、陈建中等在近邻马家柳林村被清军捕杀。12月22日，捻军2000多人在亳州以南白龙庙同清军作战，损失300多人，遂转至蒙城西阳集。同月，武大僧与捻首刘洪立集合六七百人进抵蒙城北关，可是，武大僧和刘洪立却被袁甲三所遣委员徐晓峰、蒙城知县刘瀛阶诱至城内逮捕杀害。至于其他三大天王马和尚、陆老风、江邦位等则在此以前不久也为袁甲三所捕杀。颍州铁里营捻首张大领等聚众三四千人，分头埋伏，对付清军，1854年2月，同参将朱连泰所部清军战于成福寺。捻军出动一千多人狙击，又以二三百人围抄，未能取胜，阵亡一百数十人，退过涡河，夜间派出五六百人往劫清营，因敌有备而未成，鏖战逾时，凫水过河，但受截击，敌人且架浮桥过河穷追，捻军又损失400余人。风台芦沟集人张茂于11月间在家乡聚集捻众起事，称西怀王，占有怀远、风台之间数十个村庄，人数达七八千人，大败团练，围攻怀远县城，12月，被袁甲三所派游击钱朝举与知县朱镇等打败，张茂头部受炮伤，回归风台。总之，当时蒙、亳等一带地区，"捻首儿难数计，或领数千人，或领数百人，或领数十人，争雄称长，时分时合"。他们"揭竿竖旗，并有攻扰颍、庐两郡城之意"。淮北其他地区也是如此。《山东军兴纪略》写道："泗（州）、灵（璧）一带土匪四起应贼（指太平军），如麻如猬"。

河南捻军也相继发动斗争。时为河南地方官的郑元善说："发逆之北犯也，楚氛既恶，密迩豫疆，豫中不群逞之徒啸聚崔苻，名曰捻匪，即俗所称红胡子也，四起而为之应。"6月，捻首张三、刘疙疸等招集1000余人在河南项城一带劫夺财物，又至沈丘宜陆店等处焚抢。7月，捻首刘元吉等由鹿邑至沈丘、项城交界的槐店（今沈丘）活动。随后，两部捻军联合一起，8月18日在沈丘刘庄店同清军作战，次日围攻沈丘县城，击伤知县冯谏，却为总兵经文岱、署理副将春明、参将庆瑞等所阻而退。8月20日刘元吉在沈丘柏树林地方被捕遇害，而刘疙恒等复聚众至项城新桥、娄堤店等处活动。7月，离开周天爵军营的捻首李月、冯金标等在永城赵家屯"聚党竖旗，众复数千"，其中有周天爵行营散勇加入，"势欲攻城"。7月14日，当未及渡过黄河的北伐军南下西平时，确山捻首雷六率众响应，但北伐军急于南撤，没有与捻军密切合作，只是命令雷六等"在南（阳）、汝（宁）间多破城邑，至秋当复来，授以官"。雷六等于7月19日至桐柏黄冈活动，击毙前来镇压的署理桐柏知县潘树霖，遂同信阳捻首王东与汝阳捻首刘文明等部联合。7月28日，雷六等捻军会同当地群众共二千数百人围攻正阳县城，竖立旗帜，枪炮俱备，旋被守城兵勇打退，雷六率300多人回到确山。

也在7月，息县捻首任二皮等会合安徽阜阳捻首李士林等进入固始境内从事活动。9月，李士林派其管账徐体送给前来围攻的总兵柏山7000两银、署理光州知州赵登畯3000两银、息县知县陈棠2000两银，进行贿赂，使他们得以避过难关，潜伏下来。是冬，同李士林一道的捻首任二皮在固始朱皋集遇害，李士林等转至阜阳方家集继续活动，旋"竖旗祭炮"。这支捻军的内部组织是："盟主"为李士林，"谋主"为任莼学（似即任二皮），下有东南西北路元帅，分别为丁心田、易添富、李凤岐、刘结大，另有张全义、朱鸣义等头目，名义上充当河南光州、息县"总役"，但"为之腹心，以图内应"。他们同太平军取得联系，有其书信多件。

同年7月，家居固始老楼的捻首李昭寿为安徽霍丘三河尖捻首薛之元（即薛小）等揭竿而起，集众数千，在固始、霍丘边界一带活动。

约于此时，虞城也有大批捻军在县城周围展开斗争。夏邑捻首骆举率1800余人于8月12日进攻县城，为知县徐本立等所败，骆举等300多人阵亡。9月5日，又有捻军2000余人乘夜进夏邑境，将要攻城，被徐本立所部兵勇截击，牺牲200多人。9月12日，虞城马牧集（今虞城）、牛王堌等处捻首宋喜元，集结队伍1000余人，趁虚夜袭夏邑县城，而徐本立却已事先知悉，设好埋伏。因此，捻军攻城受挫，损失不少，只得退回。接着，捻首骆三群等在夏邑张家花园活动，也为徐本立率前典史周为芬等所镇压，骆三群等被俘死难。

是秋，信阳"境内捻匪四起"。随后，该州厉麻子等捻军数百人，进入邻近的罗山县活动，"讹索钱文"。

苏北地区捻军同样有活动。5月，邳州、铜山与山东峄县、兰山交界处，有周恒修、柳汉漳等捻军四五百人集合抢夺，并于邳州李家集、大同山等地同清军作战，周恒修、柳汉漳两人先后战死。是夏，张大然、黄振路各自纠伙数百人在铜山、邳州境内驾船往来劫夺，被清军镇压。在海州（今连云港市西南）、沭阳之间，捻军连续活动，这一年冬，以陈玉标、乔凤来、朱广渊、刘雪得等四人为首，聚集数千人，树旗抗争。

山东主要是鲁西南地区，捻军及其他农民队伍十分活跃。李效普等三四百人起于城武、巨野之间，史曾成等起于曹县，金庆等起于菏泽、定陶与直隶东明、长垣（两地今属河南）边界一带，赵大全等起于巨野，尹望等起于嘉祥，范虎等起于定陶，蔡勋等起于郓城，张景杭等起于山东、江苏边界，这些起事的点点星火，尚来不及汇集一道，便为清朝当局所扑灭。7月，唐孝林等起于博山，被知县周仲喆等捕杀，余部投入幅军。8月，河南虞城的杜三元等1000余人进入山东单县活动，为当地清军所阻。10月，周大中等起于菏泽沙土集。11月，李年等数百人起于濮州；萧克振等1000余人起于德平（今改为镇）重兴镇、于合庄、白家集，并至直隶宁津边境、山东商河西北、乐陵西南活动。自11月至次年2月，茌平、东阿、阳谷、聊城、曹州、荷泽、郓城等地农民相继起事，"多者二三百，少仅百余"。其中，12月至次年1月间，城武赵家集捻首王小二在菏泽等处聚众活动，被菏泽知县童正诗、署理城武知县陈应元所部兵勇打败。

在短短几个月内，皖北、河南、苏北、山东等地捻军的反抗斗争此起彼应，连续不断，武装起义的星星之火迅速燃成燎原之势。他们同清军作战，围攻城池，杀逐官吏，并且打击豪绅地主、富商和高利贷者，夺取粮食财物。这表明捻军的斗争仍然以解决生活困难为主要目的。

四

由于北伐援军北上的推动，加上北伐军坚持苦战的作用，捻军斗争逐步展开了。

在安徽泗州聚众的捻首李三闹于1853年春曾带数百人至苏北扬州投入江北大营，领乡勇进攻太平军，充任守备。12月，当江北大营吃紧时，他便率溃勇1000余人沿途劫掠，逃至灵璧、泗州交界的高家集，树旗招兵，修筑上城，其口号是："一牛一驴你种田，瓦屋楼台少咱钱，无产穷民跟我玩。"1854 年 1 月 29 日，他率领 3000 多人同举人臧纡青、睢宁知县高丙谋等所部清军战于附近大李集，阵亡 400 多人，后率所部参加北伐援军。

北伐援军过后，皖北阜阳、亳州一带捻军纷起。清方奏报提到："粤匪窜扰后，突有捻匪纠约啸聚，到处响应。"白莲教首领兼捻首张捷三早在 1853 年 12 月就聚众起义于亳州义门集，清军曾来围攻，虽使他们遭受不少损失，但未能镇压下去。这时捻军进一步展开活动，张捷三称太平顺天王，王德兴称兵部大都督，同聚集亳州、蒙城、河南永城一带及其他地方的捻首合为大股，迅速发展至一万多人，以义门集为总基地、临湖铺为分支基地，树起太平天国金四正将军旗号，以夏拴为东路总兵、尹球为西路总兵、刘玉渊即刘狗，又称二老渊为南路总兵、尹龄为北路总兵、刘老渊为中路总兵，并张贴告示，号召人民起义，气势颇大。袁甲三闻知，派营勇张义斗离间张乐行与张捷三的关系，复遣同知朱经屏、县丞徐晓峰、参将朱连泰等督带兵勇，在道路要口安设枪炮，并于 1854 年 4 月 2 日袭击监湖铺。捻军立即出队 3000 多人抵抗，结果不利，阵亡 300 余人，后退义门集。清军进至雉河集，雉河集与义门集两地捻军"声息相通"，该地捻军 1000 余人也退往义门集。4 月 7 日晨，捻军近万人排列 10 余里自义门集向雉河集敌营进攻，"枪炮极多，子落如雨"，清军分三路迎战，施放连环枪炮。捻军又分兵两股抄袭清军，准备进行围裹，"自辰至午，鏖战两时之久"，仍然失利，阵亡 200 余人，遂且战且退，又牺牲七八百人，王德兴、夏拴、尹球、尹龄、刘老渊等也丧生，于是撤回义门集。清军追来，破义门集，张捷三中炮身亡，余部由刘玉渊带领，退往寺儿集、观音堂等处，坚持斗争。

约于 1854 年 4 月间，凤台捻首张详、陈凤翔、张茂等集结三四千人至怀远西乡枣木桥等处，打败当地团练，声言进城报仇。袁甲三即命游击李成虎及署理凤阳知县姚德宾等带领兵勇 1500 名赶往该处防堵，捻军便退回凤台黄家冈一带，在此迎战追来的清军，张详等二三百人战死，力不能支，纷纷溃散，被清军追击 10 余里，陈凤翔等 100 多人又阵亡，只有张茂等得脱，避走定远、寿州交界的戴家集一带，同捻首吉学盛、陆早魁、汪履详等集结队伍，以便对敌。4 月 11 日，寿州知州金光筋带领兵勇由马厂集进犯，先捕杀汪履详等，到达戴家集附近，夺得捻军三处据点，捻军经过力战，杀伤一些敌人，才向东撤退。随后，他们在寿州、定远等地组织队伍 30 余股，聚众八九千人，拟攻定远县城。袁甲三得讯，即委庐凤道张光第带勇数百名至定远助守，又派清军 2000 多人于 6 月 19 日进攻捻军据点余家湾，未能攻破，7 月 14 日再行围攻，仍不能下。随后，清军继续进逼，并击败附近赶来援救的捻军，9 月 11 日晚趁势攻破余家湾，扑灭该地捻军。

同年春，与李士林有过联系的捻首陈玉率部在安徽霍丘河口集活动，并击毙前来镇压的霍丘署理知县徐毓宝。6 月 24 日，颍州知府陆希湜督率兵勇进行围攻，捻军损失六七百人；7 月 17 日，陈玉等在洪家集抗敌，又有多人战死。次日，他们在三元店阵亡数百人；7 月 19 日退至唐家楼，被四面围困，陈玉等数百人全部死难，总计前后共牺牲 1000 多人。

1855 年 3 月 26 日，亳州捻军 1000 余人从清军船上截夺炮位与饷钱，打死外委齐东兴和练总宫耀廷，复集数千人，准备围攻亳州未成，返回西南高公庙一带，又折至西阳集，拟乘夜劫清营，以敌有备而退。4 月 10 日，他们在泥台店（即泥秋集）同河南候补道张维翰、陆希湜作战失利，损失 200 多人，次日，于麻种集再战又败，旋退往刘家集一带。

由于北伐援军的影响，河南捻军"乘间复起"。北伐援军攻占河南永城后，代理知县傅锡纶弃城逃遁，当地李月等捻军4000余人起而响应，1854年3月10日入据县城活动，旋即退出。接着，居于亳州的永城西南苏平寨人苏天福也乘机率捻众起义。他兄弟三人，有两个弟弟，家里"土地不多，起义前曾经贩过羊，开过粉坊，卖过油，是农民兼小商人出身"。他先在皖北、豫东边界地区结捻，聚集力量，并同张乐行、龚德树等相互串连，参与永城劫狱事件，如今揭竿而起，所部很快于3月23日占领永城，可是，当地地主豪绅桑殿元等纠众抗拒，"互相焚杀"。统办归陈团练署理太康知县祝垲闻知此事后，随即纠集团练5万多人，一同祭旗，旗上大书："齐心协力，敌忾同仇，上报君父，下救水火"，"救灾恤邻"，以张声势。4月5日，他率勇至永城镇压。4月9日，苏天福等捻军3000多人在裴桥以北列队迎战受挫，阵亡1000余人，返回亳州，祝垲的练勇和永城一带的地主武装"老牛会"跟踪而至，大肆烧杀抢掠，《豫军纪略》曾言："斩杀过当，所焚村庄屋舍甚多"，连一些地主分子也不能幸免。因此，当地地主士绅以复仇进行煽动，两地矛盾进一步激化。清方奏报云："祝垲率勇往剿，不问良莠，概予焚杀，自是南北相寻，几成不解之仇"。这样，捻军的反抗斗争被涂上一层两地仇杀的悲剧色彩。永城团练"时以搜拿苏添幅为名"，进攻亳州，亳州人们也支持苏天福予以反击，苏天福聚集的群众比以前更多，力量得到扩展。此即有名的"苏天福事件"。

祝垲返回太康后，苏天福联合亳州捻首张文德、岳本初和永城捻首贾周等，聚于永城贾庄活动。5月25日，祝垲复率勇分两路抄袭贾庄，捻军向东南撤退，阵亡50余人，张文德、贾周等被俘遇害。苏天福又同亳州捻首王大柱即王秉善等集合捻军 2000 多人在永、亳交界的耿黄寺，宣称北进。5 月 29 日，祝垲等 2 万余人分四路杀来，捻军南退，祝垲等跟至亳州张家店，杀害捻军 100 余人，复追至夏张桥，岳本初等被捕杀。

袁甲三获悉上述两地仇杀与捻军活动，认为必须向有关官绅开导疏解，以集中力量对付捻军，便致函河南巡抚、按察使、永城知县与祝垲，并派人前往处理，祝垲没有回复，又在事情将成之际，率领团练进入亳州焚杀，使亳州复遭损失，旋经安徽巡抚转咨河南巡抚英桂，将其撤回。而永城地主士绅仍然常在边境捣乱，苏天福等捻军的活动也愈趋频繁。于是，袁甲三向有关官员提出，对捻军"极力捕剿，无论永民亳民，不问其仇不仇，但问其匪不匪，俟匪势败而人心定，再为剀切劝谕，晓以利害，庶两境均可相安。"

正在此时，苏天福积极联络张乐行。张乐行自回归雉河集后，表面有所退隐，实则继续活动，"纠众竖旗，党与甚众"，以致"行旅断绝"，引起清方注意。周天爵密札蒙城知县刘瀛阶"阴图"张乐行，刘瀛阶便令人召张乐行，张乐行未去，没有上当。1853 年冬，他同刘洪立投充蒙城县役，引起城内豪绅的"恟惧"，张虎文之流办起团练与之对抗，12 月，刘洪立"复叛攻城"被"诱斩"，张乐行难以立足，遁回雉河集，又为清军与张虎文团练所败，只得重聚力量，同时与其他捻军一起支持苏天福。

1854 年 6 月 5 日，趁祝垲归去之际，苏天福与张乐行、亳州捻首王大柱、王天坤等率部一万多人，学习太平军，"持大旗"，"头裹红巾，身穿号衣"，自称王侯，树起旗号，与太平军"大概相同"，如张乐行称大汉永王、苏天福称太平王等，向永城进攻。6 月 6、7、8 等日，连下大王集、丈八集、夏莹、代莹、鄽阳集等处，随后抵洪河集，约会 47 捻捻首，商议大举进攻，8 月 22 日直破龙冈集、鄾县城（今鄾城）一带，次日到达浍源集等处，8月25日至会亭驿，徐广缙所部清军不战而逃30余里，枪炮尽失。捻军有力地打击了地主团练与清军之后，由河南胜利回到亳州新集、五马沟、大颜家集等地。

袁甲三施行毒计，遣人命令张乐行拿获苏天福"以表心迹"，而张乐行没有依命行事。因此，袁甲三派员设计诱擒张乐行，未能成功，遂命候补知府张家驹、朱连泰及张虎文团练往西阳集、雉河集、义门集屠杀捻军（如宋洪占等），并于亳州寺儿集打败苏天福，使捻军损失500余人，又继续搜捕捻军王大柱、王天坤等二三百人。清军退走后，捻军复行聚集，击杀团练，在安徽亳州张家集、阎字集与河南商丘界沟以至柘城老王集等地活动。

1855年春，清朝政府一方面出兵镇压，派河南道员张维翰，颍州知府陆希湜，亳州知州绣绂、张家驹、参将全喜等领队至泥台店攻打张乐行等捻军，使之稍为受挫；另一方面又趁机招降，由提出此议的宿州知州郭世亨饬耆老往说张乐行反正，许给口粮，且暗中准备"设计擒之"，张乐行与之接洽，但没有接受官方提出的以逮捕其他捻首作为"自赎"的条件，郭世亨的诡计未能得逞。5月，张乐行返回雉河集，会合亳州、蒙城、阜阳、永城等地捻首龚德树、韩奇峰、侯士伟、苏天福等，分五色旗，大举进攻蒙城。8月17日，他们在城南八里庄击败张虎文等所部团练，杀了练总武举黄霆万等20多人，趁势占据双涧集、移村集等地。9月1日，龚德树率1000余人前往陆希湜驻扎的庙集劫营，略有损失，张乐行立即集合四五千人再行进攻，又折损300多人，于是退回。

同皖北捻军联系的，有河南夏邑捻首王冠三等部。王冠三系夏邑三官集王楼人，武秀才出身，在地方上有些名声。1854年春，为了响应北伐援军，他与宋喜元等在夏邑各树旗帜，"分黑红白三色，多至数千人"，还至附近虞城马牧集等地扩充队伍，在同祝垲所部团练的斗争中逐渐强大起来。次年1月29日，龚德树率部自皖北进入夏邑活动，王冠三、宋喜元等部与之合作，"势大振"。从此，他们便开始联合作战。

1854年3月24日，河南沈丘、项城一带有捻首刘东举、荣魁元等1000余人在乡村活动，受到前署理按察使牛鉴所部兵勇的进攻，便出动七八千人迎击，打死打伤兵勇100余名，后聚于沈丘荣楼。4月14日，牛鉴督队再攻，捻军排队抵抗，但在敌人大炮轰击下败退，接着连败于李桥、韦寨，刘东举、荣魁元等被俘，400多人阵亡，10余据点受毁。

同年4月26日，捻首李士林率领所部捻军数万人进攻河南固始县城，且约李昭寿攻打商城，均被清军击退。李士林所部捻军的强大，引起了清廷的警觉。5月7日，牛鉴会同陆希湜、新蔡知县马笏乾等领军赶到距阜阳方家集30余里的华集，捻军乘其尚未列营，即行进击，没有取胜，折损100余人。清军遂分三路进攻方家集，捻军曾于夜间劫营又败。5月13、14、15日连日大战，捻军再次受挫，溃散五六千人。于是李士林遁走固始，再往息县乌龙集，在此隐蔽下来。因为他通过朱鸣义贿赂息县知县陈棠，一有动静，先为送信，所以清军屡次严拿都不能弋获。河南巡抚英桂遂咨会牛鉴会同陆希湜等合力兜击。李士林在息县难以立足，便领余部四五千人于11月3日到达罗山，旋抵青山店，在11月7、8日抗击清军之战中又失300余人，但打死把总任茂春，取道九里关进入湖北境内，接受兼署湖广总督杨霈的招抚，投降清军，并奉命带领其部数千人跟随孝感知县李殿华进攻太平军，但屡战屡败。在1855年2月16日的广济之战中，这个叛徒也死于太平军刀下。

随李士林入鄂接受招抚的丁心田后被遣散，便重新聚众数千人，在河南光州、息县一带活动，遭到总兵邱联恩的追捕，损失600多人。1855年1月4日，丁心田落入邱联恩与固始知县蒯贺孙所率兵勇之手；寻李风岐也为清军所俘，两人俱被杀害。

李士林死后，易添富、朱鸣义等带领着其溃散的部下，自鄂回豫，经过汝阳、正阳、确山、息县等地，沿途吸收捻众充实队伍。1855年6月4日，他们聚于息县乌龙集，击杀来捕的光州州判汪兆琛；6月6日在任家堰再败署理光州知州周泩、都司汪长清与代理息县知县刘宗岱等部，打死打伤兵勇甚多。其时，曾经活动多年的罗山捻首赵廷群集结数千人，并联络息县捻首刘龙等部，前来相助。因此，易添富、朱鸣义等所部捻军的力量更大。6月9日，他们占据息县县城，击伤刘宗岱，刘宗岱“中枪坠马”，“兵马四散”。捻军入城后，释放狱囚，夺取仓库。接着，他们围攻光州两昼夜未下，转占光山县城。南汝光道边浴礼与邱联恩随即督军追来，捻军不敌，6月21日夜退出光山，西走陈家寨，继续抗击，又走罗官店、忠心店，至罗山河口寨，被署理知县郑元善部截击，复回息县境内，为兼理知县耿潜修部所败。林其贤等往息县包信集，聚合失散之众，声势再振，易添富等转至阜阳艾亭集、息县长陵。6月28日，邱联恩分兵三路围攻包信集，林其贤受伤被俘遇害，余部突围走李庄桥、三义庙、庙，一路连遭阻击，7月7日退至马邓，被清军追及，损失略尽。不久，朱鸣义、易添富分别在新蔡境内、汝阳洪庙为清朝当局所捕杀，赵廷群也被光山知县张绍英擒获，随即解往信阳杀害。

1854年3月5日，李昭寿所部捻军数千人围攻河南固始，被当地清军击退。4月26日，他们1000余人因被团练打败，自霍丘三河尖一带逃至河南商城东乡，在王家院墙地方遇到署理副将春明带领的500余名兵勇，遂退往酆家集进行抵抗，伤亡100多人，当夜三更，分成两队围攻清营，杀了春明等官兵多名，聚于卜家店。不久，他们受署理光州知州赵登峻所率兵勇的围攻，战死与被俘近百人，便逃匿豫、皖交界青锋岭，复纠队进入商城、固始境内活动，得到光山捻军的接应，且潜回霍丘，联络安徽捻军，集结2000余人，于7月11日直抵商城，攻打两昼夜，为代理知府刘宗岱和在籍绅士周祖颐等带领的兵勇所阻，损失三四百人，且见顺天府尹杨霈从光山派兵来救，始行撤退。他们转至霍丘东南乡，又被商城追来的兵勇与赶到的固始知县蒯贺孙、都司何春元等部兵勇围困，牺牲1000多人，余部四散，退往叶家集，该地复遭清军焚毁。

次年9月，李昭寿在霍丘、六安边界的寨基山、莲花山等处围筑土城。10月18日，他们自牛皮疃进至霍丘攒板冲地方，拟劫清营，被练勇击败，次日再战又败，第三天战于石牌仍失利，逃回麻埠。接着，四品卿衔王庭兰带领清军进攻麻埠，10月29日追至流波疃，将流波疃、寨基山等据点焚毁。李昭寿带着薛之元等退往英山、霍山。11月11日，他们一万多人包围霍山，却被已革道员何桂珍所带600名乡勇打败，退至麻埠，11月16日到流波疃，竟匿深山之中，半月不敢出，遂在流波疃接受招抚，领其部众6000人降清，后驻英山城外。

李昭寿等人，由于严重缺粮，"始什人赋面一斤，继而削减半之，既又半之"，忍受不了，深感有绝粮之忧，责怪何桂珍"无以活之意"，就在乡间到处抢掠。正在此时，李昭寿的同伙马超江突然被人暗杀，凶手未获，李昭寿十分不满，要为之复仇，"设位受吊，捻党毕集"，这使河南、安徽的地方官吏大惊，纷纷以他复叛上奏，连英山县令也悬赏千金要购其首级，李昭寿更不自安，向何桂珍表白并无他意，何桂珍加以"抚慰"，事情才稍稍绥定。恰巧安徽巡抚福济致密书于何桂珍，"嘱以图剿叛贼，毋后人发"，何桂珍密约罗田等处团练会捕李昭寿，被李昭寿发觉，李昭寿遂于当年12月11日佯置酒高会，而暗藏伏兵在英山小南门，杀死应邀前来的何桂珍及英山知县苏秀槐等官吏47人，占据英山县城，并投向太平天国，被封为七十二检点，其部改编为二十四军，隶属于李秀成部下。而太平天国对其纪律未加整顿，更对其反复无常失去警惕，这就为尔后留下隐患。

自北伐援军渡过黄河北上后，苏、鲁边界与山东西南部的群众及捻军纷起响应。1854年3月，江苏丰县武举孙惠田趁援军占领丰县之机，聚集群众起事，随援军进攻山东单县，遭到清军的袭击，孙惠田被俘遇害。接着，陶三相、王方云等也集众而起，继援军之后占据金乡；解广业等率众二三百人在巨野起事；樊栲得、王三托盘嘴等六七百人于郓城、濮州之间活动；李三杠子等起事于阳谷。朝城武举李朝燕等在郭庄聚集500多人，于3月30日冲入县城，杀死知县任腾蛟，燔署纵囚，至4月10日县城失守，李朝燕等被捕牺牲。当时，曹州府捻首张狮、陶大山、顿三、李箫儿、毛仙精、黄散、刘二妮子、李金犁、杜黑子、魏赫、陆小儿、徐杉、林姓等各拥众数百人，号称13股，合为一股，即"并十三捻为一捻"，聚有3000多人，屯扎于郓城、巨野交界的沈家口，"欲先攻濮州，次扑曹州府城"。4月，菏泽知县童正诗等侦知，即带兵勇分路围攻，捻军阵亡数百人，退至郓、巨与开州交界的王家楼和郓、巨接壤的吕家庄等地继续抗击，旋又失1000多人，终于失败。

同年8月，江苏徐州北部张彦、杜四、杜五、李大选、李星交、张允元等各自结捻，"每股约数十人，及百余人不等"，潜赴山东峄县境内活动。"旋合六捻为一股，约有五六百人"，驾船50余只，突至江苏铜山青山泉地方劫夺财物。署理铜山知县王检心等即领兵勇水陆并进，9

月 9 日行至板桥河面，同捻军相遇，双方展开激战。捻军被击沉与烧毁船 11 只，被俘获船 7 只，战死和被俘 100 多人，张允元也落入敌手，其余转移至邳州、山东兰山一带。不久，他们在耿家湾同清军作战，再次失利，损失 10 余只船、100 多人，复驶抵睢宁鲍家楼。11 月，张彦在鲍家楼、杜四在朱李湖、李大选在铜山与邳州之间的宗家庙被捕，旋惨遭杀害。

前和李三闹约同溃散的江北大营乡勇高士蕃自归淮海一带后，即行结捻，1854 年春间与刘雪得等在江苏海州起事。8 月，宿迁知县顾思尧等访闻高士蕃隐于郑家楼，即与县丞沈黼泰等带领兵勇将他逮捕残杀。

这一年秋，永城捻首宋万、周大福等各聚众 1000 余人，进入江苏萧县活动。徐州道王梦龄同前总兵聂金镛领军前去镇压，捻军损失 100 多人，周大福也被捕死难，宋万遁走永城一带，率部数千人据于离永城不远的宿州铁佛寺。王梦龄、聂金镛与督办团练的编修段广瀛、萧县知县杨韫绪等带兵至铁佛寺，捕杀了宋万，这支捻军随即溃散。

五

1855 年秋，各路捻军在雉河集会盟。雉河集是安徽蒙城、亳州交界的一个集镇，位于雉河流入涡河之处，东南距蒙城县城 90 里，西北离亳州州城 110 里，西南距阜阳县城 180 里，东北离宿州州城 150 里，同河南、江苏两省也相距不远，是一个"三不管"的地方。这里的群众因为清朝封建统治的凶残压榨，加上连年灾荒，生活困苦不堪，迫切要求摆脱苦难，因此争先加入捻军；而且张乐行、龚德树等主要捻首多是附近的人。十分明显，雉河集是捻军一个重要发祥地。

会盟之日，盛况空前，雉河集上人欢马叫，旌旗飘扬，各股捻首不下数百人云集在该地山西会馆举行会议，商讨捻军的联合问题。会议决定成立联盟，建号大汉，以雉河集为基地，公推张乐行为盟主，下设军师、司马、先锋、左右营等职，由龚德树任军师，姚常春、王宏先为左司马，段开宪、韩万苍为右司马，王冠三、张传忠、张泽广、张三马为先锋，樊香立为左营总目，邹焕爵为右营总目，并"宰杀牛马，祭告天地，郑、李一为赞礼，一读祝文"，还"宣布信条，旗分五色，以正镶递推递广，又有八卦、水花等名目，各旗统将皆听盟主调遣"然而，这是一个松懈的联盟，根据调查资料，盟主仅是各股捻军名义上的领袖，并无组织上的领导关系，对于各股捻军的将领没有任免权力，而从以后实际情况考察，盟主对各旗统将要进行调遣也难以做到。

尽管如此，这次会议毕竟对捻军的内部组织作出一些规定，建立了五旗军制。此制先是在盟主之下设置"五色总旗"。所谓"五色"，是指黄、白、黑、红、蓝。五色总旗各设总旗头，称"大趟主"。具体安排如下：黄旗实为主帅的直属队伍，该旗总旗头由张乐行兼任，其主要据点是雉河集西北的张乐行家乡张老家村；白旗同黄旗关系密切，该旗总旗头为龚德树，其主要据点是雉河集西南的龚德树家乡公记寺；黑旗系豫东部队，该旗总旗头为苏天福，其主要据点是雉河集北面的苏天福家乡永城苏平寨；红旗实力不强，该旗总旗头为侯士伟，其主要据点是雉河集北面的侯士伟家乡侯老营子；蓝旗人数较多，该旗总旗头为韩奇峰，其主要据点是雉河集东面的韩奇峰家乡大韩家村附近顺河集。至于八卦旗、水花旗等，因人数不多，事实上算不了总旗。八卦旗旗主为杨兴泰、杨兴文，大水花旗旗主系雷彦，小水花旗旗主是李廷彦、孙彩兰等。

总旗之下有"大旗"，是组成捻军的基本单位，能够独立行动。大旗设大旗头，称"趟主"。每个趟主所辖人数多寡不定，少者有四五百人，多者达数千人，以至一二万人、数万人，人数特别多的趟主，也有被称为"大趟主"。在实际活动中，除了人数特别多的大旗可以独立行动外，其他各个大旗一般都要联合几个大旗才外出活动。

为了区别每一总旗之下众多的大旗，各色总旗之下又分五色镶边旗（旗色相同，边色不同），如张乐行令族侄张宗禹领黄旗黄边，尹自兴领黄旗白边，张胜选领黄旗黑边，相玉山领黄旗红边，张慎德领黄旗蓝边；龚德树自领白旗黄边，程大道即程二老砍、徐长庚领白旗白边，王怀义领白旗黑边，孙葵心、姜台凌领白旗红边，盛见如、葛树彬领白旗蓝边；苏天福自领黑旗黄边，李如梅领黑旗白边，刘玉渊领黑旗黑边，邓作仁领黑旗红边，王冠三领黑旗蓝边：侯士伟自领红旗黄边，田献领红旗白边，周名甲领红旗黑边，邹焕林领红旗红边，王大位领红旗蓝边；韩奇峰自领蓝旗黄边，杨瑞英领蓝旗白边，刘天福领蓝旗黑边，葛春元领蓝旗红边，张龙领蓝旗蓝边。另有五色圆心旗（旗色相同而中间有不同色的圆心）；旗形也不同，有方形、三角形、圆角的三角形；此外，还有不同颜色的飘带。总之，形色很多。据说后来各趟主"高兴什么旗，就打什么旗"，甚至自动改变颜色。

大旗之下有"小旗"，为捻军最基层的单位，没有固定编制，自10多人至数百人不等。小旗设小旗头（或称小旗主）。他们一般都是步队、马队混合，初时大部分是步队，小部分是马队，若作战需要马队，则另行抽调，随后马队逐渐增多。

捻军的编制不仅没有定额，大旗或小旗人数多寡不等，成员也不固定，常有变动，这次可以跟随这一旗活动，下次可以跟随那一旗活动；而且不一定每次活动都要参加，主要根据各人自愿。他们基本上仍按宗族、亲戚关系或地域、职业关系组织起来，如张老家附近的几十个村庄多为张姓，号称"十八门张"，是张乐行所部黄旗捻军的主力；龚姓号称的"九里十三龚"，是龚德树所部白旗捻军的主力；侯老营子近邻的十几个村庄，号称"九里十三侯"，是侯士伟所部红旗捻军的主力。因而其宗族观念或地域观念等十分牢固，各立山头，互不统属，存在明显的排他性，不能不妨碍内部组织和作战行动的集中统一，团结对敌，这同太平军的严密组织与坚强领导是无法相比的，反映出他们身上留有封建宗法制度的消极后果。

至于捻军队伍的扩充，采用"领旗"的方法，即领了谁的旗，就算是谁的部下。五色总旗头可使别人领自己的旗，自行扩大队伍；其他旗头在"领旗"之后，也可再行扩充，叫别人"领旗"。因此，有些独立旗头，往往比总旗头的力量还要大。例如蒙城板桥圩蓝旗旗主鹿利科，原来领的是姓邓的旗，而后他的队伍比姓邓的大，甚至比蓝旗总旗头韩奇峰也大得多，据说他一个人就有 50 张旗，比黄、红两旗的总数还多，直至灵璧、五河县境，都是他的地区，依他自己所言，"所属共有六圩，伙党一万三千余人"，确也不少。

这种五旗军制，是捻军内部编制的基本制度，特点独特。他们采用五旗军制，有着一定的原因。黄白黑红蓝这五种颜色，其中蓝色与青色接近，可视为青色的转化，"自古以来就被认为是五种正色，并被认为与五方相应。"例如黄色表示中央，青（或蓝）色表示东方，白色表示西方，红色表示南方，黑色表示北方。捻军歌谣中对此就有反映："黄旗竖在集中央，红、黑、蓝、白阵四方。""黑旗听令西北走，蓝旗独揽东北面，红旗如火归南方，白旗就在西边转。"而且"在当时，以旗色区分队伍，以旗作为规模大小不等的军队单位的名称，是非常普遍的"捻军之所以实行五旗军制，显然是因为受到传统和当时社会惯例的影响。

　　不过，他们依然不设营帐，未备军粮，如时人所言："随在栖止，无营垒。夜撤屋为薪，爇以表道，名大帐；夏则虆结裸居。"他们没有形成常备武装，即所谓"出则焚掠，归仍耕种"，"今日散为民，明日复起为捻矣"，缺少必要的专门训练，其武器装备也很简陋，除少数土炮、枪支外，主要是刀、矛、齐头铲等，因而使他们的军事行动受到限制。捻军当时主要是步队，也有少量的马队，以便在地势平坦的皖北等地驰骋。他们作战时，常常步队自正面发起冲锋，马队从两翼进行包抄。这种作战形式，起初在对付力量较差的清军与团练中就有成效，后来经过实战锻炼而不断完善，作用渐大。

　　在这次会盟会议上，还发表了《盟主张乐行告示》及《行军条例》等文件。告示首先指出："照得士农工商，各守职业；疲癃残疾，亦惜性命。自遭刘令勾结陆守，以刀锯而代扑责，用贿赂而判生死。酷以济贪，视民如仇。竭万姓之脂膏，充两家之溪壑。本盟主痛痒相关，目击神伤；再四思维，情难袖手。是以大起义师，救民残黎；除奸诛暴，以减公忿。"文中的刘令系指蒙城知县刘瀛阶，陆守系指颍州知府陆希湜。这两个清朝政府的代表，贪赃枉法，压榨百姓，逼使捻军树旗起义，反抗清朝政府的残暴统治，从而说明捻军之所以起来抗争，是因为官逼民反，不得不反。他们起义的目的，是要拯救人民，铲除暴虐；他们的行动，是必要的和正义的。

　　告示接着宣布："本盟主每次出兵，必传集各旗主，谆谆诚诰，禁止抢掠，严缉奸淫。贫民衣粮，不准扒运。到处出示，有犯必诛。又虑疏防致遭扰害，现派数百巡查，时刻严稽。"申明捻军的严格纪律，不许扰害百姓、尤其是贫苦群众，坚决维护人民的切身利益。

　　告示最后表示："仰四城乡民，各安尔业。勿以用兵而辍诗书，勿谓拨乱而废农桑。至商贾往来，水陆经过，各设查司，以通货物。倘有不法傮类及无赖兵丁，强买硬卖，许尔等立禀巡司，送交盟主，尽法惩治，决不宽贷。"希望各界群众各安生业，照常学习与劳作，不要受到打仗的影响，并且采取措施，维护社会秩序，表明捻军同人民休戚相关。

条例一共列有 19 条，具体规定了捻军的军纪。例如，"污淫妇女"者、"强奸幼女"者、"掳掠妇女幼童隐藏不献者"、"不遵号令约束者"、"小卒无理持械敢拒首领者"、"临阵时故意漏下"者、"无号令私自打粮者"、"对敌时私自逃走者"、"未放炮（指三声号炮）而先行"和"既放炮而后行者"、"营中私自放火者"、"行路时故意下路者"、"营中无故伤人命者"、"私造谣言者"、"守营妄动者"等皆斩；而"虚报军情"，"打胜仗得枪炮弹药，分派公用；私为己有者"等酌议定罪，"扎下营盘，外更、门更排班轮流；有误更者杖四十"等等，以禁止任何损害群众与破坏作战、削弱战斗力的行为。这进一步说明，捻军逐步建立了规章，成为一支有纪律的农民起义队伍。

民歌曾经唱道："雉河集，像京城，五色帅旗飘天空。""条条旗上写大字，'反清'两字写中间。杀绝贪官和老财，再把咸丰老儿斩。"这些都形象地描绘了雉河集会盟的盛举。

六

捻军会盟之后，队伍壮大，纪律加强，并从雉河集这个基地出发、四处活动，往返征战，攻打皖北、豫东、苏北附近地区的城市、集镇与乡村。

为了从事征战的需要，他们积极扩充队伍。据蒙城地区的调查、当时入捻的群众极多，参加者占总户数的90%

以上。男的加入队伍去打仗，女的组织起来护卫家乡，连小孩也有许多是在捻的，如红孩军尽是10多岁的少年儿童，他们身穿大红衣，骑马射箭，战斗力颇强。于是，捻军很快发展至五六万人，士气高昂，"有割剧（据）一方，雄长江河之意"。

由于有了《行军条例》的约束，捻军的纪律较前有所改善，不乱拿群众的东西，公买公卖。据说有一次，他们行军走渴了，摘了地里的西瓜吃，而种瓜的主人还不见来，便留下铜钱；取了百姓的茄子，也把钱拴在茄子架上。涡阳的调查资料也说，一次捻军的马跑到麦地里吃麦，经百姓反映后，旗主下令严禁，麦地里就再也没有马了；捻军外出回来后在街上买东西，照倒要付给商人钱，否则旗主就不答应。有人还记录了亲眼目睹的事实，捻军旗主姚逢春"每见烧房屋，淫妇女，即痛诃止之"。

这些留传下来的口碑和文字资料，从一个侧面具体表述了捻军是重视军纪的，注意维护群众的切身利益。当然，由于队伍庞杂，捻军中也有败坏纪律的状况，但这终究是少数人的行为，不能视为主流。因此，群众也支持捻军。每当听到捻军要来，男女老少都高兴得很。当时流传一个小唱："砸了锅，卖了铁，也要请捻子到家歇一歇。"这在一定程度上说明捻军同群众的亲密关系。

同捻军力量渐趋强盛相反，清朝政府在皖北、豫东的兵力仍较薄弱。皖北方面的清军和团练没有增加，豫东之敌也只多了道员张维翰所部1800多人。捻军便趁此机会，向守备较弱的敌人发动攻势。

1855年9月27日，张乐行等率领捻军三万余人，在亳州东面泥台店打败张维翰所部清军，击毙参将达凌阿，乘胜进入河南夏邑境内，攻破会亭驿，次日占领夏邑县城。10月5日，捻军向东进至河南虞城与江苏砀山交界的杨家集，受到总兵兴庆所部清军的阻击，折损近百人。

10月8日，张乐行集合一万余人又抵杨家集，札立木城，挑沟埋炮，分遣马队在附近村庄活动，拟攻砀山，兴庆领军分三路来犯，捻军阵亡300多人，遂向西撤退，10月11日，攻破虞城马牧集，进逼归德府城，英桂急调驻扎陈州府的道员王建泰、按察使余炳焘等领军先后赴援。张乐行等闻讯，便于10月18日带着夺得的大批财物南归。10月20日，他们在亳州北乡一带击败副将朱连泰部，进围州城，至10月28日才撤。11月7日，捻军攻入蒙城，六天后退出。当时，他们还分军至安徽颍上和河南鹿邑境内扰乱敌人。

张乐行等捻军四出征战，使清廷深为不安。11月10日，江南提督和春、安徽巡抚福济督军攻陷庐州。11月14日，清廷遂命扎于山东曹州的提督武隆额统率侍卫容照、总兵兴庆、游击武全与张维翰等所部5000人，南下亳州，妄图一举平毁捻军基地并擒获著名捻首，其势汹汹，可是，同捻军相遇，一触即败。11月18日，张乐行等部捻军又自泥台店至夏邑会亭驿，接着冲破总兵史荣椿部的拦阻，于11月21日进攻夏邑，击败武隆额、知县郭凤恩等，占领县城，旋即撤出。11月23日，他们直逼归德，马队、步队络绎不绝，次日将府城团团围住，攻打两昼夜不稍停息，后才退走。11月26日，捻军转而再围亳州，知州博铭与朱连泰等竭力防堵。

此时，河南北部因联庄会的反抗而出现的紧张局势已经缓解。联庄会原是1853年夏太平军进入河南后豫北各州县的地主士绅纷纷组织的团体，抱着维护自身生命财产的安全而成立，可是这一地区在太平军与捻军的活动区域之外，当地地主士绅尚未受到农民斗争的冲击，却苦于清朝政府的横征暴敛，因而利用这一团体拒不交纳钱漕，抗官杀差，焚署围城。1854年11月9日，禹州（今禹县）东乡联庄会总会会首刘化振带领会众入城见官，求减钱漕，遭到拒绝，寻攻州城，被兵勇击退，刘化振自杀，余部继续活动。12月19日，辉县的联庄会也为抗漕而围攻县城，遇到阻击，三天后逐渐退回。1855年3月，刘化振余部在密县击伤知县，打退清军，且潜入县城焚署劫狱。路过郑州时，他们得到大批煤窑工人的响应，便攻打郑州州城，但作战不利，转攻禹州也未下，随后撤围而去。逃亡的辉县联庄会首要人物戴蓥、杨景福等于附近各县发动斗争。于是，新乡、获嘉、浚县、原武、阳武（今原阳）、济源、温县、汜水、河内（今沁阳）、安阳、林县、内黄等县联庄会纷纷聚众抗官，其中新乡的斗争声势尤大，该地会众于7月一再进攻县城，旋因清军援兵赶到才退。9月底，河南巡抚英桂亲自前往卫辉督军进剿，不久捕杀戴蓥、杨景福等首要人物，基本上将联庄会的抗争镇压下去。这样，豫军已无后顾之忧，余炳焘即同诸将计议，"谓救亳州不如直捣雉河，使贼（指捻军）反顾其巢，则亳围自解。金曰善"。于是，他率领所部清军并纠合永城一带团练共一万余人，气势颇凶，蜂拥南扑，12月7日杀向雉河集。张乐行等部捻军即撤亳州之围回救，沿涡河南下，切断桥梁，凭河为险，开炮拒敌。清军以游兵更番迭战，多出旗帜金鼓乱人耳目，暗中却自下游抢搭浮桥渡河，抛掷火罐火箭，烟尘弥漫，趁势冲杀过来，捻军阻挡未成，基地失守。敌人袭占雉河集后，大肆焚杀抢掠，连张乐行的祖墓也被挖掉，以发泄他们对捻军的仇恨。

捻军侦知敌人后方兵弱空虚，便折向东北，12月10日，在亳州和永城之间的麻种集打败容照与兴庆等部清军，次日进围永城，张乐行等攻东门，王冠三等攻南门，龚德树等攻西门，苏天福等攻北门，声势很盛。余炳焘等清军与团练被迫撤出雉河集而前来救援，捻军折损700余人，解围退去。12月17日，武隆额遣参将成龄所部清军和祝垲所带团练于麻种集攻击捻军，捻军奋力拼搏、先败团练，再围清军，鏖战四个小时，击毙游击巴哈布等180多人，成龄也受了伤，清军大溃，军火尽失。武隆额惊恐异常，见捻军扎于东北，立即移营西北，弃永城于不顾，连忙逃往夏邑。

张乐行集结力量，展开强大的攻势，12月27日攻打永城薛家湖、宿州濉溪口（今濉溪）和铁佛寺等地。1856年（咸丰六年）1月8日，龚德树领军自亳州西南往攻太和，阵斩练总杨廷瑾和亳州武举魏有贵等。1月16日，大军四五万人自泥台店至会亭驿，次日进占夏邑，武隆额急退虞城（今利民镇）。捻军跟踪追击，逼近虞城，武隆额复以防守归德为由，于1月19日退往归德。1月20日，捻军攻下虞城，进抵马牧集等处，次日，包围归德，"沿城环攻，枪炮如雨"，武隆额所部不满4000人，吓得龟缩城中，不敢出战。他惊呼"危迫万分"，请求河南巡抚英桂"添兵筹饷，迅速应援"，归德城中地主豪绅"人人切齿，几欲将武隆额捆献贼营，以泄其愤"。1月23日深夜，捻军在夺取大量财物后，撤围而去。

1月25日，捻军向西进向拓城，在大胡集击败知县王元绪等，从东北两面直攻县城。新乡知县祝垲带领练勇赶来救援，捻军才退屯附近三里堂地方，鉴于王元绪与祝垲分别增集团练前来抗拒，捻军遂返回雉河集。

1月31日，由于武隆额连连败北，清廷斥责他"漫无布置"，"恇怯无能"，遂撤其职，命英桂驰赴归德，督办河南、安徽、江苏三省剿捻事宜，以前福建按察使徐宗干为帮办；并令武全、县丞徐晓峰、朱连泰、参将塔思哈等领队进驻亳州，命江北大营派头等侍卫伊兴额、协领德昌带马队500名取道滁州进入河南，悉归英桂调遣。英桂还调总兵邱联恩、都司保英等部1000人自信阳前往归德，又命参将承联、道员徐继鏶、候补道周士镗、候补知县廖庆谋等也领兵驰抵归德，纠集共约一万余兵力，准备进剿。

捻军复出征附近地区。2月13日，张乐行、夏白、任乾等率部约五六万人（一作二万人左右）围攻安徽宿州，容照、塔思哈等领兵勇2000余人抗拒，旋增至3000多人，加强防守。捻军也因龚德树所部万余人前来汇合而约达七八万众，绕城开放枪炮，战事日趋激烈。2月20日晚，捻军乘风攻城，清军一面严加守卫，一面派出300多人缒城而下冲击捻军队伍，使之遭到一些损失。次日，捻军在东关筑设木城炮台，对城开炮。2月22日，塔思哈等带兵暗开东门冲出，毁去木城炮台，驻于东关的捻军受挫，西南方面的捻军赶赴东关救应，未能取胜。总兵傅振邦率部1300多人自宿州夹沟驿赶来援救，2月23日进至符离集。次日，容照与塔思哈等又乘间从城内出击，捻军前后受敌，损失2000多人，只得后退，宿州之围始解。

在围攻宿州期间，张乐行派遣李月、苏天福、王冠三等带军进取永城。2月18日，他们将该地包围，攻打四门，署理知县刘鸿昌等据城死守；王冠三还分军于2月22日进攻夏邑，不久突入县城，处死知县郭凤恩；捻军游骑曾冲入山东曹县、单县境内，此为皖捻进鲁之始；捻军又于2月16日向河南鹿邑发动攻势，在傅桥击杀练首马盛德等人，寻因敌人反扑而略有损失，向浍河退走。

从宿州撤围后，夏白、任仲勉等捻军一万余人在宿州南平集筑起炮台，拟进则攻城，退则恃浍河固守。署理总兵郑魁士所部兵勇1300人、头等侍卫伊兴额与协领德昌带马队500人赶到宿州，总兵郝光甲也领军1000人取道正阳、临淮前来。3月2日，清军抵达距南平集15里的半铺店时，捻军即行过河迎击，但挡不住敌人兵勇的三路进攻和马队的分路截击，退过浍河，返回南平集，清军随后追来，占据南平集，平毁炮台，此役捻军共牺牲任仲勉等2000多人，于是回归。

3月4日，张乐行调集捻军四五万人，分五路再次大举进入豫东，在枣子集击溃祝垲的团练，接着又分别于太丘集、樊家集打败清军参将成龄、道员张维翰等部。3月6日，捻军五六千人分成三队进攻石榴堌站清营，但受到邱联恩、道员周煦徽所部清军的截击，损失1000余人。3月15日，大批捻军进至蔡道口时，同邱联恩、总兵崇安等部相遇。他们略作退却之后，即以优势兵力从左右抄袭，打得清军大败。英桂曾就是役清军败绩奏道："此次邱联恩、崇安督带兵勇迎剿，虽系匪众数倍我师，未能制胜，而确查失利情形，实因我军前队先获小胜，邱联恩督率大队甫到，未能整齐列阵，轻率进追，被贼抄袭，以致兵勇不支。崇安督带后队，既未相机策应，及见前队却退，后队兵勇亦即散乱。"可见清军之败，是由于轻敌冒进又互不应援所致。

蔡道口之战后，捻军乘胜进逼归德，将剿捻统帅英桂及其兵勇500人困于城中。当时英桂因感"获咎滋甚，日夕焦思，难安寝馈"，处境狼狈，邱联恩收集败残卒伍也仅千余人，"人心震动"。这对捻军来说，是一次进攻的良机，可惜他们没有抓住机遇加紧攻城，又未设法歼灭前来救援之敌，不能进一步扩大战果。

清廷急调直隶清军3000人、陕西清军2000人、山西清军1000人赴援，又命郑魁士、塔思哈等所部军队，以及伊兴额、德昌等所部马队从安徽前往相救。张乐行等见敌援相继赶来，便从归德解围。3月17日，由于永城薛家湖、火烧店等地乡团来救，署理知县刘鸿昌等乘机出战，内外夹击，包围永城的捻军。经过激战，捻军在损失500多人之后也告撤退。3月22日，捻军返回安徽蒙城一带。

回归的捻军又外出战斗。3月29日，张乐行等率部东入江苏砀山、萧县境内，进逼徐州，3月31日在萧县瓦口桥为总兵傅振邦部设伏所阻，稍有损失，退入永城境内。

接着，他们转而南趋安徽怀远。当时，活动于宿州的李大喜、黄凤、任乾、夏白等所部捻军，先后于 3 月 25 日、30 日同伊兴额部清军战于双沟集、芦沟集等地，均告失利；4 月 3 日又在孙疃集受到伊兴额与德昌等部夹击，退回蒙城潭城，丧失 2000 多人。随后，任乾、夏白等部会合雉河集捻军再攻宿州，受到伊兴额与知州才宇和等部兵勇的夹攻，鏖战良久，又失 4000 余人，于是南下，同张乐行等捻军互相配合。4 月 15 日，捻军数万人攻打怀远县城，驻守县城老西门的郑魁士所部清军与团练仅 2000 余人，众寡悬殊。捻军分批轮番发起攻击，西南一路且越过敌人壕墙，毁其营垒，重伤郑魁士，阵斩参将福坤、游击柏云章、都司冉广兴、守备朱介福等，敌人伤亡溃散约 1000 人。由于蒙城知县俞澍与徐晓峰等领军来救，捻军才于 4 月 27 日撤回雉河集和宿州。此役虽然未能攻下怀远县城，却是对消军的一次重创。

当时，张乐行曾派 80 人潜入山东曹州府境内进行鼓动，于是，"土寇复起"。王三托盘嘴、张花轮等于菏泽贾军屯、濮州刘家寺等地聚集 3000 多人，"为捻内应，胁农民，剪发为记，红罖黄帜，自称皖捻，燔掠尤炽"。4 月 30 日，他们抢渡巨野、郓城交界的洙水河，准备南下，被候选道黄良楷、副将定顺所带兵勇以及附近诸县团练共三万余人扼河邀击，损失 2000 人左右，张花轮等被俘死难，王三托盘嘴等走江苏丰县、沛县，山东捻军一时受挫。不久，王三托盘嘴等重回山东，出没于兖州府、曹州府；12 月，集结饥民数千人，进至巨野、濮州一带。当他们在赵王河搭造浮桥渡过东岸竖旗占据时，受到菏泽知县童正诗等所率兵勇三面围攻，阵亡一千五六百人，王三托盘嘴等带领余部退往梁山满家峒等处，会合王方云等另一部捻军与饥民共 2000 多人，在寿张、汶上、郓城、巨野、鱼台、嘉祥、金乡、单县等八县活动。翌年（1857 年）1 月 5

日，他们拼命冲向江苏丰县，拟和张乐行等部捻军汇集，请其进入山东反击清军，被总兵郝土库、参将文英、单县知县范鹏程等部与丰县兵勇截回，退至金乡霄云寺，寻复遭重重围困，王二托盘嘴手执黄旗，指挥余部奋勇搏斗。可是，敌人越来越多，金乡知县胡鸣泰也带兵勇来攻，捻军大败，王方云、王三托盘嘴等被执牺牲，这支捻军损失殆尽。虽然如此，曹州等地的捻军斗争并未停息，张二科等"百十为群，啸聚不散"。1月9日夜，他们200多人冲入巨野城内，破狱纵囚，随即遭到清朝当局的镇压，张二科等被捕杀。

七

为了消灭捻军，清廷屡降严旨进攻雉河集，并且作了大举进攻的准备。由于给事中孙观、御史曹登庸、宗稷辰先后上奏，谓袁甲三"在临淮剿办有方，地方藉以安谧。自离任后，捻匪大肆蹂躏，请仍起甲三视师"，两江总督怡良、江苏巡抚吉尔杭阿、浙江巡抚何桂清也加以保荐，1856年3月21日，清廷重新起用已革左副都御史袁甲三，命他随同河南巡抚英桂镇压捻军。当清军在安徽怀远大败时，清廷更命英桂督兵"自北而南，节节进剿，雉河集为该匪老巢，若我兵直抵该处，奋力进攻，必可牵制贼势"，要求他"亟应厚集兵力，迅图殄灭"皖境捻军。

英桂不敢怠慢，随即进行部署。他认为"雉河周围三四百里皆贼党屯踞，须渐次疏通，免为所袭"，因而确定稳步进军的作战方针，且作了具体布置，以袁甲三、总兵邱联恩等部自亳州向东南推进，又以署理总兵傅振邦、头等侍卫伊兴额等部从永城、宿州向西南推进，两面夹攻雉河集。捻军并未洞察敌人的意图，没有认清面临的局势，做好必要的防御准备，制订周密的对敌作战方案，加强部队的整体统筹，不能集结足够的力量，抵挡敌人的进攻，所以处于被动挨打的不利境地。

清军侦知捻军在永城境内东面茴村等地活动便由傅振邦所部步队 4000 人与伊兴额所部马队 1000 人发动攻击。4 月 25 日黎明，清军自宿州进抵茴村，以马队居中正面攻击，步队分左右两翼包抄。捻军约六七千人列阵待敌，鏖战八个小时，丧失二千数百人，营地被焚毁，遂向西南败退。

茴村之战失利后，张乐行派韩奇峰、苏天福等部捻军三四万人，从蒙城至宿州濉溪口和永城茴村等地狙击敌人。傅振邦与伊兴额等密商，以捻军势众，"非击其不备，不能出奇制胜"，便领军衔枚疾走，4 月 30 日，从东西两而袭击濉溪口以北的丁家楼，步队开放枪炮，连环进逼，马队也力行冲击，捻军被迫退过濉河，又失二千五六百人。接着，屯驻永城茴村桥和宿州孟家口等地的捻军也受清军参将兴庆与都司常瑞、守备胡元昌等部堵截而溃败。

6 月 15 日，傅振邦、兴庆等率军自西路、伊兴额等领兵从东路相继抵达宿州铁佛寺，王得六等捻军 2000 余人列阵出战受挫，损失 600 多人，这一带营垒全被焚毁。6 月 19 日夜，傅振邦等进攻宿州西南 90 里的临涣集（今属濉溪县），纪学中等捻军 1000 余人在土城之内开炮放枪抗击，结果失利，折损 200 多人，纪学中也被俘。清军占据临涣集，扼住了雉河集通往宿州的要道。

清军既自宿州方面进发，又从亳州方面采取行动。当时，龚德树、王冠三等在亳州五马沟集合三万余人，先分出一路攻打河南鹿邑，主力于 5 月 3 日分别进屯亳州西南界沟集与趋向亳州、鹿邑间的北十字河、邱联恩与总兵史荣椿、候补知县宫国勋、总管格绷额等即率步马队从四面围攻界沟集，捻军损失张拴等 2000 余人；总兵崇安、副将乐善、珠隆阿、总管德楞额等则领步马队在北十字河迎战，捻军又失张裕隆等六七百人。鹿邑兵勇也打退捻军，解了县城之围。

邱联恩、崇安等目睹捻军退居亳州五马沟一带，准备反攻，便于5月11日分三路进至五马沟以西的阎集地方，捻军出队拒敌。格绷额等马队从中路先行冲击，崇安、乐善等马队由西路抄袭，邱联恩、史荣椿等马队从东路截杀，捻军不支，再次败退，折损1000多人。

出自迎击敌人进犯的考虑，5月13日夜，张乐行、龚德树等率捻军五六万人抵达界沟集一带，清军立即戒备。次日天明，捻军分两路发功攻势，并袭击敌后，焚毁敌营三座，清军一时惊扰，邱联恩、崇安等部竭力阻挡，乐善与德楞额等马队四面抄袭，格绷额等马队也会同夹攻，捻军由胜转败，损失1000余人，撤退30多里。5月15日，捻军数千人在祝国安率领下攻打颍上县城，被知县程钰等所带兵勇击退，损失1000多人。接着，龚德树又派捻军自颍上十八里铺再度进逼颍州府城，又为知府陆希湜等部兵勇所败，牺牲100余人。

清军乘势推进。5月21日，邱联恩、史荣椿、崇安等部攻打界沟集南面小奈集，捻军数千人列阵抵抗，但挡不住敌人的攻势，又失500余人，遂分两路退走。由于接连得手，英桂命邱联恩等部继续进发，并饬袁甲三由永城带后前往会合。5月31日，他们到达亳州城外附近地方，袁甲三与众人谋画曰："亳州北郭外久为捻匪渊薮，亳人闭门守逾半载矣。必出彼不意先破之，然后可长驱入也。"经过一番筹备，邱联想、史荣椿、格绷额等与崇安、乐善，德楞额等便率领清军分路发起进攻，逼近捻军据点，并密约城内副将朱连泰、知州博铭等督兵出城夹击。捻军三四千人曾经紧张备战，安置炮位，设下埋伏，进行抵御，但两面受敌，登时溃败，丧失1000多人，向东南退走翟村寺。清军终于打通了从河南至亳州的道路。

清军继续进逼。6月8日，袁甲三及其子翰林院编修袁保恒与邱联恩、崇安等领军分路进攻翟村寺，聚于此地的捻军二万多人排队横列十余里，奋勇抵抗，激战四个小时，由于西南伏军先败，未能挡住敌人马队的冲压与步队的进攻，分路后退30余里，营地被焚毁，折损4000余人，平西侯李士成和高九、邓作仁等也阵亡。

捻军受挫后，又集合七八千人驻于翟村寺东40里的白龙庙。白龙庙位于涡河北岸，与雉河集成犄角之势，直接关系着雉河集的安危。因此，张乐行急从蒙城率四五千人来援，他们在这一带沿涡河两岸布阵筑垒设防。张乐行、韩奇峰等率黄旗、蓝旗捻军在涡河北岸设壕立栅，并用车辆树木堵塞路口，又于房屋墙壁开挖炮眼以放枪炮；龚德树、王冠三等领白旗、墨旗捻军于涡河南岸遥为策应，还在该集西面浮桥埋伏部队，力图阻挡敌人的攻势。6月11日午间，袁甲三、邱联恩、崇安等带领清军赶至白龙庙，即出一队由西面夹岸攻击，又以大队从北面进攻，还分拨已革都统西凌阿等马队沿河包抄捻军后路。捻军腹背受敌，力不能支，复退20多里，阵亡5000余人。

白龙庙之战结束，英桂命令清军，"乘此大胜，迅速进捣难河，为一鼓歼擒之计"。捻军获知敌人将要得寸进尺，窥伺雉河集，便抓紧布防，以保卫这个主要基地。他们"跨涡河为营，西北高垒深沟，东南筑长围，桥口设大炮，多方戒备拒官军"。然而，捻军单纯防御，战术保守，仍旧列阵对敌，力量分散薄弱，是很难挡住敌人的攻势的。

6月17日，清军到达叶家小楼，捻军一万多人列阵十余里抵抗。敌人以马队从两翼兜裹，步队居中排墙而进，枪炮齐发，捻军又败，损失6000多人。6月19日午刻，袁甲三、崇安、邱联恩、史荣椿等带领军队分路追至雉河，捻军即于两岸营垒施放枪炮，列阵迎战。北岸敌人先以马队包抄，并结合步队进攻，捻军被迫退向南岸：南岸清军也以马队绕截，步队排阵攻打，还用车炮将捻军土城轰毁，并用火箭焚烧墙内帐棚，捻军也抵挡不住，向东南退走。此役捻军又失军师刘鳌等2000多人，张乐行、苏天福等也受了伤。清军占据雉河集后，烧杀破坏，疯狂报复，使捻军"创痛巨深"。

从以上诸战看来，捻军虽然人数不少，但是硬打硬拼，缺乏破敌之计，实行消极防御，"村庄节节堵拒"，作战分散，行动配合欠周，抗击乏力，因而连连败退。相反，清军作了较多筹备与策划，各部之间互相配合作战，又投入较强的马队，充分发挥其迅猛的优势，作战能力大为提高，终于实现摧毁捻军雉河集基地的目标。清军从中曾经得出一条重要经验，即"剿办捻匪，马队最为制胜"，从而重视发挥马队在攻捻中的作用。因为在广阔平原交战，马队冲锋威力无比，转移快捷异常，优势十分明显。如何迎战敌人的马队，这对捻军来说，的确深感棘手。据载当清军逼近雉河集时，蓝旗捻首韩奇峰曾经献计，"以狮子为百战王，马见之即奔，上古有用以取胜者。爰用布绘画，仿狮子形，制造数十，以敌马军，命其子韩广领之，又约会五色旗，并逼胁工商农人，以助声势。凡用假狮子，皆以人运动其中。马队驰人，斩韩广于阵前，装狮子人皆被擒斩之。众匪见狮子阵破，俱无斗志，各逃性命"。血的代价提醒捻军必须设法解决这一难题，以此作为军队建设的主要内容。后来，在残酷的军事对抗中，双方都注意发展自己的马队。

雉河集失守后，张乐行、龚德树、苏天福等率领所部捻军数千人，决然南下，转攻他地，以调动敌人。当时，宿州方面的傅振邦和徐州道王梦龄等部清军进至临郝集，以防堵捻军趋宿州，由安徽巡抚福济所派的珠克登、郝光甲等赴亳州之师尚驻扎距雉河集较远的龙亢集，不再推进，"中间蒙城一路故无重兵"，于是，捻军趋向东南，突出敌人的包围圈，进至蒙城郭家集，沿途扩充队伍，往颍上江口集，旋渡过沙河，抵达庙台集、垂冈集等地，6月24日围攻颍上县城，因敌有备，被侍卫多慧领兵所阻，随即西南走。附近一带自褚家湖至蒙城75里有捻军38股，数逾万人，"张乐行并为死党，势复张"。他们由南照集、润河集等地进入霍丘县境，又得当地群众李三谟等1000多人接应，7月16日击败四品卿衔王庭兰所部兵勇，次日进占霍丘三河尖（今属河南）。

三河尖距河南固始90余里，处豫、皖之交，"水陆冲要，商贾辐辏"，是淮河流域的一个商业重镇，因而捻军获得大量钱财物资，仅大小商船就有100余只，且扩充了大批人员，使队伍人数增至几十万人之多，"势复大炽"。

清军跟着向三河尖集结，袁甲三移驻颍州督战，梦想消灭捻军主力。河南当局因捻军占领三河尖而大为恐惧，英桂担心捻军西进豫境攻打固始、光山，即自亳州赴陈州就近调度；且命邱联恩所部清军自雉河集至河南固始驻守，令候补直隶州郑元善等带领团勇往豫东南防堵，以阻挡捻军。

敌人既已南移，蒙、亳地区守卫空虚，有隙可乘。张乐行等捻军就用帆船满载所得财物沿淮河东驶，7月29日至汪家集，遇到清军在水中用树木系铁索拦住，船不得进，弃舟登岸，屯驻于曹家集、李家集一带。8月7日，他们围攻颍州；次日，斩都司朱淮源、禄泰、千总杨德等；第三天再次攻城，未能即破。8月13日，他们北渡沙河，分兵两路，一攻蒙城，一攻宿州。

进攻蒙城的捻军数万人于8月17日包围县城，势如潮涌，环攻三昼夜未下，损失1000余人，便撤出阵地，分成东西南三路快速向雉河集挺进。都统西凌阿和总兵崇安所部清军眼看捻军来势很猛，无法阻挡，望风而逃，往营寺集，以待援兵。8月24日，捻军夺回雉河集。他们随即处决当地反动地主豪绅和乡团头目，例如阜阳举人朱凤鸣曾替清廷效力，奉命往各处劝谕捻军投诚，瓦解群众斗志，捻军毫不留情，将他杀掉，为死难的将士与群众报仇雪恨。

进攻宿州的捻军一万余人于8月22日夜袭击临涣集敌营，次日黎明与参将兴庆等部战于大柳村，另以部队包抄敌后，清军惊退江苏萧县瓦子口，捻军遂占领临涣集。

捻军在雉河集和临涣集大获全胜后，附近捻军受到鼓舞，又纷纷行动起来。皖北"灵璧、凤阳戒严，怀远、寿州、宿州、阜阳、太和、颍上、霍丘、亳州遍地捻踪"。

由于战事持久兵疲，清廷对负责剿捻军务的河南巡抚英桂大为不满，遂于10月25日下诏申斥道："英桂身为三省总统剿办捻匪，叠经谕令督兵出境，乃该抚始终株守陈州，徒以呼应不灵，诿咎于南路皖军。""功则归己，过则归人，似此毫无把握，何日藏事。本日已将英桂先行交部议处，以示薄惩，……若再不出境迎剿，必将该抚从重治罪。"同时命令提督秦定三驰往蒙城，督剿捻军。12月8日，清廷因秦定三需留守桐城而改派总兵郑魁士会同英桂督剿捻军，所有豫、皖、苏三省会剿清军均归节制。

有清廷调整军事部署之前，蒙、亳一带的清军已经重新集结力量，再次扑向雉河集。同年9月3日，捻军在涡河北岸击败崇安所部清军；接着，他们又于涡河南岸亳州十八里铺一带节节扎营，使清军的声息不能相通。9月10日，捻军一万余人迎战来犯的袁甲三所派的格绷额、德楞额等部清军，冲杀六个小时之久，未能取胜，王冠三不幸牺牲，2000余人阵亡，营盘五座被毁，退回雉河集。

张乐行等又想用攻敌后方的战法牵制清军，解除雉河集之围，遂分兵两路：东北一路由张乐行率领三万余人，于10月13日攻占宿州濉溪口，接着进入江苏萧县境内，

11月10日在徐州西面九里沟同总兵史荣椿等部交战，损失1200余人；11月11日，捻军围攻萧县和徐州，史荣椿等部退入徐州城中登陴把守；次日，清军自南北东等门出击，捻军撤围；11月13日，头等侍卫伊兴额等部也从萧县出战，捻军向西南退走。西南一路由龚德树率领数万捻军，11月18日从顺河集、苗家集等处抵达太和境内，次日围攻县城，鏖战四个小时之久，由于侍卫穆腾阿、托津阿等指挥马队左右冲击，总兵崇安所部清军又扰后路，捻军受挫，阵亡2000余人，失去大小炮位400多尊，大车400余辆，随即退回。两路捻军均未攻占要地与重创敌人，预期的目的没有达到，只得聚合一起，加强雉河集的防守。

穆腾阿与崇安等部清军尾追而来。11月26日，捻军在亳州立德寺附近集结马步队一万多人，分三路拦阻，但不能挡住敌人的攻击，溃退30多里，牺牲3000余人。次日，捻军5000多人，战于花沟集、公记寺等地，又折损1000多人，营垒被焚。11月28日，张乐行、龚德树会集马步队一万数千人，在雉河集一带设伏待敌，伏兵失利后，又沿涡河列阵抵抗，穆腾阿所率马队分两翼包抄，崇安所领步队并力进攻，捻军阻挡不成，损失2000多人，营垒全遭烧毁，不得不后撤，原先韩奇峰提出在雉河集设置的防御工事，将该集四面房屋墙垣皆凿枪眼，候清军到时予以射击，至是也不起作用，雉河集又告失守。

再陷雉河集后，总兵崇安"痛粤寇过境有声誉，谓捻匪横恣，蒙、亳人士实纵容之"，对他们极端仇视，于是以奉清廷"检洗（指检查与清洗）之令"为名，将附近数十个村庄的男女老幼，一道集中于雉河集西面数里的杨园子圩，进行"勘验"。当群众包括一些地主士绅入圩后，他派军包围，下令屠杀，"枪声大轰，圩中火起，男妇相枕藉，池塘街巷横尸无容足地"，这就是"杨园子屠杀事件"。可是，崇安并没有就此停手，仍然挥舞屠刀，继续杀戮。他领军"东行至西阳集，士绅之迎师者辄诬以通匪杀之"。在他的屠刀下，丧生者"几数千百人"，真是罪恶累累，令人发指！

捻军向东撤退，由蒙关店、西阳集过涡河，经蒙城曹市集退守宿州临涣集。"官军穷追，沿途焚杀，陈州府团练贪恋抢掠"，停滞不前。11 月 30 日，穆腾阿、崇安等部清军从后面紧追而至，隔浍河同捻军相对。目睹清军恣意残杀，连战得手，"骄不设备"，捻军即用龚德树计谋，募集敢死队劫营。当天黑夜三更时分，敢死队分成四路突袭清军营垒，"纵火喊杀"，清军人马饥疲，仓皇应战，慌乱不堪。激战至次日，捻军攻之益急，清军大溃，西窜 100 多里，逃往亳州城，兵勇仅存 10 余人，不能成军，"大挫军威"。清廷遂将崇安革职拿办，寻赐死。

捻军马步队一万余人，乘胜于 12 月 8 日分南北两路围攻蒙城，由于知县俞澍、参将伊善廷等领军竭力防守，没有攻克。他们想要夺回雉河集的企图也无从实现，便于庙集一带挑壕筑围，横亘数里，驻防固守，与敌对峙，昼则伏匿圈内，施放枪炮，夜则遣骑偷劫敌营，以扰清军，表现出捻军试行修筑攻守兼备的圩寨，抗击敌人的进攻。12 月 16 日夜，捻军在庙集出动马步精悍部队数千人猛攻敌营，枪炮如雨，击毙游击德禄、佐领松志等，穆腾阿也坠马伤臂。12 月 28 日晚，崇安、格绷额等先行遣队诱捻军出战，后督大队人马进行围攻。捻军鏖战至次日黎明，未能取胜，退出庙集，走亳州东南尹家沟、与东北赵旗屯、王家围等地。

清军跟着追来。1857 年（咸丰七年）1 月 2 日，崇安、格绷额等带兵进攻尹家沟；1 月 5 日，副将伊里绷阿等领军攻打赵旗屯，均未得逞。1 月 13 日，龚德树率领捻军数万人，围攻蒙城五昼夜，因练总徐立壮等拼命防堵，遂退回展沟、杨村一带。1月16日，龚德树之弟龚义带领所部数千人自王家围出发，抄袭敌后，在亳州洪家庙同清军相遇，击中副将珠隆阿（旋死），龚义也被俘殉难，部众阵亡2000多人。英桂命侍卫托津阿等督马步队进扑。1月31日，赵旗屯失守，捻军折损300余人，退往尹家沟。

为了牵制敌人，张乐行于2月6日分军攻打怀远县城，被总兵珠克登、知县邹笋等部兵勇阻挡，退至上下桥。2月11日，张乐行复集马步队约四五万人从上下桥发动对县城的进攻，又受到清军与团练的阻击，牺牲1600多人，退据柳沟等地。随后，邹笋又带兵勇焚毁柳沟捻军据点，将领赵廷和等死难。2月12日，托津阿等督军全力进攻尹家沟，捻军牺牲1000多人，尹家沟又失。

由于无法扭转战局的被动状态，捻军除留下一些部队在蒙、亳地区筑起圩寨坚持斗争外，主力约四五万人由张乐行、龚德树、苏天福、韩奇峰等率领南下，经过颍州曹家集、南照集等地渡过淮河，2月下旬重占霍丘三河尖等地，众约数万，"其势复张"他们以此作为临时基地，并继续向淮南进发，以迎接同太平军联合作战的重大斗争。

捻军人马下淮南，五旗盖地又遮天；

气吞长虹声威大，不杀清妖心不甘。

这首诗歌，生动地反映了捻军进军淮南的雄伟气势。

八

张乐行等率领的捻军主力因雉河集失守而不得不南下霍丘三河尖，可是仍然无法摆脱清军带来的沉重压力，深感必须争取太平军的支持和帮助。太平天国方面，1856年发生天京变乱，东王杨秀清逼天王洪秀全封他为万岁，北王韦昌辉杀了杨秀清及其家属侍从与部众，还残杀翼王石达开家属，甚至带兵围攻天王府，妄图加害洪秀全，罢难者达二万多人，洪秀全诛死韦昌辉，迎石达开回京辅政，但对他又心存疑忌，加以挟制，石达开遂于次年离京出走，致使太平天国力量大为削弱，也迫切需要团结友军一致对敌。

所以，洪秀全非常重视在北方活动的捻军，认为是可靠的盟友，应该采取联合的方针，使其"能掌北门之锁钥"，成为"南国之屏藩"。清人文集谈到："是时，捻匪屡经受创，势渐披靡，不得不假长发（指太平军）之声势以图再振；而长发亦因党与渐离，乐收捻匪以为用：于是分者始合，狼狈苍黄，急则相倚，势使然也。"正是在当时形势下，产生这种共同要求，促使奋战于长江和淮河之间的这两支起义军走到了一起。

还在捻军首次夺得三河尖时，双方就有过接触洽商。当时，太平天国合天侯李秀成和李昭寿把守安徽桐城，李昭寿与张乐行、龚德树原有交谊，于是李秀成通过李昭寿的关系派人前往三河尖，同张乐行等联络，商谈合作事宜，"张乐行接得文件，当即复文已肯来投"。然而，由于敌人进逼，捻军很快回师北上，此事来不及付诸实现。接着，捻军重新回据雉河集，又有太平军于 1856 年 11 月送信来纠约张乐行"往正阳关接引"，说明太平天国力图联合捻军共同对敌。所以，他们这次再占三河尖后，便出兵南下，谋求同太平军会师。

1857 年 3 月 1 日，经事前由龚德树遣人向霍丘知县王启秀"假道"，捻军 1000 多人"由霍丘南门人，从城根至北门，取富民粮以出，因驻城外不去，阴毁城门铁皮，城上练勇欲开枪击之。王令叱曰：'此皆张乐行之众也，众行狗且不可伤，况人乎！候乐行至，众自戢。'"次日，捻军围攻霍丘县城，王启秀派张乐士出城谕之。"乐士者，乐行从弟，王令与乐行有旧，故养乐士于城中，冀以深结其心"。3 月 5 日，署理庐凤道金光箭领兵 800 名来救，至霍丘县城外，王启秀"闭门不纳"，这部清军即同捻军交战，结果一触即溃，全被歼灭，仅金光箭逃脱。这样，捻军乘势再向南趋，靠拢太平军。

太平军其时正逐渐同南下的捻军接近。2月24日，太平天国豫天侯陈玉成和李秀成等所部军队紧密配合，在安徽桐城大破提督秦定三、总兵郑魁士、副都统麟瑞等部清军，解除城围。太平军乘胜追击，于2月27日进占舒城，斩候补道恩锡，随之克复霍山，3月3日李秀成部又占六安，杀知州尹尧唐。他们同捻军相距只有数十里。于是，李秀成率部北上，准备会合捻军，而张乐行已派龚德树、苏天福等带领先遣部队前来迎接。3月6日，两军在霍丘、六安交界处胜利会师。

通过这次会师，捻军在一定程度上接受太平天国的领导，他们的首领也得到封号，如张乐行后被封为征北主将、鼎天福、义爵和沃王，五旗将领各有封号，如龚德树后被封为征北正总提、盖天义，苏天福后被封为立天侯。全军同太平军一样蓄发，有些部队且改用太平天国旗帜。太平天国除经常遣员与捻军联系作战外，另有专任代表驻在捻军中；捻军也常派人至天京，或到陈玉成、李秀成等部（如韩秀峰等就是捻军所派人员），彼此联络会商，协调行动。不过，捻军依然保持自己的领导系统和原有制度，配合太平军作战一般只限于安徽境内及邻近地区，即"听封而不能听调用"，以便日后北征，再建基业。太平天国也不过问他们的内部事务，没有改编他们的队伍和加强他们的纪律。显然，还是有限度的联合。尽管如此，捻军却从此开始走上了和太平军共同战斗的道路。

两军会师后，旌旗齐奋，桴鼓相应，随即在淮河两岸一起向敌人发起强大的攻势。当时捻军和太平军各有大约10万人，经过协商，作了如下的部署：张乐行所部捻军与韦志俊、薛之元所部太平军合作，进攻河南固始等地；

韩奇峰所部捻军和陈玉成所部太平军一道，攻打正阳关、寿州等地；龚德树、苏天福所部捻军同李秀成、李昭寿所部太平军会合，围攻霍丘、颍上等地。

清朝当局在剿捻方面也重新作了安排。还在捻军南下时，清廷曾经一再命令河南、安徽的清军进行堵截，以防止捻军与太平军会合；并为增强其攻击力量，在此前后对前线作战的指挥将领作了调整：谕令都统西凌阿返回北京，革去崇安的河北镇总兵职务，任命因围攻北伐军不力而被革职的胜保署理河北镇总兵，授予副都统衔，帮办剿捻事宜，又命参将保衡、都司马翰忠带领所部军队前往亳州，听候胜保调遣，令副都统德勒格尔率马队南趋怀远，还命英桂将在湖北遣撤的陕甘兵员截留，加入进剿捻军的行列。

1857 年 3 月 1 日，胜保同负责河南、安徽、江苏三省剿捻事宜的河南巡抚英桂、候补三品京堂袁甲三会于亳州，商议剿捻事宜。他们鉴于"张（乐行）、龚（德树）二逆肆扰阜阳、颍上，分踞霍丘、三河尖，其地与固始、息县相连，据形势要害"的状况，作了如下分工：袁甲三督总兵朱连泰部 3000 人及当地团练仍驻亳州一带，进攻留在邓圩、姚圩等地捻军，兼顾归德门户；胜保率马步队 3000 余人前赴颍州，跟踪攻打南下的捻军主力，另有四品卿衔王庭兰、金光筋等部大约 2000 人归其指挥，以配合作战；英桂统辖所部兵勇 1000 人，驻扎安徽太和等地，以策应胜保所部，照顾河南局面，且维护清军后方粮道。

早在 3 月 4 日张乐行就自三河尖出队往攻河南固始，而后韦志俊、薛之元所部太平军也参加作战。然而，捻军和太平军并没有集中全力进攻固始，而是分兵三路出击，强攻城池，以致力量分散，给敌人以可乘之机。被困于城中的署理知县张曜和王庭兰以及光州知州郑元善拼命死守，等待胜保的援军。

胜保经过对南下捻军进行研究，提出"先尽现带之兵，力扼西北，再行相机节节进剿"的作战方针。他的第一个目标是集结队伍以解固始之围，但因兵力不足，一再请求清廷增兵支援，受到清廷的斥责，说他"由亳至颍，尚未与贼见仗，而调将请兵纷纷不已"，命他"赶紧进兵，不得再有耽延"。胜保无可奈何，只得督带副都统穆腾阿的马队和副将乐善的步队从颍州赶赴固始，3月11日夺得方家集；3月14日南渡淮河，占据息县乌龙集。次日，捻军和太平军聚集三河尖等处马队200余人、步队六七千人，直攻胜保等部后路方家集营盘，而马队被敌人冲为三截，步队也立足不住，遂向后退，损失一千数百人。

英桂从安徽太和赶至河南新蔡，害怕胜保孤军深入，飞饬参将成景和罗山知县廖庆谋带领兵勇1500人驰援固始。3月18日，胜保等部又占期思集，击杀捻军数百人，接着进抵杨家集，同捻军交战，又杀害四五百人。3月22日，胜保等部会同成景、廖庆谋的兵勇乘胜直薄固始县城，捻军和太平军被迫退往蒋家集，固始解围。3月24日，清军追至蒋家集，捻军和太平军集结七八千人迎敌，鏖战八个小时，后路为敌所冲，以致失利，五座营盘被毁，牺牲一千五六百人，于是撤回三河尖。

接着，捻军主力自三河尖移至颍州柳沟集，聚有四五万人，四处筑围，力图乘隙北进。4月20日，胜保督率各队兵勇来犯，步队分两路进攻，马队张两翼护之，英桂也派兵作为应援。捻军坚决迎战，且派出马队准备抄袭清军后路，激战六小时后，三河尖的援军赶至，清军只得收队。4月22日，捻军马队三四千人，横亘八九里，步队几及二万人，轮番攻打敌营。清军拼死抗拒，用喷筒火弹射击，马步各军一齐压上，捻军只得后撤。当夜，清军又攻击潜伏在附近村庄的捻军。这次战斗捻军共失一千数百人。

中華藏書

大清十二帝·最新整理珍藏版

中国书店

　　为了牵动清军，分散其进攻兵力，张乐行派遣部队往攻河南光州、固始与息县等地，可是未能收效。胜保和英桂认为"分兵非策也"，对于进攻柳沟集的军队不予调动，而命其他军队会同当地兵勇尽力防堵上述地区。4月24日，胜保督率军队分三路再攻柳沟集，且毁围墙数丈，捻军马步队共二万余人分路杀出，如墙而进，伏军也奋起抗击，挫损八九百人。4月27日，张乐行、龚德树率领捻军进行反击，先以马队三四千人当敌，反复冲杀，又失1000多人。次日，捻军一万多人过河决战，胜保遣马队分张两翼，以步队居中抗拒，并趁捻军半渡时截击，捻军退归柳沟集。当夜，清军以马队袭击捻军营盘，捻军开炮抵抗。4月29日天明，清军兵勇冲过壕墙，攻破柳沟集，捻军被迫返回三河尖等地。

　　韩奇峰与陈玉成等率领的联合部队，围攻霍丘东北扼水陆之冲而为皖、豫紧要门户的正阳关，并于3月11日占领之，使清军南北声息不通。3月13日，联合部队东围寿州，因署理庐凤道金光筋率寿州知州黄元吉、凤台知县李霖等领兵顽抗，屡攻未下。3月20日联合部队主动撤围，韩奇峰率领捻军退往正阳关，陈玉成所部太平军返回六安。

　　龚德树、苏天福所部捻军会同李秀成、李昭寿等率领的太平军于3月10日复围霍丘，加强攻势。3月18日，地雷轰陷城垣十余丈，联合部队乘势冲入，占领该城，知县王启秀与千总朱天祥等身受重伤，典史张耀等被杀。李秀成即将霍丘交给捻军把守，作为他们的基地。

　　既占霍丘，联合部队便北渡淮河，于3月22日围攻颍上县城，声言攻破颍上后趋颍州，进取河南归德、陈州，其目的显系要向西北方面扩展。颍上虽是蕞尔之邑，但它"北介沙河，南介淮河，西枕郡城（指颍州），东控正阳关，盖亦险塞之处"，所以要实现上述的作战计划，必先争夺颍上。颍上官员士绅得知是联合部队攻城，有太平军参加，大为惊惧。知县程钰同把总薛汇远、典史漆大经、布政司经历衔李清扬、生员刘安泰等筹商对策，"分地轮守"，把总朱金昭、武举姜兆璜等领兵勇 300 多人自颍州与营弁阎进升等星夜赴援，缒入城中，"誓共死守"；城中还派人向胜保求救，胜保因在颍州柳沟集被张乐行等部所牵制而一时无法派兵前来。联合部队中太平军自负善挖地道，主要从事攻城，捻军自负善野战，主要从事"掳粮"，供应攻城部队，彼此协作配合，向敌人发起攻击，附近地方的群众也纷纷参加，"其势甚盛"。他们开挖地道多处，埋下炸药，4 月 4 日轰塌城墙 3 丈余，黑烟漫天，乘势上城，但被敌人拒退，4 月 21 日复以地雷炸陷城墙丈余，仍为敌人所补救。攻城受阻，战事持久，军心懈怠，粮食供应也渐短缺，龚德树派人向张乐行乞粮，张乐行却对颍上孤城久攻未克不满，没有应援。他们也未能改变战法，如遣员化装百姓混入城内，里应外合，或设法强化围困，以断城内粮源，而是继续轰城。4 月 30 日夜，地雷第三次爆发，城崩两处，主要是北城一处有 2 丈余，火延及民房数间，照耀如同白昼，他们相继登城，但因敌人的拼命堵击，又退回。而胜保于攻陷颍州柳沟集后，派兵赶来救援。在这种情况下，联合部队遂于 5 月 3 日夜乘大雨之时从颍上撤围，退回淮河南岸。这次历时 43 天的颍上战役，联合部队并非不能取胜，只是由于没有抓紧攻城，战法低劣，又无后援，且敌人顽抗，结果无功而返，未能实现原定的作战计划，失去向西北方面扩展的机会，实在可惜！随后，太平军往正阳关，捻军返三河尖。

捻军和太平军第一次联合作战，取得了一些战果，却未能获得全胜；因为太平军的离去，遂告结束。当时，太平军陈玉成部经六安至桐城，拟攻鄂东；李秀成部则驻扎六安、霍山一带，准备东援天京。因此，淮河沿岸的捻军得不到太平军的密切配合，只能单独作战，于是采取守势，收集兵力，挖壕筑垒，防守三河尖、正阳关和霍丘等地。

颍上解围后，胜保率部回驻李家集。他利用太平军离去的时机，发起对捻军的攻势，并将矛头首先指向三河尖。这一带聚有捻军张乐行的黄旗、龚德树的白旗以及韩奇峰的蓝旗等部，因而成为敌对双方争夺的焦点。三河尖以北20余里有黄冈寺、中心冈两地，隔着洪河与三河尖相对，捻军派出数千人分守以上两地，胜保出兵来犯，捻军不敌，两地失守，清军逼近三河尖。三河尖周围河渠环绕，其时正当阴雨连绵，河水暴涨，清军马步队难以强攻，遂用重兵扼驻西北，控制通往三河尖的水陆要冲，进行围困。

为了支援捻军，薛之元所部太平军在河南光州、息县一带活动，但没有起到牵制敌人的作用。张乐行便遣龚德树部夺取附近跨洪河的水陆要隘阜阳方家集，浚沟筑垒，积粮据守。5月15日，龚德树、韩奇峰分别率领白旗、蓝旗捻军，同敌人战于近邻赵家集，损失2000多人。胜保得知捻军粮食缺乏，"乃饬居民先行刈麦，商贩必官给印票方准行运，出产硝磺之区禁止出境"，以切断捻军的粮弹来源，使其因供应匮乏而逃离，"日数十百人"；而且"立白帜军前，号曰招抚，难民去洛行降者悉免死"进行分化瓦解，据载解散五六千人；又接连出兵攻击，使捻军的力量更为削弱，如纵火焚毁洪河浮桥，前后夹击，捻军牺牲3000余人，"河水为之不流"。

6月8日，胜保率领清军分三路攻破方家集，纵火焚木栅，未及撤出的捻军一二千人罹难，捻军退往王家坝，与三河尖为犄角。方家集之役，善战的龚德树所部白旗捻军，损失尤重。胜保决定进攻王家坝，以翦除三河尖捻军的羽翼，6月11日遂派侍卫穆腾阿所部马队分两路齐进，直薄王家壩捻军营垒，捻军并力抵抗，但因敌人火箭射人，延烧房屋，不得不退出。次日，张乐行、龚德树等率马步队四五千人，冲击敌营，胜保挥兵迎战，捻军阵亡五六百人，退回三河尖。

接着，胜保又督兵占据小曹集、童家楼、刘家店、柳家沟口等地，并袭取了三河尖东北十里铺这一通往雉河集的要道。捻军连战受挫，众心涣散，逃走者不少，首领又互相诱咎，或争夺斗杀，出现"内讧"。胜保见有机可乘，6月16日命善识水性的数百名兵勇潜渡南岸，越围而上，抛掷喷筒火弹，一齐扑入捻军营垒，且接应大队兵勇过河，遂破三河尖。清军还跟踪进据三河尖东面的南照集。捻军带着辎重沿淮河水陆一起东下正阳关。

正阳关的争夺也很激烈。解寿州之围后，金光筋便于5月3日率领兵勇进攻正阳关。他命把总黄鸣铎带勇由水路昼夜轰击，自己则同游击成桂督队从陆路攻打，进毁隐贤集捻军据点。5月9日，乘捻军不备，清军冲入正阳关，捻军损失1000多人。正阳关失去不久，捻军重集兵力夺回。三河尖一带捻军到达此地后，韩奇峰部便留下驻守，张乐行、龚德树则率主力转赴霍丘。

英桂与胜保认为，霍丘在正阳关西南，如果先渡过淮河进攻霍丘，那么正阳关的捻军将乘虚北上，只有先攻正阳关，可以疏通河道，顾全北面的颍州、寿州，因此决定从正阳关下手；同时以霍丘接近河南固始，便命邱联恩等会同三品卿衔（因守固始被提升）王庭兰、固始知县张曜领军分扼固、霍交界的临水集一带，防止霍丘捻军西进，而英桂至颍州督带兵勇分赴沙河两岸，作为后路声援，胜保则亲率马步队数千人继续东追，经过颍上，扑向正阳关。

6月21日，胜保挥兵占据了正阳关对岸的沙关，随后扎下营盘，添造炮船，以便进行水陆夹攻，又命金光筋带领炮船自寿州前来随同进攻。6月25日，胜保令金光箔在河上搭造浮桥，并抽调队伍助战，自己领军从淮河北岸进犯。

当时，捻军已在西北柳林附近造起三座浮桥，且从浮桥冲过马步队数千人直前迎战，清军连忙分兵两翼抗拒，刚一接仗，捻军受阻返回，过河断桥，使清军无法追过河来，奉命架桥助战的金光箔看北岸兵众，忘乎所以，竟然带领炮船在南岸沫河口搭了浮桥，直抵关下，放肆冲扑。埋伏在东南方的捻军马队突然抄其后路，其他部队乘势压下，敌人溃乱，金光箔正在炮船上督战，中炮受了重伤，见捻军逼近，惊慌失措，急令船夫猛力砍断系船的篾绳，水流湍急，船只荡覆，顿时落水身亡。金光箔参与镇压陆遐龄起义并继续对抗捻军而曾"威声大震"，因其"善政武功"被称"为皖中军兴以来首屈一指"的人物，"吏治战绩为安徽第一"，他的丧命，对清军是一个很大的打击。

胜保不肯罢休，仍然盯住正阳关。驻在霍丘叶家集的李昭寿所部太平军趁机袭击敌后的河南商城、固始，胜保和英桂闻讯，命邱联恩、王庭兰等部进驻黎家集，加以防堵，李昭寿部便退回六安、霍丘交界的大林畈、石婆店。于是，胜保更加专意进攻正阳关，连日出兵进攻，虽使捻军遭受一些损失，但是无法攻破。所以，他拟定先行蚕食捻军在关外的各个据点，以孤立关内守军，并堵截东路各处要隘，预防捻军向东转移。8月15日，胜保亲至黄天涧，督令各军抢占了关外蒋家庙、柴家冈、新集、黄冈头等地，且夺去了东面捻军水陆营垒，捻军损失1000余人。

8月17日，清军渡过淮河，到达南岸，再行进逼。接着，由侍卫穆腾阿等部攻破板桥集、枸杞园。8月22日，胜保督穆腾阿所带马队、总兵乐善所带步队、副将庆瑞所带水勇分道进犯刘帝城，韩奇峰、刘永敬等部捻军急分三路迎战，遭到敌人的阻截，所扎六座营垒被毁，丧失2000

多人，刘帝城失守。因此，正阳关更形孤立，关内粮食缺乏，兵力不足，韩奇峰急派人往霍丘求救。张乐行、龚德树随即准备率部应援。

胜保惧怕援军同守军会合，提出"大股归并正阳，贼数愈多，莫如趁其既离霍丘未到正阳之际，出其不意，中途邀击，或可乘虚进捣老巢"，便一面派叛徒张金桂潜往霍丘从事分化活动，一面派千总敖天印等督带炮船在新河口堵截，一面遣千总陈万金和已革把总朱天祥等带领团练1000多人和炮船20只，从水陆两路前往，拦截捻军。

8月29日，陈万金等部兵勇在霍丘城西湖南岸同龚德树所带的后路援军相遇，援军遭到截击，折回霍丘，清军乘势追至县城西门，城内出动马步队2000人左右抵拒不胜，清军冲杀过来，张金桂竟然开门出城接应，大呼败了！败了！扰乱军心，于是清军蜂拥入城，占据霍丘。守城捻军在巷战之后，由龚德树率领退走，南移六安。

张乐行所带的前路援军100多只船也遇到敖天印等所带炮船的阻击，损失200多人与30多只船，后冲入关内一道防守。然而，关内粮食垂尽，不得已杀驴马杂野菜充饥，加上瘟疫流行，军民死亡日多，处境十分困难。张金桂又潜入关内鼓动投清叛变；胜保则增筑营垒，并派都司黄开榜、黄鸣铎等领兵潜行至南面要口米家台一带扼截，以断绝仅有的来自六安的接济通道，进一步加强围困。

9月18日，六安捻军运粮船数十只自迎河集上驶，遭到黄开榜、黄鸣铎等部的截击，阵亡数百人，被劫船40余只，粮食失去2000多石。这使正阳关内的困境无法缓解，矛盾加剧。清方曾说："贼自此愈形穷蹙，关内日日惊慌。又因蓝旗捻众尚有些少粮食，黄旗下人恃逆酋之势，硬向讨借。讨借不遂，因之争斗"，两旗捻军"自寻戈矛，杀死数人"，出现"内讧"。真是雪上加霜，艰苦万状。

为此，张乐行向六安方面求救，李秀成即命李昭寿率部五六千人赴援。10月5日，援军由马头集、迎河集一带进抵构杞园、刘帝城，谋与正阳关守军会合，胜保即饬总兵邱联恩等带领兵勇拦截，援军败退。次日，援军攻打七里庙清营，又遇阻而回。关内守军见外援已至，由北关桥出击，为清军阻挡。10月12日，胜保督副将庆瑞、参将格洪额等领军攻关，守军开炮轰击，浴血抵御，魏兰、张茂、马凤林、傅老虎、陆耀宗等英勇战死，张乐行、韩奇峰率领捻军冲出重围，在援军接应下，沿淠河南走，撤往六安，正阳关失陷，持续数月的正阳关战役，终于以清军获胜结束，他们对此视为"淮南第一奇捷"，诸将均有升赏，如胜保得头品顶戴，庆瑞加总兵衔，格洪额以副将用等；捻军则失去8000多人，实力大损。

在这种情况下，捻军内部出现了一股厌战的消极思潮。地方志曾载："捻党以累战不利，且囊橐充裕，谋解散归农，乐行患之。"这是关系到捻军的斗争是坚持下来还是半途而废的重大问题，不能不引起张乐行的忧虑与犹豫。其妻杜金婵极力反对上述思潮。她说："主人初无意作白头贼，诸堂主强推以为盟主，骑虎而又欲下之，可乎？今日之事勿庸多言！"众人感悟，打消原先念头，赞同她的主张，决心继续战斗。

三河尖、霍丘、正阳关三地先后失守，原先同太平军合作而得到的一些战果化为乌有，说明没有太平军的鼎力相助，捻军单独进行防御作战，是很难抗击敌人的进攻的。由于连战受挫而产生的消极情绪一时幸得克服，捻军才能在淮南坚持斗争。

九

首次合作结束后，捻军和太平军在淮南的协同抗敌并未就此终止，而是时断时续。其所以如此，原因在于：皖北地区的太平军因为肩负繁重的作战任务，一面要抗击自湖北东犯的湘军，一面又要牵制天京外围的清军，不得不常常东西往返征战，而捻军主要是在淮河流域一带战斗，没有远离这一地区。这样，捻军和太平军的协作，难免受到长江中游太平军战局的影响，以致出现上述的状况。不过，淮南捻军既与太平军合作，当然需要直接参加或者间接协助太平军在东面和西面战场上所开展的一些战役。

为了稳固安徽基地，牵制敌人进犯江西，陈玉成率领太平军三万多人，并有捻军参加，攻打鄂东。1857 年 4 月 27 日，太平军和捻军联合部队的前队占领英山（今属湖北），旋又退出，全队分布于湖北黄梅、广济、蕲州、蕲水（今浠水）、罗田等地边界。5 月中旬，他们先同湖北巡抚胡林翼所部清军战于蕲州青石岭一带，次日毙敌同知衔知县李景湖、千总张鹏高等 200 多人；5 月 13 日分兵三路进攻黄梅，同江宁将军都兴阿、副都统多隆阿等部开仗，继而连日交战，互有胜负。5 月 17 日，他们在黄梅渡河桥之战中略有损失；6 月 3 日又在黄梅同提督孔广顺以及多隆阿等率领的兵勇鏖战。

与此同时，联合部队还在蕲州、罗田间同安徽布政使李孟群、署理蕲州知州彭应鲤等部接连交锋，也受小挫。接着，他们继续于黄梅、蕲州、广济、蕲水等地和敌人周旋。李孟群部转入安徽后，蕲州方面之敌势孤，联合部队乘势击败彭应鲤部。7 月 18 日，联合部队在蕲州望天畈大败记名按察使李续宾从江西九江派来支援的候补知府李续宜等部，清军营垒尽失，纷纷溃退蕲水，再退黄州府。随后，联合部队仍战于黄梅一带。

8 月 20 日，都兴阿所派多隆阿与副将鲍超等部分五路攻扑黄梅黄蜡山、甘家畈等处，联合部队齐出抵御，激战至次日，结果失利，48 座营垒被毁，牺牲 5000 多人。8

月 31 日，胡林翼饬李续宜、副都统舒保等进犯黄冈孙家咀、流水湾一带，联合部队又受损失。9 月 6 日，督粮道唐训方、李续宜、舒保等部分三路攻打黄冈、蕲水交界的马家河、火石港等地，联合部队复遭挫败，40 多座营盘受毁。胡林翼领军进扎蕲水月山。9 月 11 日，蕲水各乡数万联合部队得到来自安徽的万余援兵之助，趁敌安营甫定，分三路猛攻，敌人顽抗，用劈山炮轰击，且以马队来冲，联合部队受损颇大。他们又连续接仗三天，依然失利。因此，陈玉成带领联合部队陆续退守安徽宿松、太湖，主力部队则回桐城。鄂东战役，他们未能取胜。

驻扎六安的李秀成所部太平军和龚德树所部捻军于 10 月 6 日进占舒城，知县甘文澜败走；10 月 20 日，他们经过反复冲杀，击溃敌人，重伤甘文澜，夺得粮饷军火，占领舒城桃镇（即桃溪镇），随即进至上派河（今肥西县）与中派河等处，距离庐州仅 40 里。

正在此时，天京外围的局势又紧张起来，因为清军江北、江南大营同时展开对天京的进攻，尤其是天京东面的镇江受到包围，更加危急，天王洪秀全命李秀成部来援。于是，李秀成和李昭寿率领太平军东下，龚德树所部捻军留守六安，张乐行则带一部分捻军配合太平军作战，打通道路。

联合部队从派河直逼庐州，又约巢县太平军攻店埠镇（今肥东县），且由巢县夏阁攻拓皋。11 月 7 日，联合部队进抵庐州西南二十里铺，筑垒七座；次日，清军总兵郑魁士、副都统麟瑞、总兵札隆武等部分路来扑，联合部队受损，暂退派河。同在这两天，来自巢县夏阁的太平军同清军总兵吉顺所部接战，受挫而退。巢县太平军水路于 11 月 7 日在孤山同清军都司黄国尧、守备范玉林、哨官杨宏胜等部作战不利，失船 23 只，陆路援兵同总兵嵩瑞所部清军交仗也败；9 日再战于塘口河又败，失船 11 只，随即退回。

当时，李秀成急于赴援，无暇久留，所以在给庐州方面的清军以很大威胁使其不敢拦击之后，便率全军迅速东赴巢县、含山昭关，毙千总韩殿安等，11月30日击败清军总兵音德布、知州陈麒昌等部，占领和州，随即渡江东援镇江。因为捻军不愿远离其皖北基地，所以张乐行所部捻军护送李秀成等太平军绕过庐州后，就转身返回六安。清军趁舒城一带联合部队守备薄弱之机进行反扑。11月10日，已革游击聂桂荣、知府马新贻等带领兵勇直逼桃镇，11月12日冲入街道，占据桃镇。11月14日，郑魁士督副将萧开甲、把总周盛波与总兵札隆武、副都统麟瑞、甘文澜等率领兵勇再行进攻，将舒城上派河、中派河联合部队所筑营垒概行烧毁，联合部队退往舒城、巢县等处。

六安捻军同清军也打了起来。10月16日，他们在齐登冈、盛家庄同知府袁怀忠所部兵勇交战后退回。10月21日，他们自獐犯山进攻南狱庙，为李孟群部所阻。11月13日，龚德树率领捻军大败李孟群所部清军，进占六安西南独山镇，清军退往麻埠。11月26日，穆腾阿领军反攻，夺回独山镇。不久，六安捻军会合舒城太平军攻占霍山。其时，捻军和太平军"纵横舒（城）、六（安）、霍（山）间，三百余里烽火达霄汉"。12月25日，捻军进围扎于新店河的袁怀忠部，守备余先元带勇援应，捻军不利而退。李孟群乘势督袁怀忠、代理知县王自籲等部兵勇分路来攻，张乐行、龚德树等部抵挡不住，1858年（咸丰八年）1月2日转向青山，霍山遂陷。扎于太湖、潜山的陈玉成与定天福韦志俊等所部太平军前来支援，李孟群部怕受夹击，慌忙退走，1月16日，太平军进占霍山。

正当六安的外部压力有所减弱时，捻军的内部矛盾却变得尖锐起来。1857年12月间，捻军领导集团发生了严重的意见分歧。据胜保、袁甲三奏折说："捻匪困守六安，势已穷蹙，贼众猜忌，人心已离，其蓝旗捻首刘文（应作永）敬即刘饿狼，欲带所管旗下贼众出城回窜雉河老巢，当为张、龚二逆所杀。"《捻军始末》也记载："乐行与李秀成计议，捻军与太平军携起手来，扫尽江淮间清军的几个重要的军事据点。正议联军，而蓝旗将领刘永敬、刘天台叔侄二人都不愿远往，力请回家，乐行与他们多年至交，情同骨肉，亲自劝渝再三，绝不听从，即嘱龚德树、任化邦续劝，多方开导，二人仍是坚持己见，毫无转变之意。……此次二刘抗拒军令，势将影响全部捻军，龚德树、任化邦为维持军纪起见，都劝乐行执行信条，杀以儆众，德树主张更力。乐行意虽不忍，而又势必执行，乃挥泪斩之。"可见这种分歧是：张乐行、龚德树等主张捻军应坚持同太平军合作，接受太平天国的领导，继续在江淮之间一起打击清军；而蓝旗旗主刘永敬及其侄刘天台则要求捻军主力撤回淮北老家，独自进行抗清活动，不再与太平军联合作战。显然，这是联合和分裂的原则分歧。前者是从联合抗清的大局出发，有利于斗争的进展；后者反映了地域观念、宗派观念等落后意识，对抗清斗争是不利的。史学界近年提出一种看法，认为当时雉河集一带受到苗沛霖团练的蹂躏，急需回援，对苗练进行反击，刘永敬的主张是完全正确的。这种见解似可再酌，因为反击苗练毕竟是局部问题，若有可能派出部分兵力也未尝不可，如果挥师北趋，必定影响淮南整个战局，对太平天国来说，失去一支友军的有力支持，要应付1858年迭起的风浪将是难上加难，反过来这对捻军的淮北战场也是有害的，倘若太平军在淮南战场溃败，捻军在淮北战场将会承受更加巨大的压力。如果既肯定刘永敬的主张，又对张乐行等继续在淮南作战的意义予以高度评价，则有自相矛盾之嫌。

　　捻军内部的这种分歧，也同原先彼此不睦有关。刘永敬是安徽蒙城顺河集刘破桥（村）人，家境贫苦，没有土地，曾讨过饭，当过小偷，参加起义之后，能征惯战，成为蓝旗一员勇将，所部扩展迅速，力量雄厚，却与黄旗关系紧张。早在正阳关时，双方就曾因讨借粮食发生争斗，以致有人丧命。据载还因刘永敬具有军事才能，"战必胜，攻必取，望敌尘而知其强弱之所在，虽目不识书，而指天画地，算无遗策，张乐行、龚得树等深用嫉忌"；如今在对待同太平军合作的问题上，矛盾又发生了。1858 年 1 月17 日，在不能改变刘永敬、刘天台主张的情况下，由龚德树定计经张乐行默许，将他们两人杀了。这种采用过激手段解决内部矛盾的做法无疑是不妥的，致使矛盾进一步激化。

先前，刘永敬、刘天台的主张得到蓝旗一些将领如刘永信、刘天福、刘天祥、刘天月、魏希元、魏希纯等的支持，在其他各旗将领中也有影响，他们两人以违背军纪的罪名被杀，自然使蓝旗和其他各旗的一些将领和战士为之惋惜和震惊。至今皖北还流传这样的歌谣："四月里来麦丝黄，老乐（指张乐行）定计杀饿狼；饿狼本是忠良将，将星落在西北方。"这在一定程度上反映出将士对二刘的怀念，以及对于事件处理的不满。因此，这些将士不执行拜盟信条，不服从盟主的指挥，纷纷自由行动。蓝旗将领刘永信、刘天福、刘天祥等带领部队回归淮北。《河南军情探报》说："据署固始县张令十三日（指咸丰七年十二月十三日即 1858 年 1 月 27 日）禀，昨探六安贼匪由开顺渡河西窜商城边境，此股系属蓝旗刘饿狼之捻。因刘饿狼被龚逆所杀，蓝旗捻众均与张、龚两逆不和，遂欲窜回雉河老巢。现在贼踪已至商境武庙集地方，与该县张老埠、郭陆滩、段家集、樟柏庙等保，处处紧连。"胜保与袁甲三也奏道："其旗下（指蓝旗捻众）约二三千人即相率出城，绕道回窜，由西南窜至商城境内之武庙集，声言借路回巢，又遣难民来营投章乞降，……当即颁给谕帖，果系真心投诚，即当安静守法，或可酌贷一死，该逆自奉谕后，沿途所经并无焚杀抢掠等事。"刘永信等在致胜保等的乞降禀文中，不但发泄对张乐行、龚德树的"怀恨"，而且写道："祈大人再施雨露之恩，将身等前此所为，共仰既往不究，后日南选南往，北调北行，有一违令，即诛无尤"。以上情况说明，蓝旗捻军将士有不少已经返回淮北，而且开始向敌人"乞降"，表示顺从清方调遣，沿途也不再作斗争了。

这种不良影响还在扩大。其他一些捻首如鹿利科等也率部相继北返宿州地区，据载"捻众由六安、固始陆续窜回者，前后共有四万余人，均系长发老捻"；同时又有人员准备降敌，如在六安城内也出现此事，"黑旗捻首曹万仞商约红旗捻目周焕林等情愿投诚，仍在六安城中图谋内应。"。

这种不团结甚至放弃斗争的现象，产生十分有害的效应。大批将士返归故里独自行动，使捻军主力分别在淮南、淮北两个战场对敌作战，这严重削弱了淮南捻军的力量，也影响淮北捻军的发展。淮北捻军虽然一时力量大增，但是几乎同雉河集会盟以前的分散状态一样，各自为战，以致后来被敌人分别击溃。而那些放弃斗争的人员回到家乡之后，散伙归农，这对捻军来说，不仅造成了损失，并且起了涣散斗志的消极作用。不难看出，那些自由行动的将士是错误的，其中放弃斗争者更是错上加错。在此过程中，作为捻军主要领导人的张乐行、龚德树没有及时采取必要措施，尽快扭转这种局面，负有推卸不了的责任。

留在淮南的捻军广大将士，仍然坚持同太平军联合作战的方针。1858 年 1 月 27 日，陈玉成与韦志俊等所部太平军自霍山出发，至独山两河口，拟攻河南固始，并由河南往湖北德安府（治今安陆）一带招兵，回援天京，霍山被知府袁怀忠、代理知县王自籥等部清军重据。龚德树、韩奇峰等所部捻军也同太平军一起行动。2月1日，联合部队约五万余人抵达固始东关，2月5日开始攻城。

副都统胜保事先曾由六安附近赶到固始布置防务，又至三河尖设防。他奏调李孟群部赴固始西南驻守，并命总兵乐善等率部1500人来援，又请派陕甘马步队相助；河南巡抚英桂遣总管德楞额、格绷额等领马队往救固始；光州知州郑元善也带练勇1000余人进至固始境内。各路清军兵勇相继赶来救援，城内守敌更加负隅顽抗。联合部队一面阻击敌援，一面挖地道轰城。2月17日，地雷轰塌东面城墙数丈，王庭兰和张曜带领兵勇竭力堵扼，还是未能将城攻破。3月3日，地雷将东南城墙轰塌10余丈，仍为敌阻，无法进城。但城内守敌惊恐万状，署理知县张曜在禀报中说："目下情势日紧一日"，"人人危急，存亡呼吸，万求迅赐会督各路，连夜救援，活亿万生灵于濒危濒亡之际，实深泣祷！""情急词迫，和血泣陈，伏求格外鉴怜！叩祷！叩祷！"可见其惶惶不可终日之态。

此时的战局十分有利于太平军和捻军的联合部队。可惜他们没有抓紧时机，全力以赴，加紧攻城，而是"以固境无所掠食"，派兵出扰固始、商城交界的郭陆滩、樟柏岭等处，分散自己的力量，从而使敌人有喘息之机。

清军不断加派援兵。署理总兵龙泽厚也率部1100多人前来增援。3月22日，胜保、乐善、李孟群等督率兵勇进行攻击，联合部队有些损失。次日，地雷又毁东南城墙数丈，复被堵住。此后，联合部队一再攻城，终未得人。4月6日，胜保亲督马步队，和李孟群、龙泽厚等部一道发起进攻，城中守敌也派队缒城夹击，联合部队同敌人大战，没有取胜，遂从固始撤围。太平军经商城县境南往湖北，捻军则东回六安。

"六安东界合肥，西通固始，南与桐（城）、舒（城）接壤，北与寿（州）、霍（丘）连疆，不特为渡淮要冲，且系由皖人楚人豫捷径。"因此，清军按照事先拟定的计策，集结兵力向六安进犯。4月29日，胜保和袁甲三分别由固始、正阳关带兵至六安城外驻扎，并与李孟群部从西南、东北等方面步步进逼，加紧攻城。

六安捻军曾经一再谋求北进，均为敌人所阻，没有实现。此时敌情严重，捻军处境艰危，因为陈玉成所部太平军已进鄂东，战于罗田、麻城一带，无法东援；李秀成所部太平军也已东进，并得到从安徽六安、舒城至无为的数万捻军配合作战，5月8日击败副将惠成、鲍云鹨等部清军，进据和州，5月10（一作11日）攻破全椒，次日夺得滁州，5月13日占领来安，以断敌饷道，包抄浦口，从后路进捣江北大营，由于帮办军务侍郎翁同书等部清军来犯，5月21日被迫放弃来安，退回滁州，这就难以西顾，所以他们不能得到太平军的有力援助。虽然邻近的舒城、桐城太平军时常以粮食接济他们，但是由于胜保派六安知州茅念劬督带练勇在毛坦厂等处相机邀击，福济所部都司孟云霞等也领军在界河、谢家河拦截，粮道不久就被敌人切断，局势更加危急。

六安外围的状况也日益恶化。5月7日，西南韩摆渡附近水围六处，被侍卫穆腾阿等部尽行摧毁。5月9日，同在西南的苏家埠又为胜保与穆腾阿等部所占，捻军退往南面姚家湾。同日，捻军在东北方面的作战中失利，退回城中。5月11日，韩摆渡捻圩四座，也被穆腾阿等部占据。

于是，捻军奋力冲击，图破敌围。5月15日，有数千人从西北两门杀出，直攻龙头桥、凤凰桥等地清军前沿营盘，激战六个小时，未克退回。16日夜间，张乐行率精锐部队四五千人猛攻西面尚家庙清营，战至次日，仍不能胜。5月17日，在河东的捻军从十里桥一带出击，也受阻而退。19日，他们攻占桃镇，三天后复失。5月24日，他们出动大队进攻敌人，依然失利。当夜，清军绕近城边，连放喷筒、火箭，抢过城壕，争竖云梯上城，早已被胜保收买的将领许原如、杨邦本等与之配合，偷开城门，请清军不战而入。在这危急时刻，张乐行、龚德树率领守军奋勇拼杀，将士们挺长矛，衔短刀，大呼"当吾者死！"突围出城，敌人不敢逼近。次日清晨，全城失守。此役捻军损失5000余人，张乐行之叔张玉明、龚德树之侄龚玉也被俘死难，而敌人也付出相当的代价，副都统衔即补协领楚勒刚阿、以游击用佐领亮志等被斩。

六安失守后，张乐行、龚德树等捻军沿淠河北上，经过顺河集和马头集、迎河集等地，于5月29日到达正阳关，随即沿淮河东下至峡山口，夺得盐船后，进向"既无城郭，又无防兵"的淮北要地怀远。当时，怀远以北、徐州以南的捻军有苏天福、李蕴泰（即李允）、李大喜、张龙、任乾、鹿利科等部约八万多人。张龙、李蕴泰等部捻军一闻此讯，纷纷赶来相会。6月2日，他们共同作战，攻下怀远县城，消灭敌军数百人。

张乐行、龚德树等以怀远为基地，继续沿淮河东进，又得张龙等部捻军的援助，遂向淮河南岸的临淮和凤阳两地进攻。6月14日，他们击败庐凤道黄元吉所部清军1000余人，攻克临淮。清军失去这个"水陆咽喉，南北冲要"的地方，使胜保"闻信实深愤懑"。6月15日，刚占临淮的捻军也转向凤阳，加强对凤阳府城的攻击，使凤阳团练"兼顾不及"，同时又攻位于府城西北的县城，"梯城举火"，终于一举占领凤阳府、县两城，守城3000多名团练溃散。

捻军连战皆捷，迅速将怀远、临淮和凤阳等地占为己有，扭转前此屡战失利的被动局面，声威大振。袁甲三说："贼旗朝张，万众云集"，形象地反映了当时群众踊跃加入捻军的盛况。同时，捻军控制了淮河中游地区，很有意义。安徽巡抚福济曾经奏道："该逆分踞怀远、凤、临，为掎角之势，南北阻塞不通，庐州后路全失，"就是说，这截断了清军在淮河中游一带的水路饷道，并孤立了其据有的庐州，而且将淮河北岸的抗清力量同南岸的太平天国连接起来，使北方的清军难以南下，直接支援了太平天国运动。

这一期间，与张乐行、龚德树等一道自六安杀出的孙葵心、姜台凌等部捻军，竟然同张、龚分手而北返。袁甲三奏言："白旗捻首孙葵心贼伙极众，均系剽悍善战，为张、龚两逆之腹心，嗣与龚逆不洽，径回亳州老巢"。显然，捻军内部的不团结现象仍在继续。清方抓住这个机会，加紧对孙葵心进行诱降活动，实现扩大捻军裂痕，瓦解他们斗志的意图。为了争取已经北归的捻军的支持，继续抗清斗争，张乐行曾以"大汉盟主"身份于怀远发出檄文，号召淮北捻军"北取宿（州）、灵（璧）、蒙（城）、亳（州）、颍州，直抵黄河，开创疆宇，以图王霸之业。斯时论勋酬功，裂土建封，光耀门闾，坐享无穷之福，岂不美哉！"告诫他们不能"各思苟安之计，回家固守土圩，徒知抢掳。利己之私，久则足以自毙"。清方提及他们当时情况也曾谈过，"大约其志仍不在南而在北也"。这就说明他们准备会兵北伐，再建自己的基业。

✚

清军对怀远、临淮和凤阳等地的战役连连失败，并不甘心。因此，敌对双方的争夺仍在激烈进行。

皖北战败的奏报接二连三地送来，惊动了咸丰帝。1858 年 7 月 23 日，他颁发上谕，严斥福济"自克复庐州后，不能振作，日久无功，以致贼势蔓延，实难辞咎，著革去头品顶戴，并太子少保衔，即行来京，另候简用"。并任命帮办江北大营军务翁同书为安徽巡抚，以便督带清军于皖北战场对捻军与太平军作战。接着，咸丰帝针对胜保与袁甲三之间的争斗难以平和的状况，对剿捻军务的部署重作安排，8月31日，任命胜保为钦差大臣，督办安徽军务，新任安徽巡抚翁同书帮办军务，袁甲三督办皖、豫、苏三省"剿匪"事宜，以加强安徽的军事指挥，且命江宁将军都兴阿、浙江布政使李续宾督军自湖北救援安徽，企图改变安徽的不利战局。

正在前线的胜保所部清军先行进犯怀远。同年7月6日，他派副将张得胜等部由怀远南面新城口进攻，遣营总克蒙额部会同苗沛霖团练攻打怀远西北龙亢集，使捻军损失1000多人。7月9日，张得胜等部与都司黄鸣铎率水师由怀远对岸上洪进犯，再败捻军。7月20日，张得胜、黄鸣铎等水陆并进，直抵怀远老西门外；旋克蒙额部与苗练也进扎距怀远10余里的苏家集，以便两路夹攻。7月30日，胜保又命张得胜部攻洪山嘴，游击唐玉辉与知县郑笥等部攻老西门，黄鸣铎等由淮河水路进攻，捻军有两三千人的损失，营垒七座被毁。克蒙额部与苗练也在太平集一带杀害捻军2000余人，攻破捻军据点4处。

8月3日，怀远捻军进行反击，在涡河口乘夜搭造浮桥两道渡过一万余人，突袭上洪一带清营，为敌所阻，阵亡七八百人，且有落水牺牲者，浮桥被焚毁，只得退回。8月中旬，胜保令唐玉辉等分三路进犯凤阳，击杀捻军300余人。接着，临淮捻军进至总铺一带，胜保又派协领萨萨布带马队会合道员黄元吉、参将吴秀等部分三路阻击，捻军损失1000多人。苗练则在北面继续攻破刘家冈、曹家河捻圩，向怀远逼近。

为了对付敌人的进犯，张乐行曾约孙葵心等部来援，未达目的，便同龚德树等坚壁浚濠，极力抵御。10月3日，他率部数万人从怀远突出，直攻涡河口清军营盘，迫使总兵龙泽厚等部当夜撤到马头城后面黄盆窑、洛河街（即洛河镇）一带，次日，攻至刘府集西南面，被唐玉辉等部挡回。10月7日，侍卫穆腾阿等带队与团练从刘府集分路进犯，抵达怀远对岸峡山口，接着又向峡山口和上洪一带攻打，使捻军丧失1000多人。10月10、11日，唐玉辉等部也进行截击，捻军被迫从马头城返归怀远。10月22、23日，捻军复夺马头城，大败龙泽厚等部，占据上下洪一带，且进至炉桥，将敌人反扑之势遏制住。

与此同时，李秀成等所部太平军正拟东援天京。1858年7月下旬，他们在安徽枞阳召开军事会议，分析形势，商议计划，与会将领"各誓一心，订约会战"。接着，陈玉成同左军主将李世贤及吴如孝等率领太平军由潜山、舒城经过三河镇进逼庐州，阵毙署理总兵萧开甲、知府伍成功等，吓得李孟群所部望风而溃，急逃六安。8月23日，太平军攻占庐州。然后，陈玉成命吴如孝领军夺取店埠和梁园，进逼定远，以牵制胜保所部清军，自己又挥师东进，由店埠、梁园、界牌直下滁州，拟会合李秀成部，开始攻打从北面围困天京的清军江北大营。

为了配合太平军作战，龚德树带领凤阳、临淮等地的部分捻军南下，9月11日，会同吴如孝所部太平军进攻藕塘镇，击败清军副都统穆腾阿部，遂占该镇，围攻定远县城，与东进的太平军遥相呼应。李秀成则派员剃发于草履中暗藏密文，送往凤阳、怀远，约张乐行等率部至大柳地方，与太平军会合，同攻来安、盱眙、六合、江浦等地，以袭破江北大营，被已暗中降敌的李昭寿遣人杀害，并将其文书禀送清营。不过，张乐行还是了解太平军之需要而派出部分捻军，自临淮、盱眙、来安南趋，以便与陈玉成、李秀成两路大军相会。江北大营钦差大臣德兴阿惊呼："各路粤（指太平军）、捻三面扑来，实有防不胜防之势。"

9月中旬，陈玉成部进至乌衣一带，李秀成部自全椒前来会合，捻军也赶来了，军势更旺。德兴阿急调清军自浦口北上增援。9月25日，双方在乌衣激战，清军失败，被歼三四千人。次日，太平军与捻军于江浦小店大败从清军江南大营调来的总兵冯子材所部5000援兵，该部死伤甚众，溃不成军。于是太平军和捻军乘胜进发，冲破陡冈敌营，直抵浦口，九洑洲太平军也渡江助战，前后夹击，四面围攻，阵毙副将陈升、副都统乌尔恭额、台斐音保、知府孔继镂、宣维祁等，将万余敌军歼灭，克复浦口，德兴阿率残部遁往六合、仪征。太平军和捻军终于彻底击灭了清军江北大营，解除了天京北面的威胁，恢复了天京和江北的交通，取得了重大的胜利。在这次战役中，捻军积极配合，协同作战，功不可没。

鉴于东线的失败，清军在西线大举进犯，9月22日攻陷太湖，然后兵分两路：一路由都兴阿督副都统多隆阿和总兵鲍超所部军队直扑安庆；一路由李续宾所部湘军进逼庐州。李续宾部于9月27日攻下潜山，10月13日占据桐城，10月24日又破舒城，11月3日进至庐州西南重要屏障三河镇的外围，11月7日向镇外九个砖垒发动攻击，守将吴定规率太平军凭垒顽强抵抗，消灭敌人1000余名，自身伤亡亦多，遂退入镇内，失去镇外九垒。当天，闻讯从江苏六合来援的陈玉成部赶到三河镇东面的白石山和南面的金牛镇，包抄湘军后路，并檄庐州守将吴如孝率部会合龚德树所部捻军南下隔断舒城、桐城的敌援，捻军经过庐州双墩集、众兴集而进至三河镇北面地区，使李续宾部成为瓮中之鳖。

11月14日，李秀成部也到达白石山，太平军军威益壮。同一天，陈玉成部逼攻湘军。李续宾图谋反扑，于深夜派兵偷袭金牛镇，次日黎明，同陈玉成部接仗，忽大雾迷漫，咫尺莫辨，李秀成部也赶到，陈玉成部勇气倍增，毙伤敌人累累。李续宾亲率部队来救，吴定规出兵敌后。敌人战败，逃回大营，太平军将其团团围住，趁势猛攻，当晚阵毙李续宾、同知曾国华、候补知县王揆一等。此后三天，他们扫荡残敌，将湘军其余营垒全部攻破。该役歼敌6000人。他们乘胜进攻，11月18日克复舒城，11月24日占领桐城。围困安庆的清军闻讯，恐被太平军与捻军抄袭，便于11月26日深夜撤围，后经石牌、太湖退驻宿松。在捻军的配合下，太平军继续前进，李秀成部于11月26日攻克潜山，11月29日夺取太湖。与此同时，陈玉成部经石牌进向宿松，追击敌人。

三河之战就清军而言，损失巨大。李续宾原是湘军的有名悍将，"威望冠诸军"，他及其所部湘军的败灭，使清朝当局大为伤悲。咸丰帝览奏，"不觉陨涕"。湖北巡抚胡林翼闻讯"大恸，仆地欧（同"呕"）血不能起"，连声哀叹："惟三河败溃之后，元气尽伤；四年纠合之精锐，覆于一旦；而且敢战之才，明达足智之士，亦凋丧殆尽。""全军皆寒，此数万人者，将动色相戒，不可复战。"湘军统帅曾国藩也"思之至恸"，"泪下如雨！"叹道："自三河败后，元气大伤"，"不特大局顿坏，而吾邑士气亦为不扬"。可见他们所受到的是何等沉重的打击。

这次战役对太平军来说，是一次具有转折意义的胜利，既消灭凶敌，又收复失地，迫使清军从安庆外围撤走，从而制止了敌人长驱直入的攻势，扭转了近两年来皖北战场的颓败局面，后方也能安稳，为后来消灭清军江南大营打下基础。这次胜利的取得，有着多方面的原因，有太平军的团结合作与英勇奋战，敌人的轻率冒进，而捻军在其中也作出了重要贡献，不可低估。

三河战役后，陈玉成拟趁势猛攻退驻宿松之敌。12

月 1 日，太平军在宿松荆桥镇却为清军江宁将军都兴阿等部所败，30 余座营垒被毁。于是，陈玉成即往太湖，约李秀成共同率部进攻清军总兵鲍超部扎扎的太湖二郎河，并调集捻军前来，"分布数十层，绵亘二十余里"。12 月 11 日，战斗开始，捻军连续攻击，太平军也奋力猛冲，但均被敌人阻挡。鲍超督军迎战，副都统多隆阿率部从宿松赴援，都兴阿也领马队赶来参战。陈玉成部和捻军失利退回，折损数千人；李秀成部力守营垒，夜间突围。随后，陈玉成驻守安庆，李秀成屯扎巢县，捻军返归原来驻地。

当陈玉成、李秀成两路大军西援三河镇时，东面战场风云突变，发生了李昭寿叛变的严重事件。

李昭寿及其部属的游民积习难改，毫无军纪，吸食鸦片，常常扰民滋事，同太平军将领也闹磨擦，影响非常恶劣。《李秀成自述》说过："李昭寿之兵甚为多事，兵又扰民，逢到州县要任其支取，不支又扰于民，县（州）县佐将被其打责。"因此，李昭寿为太平军将领所憎恶，陈玉成更是这样，对其不守军纪十分气愤，"将斩之。兆寿跪谢，久之乃已。出，怒勒众，将攻之，惧弗敌而止；玉成亦微闻之，遂相恶"。据载李秀成的部将谭绍光也认为李昭寿"性极诈悍"，"反覆无常"，曾进言道："为今之计，借犯军法斩除之为上，不能，则置之后队闲散之地，无使当前敌，倘昭寿一有变心，是太平军之大害也。"李秀成则以李昭寿与张乐行、龚德树"为至交，恐弃昭寿，失淮北之大势"，遂不用谭绍光之言。

偏偏胜保却看中了李昭寿这种人物。1858 年约 2 月间，守备陈万金在河南尉氏捕得李昭寿的母时氏、妻周氏、子李贽彩以及负责代送他们的其姨兄卢恩照，解送到胜保军营，胜保认为奇货可居，将李昭寿的家属监禁起来，命卢恩照与县丞姜锡恩秘密赴舒城、桐城、六安一带招降李昭寿，并通过李昭寿的掌书、原霍丘老吏陈学书等"以利害说之"，向他提出"若能悔罪投诚，从中取事，或将张、龚二逆擒斩，或计献城池，不惟赦其一身，并可全家免死"，且"许随营效力"；还想以此在太平军和捻军中制造猜疑，挑拨离间。所以，当六安捻军被围时，李昭寿已和城外的胜保勾搭，而且约定，在清军破六安后，李昭寿即将其控制的桐城、舒城、庐江等地交给清军，作为他投降的进见礼，后又遣其心腹至胜保军营，必欲胜保亲往受降，始无疑贰。7月间，李昭寿从滁州派人又与胜保相通，说是他同胜保相距太远而同李秀成又相离太近，没有外援不敢投降。胜保即遣部属陈玉田前去，"令其先献滁州，不可再有迟延"，并且准备东下，以便受降。他见李昭寿手中掌握的军队和地盘，对此很是重视，曾经奏言："查其票中所称，先献滁州，后图他策，若能尽如所言，则其党与数万，不为我敌，转为我用，即粤逆之势愈孤，捻逆之气亦夺，淮南、皖北指顾肃清，是李兆受之向背，实为全局之转关。"这折映出当时实力相当的李昭寿态度如何，直接制约着皖北战场上敌对双方力量的对比。

胜保从寿州动身，经过定远，于8月19日到达与太平天国辖区交界的滁州清流关，派人传李昭寿来见，李昭寿及其弟李昭奎和其他头目10余人跪迎道左。胜保在奏报中写道："李兆受感激零涕，指天矢日以白其心，复述贼中情形，并言此时无难，即行剃发，不再回滁，只以手下人等有家属者多，必须安置得宜，众心固结，方可为异日报效地步。此外，头目陈广俊等二百余人现在金陵，亦须设法撤出，免至举事后致被发逆戕害，且滁城内尚有伪国宗杨姓，为贼耳目，而发逆李秀城（即李秀成）大股复踞和州，此贼凶悍异常，更宜用计剪除，方免后患。现在所部四万余人，拟遣去大半，酌留精壮万余，以备效用。请缓至八月于庐江、巢县各贼收粮之后，再遣心腹里应外合，便可次第收复，作因粮于敌之计，一面明示率众剃发先献滁、全二城，再图巢县、庐江、和州、无为等处，以赎罪而立功。"这个叛徒将其投降的心思无耻地说了出来，泄露了太平天国的内情，提出了降敌的全盘打算。胜保当即加以收买，赏给李昭寿花翎三品顶戴，其弟与其他头目也分别予以五六品顶戴，并依李昭寿的跪请为其更名世忠，其弟更名元忠，"仍令其率部回滁，约期举事"。

此后一段时间，李昭寿表面上还是服从太平天国的指挥；太平天国方面虽然有所听闻，但是没有采取措施加以防范，终于吃了大亏。李秀成当时命令李昭寿及其同伙薛之元率部东下，参加进攻江北大营战役，他们还不得不从，且率军前往天长助战。随后，他们都被委以重任，负责守卫天京的北面门户，李昭寿镇守安徽滁州和全椒等地，薛之元防守江苏江浦与浦口一带，洪秀全还给薛之元下过手诏，表示太平天国对他们还是信任有加。可是，这也未能促使他们改过从新。

10月30日，李昭寿利用太平天国东面战场兵力薄弱的时机，同胜保互相勾结，里应外合，前后夹击太平军，夺占天长，公开叛变。11月1日，李昭寿回到滁州，将滁州、全椒及来安等地献出，下令全军剃发，随即奉清朝命令，将所部军队四万余人大加裁撤，仅留1.7万人，改编为所谓"豫胜营"，分成前后左右中五队，每队约3000多人，统归他管带，他为参将，听候胜保调遣，倒戈反噬。

在李昭寿的勾引下，驻守江浦的同伙薛之元通过当地清军游击赖镇海的关系，同江南大营提督张国梁谈判投降，旋派其心腹罗华清往见张国梁，得到许诺。1859年（咸丰九年）2月28日，薛之元自己剃发，随带数十人到江北沙洲，张国梁亲往受降，即命他回去造具男女花名册和炮位器械清单，以候检验。次日，薛之元约会李世忠攻陷浦口，取得清朝的四品顶戴，并被更名为薛成良。

　　这样，李昭寿的叛降给太平天国带来很大危害，使其完全丧失了彻底打破江北大营的胜利成果，滁州等地又陷，天京同江北的交通再次中断，太平天国同捻军的联系也被阻隔，东面战场的逆转局势重现。

　　李昭寿的投敌也给捻军造成极坏影响。他原同捻军将领交往密切，所部将士和捻军也接触频繁；而且其部与捻军的来源有相同之处，都有一些游民在内。因此，他的无耻行径难免在捻军中引起反响，一些捻军将领也随之发生动摇与叛变，形成一股投降逆流。

　　这股逆流先是在临近胜保所部的凤阳、临淮出现。1858 年 11 月，原系团练头目因内讧而入捻并被太平天国封为锺天福的凤阳守将张龙同敌人通款。据胜保等所奏："捻首张元陇即张龙因见李世忠献滁就抚，赦罪授官，翻然悔悟，遂有乞降之请。"惯于招抚的胜保见机行事，"一面派员进城察看动静，一面力攻怀贼（指怀远捻军），离间党援"。随后，张龙及李蕴泰、任乾、韩秀峰等就同胜保多次接洽投降。1859 年 1 月 2 日，胜保在奏报中谈到："凤阳捻首张滏即张元龙，前此具禀投诚，兹踞守临淮之李允，亦具有乞降之禀，察其情词，甚为恳切，现复与张元龙及韩秀峰即韩四老万等，先遣亲信头目到营请谒，臣即于红心驿地方传见，由办理招降之绅练朱寿延等带同头目赵毓麒等前来，以次叩谒。臣一一宣示皇仁，晓以大义。该头目等悔罪自新，缕述张元龙、李允等感激情形，情愿投诚，杀贼自效。当经按名酌给军功翎顶，并谕传知张元龙、李允迅速剃发献城，克期来见。"

　　这种投降谈判活动越来越公开化。胜保不久派游击黄得魁、守备李德英及候选县丞蔡添禄等人进凤阳、临淮城内，"多方开导，并将贼中谋主田绣虎等设法牢笼，许以顶翎，动其歆羡"。于是，张龙、李蕴泰、任乾、韩秀峰这些人竟然进行商议，表示愿意接受招抚。胜保遂进一步采取行动，先发旗帜 1000 面给他们，由头目赵敏棋、史芳等领回城中，据胜保奏："向来捻众以领旗为归附，渠等见臣待以诚信，无不欢呼。"接着，张龙等出面活动，召集各个捻首，告知愿意投降都随同在城，不愿投降者自去。"该城五六万众，异口同声，别无异议，刻已将领去旗帜，遍插城上"，并向胜保票明，"拟即择日出谒，剃发献城"。

胜保还通过任乾将招抚活动推向淮北，让他到那里的蓝旗刘玉渊、刘天祥等部中去劝降，不久，"浍河南北各捻圩，均已遍插官军旗帜"。在太和、颖上一带活动的孙葵心也派人同胜保等商议接受招抚之事。淮北地区又出现了投敌逆流。

针对这股逆流，张乐行和龚德树进行坚决的斗争。张乐行先派其侄张从道等至凤阳"从中阻挠，加以胁制"，使得张龙等一时"畏首畏尾，游移观望"。胜保并不死心，用四品封和费万金收买张龙之妻刘三姑，还认为义女，刘三姑大喜，"日怂恿张龙献城"。随后，张龙又投靠胜保，张乐行遣人邀张龙谈判；张龙不敢见面，并断绝了对怀远的支持。1859 年 2 月，张乐行留龚德树部守卫怀远，自己率部一万多人，水陆一并东下，欲渡淮河，讨伐叛徒，胜保派出兵勇进行截击，而张龙、韩秀峰等也列队把守南岸，不许张乐行部渡过淮河。

张乐行等既无法过河，遂转攻五河。这一带捻军同清军的交战早已进行。1858 年 11 月 2 日，张乐行就曾率领临淮、凤阳等地捻军数万人水陆并下，次日击毙知县狄融，占领五河县城，并分扎张家沟和小溪、浮山等地，拟攻盱眙。11 月 9 日，捻军攻破定远北路大庙清营，阵毙参将赛沙布、都司金泰同等，转至凤阳、定远交界的卸甲店，入南山套；11 月 11 日进攻殷家涧，被胜保所派的总兵张得胜等步队与营总景林、常海等马队击败，遂放弃五河而退回。11月24日，怀远捻军数万人直趋刘府集，复分队进逼殷家涧，拟攻定远，被胜保督军堵阻，11月26日，刘府集失守，旋捻军回归。12月中旬，怀远捻军一万余人又为攻打盱眙由五河东下，进至浮山、小溪一带，复被胜保所部清军挡回。1859年1月上旬，怀远捻军为了夹攻定远，派出马步队二三万人分三路南下，一进炉桥西北洛河街，一据上窑集，一攻刘府集附近金家圩，但都遭到胜保等部的阻挡，安徽巡抚翁同书也带兵勇前来策应，捻军只得返回怀远。这次张乐行率部再攻五河，并直趋东北，破泗州、灵璧间草沟圩，围泗州。2月20日，他们同知县张汝梅、协领关保、游击滕家胜等部兵勇战于草沟圩，虽奋力抵抗，仍被敌人冲入，只得退出。2月22日，撤至五河，后归怀远。

怀远捻军力图反击，由龚德树率二万余人，在固镇以西蒿沟集渡过浍河至北岸，清军傅振邦等马队1000多人与伊兴额等步队2500人进行堵击。3月15日，捻军至顺河集，占据圩寨，筑垒抗敌，可是挡不住清军的冲击，出圩避走，退回浍河南岸，后又受到清军的追击。

眼看怀远捻军粮弹渐缺，胜保于4月13日在殷家涧布置进攻。当天，龚德树领军一万多人直趋刘府集，进至胡家集，被按察使王庭兰所带兵勇阻挡。正相持间，胜保派副都统穆腾阿等率马队分三路推进，并亲自督队策应，捻军顽强抗击，经过激战，失利后退，牺牲约2000人。4月20日，怀远捻军越过临淮，东向梅城寺，意在攻打盱眙（今属江苏）明光镇（今嘉山县），又被营总萨萨布的马队击败，损失不少。

张龙一伙见张、龚等怀远捻军一再受挫，更加肆无忌惮地发动进攻。4月25日，张龙在临淮带领部属剃发，投降胜保，献出所辖的临淮及凤阳府、县两城，并从所部数万人中选一二万人编为淮胜营，分前后左右中五队，听候调令；张龙还提出，"拟往淮北，将附从数十捻圩，令其均行剃发归正"，即要出卖淮北捻军以取悦胜保，胜保表示"许可"。4月27日，胜保所派的署理庐凤道黄元吉等由临淮前往凤阳府、县两城安抚。张龙在交出自己部属与这些城池后，得到三品顶戴，以都司即补。

东面战场突然恶化，西面太平军不得不向东转移加以支援。1859年3月8日，陈玉成部重占安徽六安；3月19日在庐州西面官亭活捉前署理安徽布政使李孟群，击灭其所部清军；5月13日打败参将李世忠部，击毙湖北提督德安，占据天长；6月26日复败胜保部，杀知县许垣，夺得盱眙。胜保之败，与其自身的腐败行为也是有关系的。据载他在盱眙时，居于江家花园，"令该县知县许垣逐日密招歌妓，送至园中，荒淫无度，军心涣散，而盱眙不守"。7月2日，太平军进围来安，并分军攻滁州，迫使胜保退兵盱眙东北的蒋坝，从而切断驻守定远的安徽巡抚翁同书同胜保的联系。定远"南有粤逆数十万，北有捻逆数十万"，完全成了一座"孤城"。

当陈玉成所部大军东进时，怀远捻军积极配合作战。同年6月24日，龚德树率领怀远捻军数万人，渡过淮河，潜至凤阳城外龙兴寺；6月26日进攻殷家涧，击败清军，遂绕过山梁，直趋定远，并击败营总富明阿、副将惠成等马步队的阻挡，从四面环攻城池，前淮徐道郭沛霖、知县周佩濂、前参将于昌麟等带领团练登城抗拒。次日夜间，捻军再次攻城，被团练挡退，后路又受团练袭击，而安徽巡抚翁同书所派已革副将卢又熊等援军赶到，便解围撤退。

不久，龚德树、苏天福又率捻军一万余人自怀远南下。7月7日，前军主将吴如孝自庐州领军来助，同捻军一道击败清军总兵吉顺、札隆武、惠成、卢又熊及麟瑞等部，翁同书退驻炉桥镇，其时清军的东西粮道分别为太平

中華藏書

大清十二帝·最新整理珍藏版

中国书店

军和捻军所切断，因而"久已绝食，兵勇皆啖草根充饥"，"待援不至，待饷不来"，根本无法抗拒。7月17日凌晨，捻军和太平军用地雷轰倒东门城墙数十丈，克复定远，阵斩郭沛霖、周佩濂等；次日又于黄泥铺击败胜保部。翁同书随后仓皇逃往寿州，所部清军纷纷溃散。

定远一地"当九省之通衢，为北路之管钥"。这次战役的胜利，使捻军可向南扩展控制的地区，与太平天国辖区庐州等地"联为一片"，"南抵安庆、舒（城）、桐（城），北通滕（县）、峄（县）、曹（县）、单（县），东界徐（州）、宿（州）、青阳，西邻归（德）、陈（州）、光（州）、固（始），纵横千余里之内"，声势更大；却使胜保与翁同书两支清军被隔开，处境更加狼狈。河东河道总督黄赞汤等说："翁同书一军仅保寿州，胜保一军扼扎蒋坝，岌岌乎无驻师之地，徒恃傅振邦、关保两军，以区区之师，当数十股凶悍之众，前后左右，纷至沓来。"清廷所依赖的傅振邦部只有一万余人，关保部只有4000余人，他们也"疲于奔命"。

同时，这对于捻军内部也起了一定的稳定作用。曾受招抚的张龙又换上捻军旗帜，"踞守临、凤，四出打粮"，更不敢公然投敌。刘天福、孙葵心等人也没有再同敌人勾搭，而约会装旗，率领数万人，前往怀远，同张乐行、龚德树的关系有所好转，后来他们一道和太平军联合作战。

7月24日，龚德树等部捻军和吴如孝等部太平军三四千人，自定远红心驿进攻盱眙明光镇，为总兵张得胜等部清军所败，另一路三四千人由池河进攻，准备两路夹击，也被副都统富勒德恩布等马队打退。次日早晨，两路部队一起再攻，仍然遇阻，撤回红心驿。8月10日，捻军一二万人仍分上述两路向明光镇进攻，一路由红心驿至马家冈，一路由池河向三河集、红山集直奔而来。8月13日，池河一路被胜保、富勒德恩布、张得胜等部击败，退往藕塘镇，次日，红心驿一路也败回。但是，捻军和太平军并不气馁，9月15日攻占明光镇，张得胜等部清军退往盱眙。9月19日，捻军和太平军再败清军，占领盱眙，寻即退出。9月25日，捻军和太平军又攻盱眙，且抄出敌后，冲入街市，但为清军张得胜、副将格洪额等部所败，吴如孝受伤，只得撤退。9月27日，捻军和太平军进至三河南岸，被清军副将秦怀扬、游击德兴等部打退，复向衡阳一带夺船争渡，再次失利，于是退走。

此外，定远捻军还向邻近其他地区拓展。同年8月12日，他们联合太平军与当地反抗群众共二万余人进攻定远炉桥镇，并约怀远捻军自上洪来攻，清军参将尹善廷所部兵勇开炮轰击，捻军后退，所筑木城也被毁。接着，捻军攻至三里冈，为清军营总萨萨布的马队所阻，游击黄开榜领炮船驶至上洪开炮轰击，且派兵上岸截击。虽然如此，捻军继续围攻炉桥，8月16日冲到姚皋店，次日加强对炉桥的攻打，清军撤走。继而，游击黄鸣铎等水师在长淮卫、金山口夺得捻船40余只，焚毁捻船10余只。9月初，占据炉桥的捻军联合庐州、舒城太平军进至寿州下塘集，被萨萨布和都司郭清标等部分道截击，捻军败回炉桥，太平军退返长城、官亭一带。

淮南捻军积极配合太平军作战，在东西两面战场上打击敌人。同时，经过艰苦战斗，捻军在太平军的协助下，控制了淮河中游地区，使自己区域同太平天国辖区联结，而将安徽清军粮饷通道隔断。

十一

定远一役后，清军竭力企图反扑。胜保认为，"图攻定远，未必确有把握，不若先行攻复怀远，再渡淮而南，较易为力"。翁同书也奏道："查定远已经失陷，若就炉桥

中華藏書

大清十二帝·最新整理珍藏版

进兵，规复定邑，非得胜保、傅振邦并力相助，三面合围，难以成功，不若跨越长淮，进攻怀远，有高屋建瓴之势。"因此，他们策划向怀远发动进攻。

当时，由于大批捻军南下定远，怀远防卫力量减弱，有隙可乘。1859 年 8 月 21 日，胜保到达五河作了部署，拟从浍河南面进攻怀远。他提出"须用挏背扼吭之策"，由怀远以北地区分路进攻，才足以制服捻军，而且"必先收抚众圩，方能节节进扎"。当沿淮附捻 50 余圩表示投降后，胜保即派署理庐凤道黄元吉、暂革道员萧荣绥等亲赴各圩料理，先行分发旗帜 200 面，并明定章程，集 10 圩为一大团，每一大团各抽练丁 120 人分守沿淮各处渡口，以扼河道要路；另派练长挑选练丁 300 名，往来梭巡。为了强化对这些团练的控制，他还派游击黄得魁选带弁勇 2000 人进驻离临淮 30 里的三铺，命营总果兴阿等马队驰往会合，令滕家胜、知府秦荣等所带炮船上驶与之策应，调游击黄开榜、黄鸣铎等水师从涡河下驶以便联络。

怀远捻军为了迎击敌人，联合孙葵心、李大喜、刘天祥等部捻军和太平军，由四铺一带东进，攻下附近圩寨，绕出三铺以东，9 月 11 日进至张家沟，大批队伍则直奔芦塘口，拟攻五河清军大营后路，但分别被滕家胜与清军都司朱玉成、黄得魁等部所挡，秦荣等管带炮船至临淮北岸，驶入关口，击沉捻军船只 50 余艘，捻军赴援部队赶到，用枪炮射击清军炮船，清军发炮还击，捻军退回。

10 月 19 日，胜保从五河张家沟督军到达怀远曹老集，就近布置攻打怀远县城，由副都统穆腾阿等带队进至距怀远县城 15 里的苏家集、胡家口，命秦荣领炮船进攻临淮，牵制捻军。10 月 26 日，胜保再作部署，令滕家胜率所部马步队由新桥一路进兵，游击黄开榜、都司黄鸣铎所部水师驰赴上下洪一带，县丞杨德昌管带炮船 30 只前往助战。10 月 30 日，穆腾阿等部渡过涩河分路进攻，清军水师也发动攻势，炮船上驶怀远文昌阁，从而水路联成一气，把怀远通往临淮的粮道截断。

同在 10 月 30 日这一天，清廷以胜保丁忧，命署理漕运总督袁甲三为署理钦差大臣，接替胜保督办安徽军务，攻剿捻军。上谕还指示："怀远一城，居凤、颍之交，久为贼踞，亟宜迅图攻克，与翁同书一军合而为一，以便进攻淮南，兼顾北路"。于是，进攻怀远的清军加强攻击。随后，翁同书也派按察使王庭兰和副都统麟瑞领军从下蔡攻打怀远。

得知此讯，龚德树所部捻军自定远、吴如孝所部太平军从庐州于 11 月 4 日起赶来救援，怀远守军见援军已至，抢搭浮桥，欲与南岸的援军联为一气。11 月 7 日夜间，援军数万人尽力争渡，守军全行出击接应，然而，清军水师从上下游两路开炮轰击，截断浮桥，把援军阻挡在南岸，守军也被迫回城，双方无法会合，清军水师还乘势攻入涡河口，将怀远县城三面围困。11 月 8 日，清军穆腾阿、滕家胜等马步队直抵怀远北关，协力夹击。目睹外援无望，清军愈逼愈近，为保存实力，张乐行率部撤出怀远，张乐行之侄张从道、张从义及其他将士多人殉难，附近 30 余圩被迫投降。张乐行等随后强行渡过淮河，在援军的接应下，退守临淮与定远，定远成为捻军的重要基地。

清军占据怀远后，立即转向临淮，由总兵滕家胜等部连在北岸扎营盘七座紧逼，胜保也将大营返移至距临淮 30 余里的张家沟，就近督队进攻。因此，11 月 19、20 等日，龚德树自定远率部分路潜行，直通小溪，欲抄张家沟大营后路，却为清军营总果兴阿、游击伊米扬阿等部所败，回归定远，清军接着趁势攻毁缪家圩、张家圩、史家圩，胜保也进抵离临淮仅 15 里的三汊沟驻扎。

12 月 4 日，袁甲三至三汊沟接署理钦差大臣职务，胜保丁忧启程回京。袁甲三旋移大营回张家沟，并迅速集结兵力，严饬总兵张得胜、滕家胜等部会合水师炮船进攻临淮，调川北道苗沛霖练勇 8000 人前来助战，命穆腾阿率领马队列于北岸，张大声势，再于西面连扎营垒，以切断捻军由凤阳方面接济之路。袁甲三刚到前线督师，满汉统治阶级之间的矛盾便一触即发了。满洲贵族副都统穆腾阿于 12 月 12 日单衔上奏，谓袁甲三为署理钦差大臣，"诚恐兵心解体，关系殊非浅鲜"，要求"简派满洲勇干大员一人，来营协同管带"，明确表示不服从袁甲三的指挥。清廷当然不愿让矛盾扩大，对此"传旨申饬，所奏不准行"，但又规劝说："用兵之道，全在调度有方，岂可强分满汉，致开兵骄将惰之风。"要他从大局着想，免得滋事。

12 月 7 日，张乐行、龚德树率部数千人自定远屯驻临淮南岸，冀通北岸声息，并用枪炮轰击敌人；北岸守军也出队进攻，但均为清军所阻。随后，守军连日攻打清营，虽然击杀千总徐畹等，仍不能获胜；清军还攻破西面蒋家圩、柳家圩、汤家圩等处，并趁捻军主力转赴潜山、太湖之际，节节进逼。

1860 年（咸丰十年）1 月 7 日，清方发动攻势，苗沛霖带勇渡淮，添筑营垒五座，又乘势抢占临淮通往凤阳要路的捻军营垒一座，总兵张得胜部直逼临淮关下，且夺去捻营二座。捻军出动大队围裹敌人，进行反击。1 月 9 日，袁甲三与穆腾阿、张得胜等率领清军水师炮船和马步队发起猛攻，开炮轰毁关内炮台，守军同敌人血战两昼夜，马队先败，步队被截成两段，关内捻军排列江边，为敌人炮船所截击，损失一万余人，不得已于 1 月 10 日撤往定远，临淮失陷。这对捻军十分不利，淮南基地受到分割孤立；而却大有利于清军，清廷上谕说："临淮关为北路要地，既经官军克复，则饷路已通，大兵即可由此进剿，实为皖省军务一大转机"。

袁甲三等占领临淮后，又攻下北岸捻圩，屠杀数千捻军，其余人员投降。他"以其抗违日久，令年七十以下、十五以上，尽诛之"。

当时，由于清军进逼安庆，又攻太湖，皖西战场复呈紧急状态。英王陈玉成所部太平军立即西上，捻军主力由张乐行、龚德树率领从定远等地前往增援，经过庐州、舒城一带，于1860年1月7日至太湖，与陈玉成部会合，组成了号称10余万人的联合部队，救援太湖。清军以总兵鲍超部为前锋，驻太湖小池驿，副都统多隆阿部扎新仓，候选道蒋凝学部驻龙家凉亭作后援，以拒太平军。

1月13日，捻军与太平军的联合部队在潜山地灵港东西两岸筑垒20余座，将攻鲍超部，多隆阿督协领喀尔库、西林布、营总金顺、巴彦杜楞和蒋凝学等部分路应援，次日接仗，联合部队阵毙西林布、喀尔库和参将吴明亮等，杀伤敌人共1300余人，自己也伤亡不少。紧接着，联合部队在潜山城西、太湖城东一带依山傍岭筑垒100多座，直逼鲍超部，从1月16日至21日，更番迭进，日夜环攻，却未能破营。兵部右侍郎曾国藩调道员唐训方自太湖赴小池驿援救，谋解鲍超部之围。1月28日，陈玉成趁其营垒未成，四出袭击，唐训方部溃不成营，退扎新仓。湖北巡抚胡林翼命自湖北罗田松子关经安徽英山前来的知府金国琛部同原驻天堂的参将余际昌部间道疾趋，出潜山的高横岭、仰天庵，从山上向下，以扦联合部队之背，并同多隆阿密约内外夹攻。2月2日，联合部队往攻潜山仰天庵、高横岭时，受到敌人援兵的夹攻而败北。

此后，联合部队移至罗山冲、白沙畈一带扎营，谋与太湖守军联络。2月16日，清军将领多隆阿、鲍超、蒋凝学及唐训方、总兵朱品隆等领马步队进逼，双方战于小池驿，联合部队失利。当夜，多隆阿等拟定三路急攻的计策。次日，鲍超、唐训方等部攻东路小池驿，朱品隆、蒋凝学等部攻西路罗山冲，原作中路策应的多隆阿部也一并对陈玉成所在的西路发动进攻，联合部队两路均受挫损，其时恰遇东南风紧，营垒棚馆着火延烧，损失惨重，随后将士多沿山撤退，又受金国琛、余际昌两部清军的截击，伤亡更多。太湖守将刘玱琳、朱孔堂、李四福、贾仁富等见援军已退，知难再守，是夜弃城退走，太湖遂失。

部分援军和从太湖撤退的部队转至潜山，增强防御，多隆阿、蒋凝学等部追来，在城外扎营。2月19日，太平军乘其立营未毕，出城进击，但被潜山知县叶兆兰带勇拦截后路，太平军溃退，潜山又告失守。

在捻军开始配合太平军战于太湖、潜山之时，袁甲三就于1860年1月中旬分别派出清军直逼凤阳府、县两城城下，并收降西南50余圩与东路10多圩，两城的守军作过反击，攻打敌营，但被拒退，所运粮米1000余石也为清军截获，粮道断绝。1月24日，袁甲三督清军马步各队进逼，守军数千人分作六路还击，清军一面阻挡，一面绕出后路突袭，守军败退。次日，守军五六千人同敌人大战于城外九华山，又告失利。于是，清军添筑营垒，进行合围。接着，守军三四千人冲出，遇阻退回。1月30日，守军二三千人再次出城抢筑土圩，复遭阻击回城，土圩被毁。随后，定远捻军前来援救，在殷家涧等处遭受团练拦截；盱眙明光镇捻军欲由东路赴援，也为守备许保清等部所败，2月2日，明光镇失陷，捻军退往附近的涧溪。

清军在凤阳连筑营垒50多座，又修长壕，加强围困。张乐行等闻讯，自潜山前线率部一万多人回援，经过庐州，于2月10日到达凤阳梁家冈地方，筑垒四座，"为步步接应之计"，次日遇到苗沛霖团练和穆腾阿等部的袭击，据载苗沛霖对张乐行的援军是采用"待其疲竭而击之"的战法，其时援军旌旗数十里，列三队进攻，苗练"闭营守堵"，及至援军倦息或偃卧探饼而食之际，苗沛霖才率所部团练伙同清军拼命发起冲击，以致援军败北，折损约六七千人，被迫后退。

当时，凤阳县城内的状况也发生了变化。该地一带的捻军首领张龙本有叛变的念头，因胜保离职返京，接替者袁甲三与之相反，不是实行招抚政策，却是加强军事进攻，逼使张龙不得不命凤阳府、县两城将士坚守待援。所以，当张乐行等援军来到时，守军"即于县城拥众登陴，遍插旗帜，呐喊助势"。然而，当张乐行等援军败退后，张龙等人的叛变意图暴露无遗，致使守军斗志瓦解，失去战斗力。张龙其时通过总兵张得胜，同袁甲三接洽投降。2月13日，张得胜遵照袁甲三的命令，设计将张龙诱擒，缚送至营，袁甲三随即将他凌迟处死。这个长期同胜保勾勾搭搭、又混迹于抗清队伍里的人物，终于落得可悲的下场。

在张龙投敌的同时，驻守凤阳府城的守军首领邓政明等也向袁甲三乞降。张龙被擒的第二天（2月14日），邓政明为求得活命，缴出了全部枪炮马匹，甚至将拒不投敌的丞相张先等将领14人捆送敌营杀害，府城因此即被敌人占据。袁甲三督穆腾阿、张得胜等部清军进而四面环攻县城，发炮轰击，捕杀外出求援的军师赵玉奇。2月17日，凤阳县城失守，常四、邵殿伦等将领17人被杀害。袁甲三随后又将两城守军中择强悍者300多人肆行屠杀，其余一律遣散，手段十分恶毒，再次露出了他们的凶狠面目。总计凤阳之战，捻军损失约二万人。

在捻军竭力进行关系淮南战局的凤阳解围战时，张乐行还派韩秀峰南下安徽芜湖，向忠王李秀成求援，可是太平军却不能给予必要的援助。李秀成"因京（指天京）围在急，而力难兼顾，故未统师前来"。直至太平军彻底推毁清军江南大营之后，李秀成才于5月13日自天京致书张乐行，告以京围已解，特命平西主将吴定彩、前军主将吴如孝率部往援，"以修旧好"，但为时已晚，凤阳的局势无可挽回了。

清军攻占怀远、临淮、凤阳三地后，不仅沟通了淮河的航路，而且切断了淮北捻军同淮南捻军及太平军的联系。

此外，清军还对定远炉桥和盱眙涧溪发动进攻。自1859年12月6日起，清军总兵尹善廷、副将于昌麟、程友胜、参将马升平等所部连日迭攻炉桥，并打退来自定远的捻军与庐州的太平军等援军；12月9日平毁捻营数十座。随后，清军一面加强围攻，一面添筑营垒，攻占东北捻圩两座。1860年2月16日，安徽巡抚翁同书自临淮赶来督攻。2月18日夜，总兵鲍云翥、庆瑞和于昌麟、马升平等率部发动进攻，副都统萨萨布等在要隘设伏，自西面先占炮台，又从北面与东面、南面攻破捻营，次日占据炉桥。同一天，在袁甲三督令下，副将李世忠、格洪额等部及清军水师于夜间占领盱眙涧溪。

这样，淮南捻军只有定远一座孤城，倚靠着太平军的庐州，处境非常不利。不过，袁甲三一时并未乘势进攻定远，这与他同苗沛霖之间的矛盾有关。由于他与胜保势若水火，在胜保返京且于1860年1月26日被清廷以剿捻"日久无功"而调离安徽战场之后，他对被胜保一手扶植的苗练采取压制政策。据载因连占临淮与凤阳府、县等地，苗沛霖"自以为功在不世"，袁甲三却怕"苗权日盛不可制，稍抑之，奏晋霈霖（即苗沛霖）虚秩布政使；而国家录袁功，予钦差大臣、漕运总督，赐黄衣、尚方宝刀。霈霖怒，悉众噪而还。袁数檄之攻定远，不奉命"。由于苗沛霖不予协作，袁甲三耽心兵力不够，不敢贸然行动，进攻定远之事，只得推迟。

经过一番策划，袁甲三、穆腾阿等才于5月16日深夜派出清军马步队直抵定远城下，进行袭击，次日凌晨毁平营垒九座，残杀捻军将士1000余人。庐州太平军得知，由功天福陈得才等带领四五千人来援，5月22日至马隍寺驻扎，次日从四面进攻清军，相持半天，终于不敌，牺牲400余人。5月31日，定远捻军突出数千人，分三路攻打清军，受到清军穆腾阿与总兵滕家胜等所带马步队的阻击，损失500多人，只得退回。

为调动敌人，减轻压力，龚德树率部于6月1日深夜秘密抵达来安城外，诡称清军回城，出敌不意，袭占该城，毙知县陈铣，但原来的目的没有达到，袁甲三并未从定远撤围。

接着，捻军和太平军又攻滁州与全椒。6月18日，太平军、捻军自和州、含山攻打滁州，总兵李世忠派参将蒋立功等出战，太平军与捻军败退；不久，又逼近州城筑垒，却被敌人平毁。6月23日，太平军与捻军进至七里冈、五里墩等处扎营，以便围攻滁州，6月28日为李世忠、副都统全福、蒋立功等所败，损失2000多人，滁州撤围。

全椒方面，同年6月中旬，太平军和捻军由含山占据赤镇，拟攻全椒，因被知县陈炳、游击李显发等偷袭而退，6月22日再次进逼受阻。6月30日，清军李世忠、参将朱元兴等所部从北面反扑，李显发等也出城环攻。次日，太平军和捻军营垒被毁，又有1000多人丧生，被迫后退，全椒城围亦撤。7月9日，李世忠、朱元兴等还径袭来安，捻军闭门防守，将其击退。滁州、全椒之战不利，对定远之围也就没有产生积极影响。定远捻军只得继续坚守待援。

同年6月5日，定远捻军出动2000多人，与副都统善庆等部交战，未能取胜。6月7日，定远捻军2000余人复与穆腾阿、滕家胜等马步队接仗，没有破敌，清军在城外添筑营垒，加强围困。6月14日，清军副都统得春等部分东、西、北三路发动进攻，捻军退入城内。随后，城外清军活动猖獗。7月5日，捻军冲出南门至朱家湾，欲由永康镇、炉桥镇抄袭清军后路，被三路敌人冲为两段，被迫撤退。7月11日，捻军在定远至来安之间的涧流营被清军副将向聪得等焚毁。7月21日，捻军五六千人趁淮河水势因大雨陡涨之机，由山僻小道绕攻清军营盘，因敌援赶到而退据鲍家圩，7月25日该圩被清军善庆等部攻毁。次日，捻军返回，沿途复受敌人夹攻。这次出击，捻军共折损约1000人。在这期间，捻军从北门出击的部队也有500多人丧生。

清军加紧围逼定远。8月2日，袁甲三饬副都统乌勒兴阿等马队和滕家胜、补用道张学醇、知府张汝梅等步队两路直趋定远城下，在东北、西北一带扎营八座，次日添扎营盘九座；8月4日，副都统萨萨布也自城西向南抢筑营盘四座，逐渐形成对定远的合围。面对清军的围逼，捻军不断出战，击伤张学醇等，而将领尹老玉等也在作战中牺牲。庐州太平军和在巢县的捻军赶至鸡鸣桥、朱家集等处来援，定远捻军也派队出应，均遭截击，援军后退。龚德树将来安防务交给太平军，率部从小路绕回定远抵御。8月下旬，捻军约一万人在东面同敌人激战，失去营盘17座，折损约2000人；从东南攻敌营盘，又被打退；复于西北迎战敌人，遭到夹攻，阵亡三四百人。在连日交战中，龚德树也负伤。城内米粮将尽，形势更加急迫。

9月3日，李蕴泰、韩奇峰又从太平天国辖区巢县带领捻军1000多人赴援，进入城内，协助防守。次日，清军穆腾阿等部来犯，捻军奋起还击，毙署理营总富亮、千总郭元龄等，重创滕家胜、守备黄国瑞等。9月6日，清军副都统克蒙额领军进攻，也被捻军击伤。清军又陆续破坏一些捻圩，并抢筑新的营垒。9月18日，太平军1000余人从东南来给定远捻军送粮，被清军截去粮食200余石。随后，前军主将吴如孝所部太平军从庐州前来，重创清军营总常喜；陈玉成统率大批太平军自天长竹镇、石梁一带急赴定远；孙葵心也领捻军一万多人由河南汝阳、固始经霍丘东援。

从9月26日起，各部援军发动进攻，张乐行、龚德树等城内守军也乘势出击，彼此互相配合，由南路、东路包抄，围裹敌人，连日鏖战。袁甲三见到捻军和太平军比清军强大十倍的力量，深恐后路受到抄袭粮道断绝，以致出现"全军坐困，终成溃裂"的险情，便于9月30日急忙从定远撤围，退至淮河南岸的长淮卫。但捻军和太平军没有抓住时机，乘胜追击，消灭袁甲三部，实堪惋惜。

定远解围后，10月上旬，张乐行、龚德树率领捻军和吴如孝所部太平军趋向凤阳，在龙兴寺、九华山、马鞍山一带扎营30余座，进逼敌人。清军副将吴秀同知府秦荣、知县高启林带领兵勇抗拒，而城中缺粮，袁甲三派来的穆腾阿和副将王才秀等援兵也未能解围。可是，捻军和太平军没有及时猛攻，10月14日夜间遭到清军张学醇、黄国瑞等所部的偷袭，遂撤围退回。

与攻凤阳同时，一部分捻军和陈玉成所部太平军向寿州推进，10月9日抵炉桥镇，次日破敌营，占据该地；10月14日进攻寿州，为翁同书、总兵庆瑞等率领的兵勇所阻，10月20日撤围南走，捻军仍回定远。

随后，张乐行领军留守定远；龚德树、孙葵心则率部数万人，经寿州南下六安、霍山，转向舒城，参加陈玉成等所带的太平军为攻武汉、保安庆而举行的第二次西征。武汉的战略地位极为重要。太平天国干王洪仁玕曾经说过："夫长江者古号为长蛇，湖北为头，安省为中，而江南为尾。"对太平天国来说，无论是巩固长江中游，还是解救安庆，先夺取武汉都是必须的。捻军参加这次西征，其意义自然非同一般。

太平军和捻军共有10余万人，于11月中旬自舒城、庐江等处进至桐城西南的挂车河、望鹤墩、香铺街等一带，筑营 40 多座，图谋直接救援安庆。11 月 26 日，太平军和捻军数千人同清军副都统多隆阿部战于挂车河，略受损失。12 月 5 日，太平军和捻军在望鹤墩增筑营垒，遭到多隆阿所遣协领温德勒克西、协领金顺、参将姜玉顺等三路清军一万多人的进犯，又告失利。敌人初步得手之后，再行策划，约定从南北两面夹攻太平军与捻军。12 月 10 日，安徽按察使李续宜所部湘军近一万人分八路自南面的新安渡来扑，逼近香铺街，多隆阿也带马步队分四路从北面的挂车河、望鹤墩杀至香铺街。太平军与捻军受到敌人围裹，以致大败，伤亡甚重，40 多座营盘均陷，不得不后退，太平军退入桐城，捻军撤往庐江，未能解除安庆之围。

次年 2 月，孙葵心在庐江受到当地练勇的堵截，其坐轿被击倒，因伤重致死。他是安徽蒙城与亳州间雉河集附近江集孙腰庄人，家境贫寒，土地很少，曾同其父充当衙役，也当过兵，后加入捻军，为白旗将领，率部随张乐行、龚德树等南下淮南，参与一些重大战役，复由淮南返淮北，招兵买马，扩充势力。虽然同胜保洽谈过"投诚"，但因捻军内部反对和敌人阴险毒辣，使他不能不有所顾虑，降敌并没有成为事实，而继续抗击清军，又赴援定远，且与太平军协同作战，为此献出生命，所以，不能将他同叛徒相提并论，予以否定。

1861 年（咸丰十一年）1 月 2 日，陈玉成率部一万余人进攻枞阳，又谋解救安庆，由于清军总兵李成谋督同已经叛变投敌并被授为游击的原太平军将领韦志俊等力扼要冲而没有成功，以后多次交战也未能取胜。2 月 12 日，陈玉成将部队撤回。

在从桐城和枞阳直接救援安庆未成之后，太平军与捻军拟自霍山、英山进攻湖北，继续西征。2 月 26 日，陈玉成派捻军孙葵心余部前往河南固始、汝阳等处，以便牵制敌军，掩护入鄂的部队。3月10日，陈玉成带军攻打霍山乐儿岭，大破清军副将余际昌所部，占领霍山。

随后，龚德树奉命率部自霍山向湖北罗田松子关方面进击，以从北路接应南路陈玉成部。3月14日，陈玉成攻克英山。同日，龚德树则率捻军和太平军五万余人进攻松子关。他们分为左右两路，左出平顶山，右出五斗坳，抄袭敌人后方，清军记名总兵成大吉、副将张运馥等部分路接仗。正酣战间，成大吉暗令参将王名滔从左侧山腰横截而出，龚德树骑马冲阵，不幸中炮身亡，部众惊退，牺牲约4000多人。

龚德树是捻军中仅次于盟主张乐行的一位重要首领，足智多谋，临阵勇敢，被尊称为"龚先生"，所部捻军"枭猛耐战，势与张落刑（即张乐行）相埒"；而且富有政治远见，始终坚持同太平天国联合战斗的正确方针，尤为难能可贵。据载龚德树在捻军中"号雄黠，玉成倚为羽翼"。他的牺牲，既使捻军失去了一位有谋有勇的领导人，也使太平天国丧失了一位忠实积极的合作者，损失惨重。

龚德树阵亡后，其部众于3月17日乘雾分五路重新发动对松子关的进攻，复为成大吉部所挫，阵亡数百人，次日再战复败，又有损失，于是退走。捻军二三万人经舒城、庐州仍归定远；太平军也散去数千人，其余三四千人从罗田、英山交界的山中小路前往陈玉成部。

当时，陈玉成部从英山进占湖北蕲水、黄州，距离武汉已经不远，清军防务空虚，湖北巡抚胡林翼在谈及此事时承认："今年黄州之失，黄州以上，无一卒一将，武昌忙乱不可言状。"他为此十分悔恨自己，如"笨人下棋，死不顾家"。眼看武汉唾手可得，然而，却遇到了障碍。正在武汉的英国参赞巴夏礼闻讯赴黄州晤见陈玉成，借口维护英国的商业利益，"劝告"陈玉成不要打算进攻汉口。

由于外国侵略者的威胁拦阻，加上从长江南岸进发的李秀成所部太平军没有如期赶来会师，陈玉成因此而中止攻取武汉的计划，引军经麻城连克黄安、黄陂、德安、孝感、随州、云梦、应城等地，并分军占蕲州，然后留军守黄州、蕲州、德安、随州，自率大军回皖，4月27日抵安庆西北集贤关，又图直接攻打围安庆之敌，战局重新陷于被动。

安庆地处皖北要冲，系安徽的政治和经济中心，天京的西大门，既捍卫着天京的安全，也是在该地区征集粮食从水道运往天京的要道。它的重要地位，早就引起了太平天国方面的注意，力图固守安庆；而清方也死死盯住安庆，曾国藩说过，"此次安庆之得失，关系吾家之气运，即关系天下之安危"，顽固坚持争夺安庆的策略。所以，安庆保卫战是空前激烈的。

为使安庆解围，干王洪仁玕、章王林绍璋自天京与前军主将吴如孝从庐江、桐城率部2万余人前来，5月1日扎营于桐城新安渡、横山铺至练潭一带，连营30多里，谋与陈玉成部会合，图解城围，次日为多隆阿带领清军所败，退回桐城。定南主将黄文金率军七八千人自芜湖渡过长江赶来，并约捻军赴援，捻军二万多人随即来到，一起在桐城东南天林庄一带筑垒20多座，再图救援安庆。5月6日，他们联合洪仁玕、林绍璋、吴如孝等部共三万人，分成两路，主力进攻新安渡，另一路攻打挂车河。多隆阿调军增援新安渡，面对来攻的联合部队，分路从左右两翼进行包抄，又以副都统金顺等马队截击后路，联合部队以为中伏，纷纷败退；进攻挂车河的联合部队也为协领穆图善等部所挫，只得退回。5月11日，清军多隆阿等部向天林庄反扑，联合部队退往桐城东面孔城镇。

陈玉成部于集贤关外赤冈岭筑垒4座，在安庆城外菱湖北岸筑垒13座；安庆守将受天安叶芸来也于菱湖南岸筑营垒 5 座，以便与援军相通。5 月 5 日，陈玉成部同清湘军道员曾国荃、提督杨载福等部在菱湖附近激战，互有伤亡。随后，陈玉成遣平西主将吴定彩领军 1000 余人冲入城内助守；而所部太平军因前后受敌而陆续退扎赤冈岭与菱湖北岸营垒；他自己则率领一部分队伍往桐城与洪仁玕、林绍璋等商议再援之策。5 月 24 日，陈玉成、洪仁玕、林绍璋、黄文金等部太平军和孙葵意率领的捻军分左、中、右三路在挂车河一带向敌发起进攻。多隆阿分兵五队，前三队接仗，后两队作预备，并以副都统温德勒克西、格通阿等马队为伏兵策应。在作战中，清军从后方杀出，联合部队复败，折损颇大，又退桐城。

6 月上旬，赤冈岭营垒被清军援兵总兵鲍超、成大吉两部共一万余人所轰破，靖东将军刘玱琳、垂天义朱孔堂、傅天安李四福等守军约 4000 人全部被歼，损失很大。7 月 8 日，菱湖南北 18 座营垒也为湘军所毁，被俘杀数千人，吴定彩领军退入城内，安庆岌岌可危。

为此，陈玉成又约辅王杨辅清出兵来援。杨辅清自皖南宁国府（治今宣城）率部渡过长江后，经过无为州西趋，会合陈玉成部，辗转到达太湖。8 月 7 日，他们由太湖向东进至清河、三桥头、高楼岭，直达马鞍山，林绍璋、吴如孝部六七千人西趋挂车河、蒋家山，黄文金部五六千人从东面绕至鸡公庙、麻子岭作为策应，同清军多隆阿等部鏖战复败，再退桐城。

接着，陈玉成等以小部分兵力驻扎桐城牵制多隆阿部，大部分兵力趋安庆进攻围城的敌人。8 月 21 日至 24 日，陈玉成、杨辅清、林绍璋、黄文金、孙葵意等率部约四五万人陆续进入集贤关内，在关口、毛岭、十里铺等地修筑营垒，城内守军也集结西门一带，遥相呼应。8 月 25 日至 26 日，援军分成 10 余路攻打围城湘军后壕，轮番冲锋，皆被敌人枪炮所阻；27 日至 28 日复猛攻西北面的敌壕，前赴后继，奋勇冲击，接连12次，仍不能破，阵亡数千人，损失惨重。此后每夜又轮流攻壕；且用小船运米进城，但为湘军水师截夺，城中粮尽。9月5日凌晨，湘军以地雷轰塌城墙，蜂拥入城，且会同水师夹击，大肆屠杀，吴定彩、叶芸来等守城太平军1.6万余人抵抗到底，全部壮烈死难。安庆的陷落，是对太平天国的致命一击，也是捻军和太平军在淮河流域联合作战的转折点。

安庆失守后，太平军和捻军退出集贤关外，杨辅清、林绍璋、黄文金、吴如孝、孙葵意等部各归原来驻地，陈玉成率部经六安等地至庐州据守。由于淮北捻军的力量还较强大；凤台苗沛霖团练占据寿州等地，也打起"反清"旗号，表示归附太平天国，累书鼓动北进；直隶、山东等省人民的斗争仍在继续。陈玉成决定向北另谋发展，广招兵马，扩充力量，以恢复安庆，再援天京。于是，他派张乐行所部捻军北往颍州，又遣主将马融和、偏天义范立川、羡天义倪隆怀、俱天安邱远才等率太平军北上援助苗练，还命扶王陈得才、遵王赖文光、启王梁成富、祜王蓝成春等领军远征西北。

淮南局势的不断恶化，也促使张乐行想回淮北。当时，捻军因丧失了龚德树等将士而实力大损，张乐行驻守定远的处境艰难，据清方奏报说，他"穷蹙患病，其党众多有剃发潜逃者"，所以，他的出路只有回归淮北重整旗鼓。

早在安庆失守之前不久，张乐行就有回淮北重振旗鼓的意图。在他的约请下，1861年5月29日，其兄张敏行自雉河集一带率马步队四五千人到达怀远的涡河北岸，但受清军的堵截，无船可渡，只得聚于怀远东面蚌埠吴昆田圩内外，蔓延数十里；自次日起至6月3日，又遭袁甲三所遣知府李元忠部和参将刘明典等管带炮船的截击，连战失利。张乐行带领捻军在略作攻打凤阳府、县两城之后，径趋长淮卫，与张敏行部仅有淮河一河之隔，彼此呼应。6月6日，张乐行部却为清军提督李世忠、副都统德春部所败，损失二三千人，张乐行也身负重伤，遂向南退走。接着，柘皋、运漕及来安一带的捻军重聚起来，在苏天福率领下，又趋长淮卫，志在渡过淮河，同张敏行部会合。6月10日，由于清军总兵张得胜等部的分路进攻，苏天福被迫率领部队后退；次日复受李世忠所部水师的轰击，只得返回定远。6月12、13日，清军水陆各部会集攻打淮河北岸的捻军，张敏行部被迫北归。这次南北两军会合因敌人阻挠而没有实现。

在此之前，为了分散敌人兵力，便于北上，定远东南老人仓等处的捻军联合来安的捻军与六合、江浦的太平军，于6月3日攻打滁州，被清军副将朱元兴、参将李昭宸等部击败。6月5日，捻军马步队近一万人再攻滁州，又受阻挡，便在城东南十数里外扎营；两天后，复围滁州，愈逼愈近，因敌人有备而回。6月10日，由于缺乏防备，捻军的一些营垒受到清军朱元兴所部的偷袭，次日被迫撤回定远、来安两城。6月12日，自全椒赴援的清军游击杜宜魁、知县陈炳等所部兵勇分三路来犯，太平军前后受敌，便退回江浦、六合，滁州之围解除。10月19日，天长的太平军与来安的捻军又攻滁州，仍为清军副将李昭宸部所败，只得退回。

安庆失守后，张乐行再图北进。11月14日，他率部自定远经凤阳西南绕赴长淮卫，占据柳姓圩寨。袁甲三即派知府李元忠部扎营沫河口及长淮卫北岸，又命编修袁保恒部前往夹击，11月16、17等日交战，捻军失利，返回定远。11月30日，清军副都统克蒙额所部直薄定远城下，被捻军打退。

为了执行陈玉成北上的命令，张乐行于11月28日要求驻扎来安的部队向定远集中，以便一道出发，康天燕等领太平军遂至来安，正同捻军交接防务的过程中，清军李昭宸等部来攻。11 月 30 日，太平军和捻军失利，撤出来安。12 月 2 日，玲天福高意城等率太平军到达定远，张乐行即将防务交给他们，然后与苏天福等带了在太平天国辖区内的全部人员和家属数千人，在寿州附近石头埠、姚家湾一带，由苗练备船接应，渡过淮河，经过凤台下蔡镇（今凤台），于 12 月 23 日抵达苗练让出其控制的颍上，受到当地白明等起义军的欢迎。定远在捻军离开不久，12 月 25 日便被清军袁保恒、总兵张得胜以及克蒙额等部攻陷，高意城等太平军经梁园、店埠返回庐州。捻军自定远到颍上，标志着他们和太平军在淮南长达四年多联合作战的结束。

十二

自咸丰七年（1857 年）张乐行率主力捻军南下后，留守淮北的捻军如张乐行之兄张敏行、刘玉渊、刘学渊、赵浩然、李月、李大喜、任乾、侯士伟等苦苦挣扎于清军报复性杀戮的恐怖氛围中。他们以"圩寨"——他们安身立命的堡垒——为依托，与敌抗衡，牵制了大量清军，有效配合张乐行捻军与太平军的联合"争山"战争，像刘玉渊麾下的姚家圩、邓家圩、王家圩就是当时颇负盛名的圩寨，频频在剿捻大吏们的奏折中出现，喻为"逾于坚城"，累月经旬不能破其一圩。由于"圩寨"进可攻，退可守，而且圩与圩势成犄角，互相救援，可以有效地保护自己，因而淮北捻军不但没有被铲除，反而发展壮大起来，到咸丰八年（1858 年），连奕䜣也稔知"淮以北遍地贼圩，聚党甚多"。淮北捻军虽然不受张乐行的直接指挥，但奉张为"大汉盟主"、最高领袖，从未中断过联系，藕断且丝连，何况淮北是捻军的故乡？按照奕䜣派去的剿捻统帅袁甲三带有几分俏皮的话说："现在留（淮北）而未去者，非南贼（张乐行淮南捻军）之父兄，即南贼之子弟，数百里头头是道。"淮南北捻军抗清战争始终是声息相通的。

咸丰八年春夏之交，刘天福、孙葵心等部捻军因与张乐行"失和"脱离淮南捻军北归，淮北捻军有了新的发展，他们不时分兵四出，在皖、豫、苏、鲁四省结合部游刃。四月十六日（5月28日），刘玉渊捻军攻入山东单县境内。八月（9月），孙葵心、刘天福、刘玉渊等部捻军再入山东，一度攻占单县、丰县、城武、曹县等县城。这是淮北捻军大规模入鲁作战的先声。

咸丰九年（1859年）后，淮北地区频年灾荒，加上战火不息，整个淮北地区差不多"尽成焦土"，淮北捻军为经济目的而进行的远征山东的作战规模更大，奕䜣引以为忧。

咸丰九年四月（1859年5月），刘天福、刘天祥、刘玉渊等部捻军二万余众攻入山东，历时3个月。

咸丰十年（1860年）秋，奕䜣陷入困境，乘舆"蒙尘"，淮北捻军近十万众在张敏行、姜台陵、刘天福、赵浩然等率领下，"乘虚深入"山东，"兵声火色，数百里皆震"。淮北捻军兵分三路，攻入山东腹地，一路进入运河东岸，由汶上北走东平戴庙，经梁山南下占领巨野，后由定陶、曹县返回皖北；一路深入沂蒙山区，经泗水，转入新泰，破蒙阴，直达东海岸，由沂水、莒州、日照南下，折入苏北赣榆、鲁南郯城一带；一路经兖州北上占领宁阳，进围泰安，由大汶口南下曲阜等地。

淮北捻军此次远征山东，历时近三个月，活动范围之广，前所未有，波及曹州府属菏泽、郓城、巨野、城武、定陶、曹、单、范八县，沂州府属兰山、郯城二县，兖州府属滕、峄、滋阳、曲阜、泗水、汶上、宁阳七县，泰安府属东阿、东平、肥城、莱芜、新泰五州县，济宁州属金乡、嘉祥、鱼台三县。一度占领宁阳、郓城县城。

各路捻军转战山东腹地，几次向曲阜进攻，冲击孔庙孔林。九月（10月），淮北捻军在当地"土匪"桂三、桂四带领下，杀进孔庙，捣毁至圣先师孔子牌位，烧毁大量"四书"、"五经"，打得孔子七十五世孙孔繁灏向巡抚求救，向咸丰乞师。这时的奕䜣只管逃命，自顾不暇，对淮北捻军纵横驰骋山东数十州县，冲击儒教（立国之本）圣地，束手无策，无可奈何。他渴盼"和局"速成，而后对捻军痛加剿洗。

《北京条约）签订，和局办成，奕䜣立即命僧格林沁亲王率师出征，"上谕"对僧亲王"平捻"寄予厚望，说，现在天气寒冷，正是北方劲骑得力之时，如能在年内——离过年还有二个月左右的时间——荡平"捻逆"，"粤逆"就会陷于孤立，著钦差大臣僧格林沁亲王督各路兵勇"剿办北路各匪，先由河间，次及山东、河南，权其缓急，以次进剿"。奕䜣把"平捻"重任交给了僧亲王，为此撤销因八里桥之败对他的惩罚，以示激励。

北风呼啸，寒气袭人。十一月初六日（12月17日），僧亲王统率着他的万名清军——马队三千余、步队二千余、绿营兵五千余——开到山东济宁。

南有曾（国藩），

北有僧（亲王），

天下太平。

顺口溜流露出山东官绅阶层同样对僧亲王抱有很高的期望值。

淮北捻军又一次卷土而来。"巨捻"刘玉渊领兵数万取道苏北攻人山东。僧亲王麾师迎敌。奕䜣曾一再叮嘱僧亲王，要他坐镇济宁指挥，不要"轻于一试"。但僧亲王并不把捻军放在眼里，决意发愤"剿贼"，洗刷八里桥"败将"之耻，报答皇上隆恩。十一月十五日（12月26

日），在巨野东南 60 里的羊山集与捻军相遇。天公不作美，阴雨泥淖，不识路径，结果被捻军包围、痛打，头品顶戴副都统格绷额和他的儿子即补防御忠伦、侍卫德成被杀，三等侍卫遐昌下落不明。首次交锋，大败而回，僧亲王恼怒万分，奏请将不敢临阵的山东团练大臣杜翮革职。老成持重的大学士瑞麟也不像话，从羊山集拼着老命突出重围，一口气狂奔 200 里，躲到汶上避敌，如何能领兵打仗？奕𬣞二话没说，革职，另调都统西凌阿、工部右侍郎国瑞帮办僧亲王军务，改调陕西巡抚谭廷襄为山东巡抚，带兵赴援。

刘玉渊捻军满载而归，赵浩然等部捻军去而复来。僧亲王为阻止淮北捻军进入山东，在西起河南考城，东到山东鱼台南阳湖一线黄河故道旧堤"浚濠筑垒"，派民团分段防守，看来还是徒劳无功。年底，数万捻军跃马扬鞭，踏破长堤入鲁，僧亲王只好硬着头皮，去围追堵截。捻军则采用避实击虚、"疾如风雨"的流动战与僧军周旋，僧亲王想求痛痛快快打一仗而不可得，疲于奔命。咸丰十一年正月十一日（1861 年 2 月 20 日），僧亲王率着饥疲之卒穷追至菏泽关李家庄，陷入重围，差点没把命搭上。僧军"全队溃散"，二品顶戴察哈尔总管伊什旺布被杀，莽葬几百里，横尸散陈。咸丰皇帝奕𬣞闻讯震怒，将临阵脱逃的副都统桂成、协领色尔固善褫职，主帅僧格林沁、帮办军务西凌阿、国瑞"均着交部议处"。奕𬣞出于对"王牌"的厚爱，再次谆谆告诫僧亲王，"总不宜轻进，再蹈覆辙"。可是不久，僧军又一次翻车。

关李家庄之战胜利后，捻军一度突入直隶东明、长垣，似有北上京师之势。奕𬣞大惊，急令直隶总督文煜加强黄河防务。捻军虚晃一枪，由戴庙渡过运河，进入山东半岛。僧格林沁亲王派副都统伊兴额、徐州镇总兵滕家胜领兵追击。二月初七日（3 月 17 日），伊、滕被捻军诱牵至汶上县的杨柳集，包围聚歼，两员大将无一生还。

僧亲王出师不利，连吃败仗，损兵折将不说，还弄得自己名望顿尽，威风扫地。一筹莫展的他，躲在济宁城里哀声叹气。回想南下时，他曾向皇上吹嘘，"臣军万二千人，请合傅振邦、德楞额二军直攻老巢，荡平丑类"，狂妄不可一世。奕䜣知道僧亲王的"牛"脾气，"手诏"以"无后劲为戒"。但僧亲王一到前敌，就把皇上的警告抛到脑后，几个毛贼，何足挂齿！牛皮吹破了，如今如何向皇上交差？轻狂导致迷失。这是僧亲王的悲剧。迷失而不知返，就会葬送自己的一生。这同样是僧亲王的悲剧。同治四年四月二十四日（1865 年 5 月 18 日），这位不可一世的王爷被捻军斩首于山东曹州高楼寨，就是"执迷"造成的悲剧。用现在流行的说法，这实在是一种"僧格林沁现象"。

僧亲王不把捻军放在眼里，连战皆败，现在捻军反倒不把僧亲王当一回事了，威震四海的僧王爷，不过如此，没什么可怕的。自此后，十数支淮北捻军像走马灯一样，你来我往，在僧亲王鼻子底下穿梭，"更番出扰，疲我兵力，前股甫退，而后股复来"，全省数十州县遍地捻踪。山东局势几乎完全处于失控状态，本地"土匪"乘机窃发，纷起响应，群雄并起。"赤日炎炎似火烧"，山东于是成为这年夏季抗清的高温地区，纷纷扰扰，搅得"行在"热河的咸丰皇帝不得安宁。这是他一生中最后的夏季。

僧亲王剿"匪"不力，反而助长了"匪"势，犹如把水倒进油火，火势迅速蔓延一样。山东民众的"骚乱"在淮北捻军的激荡和僧亲王软弱无力的震慑下汹涌而起，如火如荼。在遍地开花的"民变"中，形成以"鲁捻"、幅军、长枪会军、文贤教军、邱莘教军等为主体的武装力量，团练抗官事件也层见迭出，抗粮抗税风起云涌，太谷学派的传人张积中在黄崖山也在传播着"邪教"。儒教故乡、邹鲁大地溃烂如此，对视儒教为立国之本的大清帝国极具讽刺意味，怎能不让奕䜣忧心呢？

我们还是"浏览"一下山东几支主要武装力量的聚合。

鲁捻　捻军并不是安徽的特产，也有捻军发源于山东，"兖、沂、曹所在有之"。他们虽然没有安徽捻军那样声势浩大，但从未停止过抗清活动。咸丰十一年，随着淮北捻军在山东战场上连连奏凯，一度被镇压而转入地下活动的"鲁捻"纷纷走出来，高擎"捻"的旗号，与"皖捻"汇合了。二月（3月），黄县捻首刘文彬、李得基、姜齐纬等，各纠数十人，聚集城西举事，到沙河店迎接淮北捻军。三月（4月），李章、蒋尊等聚众千余人，在东平姚家庄起义。在朝城马老庄、舍利寺，范县旧城、凤凰台，巨野西北毗连郓城的盐市口、井家庄、幡竿庙，濮州罗家口、阎氏口，有刘四反叛，李天经、岳振标、井文一、杜玉珍、康兴年等揭竿聚捻，众至五六千人，他们派出"党羽"，前往鱼台谷亭集，与淮北捻军联络，"导捻（皖捻）内犯"，由范县羊儿庄，直逼濮州城下，"火光亘数十里"。看来，安徽淮北捻军所以能在山东战场上取得纵横数十州县的巨大胜利，与本地捻军"导"的配合是分不开的。

同月，范县廖家桥廪生王来凤，号称办团，聚众起义，与邱莘教军联合，连败东阿、阳谷民团，陷朝城，克阳谷，下观城，"四五百里间，钲鼓烽烟，声色不绝"。

四月（5月）间，鲁捻与皖捻配合，连陷曹州府属数百村寨。刚到任的山东巡抚谭廷襄惊呼，濮、范、巨、郓、菏、定、城武等处，"随地皆匪"，日聚日众，要朝廷拨兵救援。

五月（6月）间，寿张捻首郭简、赵立纯、王秉固、戴光明、岳秃子、李瑞真、董上来、王清魁、王金和、郭兴、满光印、吴朝聘等，聚众水南，"遍贴伪示"，宣布起义。知州王锡龄飞章告变，僧格林沁亲王兵力不足，但也不能坐视不救，只好遣临清协副将文英引兵进剿。

七月（8月），皖捻合濮、范、寿张等地鲁捻由濮州罗家楼、范县羊儿庄、寿张竹口、张秋镇渡过黄河，再次向山东腹地深入。

幅军　幅军的前身幅党与捻军的前身捻党的历史一样久远，产生于康熙年间。那时，清朝南方的漕米，均经运河北运，每年约千余只。运河沿线的郯城、兰山、滕县、峄县聚有成千上万的船夫、纤夫、小贩，幅党就从他们中孕育，因他们常以"匹布分幅帕头"，所以史书称为"幅"党。幅党属于民间秘密结社，例所必禁，结幅 40 人以上，就要砍头。可是这些"凶徒不知朝廷德意，愍不畏死"，照样"聚众抢夺"，诛不胜诛。咸丰元年（1851 年），奕詝登上龙位头一年，"起幅、结幅益多"，有人说，这一年就是幅党走向幅军的起点。咸丰三年（1853 年），奕詝痛失江南半壁河山，漕运也被截断了，南漕只好改为海运，运河沿线的纤夫、船夫大批失业，丢掉饭碗的"游民数十万无可仰食"，不得不"结幅聚众"，劫商旅，吃大户，抗官府，声势不断壮大，到咸丰十年奕詝落难这一年，幅军三大抗官中心形成：刘双印、刘平幅军出没于峄县云谷山区；孙化清、孙化祥幅军活跃在费县岐山区；宋三冈幅军以蒙阴县蒙山区为根据地。刘平甚至"勾通粤匪"，接受太平天国封号，自称"北汉王"，为"诸匪之领袖"。

幅军"愈扑愈炽"，势成燎原，奕詝颇感不安，令僧亲王南下"剿匪"，先剿"幅匪"。咸丰十一年春，僧亲王派出道员李麟遇率勇 2000 剿幅，不胜。夏初，又派副都统德楞额"专讨幅匪"，而幅军已"盛如火烈烈……大乱成矣"。

读者都很熟悉"秀才造反"的故事，前述苗沛霖就是这样的典型，但未必听说过"进士造反"。幅军中恰恰有一位进士，名叫刘淑愈，人称"大文学家"。据说，同治二年（1863年）刘被捕行刑前，兰山知县满洲正黄旗人长赓审问，说："你会作文，我出题试试，以'老而不死'为题，限一柱香交卷。"刘先生不假思索，挥笔立就，通篇不露"死"字，格外仇视汉人的长赓倒很佩服，看来，文学功底不浅。《山东近代史资料》第一分册中就录有《老而不死》，出手不凡，很有气势。

刘淑愈，字亦韩，费县毛家河人，自幼很聪明，酷好读书，过目成诵，十几岁进秀才，二十多岁中举，道光年间中式第五名进士。在京会试期间，宰相穆彰阿擅权纳贿，植党营私，要收他作门生，他婉言拒绝。成进士后，任顺天府房山县的知县，居官清正，因忤大宪，削职回籍，两袖清风，一贫如洗，靠教书为生。咸丰十一年，应孙化清、孙化祥兄弟之邀，起义上歧山，为孙氏兄弟运筹帷幄，作营门联云：

西狩获麟，寝其皮，食其肉；

中原逐鹿，大者王，小者侯。

流露出他的"争山"志向（"麟"指大乡宦王家麟、王殿麟兄弟）。

农民被"逼上梁山"，情有可原，而进士作为国家之栋梁"犯上作乱"，丢开"三纲五常"与"匪"为伍，的确较为少见，何况刘淑愈还来自儒教故乡？更令人不可思议。奕䜣恐怕不敢相信，然而却是千真万确的事实。

柏叶于今难再颂，

桂花从此不闻香。

"柏叶"指当了英法傀儡的广东巡抚柏贵和被俘的两广总督叶名琛。"桂花"指签订《天津条约》的桂良和花沙纳。这首"歪诗"，是对奕䜣治下的大清帝国对外屈辱求和的辛辣讽刺。英法联军打到京师，又一次缔结城下之盟，而皇上却"秋狝木兰"，当今朝廷在人们的心目中还有什么威信？难怪连进士都要造反了。刘淑愈也许是不幸的，但更不幸的还是当今皇上奕詝，他的低能无效的政治统治，的确使人们对大清王朝感到失望。夏日里热火朝天的抗清烈焰，说奕詝点燃、引火烧身一点儿也不为过。

幅军"盛如火烈烈"，文贤教军又火上浇油了。

文贤教军　文贤教是白莲教的一个支派。白莲教（又称白莲社），属佛教净土宗流派，是杂糅佛教、明教、弥勒教"混血"而成的民间秘密宗教组织，起源于宋代，元代大流行，明、清达于极盛。教义崇尚光明，认为光明一定能够战胜黑暗。白莲教还宣扬，教徒都是"无生老母"的儿女，不论男女老幼，一律平等，一旦入教，"不持一钱可以周行天下"，有饭大家吃，共享钱财，这符合生活在黑暗统治下的社会下层群众的生理、心理需要，因而广泛流行开来。自元代以来，白莲教成为农民反抗暴政的有力工具，"弥勒降生"、"明王出世"是他们惯用的口号。元末，韩山童、刘福通、徐寿辉发动白莲教起义，吹起元末农民大起义的号角。明朝天启二年（1622年），山东爆发了徐鸿儒领导的白莲教起义。清代川楚陕白莲教大起义历时9年之久（嘉庆元年至九年，1796—1804年），致使清廷耗费大量兵力、财力才镇压下去。进入近代，白莲教因遭残酷镇压而转入地下活动，"反清复明"是他们的斗争目标。这是一股可怕的颠覆势力，道光皇帝提心吊胆。奕詝继位后，白莲教又趋活跃，安徽、河南都曾有小规模的"教匪"暴动，到咸丰十一年更大规模的白莲教起义——文贤教起义来临了。

邹县是文贤教的故乡（所以文贤教又称"邹教"——"习教讽经，谬相师授，起于邹县，故以邹教名"）。县境山岭丛杂，比较著名的就有点灯山、大山、云濛山、尼山、辛庄山、凤凰山、雨山等，绵延起伏数百里。山中村庄很多，炊烟袅袅。在万山丛中，有一个大村子，名叫白莲池，又叫白龙池，文贤教的源头活水，就从这里涌出。

文贤教的首领是宋继鹏，另外还有教师郭凤冈，教友李捌、李玖、王存芳、李奉钧、张树德等。宋继鹏粗识文字，"能诵经书符为人治病"。在医疗卫生不发达、科学不昌明的时代，迷信的力量足以征服人类。"乡愚多信之"，文贤之声在奕詝继位的第三年（咸丰三年，即1853年）开始在丛山中回荡、播扬。

咸丰三年，奕詝号召各地举办团练，对抗"上帝"。有趣的是，宋继鹏与苗沛霖及下面将要提到的长枪会一样，顺手拈来，用合法的外衣进行包装，他以办团练为名，在山中铸造兵器，招兵买马（发展信徒），蓄势待发，连"孔"（邹县民团团长孔宪标）、"孟"（廪生、团练头目孟某）也被拉拢过去。宋继鹏有没有称王称帝，史书不载，无从得知，但建有年号——"天纵"，设官分职，很像一个"独立王国"。邹县——孟子的故里——山里山外，两个天下。

七八年过去了，宋继鹏"造谋不轨有年"，可谁能相信，官府竟毫无所闻？这一方面说明宋继鹏组织工作做得细，另一方面官方的政治嗅觉太成问题，反应之迟钝，令人吃惊，难怪一发而不可收拾了。

"山雨欲来风满楼"。咸丰十年（1860年）冬，邹县知县林士琦终于发现白莲池的"秘密"，率勇二千余进山围攻，十二月初二日（1861年1月12日），初战不利，大败而回。文贤教公开举起了抗清的大旗。近在曲阜（距白莲池约五十里）的孔府衍圣公孔繁灏深恐孔府遭殃，向钦差大臣僧格林沁飞章告变，说文贤教"实为心腹之患，较之南捻为害更深，必得赶紧剿灭。"奕詝闻变，急令僧亲王移兵进剿，趁火势初燃，迅速扑灭，果如"发捻交乘"那样成为"心腹之患"，大局不堪设想。但还没等僧亲工发兵，咸丰十一年春，张敏行、赵浩然、李成大举进攻山东，僧亲王兵败关家李庄。文贤教军见有机可乘，便四面出击，在西至济宁，东到海滨，南及苏鲁边区，北临济南的区域里盘旋，大张"匪势"。林士琦无法应付局面，一次又一次向僧亲王乞师。三月二十八日（5月7日），僧亲王师抵邹县，兵分三路，向教军发起进攻，激战20余日，教军力敌不胜，退入云濛山，被僧军包围。

田里的麦子眼看就要熟了。山中储粮不多，眼看小麦要"爆"在地里，教军心急如焚。为"出山刈麦"，四月二十六日（6月4日），宋继鹏决定向僧亲王"投诚"。这时，长枪会军"方炽"，两军一旦纠结在一起，剿办为难，考虑再三，僧亲王同意接受"投诚"，派代理知县张体健人山谈判，张三出三入，达成停战协议：教军形式上接受"招抚"，僧亲王准出山抢收小麦，颁给山内81村免死旗。长枪会军"益炽"，五月四日（6月11日），僧亲王不得不撤出攻教之师，前往曹州讨伐长枪会。但僧亲王刚一撤走，文贤教军迅速补充给养，修筑工事，发起新的攻势，而僧亲王东征西讨，疲于奔命，已经"不遑兼顾"了。

长枪会军　这是一支在咸丰皇帝奕詝大办团练号召"感召"下崛起的"团练"武装——表面上看是如此，《中国近代史词典》等权威辞书也作如是观。其实，只要我们剥开"团练"的外衣，就可以发现，它实实在在是一支乔装的农民武装。长枪会的发起人是菏泽志道都人郭秉钧，史书说他"阴险多智计，结交亡命，四方无赖少年多归之"。早有图谋不轨之心，结交亡命，无非聚集抗清力量。但他在一开始没有堂而皇之地举旗造反，说他怕死，倒不见得，说他"多智计"，却很恰当。当时曹州的团练武装在山东最称强大，连奕詝也有耳闻，当英法联军进攻北京时，令赵康侯团练北上"勤王"。曹州（捻党发祥地之一）捻军旋起旋灭，始终没有形成大的气候，就是因为对手过于强大，即起即被镇压，"皆团练之功也"。如果郭秉钧像鲁捻那样有个几十、几百人胆敢公然对抗官府，命运还不是一样？要聚集强大的抗清力量，只有采取别的方式，要么披上宗教的外衣（如邱莘教起义），要么钻政策的空子，假名团练。而作为秀才"家本素封"的郭秉钧借团练之名"招纳亡命"，是再合适不过的了。

咸丰九年十月（1859年11月），郭秉钧向曹州府知府童正诗提出在团练之外举办长枪会的建议，得到童的大力支持。童知府支持郭秉钧组织长枪会，当然出于抵抗外来捻军和镇压当地民众抗清的目的，可是还有一个令人费解的目的，或者说包藏着说不出口、摆不到桌面上的阴险居心，那就是对抗团练，自己偏要跟自己过不去，咄咄怪事！童正诗也有自己的苦衷，团练武装（主要是季锡鲁、赵康侯之团）既强且盛，有尾大不掉的势头，已非童正诗所能控制，相反，童守和曹属的父母官还要"听命于团总"，受其挟制，"顺团则安居，逆团则罢任"，天底下哪里还有王法？团练自以为"剿匪"有功，更加骄横跋扈，生杀由己，敛费无度，搅得曹属鸡犬不宁，谁也不敢说个"不"字，以至出现"地方守令条教号令不及团总片言"的局面，怎能不令童知府惶恐不安？支持郭秉钧组织一支武装，可以"隐为之敌"，以此减杀团练的嚣张之势。至于这样一来会出现什么样的后果，童知府还没有考虑。

长枪会取得"合法"地位后，郭秉钧以办"一心团"的名义名正言顺地吸收会员，"多方网罗"，发展势力。因有童知府作后盾，民团有散而入会的。按长枪会的规章，有愿从者，即为会员，既入会，必须与团练脱离关系，不允许脚踩两只船。还规定，一旦入会，虽"盗贼"也不准团练拿办，所以，那些被团练镇压而转入地下活动的曹属地方捻军及其他抗清武装纷纷入会，在短短一年中，众至数万。郭秉钧把会员按五色旗组织起来，同时，夺占罗家河口黄河码头，为船只装卸粮货，每日可得工钱数百缗，用作会费，长枪会声势益壮。

长枪会蔚然林立，民团减色，不再像从前那样猖獗，童正诗志得意满。不料，长枪会也不安分，会、团不时发生冲突，童太守恐激成大变，双方都不敢得罪，引起团总的极端不满。团总赴省及僧格林沁大营投诉，说长枪会包藏祸心，反形已露，府守（童正诗）庇会害团云云。山东巡抚谭廷襄，勒令解散，而僧亲王则上奏朝廷，说"会"即"贼"，"贼"即"会"，应毫不容情进行征剿。还没等僧亲王抽身，淮北捻军发起秋季攻势，大败季锡鲁民团于国家庙，阵斩季锡鲁。季锡鲁为郓城团总，势力强大，曹州府的捻军多数被其镇压，时有"东省团练，曹州为最；曹州团练，郓城之季锡鲁、赵康侯、巨野之魏笃为最；而三员中素称忠勇，众论交推者，又锡鲁为最；民间倚为长城，贼中目为犨虎"之说。季氏团练的败灭，长枪会拍手称快，他们撕下团练的面纱，纷纷竖立"反旗"，响应捻军，掀起了大规模的抗清运动，如曹县刘景山、王景荣、王礼坦、萧伯如，巨野张四镜，菏泽王凤琢，定陶祝振清，城武李兴瑞等纷起揭竿，汇集在郭秉钧和河朔盟主刘占考的周围，与捻军配合作战。咸丰十一年春，淮北捻军再入山东时，长枪会军采取了新的战术，由各自为战、"不相统属"逐渐走向统一，郭秉钧、倪和尚、刘占考为主要首领，众至十余万，规模庞大，曹州府几乎成了长枪会的天下。他们与淮北捻军的结合更加紧密，可以说，没有长枪会的有力配合、支持，捻军在山东的辉煌要大打折扣。难怪僧亲王急急与文贤教军达成停战协议，调转矛头，前趋"剿会"了。

四月五日（5月14日），倪和尚引众近万，围攻曹州。曹守童正诗与僧亲王部将桂祥等登陴固守。这时，童太守真正尝到了搬石头砸自己脚的滋味，追悔莫及。这还没完，懊悔的事还在后面呢。九日（18日）刘占考所部万余人再逼城下，曹州府城岌岌可危。僧亲王大为恼火，上奏弹劾童正诗，说他不洽舆情，良莠颠倒，养痈贻患云云，奕䜣立即谕令东抚谭廷襄"查明参奏"。可怜童太守，为在团、会均势平衡中坐稳知府宝座，结果还是丢了乌纱帽，心中能不后悔吗？

僧亲王亲自出马进攻"会匪"了。长枪会军与皖捻合兵，在豫、鲁两省间倏忽往返，搅得"千里间皆乱"，奕䜣焦灼何似。僧亲王冒酷暑之蒸，日复一日，汗流浃背，追飞逐走，却奈其不何。

长枪会军势炎正炽，邱莘教军又起烈焰。

邱莘教军　邱莘教是白莲教的支派，因起于邱县、莘县，故名。

鲁西北地区是白莲教活动频繁的地区之一，嘉庆年间，白莲教支派天理会曾在这里发动抗清起义，虽遭血腥镇压，但地下活动从未停止过。咸丰年间，"邪教"又趋流行，冠县、莘县、堂邑三县"习教者十之六"，邱县、馆陶等县也有可观的入教人数。他们鼓起过小规模的抗粮"骚动"，但地方官隐忍讳饰，绝不上闻。表面上看，鲁西北地区似乎最平静。

咸丰十一年二月十一日（1861年3月21日）夜，更深人静，几百条黑影在夜暗中蠕动——邱莘教首孙全仁之众，突然攻入邱县城，拉开邱莘教起义的序幕。八天后（二月十九日，即3月29日），教军左临明、杨泰、杨福岭攻克冠县城，开仓放粮。接着，二十五日（4月4日）张玉怀部占领莘县，二十九日（4月8日）杨朋岭部攻占馆陶，三月四日（4月13日）左临明部占观城，郜老文等部占阳谷、朝城。不到一个月时间，连下7城，山东全省震动。

邱莘教起义在发展过程中逐渐形成邱县侯家庄、莘县延家营、冠县七里韩庄三大中心、三支主力，总首领分别为张善继、从政、杨泰，其下各分黄、红、白、绿、黑五大旗，其中堂邑小刘贯庄人宋景诗一身兼任三大主力军的黑旗领袖，格外惹人注意。更奇的是，宋景诗根本不是邱莘教徒。教军三大主力不约而同，特聘他为黑旗领袖，无非因为宋景诗曾在家乡领导过抗漕暴动，远近闻名，声望较著，又与教军同时起义，联系密切，把宋景诗纳入教军序列，无疑可以壮大声势。实际上，黑旗军已成为三大主力之外的又一支独树一帜的重要力量。

战火继续扩散。堂邑、曲周、清河相继被占领。他们又与长枪会军联合，连拔濮州、范县，把触角伸入到直隶大名府一带。张善继自称"黄天圣主"，以"兴汉灭胡"相号召，杨泰提出"扫清立明"的口号，分明要与奕詝"争山"。群众纷起响应，不数月，"人数之众不下数十万"。清政府在鲁西北地区的有序统治陷于瓦解。教军还派出特使，南下与太平军、捻军联络，商定"约至八月间，大家齐心北来，约定长毛（指太平军）沿运河岸走东路，捻子（即捻军）过河北由西山行走西路。我们教匪走中路，一同北犯。先打临清，再打东昌，随后长驱到北京，图成大事"。又是问鼎！

鲁西北在黄河北岸，与河南、直隶壤地相接，地近京畿，无险可扼，对清廷来说，教军比来自太、捻的威胁更直截了当。"行在"热河的奕詝坐卧不安。僧亲王不会分身术，他已被长枪会牵制，如今只有再派兵部侍郎胜保南下了。四月（5月），奕詝任命胜保为钦差大臣，督办直、东军务，率兵由保定移军南下，攻剿邱莘教军。月底（6月初），胜保军与教军的拉锯战开始了。

教、会、幅、捻，群雄并起，干戈如林，齐鲁大地，抗清烈火熊熊燃烧，烧得清廷畿辅邻省"大半糜烂"，扰得奕詝心焦，也搅乱了他的"剿匪"部署。奕詝原曾想，让僧亲王南下直捣捻军"老巢"，经山东顺带平息当地

"匪患"，不想，僧亲王一到山东便深陷泥潭，"新巢"一个接一个凸起，"蔓延数千里，牵制大军不得发"。这无疑对太、捻的联合"争山"是强有力的支持。胜保抛出了，战火仍不稍息。

这是一个纷扰不断的夏季。

十三

"发捻"交乘，社稷堪忧，而淮北捻军大规模出兵山东，鼓起当地民众抗清，震动朝野，北京和热河均感不安，甚至感受到"切肤之痛"。前面说过奕訢回銮之期一改再改，这里又多出一个至今没有引起人们注意的要因。

咸丰十年十二月十日（1861 年 1 月 20 日），参预签订中英《北京条约》、不久任英国驻华使馆参赞的威妥玛（Thomas Francis Wade）在给英国驻华公使普鲁斯的信中，述说他昨日应邀与恭亲王一行在嘉兴寺会晤的情景，发现北京方面对淮北捻军远征的焦灼不安和热河方面的反应。他说："使他们（恭亲王一行）真正感觉切肤之痛的，是接近他们门口的这一批叛徒（叛乱者）。他们说僧格林沁已向西南方向前进，若然，则捻匪必是正在向他们河南（黄河以南的皖北）老家回窜。这个我不相信。我在别处听说捻匪在听到僧王来到前并未聚集成军。僧格林沁此去，纯是为恢复他在安徽战胜捻匪或长毛的声誉而去的。捻匪听到僧王进军的消息，各小股便合拢起来，几乎把这支全无士气的军队给歼灭掉。僧王本人倒还没有逢到灾难。他宣称他的同僚瑞麟胆怯，而那个能干人也就再度被夺去一切职衔了。此地虽并没见普遍恐慌的迹相（象），据说官场中却传布着非常不安的情绪……他们说他们自己和一同在这儿的人，无不急切盼望皇上回京，且不断地在促驾，可是皇上为另一批人所包围，那些已经闹出这许多灾祸的奸臣们劝他留在现地。新的困难是，这次捻匪的进军吓坏了他们，他（皇上）认为热河要比北京安全些。这是恭亲王自己的话，不论有无根据，这样的招供，痛苦的宣告出这个国家的统治力量已经沉沦到何等无底的深渊里去了……"这封信很长，笔者虽然只引了其中的一部分，但还是突破了"丛书"体例的要求，好在文字通俗易懂，想必读者能够谅解。透过这封信，我们仿佛看到北京的皇弟奕䜣和"行在"热河的咸丰皇帝恐慌不安、一筹莫展的神情。热河的确比北京安全，在淮北捻军远征的震撼下，"吓坏了"的奕詝在皇弟奕䜣发起的吁请"回銮"声潮中横下一条心：不肯回銮。

咸丰十一年以来，淮北捻军大规模的"远征"持续不断，更加频繁（奕詝当然有理由继续留在热河"避暑"），山东等地民众又火上浇油，腾起一股又一股抗清热浪，清军顾此失彼，师老力疲。这是无法回避的现实。面对夏季"盛如火烈烈"的抗清烽火，躲在避暑胜地的奕詝，难得清凉世界之爽而感到烦躁。他对皇弟奕䜣曾经提出的"借师助剿"建议会发生兴趣吗？

所谓"借师助剿"，赤裸裸地说，就是"借刀杀人"，利用西方列强的武力镇压国内的"叛乱"。

在大清帝国与英、法、美、俄等西方列强处于敌对状态下，当然谈不上"借师"。《北京条约》的签订，标志着这种敌对状态的结束。不过，清朝方面没有想到借用凶手刚砍过自己的血迹未干的屠刀，倒是西方列强出于自身在华利益的考虑，表达了主动"借刀"之意。英国首相巴麦尊在条约签订后就公开宣称："现在事情已经发生了转变。从前中英如仇敌，今则我们与清政府已有极好的关系。……如果借助我们友好的援助而能使中国内部进入正轨，商业前途将会有巨大的发展，这是可以预期的。……中国的新政策是要与世界各国通商的。如果不援助这个开明的中国政府以成全其努力与改进，则在我们方面说，那真是自杀了。"英国如果不想"自杀"，似乎非向清政府伸出"援助"之手、帮助清政府渡过难关"进入正轨"不可了。

然而，"助剿"调子唱得最高的还要数法国和俄国。

咸丰十年九月十四日（1860年10月27日），也就是中法《北京条约》签字后的第三天，法国传教士孟振生（C. M. Mouly）、董若翰（J. B. Anouilhi）二人谒见胜保，口称"现在既归和好，伊国愿拨兵数千，由上海助剿长毛，以见诚意"。明确表示"借刀"。孟、董的"诚意"经钦差大臣胜保具折，九月十八日（10月31日）呈递热河。这时的奕訢正沉浸在葬送"天朝"的巨大悲愤之中，很难设想他会接受刚用大炮的怒吼把他逼到"行在"热河的对手这"友好"的表示。但奕訢没有婉言谢绝，也没有断然拒绝，英法联军不是还在北京吗？正好拿来退敌——条约签订，联军撤出京师原不在话下，奕訢惟恐不速。九月二十二日（11月4日）"上谕"说，如果有"助剿"诚意，也应等英、法两国退出北京后再议。就在这份"上谕"拟发的当天，法国公使葛罗拜会恭亲王奕訢，再次表达了"助剿"的愿望。没过几天，俄国公使伊格那提耶夫（N. lgnatief）也跑来向恭亲王表示俄国"助剿"的热切愿望了。

根据历史记载，俄国是第二次鸦片战争中获利最多的国家。

在近代中国，如果说英、法、美诸国列强侵华为了追求最大的商业贸易利益（正当的和非正当的），那么，沙俄最大的侵略野心就是掠夺中国领土。在奕訢时代，沙俄的侵略目标是黑龙江流域。奕訢继位不久，为镇压太平天国革命，将驻屯在黑龙江一带的防兵抽调投入内战，边境空虚。沙俄见有机可乘，立即执行东西伯利亚总督穆拉维约夫（N. N. Muravieff）提出的"武装航行黑龙江"的侵略计划，从咸丰四年夏到咸丰六年夏二年间，三次出兵"航行"，非法侵入黑龙江下游地区，沿江上下，哨所遍布。

　　咸丰六年（1856年），沙俄积极鼓动英、法发动第二次鸦片战争，以便乘人之危，浑水摸鱼。战争期间，沙俄军事侵略与外交讹诈双管齐下。军事上，造成军事占领的既成事实；外交上，既是英法联军的谍报员、帮凶，又以清政府的"同情"者的面貌出现，抛出诱饵，达到割占领土的目的。咸丰八年三月十六日（1858年4月29日），俄使普提雅廷（E. V. Putiatine）在大沽会晤钦差大臣谭廷襄，在提出领土要求的同时，抛出"助剿"的诱饵，说"贵国兵法器械，均非外洋敌手，自应更张。俄国情愿助给器械，并派善于兵法之员前往，代为操练，庶可抵御外国无故之扰"。沙俄"助剿"的外交本质，无非想用几条破枪，换取陷入窘境中的清政府的感恩戴德，满足领土的贪欲。奕訢没有上当。接着，四月十六日（5月28日），沙俄武力胁迫黑龙江将军奕山在瑷珲擅自签订《中俄瑷珲条约》，强割黑龙江以北，外兴安岭以南60多万平方公里的中国领土，并把乌苏里江以东40多万平方公里的中国领土划为中俄"共管"。奕山无权签订条约，奕訢坚持不予承认。沙俄不甘罢休，咸丰九年（1859年）派遣伊格那提耶夫使华，赋予"执行一项困难而又微妙的使命"——打着"助剿"旗号继续进行外交讹诈。伊格那提耶夫一到北京，便以书面形式向清政府抛出一份所谓《续补条约》，要求割让乌苏里江以东大片中国领土，增开北京、张家口等地为对俄贸易城市——沙俄胃口太大，连京师都要对它开放，岂不是笑话？结果不言而喻。

　　讹诈的良机来了。咸丰十年这个多事之秋，英、法联军攻入京师，留京督办和局的恭亲王，慌乱中把伊格那提耶夫当做救命稻草，请其出面"说合"、调停，求和心切的恭亲王什么条件都答应了。中英、中法《北京条约》签定后，伊格那提耶夫以"调解有功"为名，立即向恭亲王索取报酬，并以"兵端不难屡兴"相威逼。和局好不容易办成，岂能再兴"兵端"？恭亲王惊魂未定，甚至当英法联军撤离后，他还相信伊氏可以"召回"二占京师的鬼话。十月初二日（11 月 14 日），经奕䜣批准，奕䜣与伊格那提耶夫签订了《中俄北京条约》。条约规定：《中俄瑷珲条约》有效；乌苏里江以东 40 万平方公里的中国领土归入俄国版图；中俄西部未定边界的走向，"应顺山岭、大河之流及现在中国常驻的卡伦（哨所）等处"为界线；俄国有在库伦（今乌兰巴托）、张家口、喀什噶尔等地免税贸易、设立领事并享有领事裁判权等特权。《中俄北京条约》是中国近代史上为害最巨、最大的不平等条约，而这又与恭亲王奕䜣的名字联系在一起。一年后，奕䜣与一位外国外交官闲谈，当他听说《北京条约》签订后，英法联军"丝毫没有意思在中国留下一兵一卒"时，惊得目瞪口呆，马上联想起伊格那提耶夫的讹诈，急忙追问："是不是说我们被欺骗了？"对方回答："完完全全的被欺骗了。"奕䜣差一点瘫倒，懊悔不已。因为他的受骗，中国又有大片国土沦丧！

伊格那提耶夫诈骗得逞，心满意足，思以"回报"——包藏更险恶的居心。条约签订后，伊立即向恭亲王表示帮助清政府"教铸枪炮"——这是一种形式的"助剿"——针对"发捻"，说中国"发捻"横行，都是因为火器太差劲，有鉴于此，俄国极想派"数人来京，教铸枪炮，一并教演"。十月七日（11 月 19 日），伊格那提耶夫圆满完成"困难而又微妙的使命"，准备回国邀功，来向奕䜣辞行，奕䜣、宝鋆、麟魁等在广化寺接待了他，谈论的中心话题还是"助剿"：中国从陆路进剿，俄国"拨

中華藏書

大清十二帝·最新整理珍藏版

兵三四百名，在水路会击"——"助剿"的另一种形式——直接出兵。

法、俄都高唱"助剿"，恭亲王不仅动了心，而且表现出浓厚的兴趣。他已经看清，洋人虽然穷凶极恶，但并没有推翻大清王朝的意思，不过是"肢体之患"、"肘腋之患"，而"发、捻"却是"心腹之大患"，一日不除，一日难安，"攘外必先安内"，这是历史的经验，也是现实的需要。要"安内"，洋人是一股可以利用的力量，既然主动"借刀"，何乐而不为呢？十月十一日（11 月 23 日），他在给皇上的奏折中声称，"借师助剿"有很多好处，我朝元气可以渐复，洋人胜也不免折损，败更可以消其桀骜之气。奕䜣惟恐奕䜣不开窍，又上奏折，引用三国"联吴伐魏"的故事加以启发，阐述"借刀"的必要性，说，天下大势，如三国鼎立，"蜀与吴，仇敌也，而诸葛秉政，仍遣使通好，约共讨魏。彼其心岂一日而忘吞吴哉"？那意思是说，清朝应像蜀国对待吴国那样对待西方列强，与之结成同盟。诸葛亮可以联吴抗曹，我朝同样可以与仇敌联合讨伐"发、捻"。至于"彼其心岂一日而忘吞吴哉"？是强调，与列强联合镇压"发捻"，只是权宜之策，国耻岂能忘？"吞吴"当然不可能，眼下毕竟不是三国时期，如何"御夷"与列强抗衡，那是下一步的事。

恭亲王奕䜣明确提出了"借师助剿"的建议，所列理由不为不充分，但奕䜣疑虑重重，"发捻"大逆不道，罪不容诛，可是洋人也不好对付，"借刀"的背后隐藏着什么，看不透，"借"不好砍了自己，太不值得。他犹豫彷徨，举棋不定。还是听听地方大吏们的意见再说。

奕䜣"借师助剿"的"救急之方"通过"上谕"颁到两江、江苏、浙江等省前敌督抚大吏手上，如何是处，要求"迅速奏明"。信息反馈回来，意见参差，各持一端。江苏巡抚薛焕举双手赞成，只要洋人能出兵"会剿"，多给些"兵费"也划算。浙江巡抚王有龄与薛焕意见一致。攻捻统帅漕运总督袁甲三投反对票：打了多年的烂仗，付出成千上万的生命代价，仍不能戡平大乱，俄国拨几百名士兵就能收到夹击之效，鬼才相信！洋人贪得无厌，胜则索赏，船只损坏或兵丁伤亡，勒索赔偿无算。更可怕的是，洋人与"发逆"信仰相同，难保不暗中串通，一旦招来，不仅是引虎人室，并且为虎添翼，有害无利，还是别对此抱有幻想吧！钦差大臣督办江南军务的两江总督曾国藩也不敢相信几百名洋兵就能把"发捻"怎么样，但他并不反对"借师"，只是主张暂时从缓。

奕䜣览奏，没有明确表态，他把这些意见汇总交给奕䜣，命研究后给出一个结论性的意见。

皇上态度暧昧，恭亲王摸不着头脑。而且，反对派的意见不是没有道理。另外，列强之间矛盾重重，特别是英、俄之间，都想控制中国。眼看俄国的影响不断增强，英国走向了另一个极端：反对"助剿"。当恭亲王就俄、法"助剿"问题征询威妥玛的意见时，威妥玛毫不客气地说：剿"发捻"是中国自己的事情，如向他国"借师"，他国理所当然要把攻克的城池据为己有，俄、法如此，英国也是一样，印度成为英国的殖民地，就是铁证。看来，"借师助剿"可以"救急"，但并不一定是"良方"。十二月十四日（1861 年 1 月 24 日），奕䜣复奏皇上，同意反对派的主张，对心腹之患"发捻"，还是"就现有兵力设法攻剿，不可贪目前小利而贻无穷之患"。

"借师助剿"虽然搁浅，但恭亲王并没有放弃，随着咸丰十一年纷扰之夏的到来，他和皇兄心里一样焦灼，局势不断恶化，他似乎感觉到大清王朝这艘"破烂不堪的头等战舰"在滑向深渊。要挽救沉沦的命运，哪怕饮鸩止渴也在所不惜了。这一点，连外国人也觉察到了。四月一日（5 月 10 日），英国驻广州领事罗伯逊（Robertson）在致英国印度事务部官员阿斯登（Alston）的一封密信中说："局势一天一天恶化，如果叛军再有很大进展，北京朝廷就会四处寻找外国援助的。"不过，英国仍然保持"中立"，这样，局势进一步恶化，可以待价而沽，"沉着态度愈久，他们就愈要付出高价来争取我们的友谊"。

的确，恭亲王在不断地捕捉"借师助剿"的机会。这年夏天，他努力将上年与俄国议订的借俄国教练在恰克图训练中国兵的计划付诸实施（直到秋天才落实），同时，向皇兄一次又一次传递"借刀"的"隐语"，甚至说出"中外同心，以灭贼为志"那样的明言。这时的奕䜣没有明目张胆地奏请"借师助剿"，是因为皇兄被一批反对"借师助剿"的"死硬派"——肃顺集团所包围。他们不时在皇上耳边吹风，说恭亲王在京与洋人打得火热，勾结洋人谋篡皇位云云，还暗地里送给奕䜣一个外号——"鬼子六"（恭亲王排行第六，"鬼子"指与洋人沆瀣一气、狼狈为奸或里通外国的人）。兄弟之间嫌隙不断扩大着，恭亲王不能不小心翼翼。

面对纷扰之夏，面对皇弟隐晦的"借刀杀人"之请，奕䜣陷入深深的矛盾之中。他很想"借刀"，恨不得一夜之间把所有的"发捻"斩尽杀绝。但他疑虑重重。"借刀"要付出代价的，这是历史的经验，远的不说，就清朝的历史而言，当年吴三桂不是借多尔衮的兵剿李自成吗？结果怎样呢？清朝入关，主宰中原。本朝的故事，奕䜣不会陌生。如今虽然"天朝"崩溃，但"夷夏之防"在这位走不出"围城"的过时的皇帝心中还是那么巍峨，要他屈尊与洋人勾结，"是一件痛苦的事"，何况所借的"刀"砍过自己，巨创久久不能愈合。不到山穷水尽，他绝不会轻易"借刀"。

面对纷扰之夏，奕䜣对"借师助剿"不置一辞。

第七章　后宫哗变

咸丰帝即位之初，雄心勃勃，励精图治。可是，自咸丰二年（1852 年）太平天国起义爆发后，朝廷派出的镇压大军屡战屡败，局面一发不可收拾。眼看着江南半壁河山将拱手相让，咸丰帝不禁慨叹自己生不逢时，渐渐变得心灰意冷。他开始懒于听政，而把大部分心思都用于纵情声色。在继位的第二年，他就下令挑选秀女入宫。以后又几次从满蒙两族的官宦人家挑选秀女，并破除禁选汉女的祖制，选汉女入居圆明园，供自己寻欢作乐。

经过几次选秀女活动，咸丰帝后宫已是佳丽三千，美女如云了。其中，有个名叫兰儿的姑娘，就是在首次选秀女时被咸丰帝看中，入选后宫的。

兰儿，姓那拉氏，因祖先居住叶赫地方，又称叶赫那拉氏。那拉，在汉语里是"太阳"的意思。道光十五年（1835 年），兰儿出生于北京西四牌楼壁柴胡同。

兰儿，是家里人对她亲切的称呼，外人叫她兰姑娘。她的母亲佟佳氏，出身名门，娴熟礼法，举止利落，对兰儿产生了很大的影响。兰儿家里共有兄妹四人，在兰儿得宠后，兄弟照祥、桂祥也倍受尊宠，累至高官显职；其妹叶赫那拉氏，小名容儿，经姐姐牵线搭桥，奉咸丰帝之旨与醇郡王奕��完婚，成了王爷的嫡福晋。

由于兰儿好修饰，会保养的缘故，以至于成为慈禧太后以后，直到古稀之年，仍然丰韵犹存，魅力不减当年。

曾为慈禧画像的美国女画家卡尔在其所著《清宫见闻杂记》中，对她作了这样的描绘："太后全体各部，极为相称。面貌之佳，适与其柔荑之手，苗条之体，黑漆之发，相得而益彰。盖太后方额丰颐，明眸隆佳，眉目如画，樱口又适称其鼻，下额极广阔，而并不带有一毫顽强态度。耳官平整，齿洁白如编贝。嫣然一笑，姿态横生，令人自然怡悦。予若不知其已臻六十九岁之大寿者，平心揣之，当为一四十许美妇人。太后精神焕发，神采照人。可知其平日居气养体之安适，决非常人所及。加以明珰满身，珠翠盈头，其一副纤丽庄严之态度，真有非笔墨所能形容者。"

由此可知，兰儿虽然不具备倾国倾城的美貌，但确实是一个常人难及的美丽女子。况且，兰儿还是一个聪明、勤奋好学的人，尤其对经史很感兴趣。据说，在入宫前，"五经成育，通满文，廿四史亦皆浏览"。正是由于学习了这些知识，她才能在后宫中脱颖而出，才能够一步步登上了清王朝最高权力的宝座。

咸丰元年（1851年），咸丰帝奕詝为充实后宫，向全国颁发选秀女诏书。兰儿这年芳龄十七，虽然超过了入选年龄，但仍有备选资格。咸丰二年（1852年），道光帝丧期已满，咸丰帝于二月初八、初九两日，正式遴选秀女。兰儿姿容艳丽，举止脱俗，赢得了年轻帝王的欢心。

这年五月，兰儿被奉旨而来的太监们慢慢地抬进了紫禁城。初入皇宫，她被咸丰帝赐封为"兰贵人"，住在西六宫之一的储秀宫内。储秀宫前面是翊坤宫、体和殿，后边是丽景轩，雕梁画栋，秀林环绕，气象非凡。

一张黄纸定终身。兰儿梦寐以求的愿望终于变成了活生生的现实。

咸丰三年（1853年），后宫里有正式名位的后妃共计十人，排名顺序是：皇后、云嫔、兰贵人、丽贵人、婉贵人、伊贵人、容常在、鑫常在、明常在和玫常在。兰贵人虽然与皇后之间隔着嫔、妃、贵妃、皇后四级，但在当时列内廷主位中的第三位，这比起那些没有定数的常在、答应们来，自然要尊贵得多，幸运得多了。

尽管如此，兰贵人在入宫之初并没有很快得宠，扶摇直上。原因在于，宫廷里的情况并不像她想象的那么简单。

皇后钮祜禄氏以闭月羞花的容貌，温柔贤淑的品性以及善于协调人事的能力使她在咸丰初年后宫中领导群伦，独占皇宠。还有云贵人、丽贵人也深得咸丰帝的恩宠。在此情况下，兰贵人还是在暗中掌握了咸丰帝的一举一动。

兰贵人是个工于心计、善于逢迎的女人，她为了了解皇上的癖性与喜好，掌握皇上的举止行动，以达到取媚于皇帝的目的，竭尽拉拢收买之能事。她常常把自己的衣物和食品，赏赐给身边的宫女和太监们，以示恩宠，这些下人也感恩图报，她们或暗中窥伺，或拾人牙慧，然后将皇上的消息一五一十地禀告给主子。兰贵人还嫌储秀宫消息闭塞，于是借与后宫妃嫔来往走动的间隙，将御赏的首饰、如意等赐物，暗暗馈赠于皇帝和皇后的贴身太监们。这些出身微贱的太监、宫女们，平日受够了主子的冷眼与打骂，饱尝了人世的辛酸，对兰贵人的抬举没有不受宠若惊、感激涕零的。因此，这些人都暗中留意宫中发生的大小事，有时竟冒着掉脑袋的危险去向兰贵人通风报信，以此报答兰贵人的恩德。

当然，兰贵人此举用心良苦，非常人能够猜度，她从中获得了无法估量的好处。比如，兰贵人借助于各宫太监、宫女的帮助，在入宫以后不久，对皇宫里的基本情况了如指掌。至于皇帝的嗜好，如爱听曲子，爱看京戏，兰贵人也早有耳闻，并在这些方面暗下了功夫。

中华藏书 第九卷 苦命天子，内外交困 中国书房 二一九七皇上近日因丽贵人生病郁郁寡欢、闷闷不乐的消息早已为兰贵人知晓。她想：自己争宠的时机应该成熟了！于是，她秘密联络咸丰身边的太监，密切注意皇上动向。

功夫不负有心人。这天，咸丰帝下令备轿出行。早有一个长腿的太监，平日得了兰贵人的封赏，正思报效无门，见此机会，乘备轿工夫，向兰贵人报告了皇上要出行的消息，兰贵人大喜，随即授意这个御前太监：要千方百计引导皇上到储秀宫来，事成之后，必有重赏。太监欢喜不迭，飞奔而去。

一盏茶工夫，咸丰帝在众人前呼后拥下，由那位御前太监导引，从养心殿起轿，经体和殿，翊坤宫，向储秀宫迤逦而来。坐在明皇镶龙软舆里面的咸丰帝，正思忖着去何处游玩，忽然一阵风吹来，只听得桐荫深处的宫院内传来一曲圆润宛转的歌声。咸丰帝本是个风流天子，这勾魂摄魄的曲子，自然打开了他沉闷已久的心扉。他抬眼向前一看，只见一座宫院，宫门匾额上御书三个字"储秀宫"，咸丰帝若有所思，但一时又想不起歌唱者为何人，他用手一指，众太监簇拥而入。进得宫来，只见浓荫夹道，花气袭人，眼前顿觉清爽，咸丰帝连声赞叹："好一个逍遥之所，清凉世界！"

众宫女见皇上大驾光临，慌忙跪到地上迎接。咸丰帝此时一心一意在那唱曲儿的女子身上，便吩咐众人原地静候，不许妄自走动。自己欠身下轿，寻着歌声向里走去。

绕到后园，只见一个旗装女子，手执一柄白鹅羽毛扇儿，背着脸坐在假山旁，清脆宛转的曲子正从她这儿随风传出来，扣人心弦。咸丰帝轻手轻脚地走到女子身后，只见这女子身材婀娜多姿，乌黑的鬓发垂在洁白的粉颊上。她一边唱曲子，一边把粉脸侧来侧去，上下俯仰，秀发也随风披散开来。咸丰帝本想假装咳嗽一声，见她唱得入神，不忍打断，只好默默站在她身后。这时，只听那女子唱道：

> 秋月横空奏笛声，
>
> 月横空奏笛声清；
>
> 横空奏笛声清怨，
>
> 空奏笛声清怨生。

唱到最后一句，真是千回百转，余音袅袅。听到这儿，咸丰帝忍不住叫道："好曲子！好曲子！"那女子见是朝思暮想的天子爷，不禁惊喜万分，忙倒地跪禀："臣妾兰贵人叩见万岁。"这几个字本来是寻常之语，可是经兰贵人口中道出，听起来就特别悦耳。咸丰帝龙心大悦，俯身说："朕生平最爱听曲子，但从未听到像今天这样如沐春风的好曲子。真是：'此曲只应天上有，人间能得几回闻'啊！"

兰贵人听到皇上夸奖自己，心花怒放，仰起脸对皇上说："承蒙皇上过奖。若皇上乐意听，臣妾愿再唱几首。"

咸丰帝端凝着眼前这位女子，只见她眉弯目秀，桃腮含春，樱唇带笑，皓齿明眸，广额丰颐，去年选秀女时的情景不觉闪现在脑海里。他发了一会儿怔，这才连声叫道："好！好！"

兰贵人见机会难得，有意卖弄，一口气唱了十几支曲子，只听雏燕声、黄莺声、银铃声、声声入耳，珠圆玉润，美妙动听。咸丰帝不禁为这些曲子所迷醉，所倾倒。

两人说了一会儿话后，咸丰帝感到口干舌燥。兰贵人见状，急忙转身进屋，取出银杯，沏了一杯香茗。咸丰帝已跟进屋来，兰贵人双手侍奉，殷勤中含着几分羞怯，咸丰帝一面接茶，一面盯着她的脸颊看，直看得兰贵人脸上泛起阵阵红晕。咸丰帝凑到她身边，俯首在她耳边，低低说了几句话，兰贵人听了，愈发羞得不能自持。

这时，咸丰帝转身对门外候旨的太监说："传朕的口谕，朕今天在这儿息宴了。叫大家散了自便去吧。"两太监听了，心有灵犀，便口称遵旨，掩好院门，悄悄地退了出去。这里兰贵人陪侍皇上息宴。直到夕阳西下，太监们才见咸丰帝拥着兰贵人，走了出来。太监们抬过舆轿，皇上入乘，兰贵人跪送出宫。

送走咸丰帝之后，兰贵人知道皇上今晚还要宣召侍寝，便急忙梳洗打扮了一番。在用完晚膳后不久，只见敬事房太监，高举着一方绿头牌而来，口称："兰贵人接旨！"兰贵人跪下接旨。众宫女扶她到卧室里去，脱去她的衣服，浑身洒上香水，穿上太监拿来的大氅。穿着停当之后，兰贵人喊了声"领旨"，太监闻声而入，将兰贵人扛在肩上，送入皇帝的寝宫。

太监把兰贵人扛入咸丰帝寝宫，卸去氅衣。兰贵人战战兢兢地钻入御衾之中。按惯例，太监要在外面恭候两个时辰，再把送兰贵人回储秀宫。因为咸丰帝以往临幸妃嫔，是从不叫留的。这次却不同了，咸丰帝吩咐太监不必再等，兰贵人被恩准留宿过夜。这一夜，咸丰帝拥着兰贵人，自然是千种缠绵，万般恩爱。次日一直到日上三竿，咸丰帝方才起身上朝。

自从这次领略了兰贵人的无限风情之后，咸丰帝的心目中，兰贵人开始拥有了一席之地。他每逢精神清爽、心情愉悦的时候，总忘不了宣召兰贵人侍寝。兰贵人也百媚千娇，温言细语，轻轻款款，缱绻缠绵，使出浑身手段，极力趋承。咸丰帝本是怜香惜玉之人，见兰贵人如此可爱，更是殷勤地加以眷顾。

兰贵人得宠后，在后宫的地位也日渐提高。咸丰四年二月二十六日（1854年3月24日），皇上晋封兰贵人为懿嫔。"懿"字的含义是温柔贤善，用这个字代替与小名"兰儿"相联系的名位封号，自然进一步体现了咸丰帝对叶赫那拉氏的垂爱之情和殷切厚望。

该年十一月廿五日（1855年1月13日），咸丰帝命协力大学士贾桢为正使，礼裎右侍郎肃顺为副使，举行册封典礼，正式册封叶赫那拉氏为懿嫔。

在众后妃中，丽贵人因其姿色超群而最受咸丰帝宠爱，竟然连皇后、云嫔与懿嫔也稍逊风骚。咸丰四年（1854 年）秋，丽贵人怀孕的消息传来，咸丰帝手舞足蹈，心里比吃了蜜还甜，因为，这下龙子有望了。于是，咸丰帝对丽贵人恩宠有加，于四年年底册封丽贵人为丽嫔，并信誓旦旦地对丽嫔允诺：如果生下龙子后，再晋封她为丽妃。丽嫔听后，自然万分高兴。

丽贵人喜结珠胎，并晋封为丽嫔的消息传出后，后宫诸妃嫔对此各揣心思。对于未有子嗣的皇后钮祜禄氏而言，无疑是一个天大的喜讯。对于其他妃嫔，尤其对懿嫔而言，决不亚于一个晴天霹雳。因为，懿嫔从入宫那天起，经过一段时间的揣摩分析后，清醒地认识到：在未来的宫廷生活中，她真正的竞争对手，除至高无上的皇后外，另一个人就是艳如桃李、病如西子的丽贵人。事实也的确如此。

如果说，咸丰皇帝最敬重的后妃是皇后的话，那么，他最宠爱的后妃无疑是丽贵人了。

叶赫那拉氏就生存在皇后和丽贵人构筑的夹缝当中。当她处心积虑、千方百计地赢得皇上宠幸，先丽贵人而晋封为懿嫔时，高兴得一连几天未曾合眼。可是，没过多久，丽贵人怀孕了，皇上大喜过望，立即封丽贵人为丽嫔，并且，懿嫔尤为忧虑的是，丽嫔将来母以子贵……

隔了数日，丽嫔十月怀胎，一朝分娩，谁知生下来的竟是个女儿，就是后来的荣安固伦公主。时年已 26 岁的咸丰帝，满怀希望丽嫔生一个白胖健壮的阿哥，长大以后继承自己的千秋大业。谁知天公偏不作美，违背了自己的心愿。自然，咸丰帝对丽嫔腹中胎儿期望有多高，对这个小公主的失望就有多深。在庆贺孩子满月的赏赐物品中，居然减半发下去。皇上的态度由此可见一斑。

消息传到储秀宫，懿嫔不禁暗自窃喜。回想起前些日子，她独自一人的时候常常长吁短叹；有时半夜三更难以入睡，守着孤灯，独自垂泪；在皇上和众人面前，尽管强打精神，强颜欢笑，但在孤寂的内心深处，藏了多少疲惫和憔悴。直到她自己怀孕之后，紧张不安的内心才稍稍宽慰了一些。时至今日，懿嫔仿佛从一个可怕的梦魇里走了出来，打开尘封的窗棂，心灵的世界依然天高地远，依然风清云淡。

她抚摸着日渐隆起的腹部，谛听着小生命躁动不安的隐约之声，似乎有一种强烈的预感：自己的伟大的梦想，正如黎明前的那轮朝阳，每时每刻都在积蓄力量，期待着喷薄而出的刹那。

咸丰五年（1855 年），皇帝奕詝已经 26 岁。本期望丽嫔能生出皇子，谁知事与愿违，咸丰帝自此以后，无心料理朝政，一门心思全寄托在懿嫔身上。

现在，后宫里所有人都知道：咸丰帝最宠爱最关心的人是懿嫔。

当懿嫔获得咸丰帝专宠之时，后宫里的妃嫔却怨声四起。以前得过宠的人为失宠而迁怒于她。从未受过宠幸的人，因懿嫔专宠而对她有所抱怨。很快，懿嫔就成了后宫女人们的众矢之的。也就在这个时候，懿嫔叶赫那拉氏与皇后钮祜禄氏发生了冲突，懿嫔为此甚至险遭毒打。

幸亏皇上及时赶到，将懿嫔怀孕的事告诉了皇后，这场风波才平息下来。钮祜禄氏本想借助皇后的威权来惩戒获得宠幸的懿嫔，却因皇帝的阻止而没有得逞，心中一直耿耿于怀。而懿嫔见皇后手段平平，坤宁宫事件有惊无险，于是，依仗皇帝的恩宠，日益骄纵起来。

坤宁宫事件平息后，咸丰帝觉得宫里禁令太多，不便寻欢，于是又想起圆明园的"四春"女子来。于是咸丰帝把全副精力用在园内诸女子身上，整日歌舞助兴，饮酒取乐，又有轻颦浅笑，绿肥红瘦，弄得这位青年天子快乐逍遥，不思回宫。

不料，太平天国又闹腾起来，军情紧急，飞报至京，朝中文武大臣，好似群龙无首，不知所措。皇后得知此事，大惊失色，急忙亲赴圆明园，劝驾回宫。咸丰帝乐不思蜀，拖延了三五日，方才返宫视朝。

咸丰帝本无心管理朝政，匆匆忙忙将几件大事处理完后，正准备再赴圆明园取乐，忽然敬事房太监前来票报："大阿哥降生了！"

"大阿哥降生了？"咸丰帝简直不敢相信自己的耳朵，直至太监重复禀报后，他才回过神来。已经嗣位 6 年的咸丰帝，听到皇子诞生的消息，顿时高兴得手舞足蹈，喜不自胜。

皇子诞生的第二天，懿嫔叶赫那拉氏就被晋封为懿妃，并得到赏赐白银 300 两，绸缎 40 匹。不久，咸丰帝又亲自赐皇子名为爱新觉罗·载淳。

后宫之中历来讲究"母以子贵"，叶赫那拉氏也不例外。此后，她在后宫中力挫群芳，地位扶摇直上。咸丰帝又加封她为"天地一家春"，凌驾于"四春"之上，并在圆明园别造洞天，以示专宠。咸丰七年（1857 年），懿妃晋升为懿贵妃，成为皇后之下、众妃之上的后宫二号人物。

如果就此止步，那么，她也许就不是叶赫那拉氏了。

第八章　圆明园的劫难

一

1860年（即咸丰十年）是清朝立国以来危机空前的一年，也是咸丰帝备感痛楚的一年。这一年对于大清帝国来说，用"内外交困，迫在眉捷"来形容最合适不过了。

1860年3月19日，太平军攻下浙江省城杭州，清巡抚、布政使等官死之。江南大营清军立即前往救援，咸丰帝命和春兼办浙江军务。

1860年4月11日起，太平军在调动了江南大营的兵力后，分路回援天京，至5月6日，再破江南大营，天京解围。

1860年5月15日起，获胜的太平军向东进击，5月19日克丹阳，26日占常州，30日占无锡，6月2日占苏州，15日占昆山，17日占太仓，准备进军上海。江南富庶之地，尽为太平军所有。太平天国第二次达到全盛期。咸丰帝在此形势下，只能不计前嫌，6月8日授曾国藩为尚书衔，署理两江总督。

哪知曾国藩依旧不去江南，而是加紧进攻安庆。咸丰帝对此恼怒万分。江南是清朝的财赋之区，京城吃的也全靠苏南、浙江每年100万石海运米支持，这一区域对于清政府有着至关重要的意义。曾国藩拥兵自重，显有异心。可是，咸丰帝此时已无心再管江南，更强大的敌人出现了。

二

自 1859 年 6 月英、法兵败大沽后，两国出兵报复的风声不时飘至上海。此时的咸丰帝对《天津条约》还是严词拒绝，不承认它的签订。同时，在僧格林沁的要求下，咸丰帝先后调兵 1.3 万人，合之原防兵，使天津、大沽、山海关一带的清军兵勇达到 2.9 万，其中大沽驻军 1 万人。北方的海防再度加强。

1860 年 4 月，在太平军解围天京，进扑江南大营的同时，英法联军陆续开抵中国沿海。其中英军有军舰 79 艘，地面部队约 2 万人，雇用运输船 126 艘；法军有军舰 40 艘，陆军 7600 人。如此庞大的武力装备，在西方殖民扩张史上亦属罕见。4 月 14 日，英、法公使与海、陆军司令在上海商订了作战计划。从 4 月 21 日起，陆续占领定海、大连、芝罘（今属烟台）。到了 6 月下旬，英法联军大体完成了其军事准备：以上海、舟山为转运兵站，以大连、芝罘为前进基地；英舰 70 艘已驶入渤海湾，大连驻扎英陆军 1.1 万人，法舰大部也驶入渤海湾。芝罘驻扎法陆军 6700 人。6 月 26 日，英、法政府通告欧美各国，对中国正式宣战。

面对如此的军事局势，咸丰帝的态度也变了。他已陷于两面作战的困境：英法联军大兵压逼北方，太平军乘胜扫荡东南。从各处的奏报来看，此次前来报复的夷兵夷船甚伙，不知僧格林沁能否抵挡得住？而上海的官员言论更让他担心，英法若与"长毛"合作（在江苏，双方的控制区已经连接），大清的江山岌岌可危。他先是频频下旨，让何桂清、薛焕等人"开导",以求能够出现"转机"。可惜这种咸丰帝惯用的不予任何实际承诺只靠下级官员嘴皮子的外交,自然不会产生任何实际效果。于是,他又下令驻守大沽的僧格林沁不得首先开炮,并谕令直隶总督恒福,若英、法使节前来换约,"大皇帝宽其既往","由北塘进京换约"。

咸丰帝让步了。他已经不再要求废除《天津条约》,甚至对《天津条约》中公使驻京等条款,也没有提出修改。尽管咸丰帝自以为已经做出了很大的让步,但他的价码与英、法此时的要求相比,差距甚远,根本谈不到一起去。且英国专使额尔金、法国专使葛罗认为,若不先给予清朝以极大的军事打击,任何谈判都不会成功。

大炮的轰鸣是最为有力量的外交手段。在一个强权的世界,谁也不能否认这一点。

1860年8月1日,英法联军以舰船200余艘、陆军1.7万人,分别由大连、芝罘开拔,避开防守严密的大沽,在清军未设防的北塘登陆。直隶总督恒福依照咸丰帝的旨意,频频照会英、法使节,希望他们按照美国的先例,进京换约。来势汹汹的英、法两方对此根本不予理睬。

驻守大沽的钦差大臣僧格林沁,奉旨不得首先开战,对登陆之敌也未能乘其立足未稳而施加打击。从8月12日起,英法联军开始行动,当日攻占大沽西北的新河。8月14日又攻克大沽西侧的唐沽。僧格林沁此时才真正明了英法的意图:绕开防守严密的正面,而从防卫薄弱的侧后来攻打大沽。此时已晚,大沽柔软的腹部完全裸露在对手的面前。

此时的咸丰帝,对先前极度不满的《天津条约》,不敢再有任何意见了。

1860年8月18日,英法联军攻占了大沽西侧仅数里远的大、小梁子，完成了从大沽侧后实施进攻的一切准备。8月21日，联军再攻大沽北岸主炮台西侧仅500米的石缝炮台，守军奋力坚持两小时而不支，大多战死，指挥作战的直隶提督乐善亦阵亡。僧格林沁见败局已定，急忙统兵撤离大沽，绕开天津，直往通州。经营三载，耗帑数十万，安炮数百位的大沽炮台，在此次战斗中没有发挥任何作用。8月23日，英法联军进据无人防守的天津。

战败了，咸丰帝只得任命大学士桂良为钦差大臣，至天津与英、法进行谈判。英、法开出的条件包括：增加赔款；承认《天津条约》；公使驻京与否由英方自行决定；开天津为通商口岸。桂良等人根据咸丰帝谕旨正欲唇枪舌剑进行一番辩驳，傲慢的英、法专使直接了当地告诉桂良，只许签字，不容商议。桂良等人要求宽限以备上奏请旨，英、法又以桂良无"全权"为由，宣布谈判破裂。9月8日，英法联军由天津向北京开进。

此时谈判破裂，怡亲王载垣立即通知驻守通州东南张家湾的僧格林沁。9月18日，僧格林沁所部2万人与英法联军先头部队4000人大战于张家湾。结果僧部大败。9月21日，僧格林沁等部清军3万人与英法联军5000人再次大战于通州以南的八里桥，清军再次大败。此后，英法联军继续进军，兵锋进迫北京朝阳门外。

早在钦差大臣僧格林沁兵败大沽退守通州一带之后，曾上有一密折，请咸丰帝"巡幸木兰"。

一传十，十传百，咸丰帝逃跑的消息在北京引起了一阵恐慌。9月13日，在京的军机大臣匡源、文祥、杜翰联名上奏，直言不讳，要求咸丰帝收回成命。此外，大学士彭蕴章出奏，六部会奏，都察院、九卿、科道各递封奏，皆要求"止驾"。面对如此强大的压力，咸丰帝只能由内阁明发上谕：

"近日军务紧要，需用车马，纷纷征调，不

免喷有烦言。朕闻外间浮议，竟有谓朕将巡幸木兰举行秋狝者，以致人心疑惑，互相播扬。朕为天下人民主，当此时势艰难，岂暇乘时观省。且如有此举，亦必明降谕旨，预行宣示，断未有銮仪所涖，不令天下闻知者。尔中外臣民，当可共谅。所有备用车马，著钦派王、大臣等传谕各处，即行分别发还，勿得尽行扣留守候，以息浮议而定人心。"

这一篇谕旨，将执意逃跑的咸丰帝洗刷得干干净净，公然宣布从无"巡幸木兰"之议，只是民间的谣言。但当时的细心人也能看出破绽：既然上谕一开头就宣称征调车马不是为了"巡幸木兰"，而是因为"军务紧要"，又为何"分别发还"呢？难道军务不再"紧要"了吗？这么多的车马不是为了逃跑又是为了什么？

9月18日，张家湾开战。僧格林沁战败的消息传到北京，咸丰帝频频召见亲王、大臣，但仍未逃跑。

9月21日，阴云惨淡。通州八里桥决战，僧格林沁再次战败。咸丰帝得知消息，再也坐不住了。当天晚上，咸丰帝召见亲信重臣商议，整夜没有休息。御前会议上决定了两项对策：一、咸丰帝避居热河，这时候再也没有人敢出面反对了。在公私文献中，此次逃跑名曰"北狩"。二、恭亲王奕䜣留在北京，全权处理英法事务。当日由内阁明发的上谕称：

"恭亲王奕䜣著授予钦差便宜行事全权大臣，督办和局。"

此外，咸丰帝还给奕䜣一道朱谕：

"现在抚局难成，人所共晓，派汝出名与该夷照会，不过暂缓一步。将来往返面商，自有恒祺、蓝蔚雯等。汝不值与该酋见面。若抚不成，即在军营后路督剿；若实在不支，即全身而退，速赴行在。"

9月22日，是咸丰帝至死都不能忘记的日子，尽管上帝给他的日子已经不多了。这一天，他离开了北京，离开了圆明园。这一天的卯初（约早晨5点），咸丰帝召见惠亲王绵愉、恭亲王奕訢、惇亲王奕譞、怡亲王载垣、郑亲王端华和军机大臣等人，作了最后的安排。巳正（大约上午10点），咸丰帝一行从圆明园的后门出逃。临行前十分忽忙，就连御膳及铺盖帐篷都未带。而临行前的忽忙，又使咸丰帝没有机会再看看京城，甚至连圆明园的秋色均未注意。这一走，就再也没有回来。

八里桥之战后，英法联军稍事休整，继续开进。9月24日占领通州。9月26日，其一部进至朝阳门外。

此时留在北京身负重任的恭亲王奕訢，一再致书英国专使额尔金、法国专使葛罗，要求停战议和。双方的交涉一时以巴夏礼为中心。奕訢等人至此尚不明巴夏礼的真实地位，敌人催逼越紧，他越以为此人重要，以此人作为人质逼迫英法退兵。10月6日，英法联军在北京安定门、德胜门外再次击败僧格林沁等部清军，法军一部冲进了圆明园，开始抢劫。奕訢等人避走万寿山。10月8日，在京城的清官员，在英、法的胁令下，释放巴夏礼。10月10日，英法联军司令官照会奕訢，限3天内交出安定门，否则就要强攻，清朝官员只得乖乖照办了。

1860年10月13日中午12点，北京的安定门向英法联军开放，侵略军之一部列阵进入北京。北京已完全落入英法联军的军事控制之中。

自10月6日法军闯入圆明园进行抢劫后，眼热的英军第二天也入园参加抢劫。灿烂的东方名园顿时成了一个强盗的世界。

一名"冷静"的法国贵族客观地描绘了当时的场面：

"我只是一个旁观者，一个不抱任何偏见、却也充满好奇心的旁观者，贪婪地欣赏着这一幕奇怪且令人难忘的情景：这一大群各种肤色、各种式样的人，这一大帮地球上各式人种的代表，他们全都闹哄哄地蜂拥而上，扑向这一堆无价之宝。他们用各种语言呼喊着，争先恐后，相互扭打，跌跌撞撞，摔倒又爬起，赌咒着，辱骂着，叫喊着，各自都带走了自己的战利品。初看起来真像是一个被人踏翻了的蚂蚁窝，那些受惊了的勤快的黑色小动物带着谷粒、蛹虫、卵或口衔麦秆向四面八方跑去。一些士兵头顶着皇后的红漆箱；一些士兵半身缠满织锦、丝绸；还有一些士兵把红宝石、蓝宝石、珍珠和一块块水晶放在自己的口袋里、衬衣里、帽子里，甚至胸口还挂着珍珠项链。再有一群人，他们手里拿着各式各样的座钟和挂钟，匆忙地离去。工兵们带来了他们的大斧，把家具统统砸碎，然后取下镶在上面的宝石……这一幅情景只有吞食大麻酚的人才能胡思乱想出来。

……

在园里，到处都有人群，他们奔向楼阁，奔向宫殿，奔向宝塔，奔向书室，唉，我的天呀！"

这位法国伯爵还写道，他的一名传令兵为了讨好他，"双手满满地给我捧来一大把珍珠"。相对法军抢劫中的混乱，英军操行此事时显然"有序"得多。英军统帅格兰特（J·H·Grant）得知法军的获利，"非常仁慈地发出一道命令，让每个军团的一半军官在第二天上午可以去圆明园抢劫，但这批人必须在中午回来，以便其余的一半军官可以在下午去抢。"在"军官优先"的原则执行之后，很快又准许士兵"沾利"。

为了使没有机会参与这场大抢劫活动的官兵们不至于失望，"公平"地分配这些"战利品"，英法联军还成立了专门委员会，进行拍卖、分配等活动，并将最好的一份献给英国女王和法国皇帝。等到后来英法联军撤退时，载运赃物的大车队有几里长。

圆明园的罹难并没有到此为止。

1860 年 10 月 18 日，英军第一师数百名士兵根据额尔金的命令在园中放火。顷刻间，几十股浓烟升起，圆明园成为一片火海。熊熊的大火，三日不息，远在京城里的人们都可以看见西北方向那冲天的黑烟。天空黯淡，日月无光，尘埃与火星，随风飘到城里，在我们民族的历史上，蒙上了一层埃尘。

这座由康熙帝修建，经历了雍正、乾隆、嘉庆、道光清朝的皇家园林就这样付之一炬了。

三

我们不清楚咸丰帝得知他的出生地在举行了他三十岁生日后毁于一炬作何感想，但可以肯定，他已经没有任何反抗的力量来做什么了。

咸丰十年（1860 年）九月，咸丰帝携内廷嫔妃，狼狈逃至热河避暑山庄，惊魂未定，又听到圆明园被焚的消息，悲愤至极。

但是，休息了几天以后，这位喜欢寻欢作乐，不甘寂寞的咸丰帝，精神又振作起来。所以，一有精神，就想起了圆明园的湖光山影和天堂一般的生活。但是圆明园远在四五百里远的京城，而自己却在口外，再想游圆明园，只好等回銮以后了。又一想，皇祖每年都举行木兰秋狝，在这里大宴群臣。避暑山庄比宫中三山五园可能更胜一筹，何不借此机会游游山庄消愁解闷呢！

此后咸丰帝每日安排在烟波致爽殿开戏，有时还去行宫附近的围场打猎，夜幕降临后，更沉浸于女色之中，摆脱了种种宫中的陈规，纵欲自戕，对北京的局势开始漠不关心。

中華藏書

第九卷 苦命天子，内外交困

中国书房

二二一

由于政事的忧烦和北逃热河的颠沛流离，咸丰帝在途中即已病泄呕血。至避暑山庄后，久治不愈，身体日渐虚弱。咸丰十一年谷雨刚过，就又卧床不起。

咸丰帝知道自己已时日不多，越想这些就越对皇后产生了不尽的眷恋之情。在这段日子里，咸丰帝不是把皇后请到东暖阁来闲谈，就是挣扎着到皇后那里闲坐。皇后寝宫右侧，是一座水榭，曲槛回廊，后临广池，池中种满了荷花，正值盛开，皇帝每次来，总喜欢在那里凭栏而坐，观玩着摇曳多姿的红白荷花，与皇后一起回忆往事。

往事十年，咸丰帝真是不堪回首！即位之初，尚是弱冠之年，身体极其壮硕，哪会想到有今日这样的衰颓？这十年中，内外交困，应付糜烂的大局，心力交瘁，诚然是致疾之由，但纵情声色，任性而为，自己不爱惜身体，才是导致虚弱的根本原因。每逢想到这里，咸丰帝都追悔莫及。

第九章 国事蜩螗

一

如果说鸦片战争的炮火，并没有完全打掉清朝统治者虚骄自大的心理，年轻的咸丰皇帝对外还没有完全服气和认输，但"弧矢威天下，威棱震寰海"的时代毕竟已成过去。船坚炮利的西方侵略者给道光帝造成的痛苦和耻辱，咸丰还记忆犹新，所以仇恨与疑惧之中，他对一切西方人都保持着高度的警惕。他曾幻想"万年和约"（时人对中英《南京条约》的称谓）能维持中外相安，待国运中兴后，他是不会忘记要为皇父报仇雪耻的。

然而，腐败的清王朝既然没有在鸦片战争的炮声中惊醒，那贪婪的西方殖民者，更不会因一纸条约而满足。

鸦片战争之后，以英国为首的西方列强已不满足于获得的既得利益，在咸丰年间，又提出了开放通商口岸，鸦片走私合法化，外国公使进驻北京等要求。遭到清廷拒绝后，英法联军于咸丰六年（1856 年）攻占广州，挑起了第二次鸦片战争。咸丰帝让愚顽不知变通的叶名琛为两广总督兼五口通商事务钦差大臣，结果受了他的骗。叶名琛把英专使额尔金的最后通牒说成是求和。英军占领广州时，他下令组织团练去驱逐训练有素的英军。他以为抓捕巴夏礼等人，夷人必乱，却不知此举违背了国际惯例，只会导致更严重的后果。

咸丰八年（1858年），英法舰队攻陷大沽炮台，进迫天津。咸丰派桂良、花沙纳前往天津议和。咸丰八年五月十六日（1858年6月26日），桂良等人被迫与英国公使额尔金签定了丧权辱国的中英《天津条约》。第二天，又被迫与法国公使葛罗签定了中法《天津条约》。

这两个不平等条约的主要内容是：一、公使驻北京，用平等礼节；二、开放牛庄、登州、台湾、淡水、潮州、琼州、汉口、九江、南京、镇江为通商口岸，海关雇用外人；三、耶稣教、天主教得入内地自由传教；四、外国人得往内地游历通商；五、修改税则，减轻商船吨税；六、外国兵船、商船得在各通商口岸停泊；七、对英赔款四百万两，对法赔款二百万两，交清后退还广州。

随之而来的美、俄也趁火打劫，逼迫清政府分别与之签订了《中美天津条约》和《中俄天津条约》。

第二次鸦片战争无疑是整个中华民族的又一场浩劫。英、法两国为了进一步打开中国的大门，不惜一次次挑起罪恶的战争。而与之狼狈为奸的俄国，却一次次趁火打劫，鲸吞中国的大片国土。1860年10月，圆明园遭到英法联军的洗劫和焚毁后，奕䜣代表清政府与英、法、俄签订了《中英北京条约》、《中法北京条约》、《中俄北京条约》，并在《中俄北京条约》中承认了咸丰八年（1858年）沙俄迫使清黑龙江将军奕山签订的《瑷珲条约》。

二

"行在"热河的咸丰在为自己的"苦命"祈祷，巴望新的一年能够灾消难弭、时来运转。美好的愿望往往难以成为美好的现实。倒霉的咸丰帝在大年初一就遇到了麻烦，苗沛霖公然与他分庭抗礼，大举围攻寿州，将安徽巡抚翁同书等一批大吏困在城中。"争山"又遇新对手，咸丰帝的美梦又一次被严酷的现实惊破碎灭。

"内忧"固然可恶，但让他无法忍受的剧痛却是"外患"。咸丰十一年二月（1861 年 3 月），英、法公使进驻京师，建立使馆。这是开天辟地以来破天荒的"奇变"，对咸丰帝来说，这是他无法面对却又不得不接受的现实。刀子插入了心脏，奕詝的心在滴着血。

咸丰帝的的确确"过时"了，他与国际惯例格格不入。公使驻京，对他来说，用芒刺在背、骨鲠在喉来形容都显得那样轻微，它像一把尖刀深深刺痛着咸丰帝的心。他有车驾"回銮"的打算，有时急不可耐，但自从公使驻京以后，他把回銮之日推得遥遥无期，人们都说，这是肃顺从中作梗，有这方面的原因，但皇上硬要回銮，肃顺岂能阻挡得住？问题的关键还是公使驻京给咸丰帝带来的巨创，他"不愿与外使同居一城"，不愿在滴血的心上撒盐。他也在逃避着这一事实。

公使驻京被西方人视为"条约中最精彩的一点"，他们从此可以对清政府的政治生活施加影响，直接干涉中国的内政了。

继英、法之后，俄国、美国、德国、比利时、意大利、西班牙、日本、葡萄牙、丹麦、奥地利、荷兰等国先后在北京建立公使馆，东交民巷成了著名的使馆区。

公使驻京，摧毁了"天朝上国"的神话。与此同时，总理衙门开印办公，这标志着沉睡太久的东方雄狮开始睁开惺忪的睡眼，尽管懵懵懂懂。

总理衙门的诞生，并不那么"顺产"。作为总署首倡者和"助产士"的奕䜣，既要战胜自我（天朝意识），又要冲破层层阻挠争得皇兄的批准。战胜他人不易，战胜自我更难。奕䜣以钦差便宜行事全权大臣留京督办和局的经历使他看清了"自我",意识到"自我"更张的不可缓性。

为了顺应时势,促使大清的觉起;同时也为了给自己留一条退路,恭亲王奕䜣经过一番精心筹化,于咸丰十年十二月初一日(1861年1月11日)向咸丰帝提出设立总理各国事务衙门之请。

奏折拜发,恭亲王焦急地等待着消息,皇上能允准吗?

奕䜣的一片苦心总算没有白费,初十日(1月20日),上谕准在京师"设立总理各国通商事务衙门,着即派恭亲王奕䜣、大学士桂良、户部左侍郎文祥管理"。这的确是令人兴奋的消息。然而,读者不难发现,奕䜣奏请的是"总理各国事务衙门",皇上批准的则是"总理各国通商事务衙门",多出两个字——"通商"。两个字虽为毫厘之差,但谬之千里,性质完全不同。加上"通商"的标签总理衙门的地位就大大降低了,它的"权域"仅局限在通商范围内,有悖于恭亲王的初衷。恭亲王转喜为忧。奕䜣继续打洋人"牌",曲折表达了自己不愿"专办通商"的强烈要求,坚请"节去'通商'二字,嗣后各处行文,亦不用此二字,免致该夷有所藉口"。咸丰帝无奈,"依议",批准了奕䜣的请求。

咸丰十一年二月初一日(1861年3月11日),恭亲王终于领到期待已久的"钦命总理各国事务"的关防,并在京师东堂子胡同原铁钱局设立总署衙门,正式启用关防。

总理衙门内部机构设置,"一切仿照军机处办理",人员编制分大臣和章京(具体办事人员)两级。分股办事是其突出的特点。各股职掌分别为:

英国股:负责英、奥斯马加(奥地利)两国的交涉事务,并掌办各国通商及关税等事。

法国股:负责与法、荷、日斯巴尼亚(即西班牙)、巴西四国的交涉事务,并掌保护民教及华工等事。

俄国股：负责俄、日两国的交涉事务，并掌陆路通商、边防、疆界、外交礼仪、本衙门官员的任免、考试、经费等事。

美国股：负责美、德、秘、意、瑞典、挪威、比、丹、葡等国的交涉事务。

海防股：负责南、北洋海防之事，包括长江水师、北洋海军、沿海炮台、船厂，购置轮船、枪炮、弹药，制造机器、电线、铁路及各省矿务等事。

司务厅：负责收发文件、呈递折件、保管监督使用印信等事务。

清档房：负责编辑缮写、校对清档。

电报处：负责翻译电报。

银库：负责存储本衙门出纳现金。

总理衙门的艰难出世，标志着"天朝"体制下"闭关锁国"政策的放弃，标志着中国"无所谓外交"时代的终结，标志着中国走向近代国际社会。中国开始觉醒了。

总理衙门是中国近代化的"火车头"，恭亲王奕䜣有筚路蓝缕之功。

总理衙门设立了，但这仅仅是一个开端。恭亲王欣喜的同时深感任重而道远。"天行健，君子以自强不息"，这源出《易经》的"古训"在他心中产生了强烈的共振。大清帝国要想在国际舞台上立足，无它路可循，只有奋发图强。他在奏请设立总理各国事务衙门不久，上了《奏请八旗禁军训练枪炮片》，补充说，"探源之策，在于自强，自强之术，必先练兵。现在国威未振，亟宜力图振兴"。这里，他首倡"自强"。如今总理衙门总算如愿以偿出世了，他胸中涌动着"自强"的巨大激情。他以总理衙门为依托，开始着手绘制新的蓝图。

第十章　英年早逝

咸丰十一年（1861 年）七月，咸丰帝病危，已经昏迷了数日。

这一天午后，咸丰帝服了重用参苓的药，精神大振。他知道这一刻弥足珍贵，不敢等闲度过，便传旨召见肃顺。

咸丰帝支走了其他人，用低沉的声音说："趁我现在精神好时，有几句要紧话要嘱咐你。"

"喳！"肃顺慢慢地止住哭，拿马蹄袖擦一擦眼泪，仍旧跪在那里。

"我知道你平时尊敬皇后，将来要不改常态，如我在时一样！"

这话隐含锋芒，肃顺不免局促，碰头发誓："奴才如敢对主子不敬，叫奴才天诛地灭。"

"除了尊敬皇后，还要保护皇后，如果将来有谁爬到皇后头上去，你要想法制止。"

咸丰帝虽没有直接说出"谁"来，但肃顺心里是一清二楚。咸丰帝的话说明，他已看出懿贵妃有揽权的迹象。肃顺想，既然把保护皇后的重任托付给了我，就是让我将来辅弼幼主，既是如此，何不趁此机会把私下里商量好的顾命大臣的名单提出来呢？想到这，肃顺说道：

"奴才承皇上隆恩，托付大事，只怕粉身碎骨，难以图报。不过奴才此刻有句话，不敢不冒死陈奏，将来责任重大，请求皇上多派几个赤胆忠心的人，与奴才一起办事，才能应付下来。"

肃顺平时的口才很好，这番话却说得支离破碎，极不得体。好在皇帝懂他的意思，便问道："你说的是顾命大臣吗？"

肃顺不敢公然答应，只连连碰头。

咸丰帝沉默了一会儿，说："照你看，有哪些人可受顾命？"

"此须上出宸顾，奴才不敢妄议。"肃顺故意这样以退为进地措词。

"说说无妨，我好参酌。"

于是肃顺慢条斯理地答道："怡、郑两王原是先朝受顾命的老臣。随扈行在的四军机，是皇上特简的大臣。还有六额驸，忠诚谨厚，奴才自觉不如。这些人，奴才敢保，决不会辜负皇上的付托。"

"嗯，嗯。"皇帝这样应着，闭上眼，吃力地拿手捶着腰，显出疲倦的样子。肃顺看到皇上累了，赶紧告辞。肃顺知道，尽管皇上没对提出的几位顾命大臣表示什么意见，但这些提议肯定会对皇上起作用的。

咸丰十一年（1861 年）七月十四日，咸丰帝病情加重，危在旦夕。宫内上下都知道了皇帝病情，大家都把一颗心悬得高高的，准备应付不测之变。

肃顺在为维持自己的权力作积极的部署。同样地，懿贵妃也在为自己的名位作打算。在咸丰帝病危之时，懿贵妃回首宠冠六宫的日子，追思往日恩情，不免临风雪涕。但是，她知道，现在不是伤心的时候，现在是她一生最紧要的关头，丝毫不敢懈怠，特别是在大阿哥身上，她必须多下功夫，把他紧紧地抓在手里。

同时，肃顺的政敌——奕诉，虽身在京城，远离热河，也时刻注意着热河方面的动静，并几次请求来热河探望（实质是了解咸丰帝病情）。同时，奕䜣还极力结交握有重兵的武将，为在即将到来的混乱中重新把握朝政做准备。

咸丰十一年（1861年）七月十六日，咸丰帝早膳的胃口还很好，到了下午，突然昏厥。宫中又乱作一团。

栾太等三名御医早已闻讯赶到，赶紧诊脉。认定是虚脱后，栾太立即开出药方"通脉四逆汤"，重用人参、附子，并派人煮药，救治。

服下"通脉四逆汤"以后，咸丰帝渐渐苏醒，转侧张眼，用微弱的声音说："我不行了！"然后把脸转向肃顺继续说："你找人来吧！大阿哥、宗令、军机、诸王。"

以惠亲王绵愉为首的亲王及军机大臣一个个悄悄地进入东暖阁，排好班次，磕头请安。发言的仍然是唯一奉旨免去跪拜的惠亲王，他用没有感情的声音说道："皇上请宽心静养！"

"五叔！"皇帝吃力地说："我怕就是这两天了。"

一句话未完，跪在地上的人，有的已哭出了声。咸丰帝枯疲的脸上，也掉落两滴晶莹的泪珠。

歇了一会儿，咸丰帝又一个字一个字地说："宗社大计，早定为宜。本朝虽无立储之制，现在情形不同，大阿哥可以先立为皇太子。"

惠亲王代表所有承命的人，复诵一遍，表示奉诏："是！大阿哥为皇太子。"

"大阿哥年纪还小，你们务必尽心匡助。现在，朕特委派几个人，专责辅弼。"

到了最紧要的一刻了，所有的亲王和军机大臣都凝神息气，用心听着，深怕听错了一个字。

"载垣、端华。"咸丰帝念到这里，停了下来，好久未再作声。

每一个人都在猜测着，咸丰帝所要念的下一个名字。此时肃顺在想，皇帝可别临时变卦，把恭亲王的名字念出来！

咸丰帝继续宣示名单："景寿、肃顺、穆荫、匡源、杜翰、焦祐瀛。"

肃顺听完心里满意极了，因为这正是肃顺等人私下里拟定又由肃顺向咸丰帝建议的人选。载垣看了看端华和肃顺，磕一个头，结结巴巴地说："臣等仰承恩命，只恐才具不足以负重任。只有竭尽犬马，尽心辅助，倘有异心，天诛地灭，请皇上放心。"

这番话虽不甚得体，总算有个交代了。咸丰帝点点头，又问："大阿哥呢？"

大阿哥已由太监抱来，在门外等候，此刻听到宣召，专门服侍大阿哥的太监赶紧把他放下地来，半哄半吓地说："皇上叫了，乖乖去吧！记着，要学大人的样子，懂规矩，千万不能哭，一哭，明天我就不能陪你玩了。"

穿着袍褂的大阿哥，听太监说一句，应一句。正这时，景寿掀帘出来，牵着大阿哥的手，走进屋来。大阿哥走到御榻前，跪了安，叫一声："阿玛！"

咸丰帝握住大阿哥一只小小的温暖的手，想到六岁的儿子马上就要对自己留下的这片破烂的江山有所承担，百感交集。他觉得对不起祖宗，也对不住子孙，此时才知生死大限是如何严酷无情！万般皆难撒手，而又不得不撒手。想到这，心里一阵酸痛，眼泪不禁夺眶而出。

就这样呆了片刻，咸丰帝止住眼泪待情绪稳定后，手摸着大阿哥的小脸，看着载垣说："我把他交给你们了！"

"是！"载垣肃然答道："大阿哥纯孝天生，必是命世的令主。"

咸丰帝又将目光移回大阿哥脸上，说："你也认一认我所托付的八大臣，给他们作个揖吧！"

载垣代表顾命八大臣辞谢，皇帝不许。最后，惠亲王发言劝阻，顾命八大臣站成一排，与大阿哥相向而立。一面作揖，一面跪下还礼，这样咸丰帝就算当面托孤了。

在形式以外，还有最重要的一道手续。肃顺命人抬来几案，备了丹毫，要咸丰帝亲笔朱谕，以昭慎重。但这时咸丰帝已经无法写字，握着笔的手，不住地发抖，竟写不出一个字来，惟有颓然掷笔，说一句"写来述旨"！

奉旨，杜翰以为皇帝代笔的立场，简单扼要地写了两道"手谕"，捧交给最资深的军机大臣穆荫，穆荫转交御前大臣肃顺，肃顺把"手谕"放在咸丰帝身边的几案上，捧过仙鹤形的金烛台，照映着皇帝看那两个文件。

"念给大家听听吧！"

肃顺捧着上谕，面南而立，念道："立皇长子载淳为皇太子。特谕。"又念第二道："皇长子载淳现为皇太子，着派载垣、端华、景寿、肃顺、穆荫、匡源、杜翰、焦祐瀛尽心辅弼，赞襄一切政务。特谕。"

咸丰帝听后没说任何话，这就是认可了。办了这件大事，咸丰帝像泄了气的皮球，颓然垂首，双眼紧闭。惠亲王见此，说了句："皇上歇着吧！"亲王、军机大臣纷纷跪安退出。

又不知过了多少时间，咸丰帝朦胧中听到呜呜哭泣声，抬眼一看是皇后跪在榻前。皇后钮祜禄氏端庄贤厚，极有教养，最得咸丰帝敬重。咸丰帝费力地侧了侧身，伸手握住皇后纤细的秀手，喘了几口大气，吃力地说道："朕不行了。"听到这话皇后的哭声越发高了起来。过了一会儿，皇后的哭声逐渐小了，咸丰帝又继续说道："你自己也要保重，照顾好皇儿。"说着伸手从枕头底下拿出一个蜀锦小囊和一张黄纸，递给皇后。皇后不解地望着咸丰帝，随手先打开锦囊，锦囊里面是一枚长方小玉印，上面刻着"御赏"二字。看到玉印，皇后知道了这是乾隆朝传下来的。皇后又打开黄纸，见上面朱笔书写着一行字：
"某如恃子为帝，骄纵不法，卿即可按祖宗家法治之。特
谕。"皇后惶惑地望着咸丰帝。咸丰帝知道皇后没有理解
自己的用意，解释说："这颗玉印将来可限制权臣独断专
行，目无君长；这道朱谕将来用于惩治违犯祖宗家法之
人。"皇后听罢，给咸丰帝磕了一个响头，含着眼泪说了
句："给皇上谢恩。"

咸丰帝的脸色更憔悴了，但还是说道："让她们依次
进见吧！"

皇后明白这是要见嫔妃最后一面，于是吩咐太监宣召
懿贵妃。懿贵妃正候在门外，听到宣召，即趋入门内，跪
在皇后身后。

"兰儿！"咸丰帝叫道。

"兰儿在。"皇后回身示意懿贵妃到前面来。懿贵妃站
起身，拿着拜垫，跪到了榻前，把头低下，鼻子里发出欷
歔歔歔的声音。

咸丰帝闭着眼，伸手又从枕下摸出颗印来，递给皇
后，说了句："'同道堂'印给兰儿！"

懿贵妃听罢，把方才压下去的哭声尽量地放了开来。
这一哭，皇后听后也有所不忍，着急地说："别哭了！快
磕头谢恩吧！"

懿贵妃从皇后手里接过那枚一寸见方，阴文大篆的汉
玉印，趴在地上给皇帝磕了个响头。

"兰儿，"咸丰帝说道："我只有一句话："要尊敬
皇后。"

"兰儿谨记在心，"懿贵妃又补充说："我一定遵旨。"

"好！你先下去吧！"

皇后又把其他嫔妃也都宣入皇帝寝宫，一一作了嘱
咐。入夜，咸丰帝开始"上痰"了。王公大臣都跪伏在
地，皇太子在御榻前拜了下去。看看久无声息，肃顺点了

根安息香，凑到咸丰帝鼻孔下，去试探可还有呼吸。那支香依旧笔直的一道烟，丝毫看不出有鼻息的影响。肃顺便探手到皇帝胸前，一摸已经冰凉，随即双泪直流，一顿足痛哭失声。

　　咸丰皇帝就这样走了，年仅三十一岁。

附　录

政治生涯

太平天国运动

太平天国革命是 19 世纪中叶爆发的反封建反侵略的伟大的农民战争。鸦片战争以后，中国社会矛盾空前激化。战时军费 7 千万元和对外赔款 2 千多万元，全部都加到了广大农民和其他生产者身上。又由于各级官吏的层层盘剥和地主阶级转嫁摊派，农民的实际负担数倍于明文规定的提税。再加上银价上涨及连年水旱灾害，大批人民衣食无着，陷于极端悲惨的境地。因之农民的反抗风起云涌，遍及全国，其中尤以两广和湖南斗争最为激烈。在这样的背景下，太平天国革命在广西爆发了。

1851 年 1 月 11 日，洪秀全率领 2 万多名群众在桂平县金田村发动起义，建号"太平天国"，军队称作"太平军"，洪秀全被拥立为"天王"。9 月，太平军攻克永安（今蒙山县），洪秀全封杨秀清为东王，萧朝贵为西王，冯云山为南王，韦昌辉为北王，石达开为翼王，确定了纪律，整顿了队伍，改阴历为天历，初步建立了革命政府。

金田起义一爆发，清政府立即派来军队镇压，清军包围了永安。太平军在永安待了半年，就突围而出，于 1852 年 4 月离开广西进入湖南。当时湖南阶级矛盾十分尖锐，太平军发布了《奉天诛妖救世安民谕》、《奉天讨胡檄布四方谕》、《谕救一切天生天养》等文告，明确提出了推翻清王朝的战斗号召，受到广大群众的热烈拥护，投营报效者"日以千计"，太平军兵力大增。9 月攻长沙，81 天未下，主动撤围北上。在益阳、岳州一带，获得了大批船只炮械，建立了水师。大军沿长沙水陆并进，势如破竹。1853

年1月攻克武昌，3月占领南京，改南京为"天京"，作为都城。为了巩固天京，又发兵攻占了附近的镇江、扬州和浦口。太平军建都后，即颁布了《天朝田亩制度》，废除封建的土地所有制，平均分配土地，还实行了男女平等的政策，禁止买卖妇女和女婢。对外则坚持独立自主的政策，否认不平等条约，禁止贩卖鸦片，反对外来侵略。这些措施，极大地鼓舞了人民的斗志。

随后，从1853年5月开始，太平军进行了北伐和西征，各地天地会和捻党也先后发动武装起义与之相呼应。但北伐由于偏师北进，孤军深入，援师不继而失败。西征则先遇小挫，后由石达开指挥，大败曾国藩湘军。在天京附近，太平军又大破清军江北、江南两大营。到1856年夏，上至武汉，下至镇江连成一片，尽在太平军控制下，这段时间为太平天国军事上的全盛时期。但就在这大好形势下，好景不长，发生了自相残杀的"天京事变"。9月2日，杨秀清被暗杀，杨秀清的部下也有5000余人中计被杀害，后洪秀全又下令诏书，由石达开回京辅政。次年5月，石达开被逼走，更造成了人心冷淡，锐气减半的局面。

"天京事变"给太平天国革命事业造成了极大的危害，而清政府在第二次鸦片战争和"北京政变"后，公然和外国侵略者勾结起来，共同镇压人民革命，使得太平军从此进入了十分困难的战略防御阶段。

洪秀全为了克服危机，提拔了陈玉成、李秀成以及洪仁玕等一批将领，重新组建了领导核心。1858年8月，李秀成约集各路将领大会于枞阳，陈玉成也赶来参加。会上大家"各誓一心，订约会战"。会后，陈、李联合作战。九月，攻破清军重建的江北大营，10月，大战三河镇，全歼湘军主力李续宾部。1859年，颁布了洪仁玕的《资政新篇》。1860年5月，太平军攻破清军重建的江南大营，解除了天京的围困，并乘胜东进占领苏、杭，开辟了苏浙根据地，革命一度出现了重新振兴的局面。西北战场则在陈玉成的指挥下进行了英勇的安庆保卫战。但由于敌我力量悬殊，1861年9月安庆失守，天京危急。李秀成率军回援天京，与湘军大战40余天，未能破围。值得一提的是，在后来险恶的情况下，1862年，太平军还在上海、宁波有力地打击了外国侵略者。1864年6月3日，洪秀全病逝。7月19日，天京陷落，太平天国失败。

太平天国革命是中国历史上规模最大的农民革命，从1851年起共坚持了14年，势力扩展到17省，有力地打击了清王朝的封建统治和外国的侵略，促进了封建社会的崩溃，阻止了中国殖民化的进程，在中国历史上留下极其光辉灿烂的一页。

太平天国运动发生在中国进入近代社会的初期，它既是单纯的农民战争，又带有旧资产阶级民主革命的性质，可以说是中国近代史上旧民主主义革命的序幕。它颁布的《天朝田亩制度》，把农民平均主义思想发展到了顶峰。从形式上看，清王朝的统治还延续了近半个世纪，但在这半个世纪中，人民受到了太平天国革命的影响和鼓舞，一直没有停止过对封建王朝的斗争，半个世纪后终于爆发了辛亥革命。

捻军起义

捻军起义是爆发在太平天国革命时期北方的农民起义。捻军是19世纪初开始活动于皖、鲁、豫一带的农民秘密组织。所谓"捻"，即农村迎神赛会时要搓捻子燃油，因此得名。他们活动分散，每一股称为一捻，少则几人、几十人；多者不过二三百人。越是荒年，人数越多，"居者为民，出者为捻"，多是一些生路艰难的农民群众。清政府虽然一直严禁结捻，但是由于捻党是分散零星的武装活动，所以还没有把它视为大患。

1853年太平军北伐时，淮河两岸的捻党纷纷响应。可惜太平军没有很好地发动和组织他们，捻党仍然是半农半兵、各自活动的战斗力量。1855年黄河大决口，下游改道北流，入大清河。鲁西南以及皖北、苏北灾害十分严重，农民更加饥寒交迫。同年，捻党首领们在安徽雉河集会盟，推举张洛行为盟主，号"大汉盟主"，有几十万捻党承认他是领袖。从此，张洛行统一指挥下的捻军，成为太平天国在北方的友军。

捻军的活动使清朝十分忧虑，因为他们的活动地区不是太平军的长江沿岸，更不是天地会的南方各省，而是活跃在淮河南北，直至山东、河南，迫近清朝心脏地区。因此清朝常把捻军和太平军并列，称之为"发捻"。但捻军在各方面的水平都远不如太平军：第一，仍然分散，各自为战，很难统一指挥；第二，以骑兵为主，流动作战，很少和清军打硬仗、大仗；第三，缺乏明确的奋斗目标和纲领，连曾国藩都说："捻匪之人多志大远不如粤匪"；第四，领导成份复杂。尽管这样，太平军以捻军为友军，还是取得了不小的战绩。

1862年，太平天国封张洛行为沃王、征北主将。1863年，张洛行牺牲，他的侄子张宗禹收复雉河集，继续斗争。1866年秋，捻军在河南许州分成两支：东捻和西捻。东捻军由赖文光、任化邦领导，转战于中原地区；西捻军由张宗禹领导，进军陕西，同东捻军呼应。曾国藩和后来的李鸿章看出了捻军的弱点，改变了尾随追打的方法，改为"画河圈地"的新战术，即利用河流等自然地形，紧缩防线，将农民军挤堵到难以驰骋的狭窄区域，使之发挥不出流动奔袭的特长。东捻军就是这样被逼到山东半岛登州、莱州一带狭小的地区。此时的捻军已是孤军作战；捻军的敌人又是中外反动派的联合势力。1867年底，东捻军战败，在转向苏州时，任化邦先被部将杀害；赖文光又在扬州被俘牺牲。

西捻军的主要对手是左宗棠。他们粉碎了左宗棠的包围，回援东捻军，进入山西，打到直隶，兵锋直指北京。清廷震动，下令京师戒严。西捻军这时更是孤军作战。他们在冀、鲁、豫三省平原的作战，削弱了力量。他们的敌人又是李鸿章、左宗棠以及英法侵略者的联军，力量对比悬殊。1868 年 8 月，西捻军被围困在黄河、运河、徒骇河之间，结果全军覆没，张宗禹投徒骇河而死。

捻军自 1853 年开始，坚持了 16 年的英勇斗争，在北方大地沉重打击了清朝的腐朽统治，体现了中国人民英勇战斗的革命精神。

第二次鸦片战争

第二次鸦片战争是英、法资产阶级对清朝发动的一次侵略战争。这次战争是第一次鸦片战争的继续和扩大，因此称为第二次鸦片战争。

第一次鸦片战争后，英、法、美等国的资本主义经济有了进一步发展，迫切要求向外侵略扩张，以便寻找新的市场和原料产地。英国资产阶级原以为凭借《南京条约》就可以迅速打开中国市场，获取巨额利润。但由于中国自给自足的社会结构没有改变，对外国商品的进入有顽强的抵抗作用，英国的工业品没能占领中国市场。为了向中国倾销商品和掠夺中国的廉价原料，英国想通过扩大对中国的侵略战争，打开中国的市场。

咸丰四年（1854），英国借口《望厦条约》中有 12 年可以修约的规定，援引片面最惠国条款，要求全面修改《南京条约》，以进一步扩大鸦片战争中所得到的权益，得到法国、美国的支持。清政府拒绝了"修约"的要求。英、法、美未达目的，叫嚷要诉诸武力。但当时英、法正与俄国进行克里米亚战争，无力在中国开辟新的战场，美国也因国内局势不稳，不可能发动侵华战争，"修约"问题便暂时搁置起来。咸丰六年（1856），美国借口《望厦条约》届满12年，要求全面修改条约，得到英法的支持。清政府再次拒绝了这一要求。英国认为，只有采取强大的军事压力，才能从中国取得更多的权益。于是，英、法两国各自寻找发动对华战争的借口。

1856年，英国制造了"亚罗号事件"来向清政府挑起战争。"亚罗号"是一艘走私鸦片的中国船。1856年10月8日，广东水师在黄埔逮捕了船上2名海盗和10名涉嫌船员。英国驻广州领事巴夏礼借端生事，说该船是英国船，要求中国方面放还人犯并道歉。两广总督叶名琛屈服于英国的压力，同意交还人犯。但巴夏礼拒绝接受。10月23日，英国军舰悍然开进内河，挑起战争。叶名琛不作任何准备，反而下令不准放炮还击，致使英军长驱直入，迅速将内河沿岸炮台攻占，并一度冲入广州城内。广东人民和部分爱国官兵对进犯的英军进行了坚决的抵抗和打击，迫使英军于1857年1月20日退出珠江内河，撤往虎门口外，等待援军。1857年春，英国政府任命前加拿大总督额尔金为全权专使，率一支海陆军前来中国，同时，建议法国政府共同行动。

在此之前，法国借口"马神甫事件"正在向中国交涉，进行敲诈勒索。于是接受英国建议，派葛罗为全权专使，率军参加对中国的战争。1857年10月，额尔金和葛罗率舰先后到达香港。11月，美国公使列卫廉、俄国公使普提雅廷也赶到香港与英法公使会晤，支持英法的行动。12月，英法联军5000多人编组集结完毕。额尔金、葛罗在27日向叶名琛发出通牒，限48小时内让城。叶名琛以为英、法是虚张声势，不作防御准备。12月28日，联军炮轰广州，并登陆攻城。29日，广州失陷，叶名琛被俘，解往印度加尔各达，1859年病死于囚所。

英、法联军占领广州后，四国公使纠结北上。1858

年4月，四国公使在白河口外会齐，24日即分别照会清政府，要求派全权大臣在北京或天津举行谈判。英、法公使限定6天内答复其要求，否则将采取军事行动。美、俄公使佯装调解，劝清政府赶快谈判。清政府不能正确判断英、法下一步的行动，又指望美、俄调停，既不作认真的战争准备，又没有同侵略军作战的决心。

1858年5月20日上午8时，额尔金、葛罗在联军进攻准备完成之后向清政府发出最后通牒，要求让四国公使前往天津，并限令清军在2小时内交出大沽炮台。上午10时，联军轰击南北两岸炮台，各台守兵奋起还击，打死敌军100余人。

但是由于清朝官吏临阵逃跑，后路清军没有及时增援，致使炮台守军孤军奋战，最后各炮台全部失守。联军随即溯白河上驶，到达天津，还扬言要进攻北京。清朝统治者感到战守两难，立即派出大学士桂良、吏部尚书花沙纳前往天津议和。

6月26日和27日，《中英天津条约》和《中法天津条约》分别签订。美、俄两国则在此之前就分别与清政府签订了《天津条约》。这些条约规定了公使驻京、增开商埠以及赔款等内容。此外，俄国还趁火打劫，在5月底迫使黑龙江将军奕山签订了《中俄瑷珲条约》，割去了黑龙江以北60多万平方公里的领土。

《天津条约》签订后，英法联军退出天津，准备来年进京换约。1859年，英国派普鲁斯为公使到中国赴任和换约。普鲁斯和法国公使布尔布隆于6月中旬带领舰队和海军陆战队开到大沽口外。清政府安排英、法公使由北塘登陆进京换约，普鲁斯断然拒绝，坚持要清政府拆除白河防御、乘舰带兵入京的无理要求，并限期撤防。

1859年6月24日晚，侵略军炸断拦河大铁链两根。25日，英国舰队司令率10余艘战舰、炮艇突袭大沽炮台。

此时大沽炮台经蒙古科尔沁亲王僧格林沁整顿，加强了兵力，改善了武器装备。面对侵略军的野蛮进攻，守军奋起反击，激战一昼夜，击沉、击伤英法军舰10余艘，毙伤侵略军600余人，英国舰队司令何伯也受重伤。联军受此挫败，狼狈逃出大沽口。

英法联军在大沽战败，使英、法政府大为恼怒。额尔金、葛罗再次成为全权代表，分率英军万人和法军7000人，气势汹汹地杀向中国。1860年4月，侵略军占领舟山。5月、6月占领青泥洼（大连）和烟台，封锁渤海湾，完成了进攻天津、北京的部署。1860年8月1日，英法军舰30多舰，集结于北塘附近海面。由于北塘没有设防，8月12日联军在北塘登陆，迅速占领北塘西南的新河、军粮城和塘沽，切断了大沽与天津之间的主要交通线。8月21日，联军占领大沽炮台。僧格林沁所部退至北京东南的张家湾、通州一带，联军乘胜占领天津。

清政府立即派人至天津乞和，英、法联军不予理睬，进逼通州。清政府又派怡亲王载垣、兵部尚书穆荫为钦差大臣，到通州求和，英、法联军提出极为苛刻的条件。9月18日，联军攻陷张家湾和通州，21日陷京郊八里桥。僧格林沁等撤往北京城。咸丰帝令其弟恭亲王奕诉留守北京，负责求和事宜，自己从圆明园仓皇逃往热河。英法联军略经整备，即于10月6日进攻北京，同日，闯入圆明园，在大肆抢劫之后，将圆明园烧毁。大火延烧3天，烟雾笼罩北京全城。接着，侵略军还抢劫了万寿山、玉泉山、香山等处许多著名建筑中所藏的大量文物珍宝。

10月13日，联军占据安定门，北京陷落。

10月24日，中英《北京条约》签订；25日，中法《北京条约》签订；11月14日，中俄《北京条约》签订，割占中国领土40万平方公里。至此，第二次鸦片战争结束。中国再次损失了大量主权和领土，在半殖民地的道路上又前进了一步。其中，鸦片贸易合法化、华工出国及允许外国人前往内地传教，都使中国的社会矛盾更趋激化。

万园之园的毁灭

1840 年第一次鸦片战争以后，西方资本主义列强强迫清朝政府签订了第一批不平等条约，从中国攫取了赔款、协定关税、开放五口通商、领事裁判权和片面最惠国待遇等许多特权。英国资产阶级以为通过这些不平等条约就可以把大量的商品倾销到中国。但事实并非如此，据有关资料记载，1850 年英国输入中国的商品比 1844 年还少了 75 万英镑。出现这种情况的原因，一是中国自给自足的自然经济顽强抵制着外国商品的侵入；二是英国增加鸦片贸易与发展合法贸易存在着矛盾。由于鸦片战争后英国等殖民主义者大量对华输入鸦片，中国的白银继续外流，使中国出口茶叶、生丝收入的大半被其抵消，无力再多购买英国的工业品，这当然对英国是很不利的。英国资产阶级是既要维护给它带来巨大利益的鸦片贸易，又要扩大对华的工业品销售。这样，它就要迫使清朝政府开放更多的商埠，进一步控制中国海关，加强对清政府的控制。

为了进一步打开中国大门，英、法、美等西方国家便以修约为名，企图压迫清政府给其新的侵略权益。1853 年 5 月，英国首先向中国提出要求修改已订的《南京条约》的有关条款，美国和法国也接踵而来，均遭到清政府的拒绝。英、美、法等殖民主义者掀起的"修约"交涉未能得逞，就恼羞成怒，决定用发动新的侵华战争来实现其无理要求。1856 年，英国利用"亚罗号"事件挑起了第二次鸦片战争。

大敌当前，两广总督叶名琛一味妥协，下令不许还击。10 月 29 日，英军攻入广州城，叶名琛慌忙逃命。1857 年春，"亚罗"号事件的消息传到伦敦，英国大资产阶级掀起战争叫嚣，英国议会通过了扩大侵华战争的提

中華藏書

大清十二帝·最新整理珍藏版

中国书店

二二三四

案。3月，英国政府任命前加拿大总督额尔金为全权专使，率领一支陆海军来中国。同时向法、美、俄等国发出照会，提议联合出兵，迫使清政府签订新的不平等条约。10月，法国拿破仑第三（即路易·波拿巴）也借口"马神甫事件"任命葛罗为全权公使，率领一支侵略军，打着为"保卫圣教而战"的幌子，继英军之后开到中国。美国和俄国也同意英国的提议，积极支持英、法发动新的侵华战争。这样，四个野心勃勃的侵略者，基于共同的利益，暂时结成了联合侵华阵线，进一步扩大由英国首先挑起的第二次鸦片战争。

10月，额尔金和葛罗先后率领舰队到达香港。美国全权公使列卫廉和俄国公使普提雅廷纷纷赶到香港，与英、法合谋，研究侵华策略。12月，英、法组成5600多人的联军。12月12日，英、法代表分别向两广总督叶名琛发出照会，要求进入广州城谈判"修约"、"赔偿损失"，并限10天内答复，不然，则向广州进攻。叶名琛既不理睬英、法照会，也不作任何战守准备。

12月28日，英法联军炮击广州城，叶名琛逃跑，广州将军穆克德纳和广东巡抚柏贵无耻投降。30日，广州又一次被英法联军占领，然而占领广州并不是侵略者的最终目的。1858年4月，英、法、美、俄等国军舰陆续北上来到大沽。5月20日上午8时，英法联军照会清政府，限令清军在两小时内交出大沽炮台。清政府不予理会。两小时后，英法联军悍然以数十只小汽轮和舢板闯进大沽口，向大沽炮台发动猛烈攻击。守炮台的爱国官兵奋起反抗，给侵略者以迎头痛击。但终因防御薄弱，力量悬殊，大沽当天被占领。26日，英法联军到达天津城外，清政府急忙于29日派大学士桂良和吏部尚书花纱纳到天津，与英、法等国代表谈判，并于6月26日和27日分别签订了《天津条约》。

英、法等国得寸进尺，又以到北京换约为名，准备扩大侵华战争。1860年春，英、法军舰陆续开到中国，并于7月底再次集结大沽口外。8月1日，英法联军攻占北塘，14日攻占塘沽，21日又攻占大沽，24日进入天津。清政府急忙派桂良和恒福到天津求和。但侵略者存心要攻占北京，在谈判中漫天要价，不断节外生枝，致使谈判失败，英法联军逼近北京。9月18日，英法联军攻陷张家湾和通州，21日攻下八里桥。这时咸丰皇帝被吓破了胆，派他六弟恭亲王奕䜣为钦差大臣，留守北京，主持和议。22日清晨，咸丰皇帝带着后妃、皇子、亲王和一批大臣，慌忙逃到承德避暑山庄。10月5日，英法联军兵临北京城下。根据俄国外交官伊格纳提耶夫提供的情报：清朝守军集中在东城，北城是最薄弱的地方，应先攻取；并听说中国清朝皇帝正在西北郊的圆明园。于是，英法联军绕抄安定门、德胜门，进犯圆明园，并将圆明园洗劫一空，制造了震惊中外的"火烧圆明园"事件。

圆明园位于北京西北郊，始建于明朝。1709年，清朝康熙帝把该园赐给四子胤禛，并赐名圆明园。经雍正、乾隆、嘉庆、道光、咸丰五位皇帝150多年的经营，集中了大批物力，役使了无数能工巧匠，倾注了千百万劳动人民的血汗，才把它精心营造成一座规模宏伟、景色秀丽的皇家园林。

清朝皇帝每到盛夏就来到这里避暑、听政，处理军政事务，因此也称"夏宫"。圆明园周围连绵10公里，由圆明园、万春园、长春园组成，而以圆明园最大，故统称圆明园。此外，还有许多属园，分布在圆明园的东、西、南三面，其中有香山的静宜园、玉泉山的静明园、清漪园等，全园面积合计5000多亩。

圆明园不仅汇集了江南若干名园胜景，还创造性地移植了西方园林建筑，集当时古今中外造园艺术之大成。园

中华藏书

大清十二帝·最新整理珍藏版

中国书店

中有宏伟的宫殿，有轻巧玲珑的楼阁亭台，有象征热闹街市的"买卖街"，有象征农村景色的"山庄"，有仿照杭州西湖的平湖秋月、雷峰夕照，有仿照苏州狮子林的风景名胜，还有仿照古代诗人、画家的诗情画意建造的景点，如蓬莱瑶台、武陵春色等。可以说，圆明园是中国劳动人民智慧和血汗的结晶，也是中国人民建筑艺术和文化的典范。不仅如此，圆明园内还珍藏了无数的各种式样的无价之宝，极为罕见的历史典籍和丰富珍贵的历史文物，如历代书画、金银珠宝、宋元瓷器等，堪称人类文化的宝库之一，也可以这样说，它是世界上一座最大的博物馆。

10月6日，英法联军闯进圆明园，立即疯狂地抢劫行动。首先闯入圆明园的是法国侵略军，他们见物就抢，每个法国士兵口袋里装进的珍品，都价值三四万法郎。他们空手而进，满载而归。在法国军营里，堆积着珍奇的钟表、五光十色的绫罗绸缎，以及珍贵的艺术品，价值达3000万法郎。英国侵略军虽然来迟了一步，但金银财宝也装满口袋。更可恶的是，对那些搬不走的大瓷器和珐琅瓶，他们就打得粉碎。英法侵略军把圆明园抢劫一空之后，为了消赃灭迹，掩盖罪行，英国全权大臣额尔金在英国首相帕麦斯顿的支持下，竟下令烧毁圆明园。圆明园被大规模的焚烧共两次，第一次是10月7日至9日，主要焚烧圆明园，大火连烧3昼夜，使这座世界名园化为一片焦土。这场浩劫，正如法国著名作家雨果所描绘和抨击的那样：有一天，两个强盗闯进了圆明园，一个进行抢劫，另一个放火焚烧。这两个强盗一个叫英吉利，一个叫法兰西。

10月13日，英法侵略军攻占了安定门，控制了北京城。10月18日和19日，这伙强盗抢劫了万寿山、玉泉山和香山等几处属园中所藏的珍贵文物，并进行第二次大焚烧，烧毁了上述几处属园的殿阁建筑。这时，逃到避暑山庄的咸丰皇帝竟下谕"只可委曲将就，以期保全大局"。奕訢秉承此旨意，全盘接受英、法提出的条件，于 10 月 24 日和 25 日分别与额尔金和葛罗在礼部大堂交换了《天津条约》，并签订了中英、中法《北京条约》，11 月 14 日又同俄国签订了中俄《北京条约》。这些丧权辱国的不平等条约，使中国的半殖民地程度进一步加深，也使中国人民的灾难空前深重了。

亚罗号事件

清咸丰六年（1856 年）十月八日，中国商船"亚罗号"停泊在广州黄埔，广东水师侦知该船窝藏海盗后登船搜查并拘捕了 12 名水手。该船英国籍船长向英国驻华领事巴夏礼（H. S. Parkes）密告，巴夏礼于是声称"亚罗号"是英国的船只，中国官方没有登船捕人的权利。

巴夏礼的依据是道光二十三年（1843 年）中英《虎门条约》第九款规定："倘有不法华民，因犯法潜住英国官船货船避匿者，一经英官查出，即应交与华官按法处治。倘华官探闻在先，或查出形迹可疑，而英官尚未察出，则华官当为照会英官，一边放查严拿。"他向两广总督叶名琛提出强硬照会，要求送回全部被捕的水手。实际上，《虎门条约》第九款并不适用于"亚罗号"，因为"亚罗号"是一只地地道道的中国商船。巴夏礼的借口是这只船曾经在港英政府领过一纸登记证。姑且不论港英政府发给该船登记证是为了庇护中国的走私船只，明显地违反了中国的法律，而且就是这样一纸登记证也过期十余天了。所以，"亚罗号"不具备任何法律豁免的权益。

巴夏礼和英国远东海军司令包令也明白理亏之处，但他们企图借中国的地方大员对近代条约制度不熟悉的弱点蒙骗欺诈，包令就露骨地说："亚罗号"不在我们的保护之下，可是中国人不知道这一点，千万不要把这一点告诉他们。当时的美国公使伯驾隔岸观火，看得非常透彻，他写信给包令揭穿了谜底："我相信贵使就英国政府的立场来说，必决定利用目前的机会，达到修约目的。法国政府可能亦采取同样观点。"包令在复信时也坦率地承认："无疑的，达到这个目的是我们唯一显著的责任。"

叶名琛在英方的强大压力下同意释放大部分水手，但巴夏礼拒绝了叶名琛的让步，进而把此事与当时英国方面正在谋求进入广州城一事联系起来，重新提出进入广州城的要求。咸丰帝最不愿与"外夷"打交道，他发给叶名琛的旨意都是堂而皇之没有要领的泛泛之言，叶名琛只能周旋在朝廷与英方之间，一任中英双方公文往复，口舌争辩。英国方面在无法直接与中央朝廷对话而攫取中国权益的情况下，索性发出最后通牒，限叶名琛在24小时之内放回全部水手，公开赔礼道歉，否则，英国方面决心武力解决。叶名琛被迫满足了英方的全部要求，但巴夏礼自食其言，既不接受水手，也不收受叶名琛的照会，而是蛮横无理地采取了军事行动。从咸丰六年（1856年）九月二十五日起，英军进入广州省河，进一步炮轰广州城。英国巴麦尊（H. J. T. Palmerston）政府趁机鼓噪武力侵华，与法国合谋，共同组织侵华联军，扩大对中国的侵略。

"亚罗号"事件成为英国发动第二次鸦片战争的借口。

八里桥之战

清咸丰八年（1858）夏，中英、中法《天津条约》签订后，英、法两国在换约地点的问题上与清政府争持不下，最后英、法置清廷的安排于不顾，执意要经大沽口入京。咸丰九年（1859年），英法舰队第二次进攻大沽口炮战失败后，重新在上海集结军队。

咸丰十年（1860）四月，陆续抵达上海的英法联军共2500人开始北上，接连占领了舟山、大连湾、烟台，随即在不设防备的北塘登陆，切断了大沽与天津之间的联系，致使塘沽、大沽很快陷落。清军失利后士气受挫，退守京郊通州一带布防。

大沽失陷后，清廷与英法在天津进行和谈，由于英法的逼降姿态而陷入僵局。英法联军继续向北京进发，咸丰帝一面命令僧格林沁、胜保、瑞麟率领3万人在京东八里桥设防，一面派怡亲王载垣、兵部尚书穆荫为钦差大臣前往通州截住英法新任公使额尔金、葛罗重开谈判。在河西务，载垣、穆荫接连发出照会，英法方面派出巴夏礼、威妥玛等人应对，并不断提出更高的要求。载垣、穆荫因为事涉国体，"万难允许"，于是英法联军进攻通州东南的张家湾，战火又起。载垣等人索性拘捕巴夏礼等英法方面39人作为人质，幻想以此限制英法联军的军事行动。

八月初四，英法联军推进到张家湾后进而占据通州，清军接战失利后退守八里桥，力图在此扼守进京通道。八里桥东距通州8里，西距京城30里，是通州入京的咽喉要道。当时驻守在八里桥的清军分别由僧格林沁、胜保与瑞麟统率。僧营居西，胜营居南，瑞营居东，总共不下3万人。

八月初七（9月21日）上午7时许，英法联军分东、西、南三路向八里桥的清守军发起攻击。在此次阻击战中，中国军队以罕见的勇气和坚毅痛击侵略联军，凭血肉之躯列阵于桥上，寸步不退，鏖战达三四小时。僧格林沁指挥勇猛的蒙古骑军反复冲杀，穿插敌阵。一些身着黑边黄袍、引人注目的皇家禁卫军在枪林弹雨中挥舞着刀矛和旗帜，无一人后退，他们英勇坚毅的精神给侵略军留下了深刻的印象。

最后，僧王的蒙古骑兵抵抗不住英法联军巨大的炮火威力，因西路英军向于家卫方向包抄，僧营首先溃退。胜保左颊、左腿中弹落马，阵营遂乱。瑞麟所部虽继续在八里桥头与法军搏战，但最终亦被迫西撤。由于武器装备的落后和兵力未能及时接应，守桥官兵全部以身殉职。就这样，以僧格林沁为统帅的清军在八里桥的大战至正午时刻伤亡惨重，纷纷溃败。

八里桥之战是第二次鸦片战争的最后一战。八里桥之战失败，清军主力受到严重打击，战斗力锐减，北京城也失去了最后的屏障而暴露在英法军队的兵锋之下。次日，咸丰帝逃往避暑山庄，英法联军突入北京，火烧圆明园，清政府被迫签订城下之盟《北京条约》。大清王朝的尊严被彻底损害，王朝的封锁状态被迫解除而对外部世界洞开。

生活逸事

爱好戏曲

咸丰帝的好戏，与清朝乾嘉以来，以场面浩大恢宏的宫廷演剧活动来炫耀歌舞升平的太平盛世景象，并将戏曲演出列入朝廷仪典定制分不开。1860 年第二次鸦片战争爆发，咸丰帝仓皇逃往热河，躲进避暑山庄。在圆明园被掠夺、焚毁，丧权辱国的《北京条约》签订，国家、百姓陷入空前危难之时，他却"着升平署三拔至热河"先后把京城内府伶人两百多名调到避暑山庄来给他演戏。

次年七月是咸丰生命的最后时刻，从初一至十五，避暑山庄里唱了十一天戏。据升平署档案，当时演出剧目多数是由外间伶人新带进的民间流行的二簧戏。咸丰对此兴趣之浓，表现在当时宫廷按例要演的节令戏，如七夕的《仕女乞巧》、十五日中元节的《佛旨度魔》等都停置不演而换二簧戏，这些对慈禧喜好西皮二簧戏产生了至关重要的影响，也使她亲睹了"外学、宫外艺人之盛"，虽然当时在热河不到一年的时间内，山庄演出的三百二十余出戏目中，属于乱弹的二簧戏等只占三分之一，昆、弋两腔剧占三分之二。

第 十 卷

少年傀儡，因人成事

——清穆宗同治皇帝爱新觉罗·载淳

同治一生大事记

咸丰六年

三月二十三日，同治帝爱新觉罗·载淳在北京紫禁城储秀宫出生。

咸丰十一年

七月，咸丰帝病危，召御前大臣怡亲王载垣、郑亲王端华、协办大学士户部尚书肃顺及军机大臣穆荫、匡源、杜翰、焦祐瀛代写诛谕，立载淳为皇太子，并命上述大臣赞襄政务。载淳生母那拉氏和钮祜禄氏尊为皇太后。第二天咸丰帝去世，年仅六岁的载淳登基，依照咸丰帝遗诏，由肃顺等八位大臣辅政。九月两宫太后与恭亲王奕訢发动"辛酉政变"，八大臣等被奕訢与慈禧捕杀夺权，两太后垂帘听政，改年号为同治。

同治三年

六月，清军攻陷太平天国首都天京。

同治四年

四月，科尔沁亲王僧格林沁为捻军所杀。十一月十一日开始，在咸丰朝获状元，同治朝担任詹事府右中允的翁同龢受命教皇帝读书。

同治六年

十二月，东捻军被平定。

同治七年

七月，西捻军主力被平定。

中华藏书

大清十二帝·最新整理珍藏版

中国书店

二二四二

中国书店

同治九年

七月，两江总督马新贻被刺杀。

同治十一年

九月，同治帝大婚，册立皇后阿鲁特氏（孝哲毅皇后）。

由于慈禧太后贪恋权力，她以同治帝"典学未成"为由，拖延同治帝的亲政时间。直到同治十一年九月十五日（1872 年 10 月 16 日），才为自己十七岁的儿子载淳举行了大婚典礼。同治帝婚姻是个大问题。找谁做皇后，两宫皇太后意见不一：慈安太后提议以侍讲崇绮之女阿鲁特氏为皇后，慈禧太后主张以侍郎凤秀之女富蔡氏为皇后。同治帝本人喜欢前者，同治皇帝的惠陵便以阿鲁特氏为皇后，富蔡氏为慧妃。

同治十二年

正月，同治帝亲政。六月十三日，他在紫光阁接见日本特派大使。之后，俄国、美国、英国、荷兰等国公使向他递交了国书。十二月，应越南国王要求，同治帝派遣两广总督瑞麟帮助越南抗法。同年由于台湾高山族人误杀漂流到台湾的琉球人，日本以此为借口侵略台湾。陕甘回乱及云南回乱大致平定。

同治十三年

三月二十九日，同治帝派福建船政大臣沈葆桢赴台湾部署防务，少年同治帝写字想抵御日本侵略。后来通过谈判，订立《北京专款》，日本撤出台湾，清政府赔偿白银50 万两。

九月，同治帝以方便太后颐养为名，实为自便，降旨兴修颐和园。由于众多大臣反对，同治帝终于于八月一日下令停工。

十二月，同治帝崩，享年十九岁。

家庭成员

后妃

皇后

孝哲毅皇后，阿鲁特氏，同治十一年九月十四册为皇后。同治帝死后封为嘉顺皇后，不久崩。

皇贵妃

淑慎皇贵妃，富察氏。穆宗立皇后，同日封慧妃，后进皇贵妃。德宗即位，以两太后命，封为敦宜皇贵妃，后进敦宜荣庆皇贵妃。光绪三十年薨，谥曰淑慎皇贵妃。

庄和皇贵妃，阿鲁特氏，大学士赛尚阿女，孝哲毅皇后之姑。事穆宗，为珣嫔，进珣妃。光绪间，进珣贵妃。宣统皇帝尊为皇考珣皇贵妃。孝定景皇后崩未逾月，妃薨，谥曰庄和皇贵妃。

敬懿皇贵妃，赫舍里氏。事穆宗，自瑜嫔进瑜妃。光绪间，进瑜贵妃。宣统间，进尊封敬懿皇贵妃。

荣惠皇贵妃，西林觉罗氏。事穆宗，自瑨贵人进瑨嫔。光绪间，进瑨妃。宣统间，进尊封荣惠皇贵妃和荣惠皇太妃。

重要辅臣

奕䜣

介绍名片

爱新觉罗·奕䜣（1833—1898 年），号乐道堂主人，满洲爱新觉罗氏、清道光帝第六子，咸丰帝同父异母兄弟，生母为静妃博尔济吉特氏。

一生简历

奕䜣幼年师从卓秉恬、贾桢，聪明好学。道光帝立储时，曾在四子奕詝和六子奕䜣之间犹豫不决。但于道光二十六年下定决心由皇四子继位并写下遗诏，并于道光二十九年下令在妃园寝内为恭亲王之母静贵妃修墓，亲令静贵妃死后必须葬于妃园寝不得更改，变相暗示恭亲王争储失败。

道光三十年（1850）奕䜣以宣宗遗诏封恭亲王。咸丰朝期间，奕䜣的政治地位并不很重要，他只有在 1853 年到 1855 年之间担任领班军机大臣。

咸丰三年（1853）奕䜣在军机大臣上行走。四年连封都统、右宗正、宗令。

咸丰五年（1855），其母孝静成皇后去世，奕䜣为其母争封号，被免去军机大臣、宗令、都统，七年才恢复他的都统，九年又授内大臣（侍卫处次长官）。

咸丰十年（1860）英法联军进攻北京，咸丰帝逃往承德，奕䜣临危受命，担任议和大臣。九月十五日、十六两日，奕䜣分别与英使、法使签订《中英北京条约》与《中法北京条约》，挽救了清皇朝的命运。他主持议和以及进行的大量的善后事宜赢得了西方对他的好感，为他以后的外交活动创造了条件。在议和期间他笼络文祥（户部侍郎）、桂良（文华殿大学士）、宝鋆（总管内务府大臣）、胜保（副都统），形成了一个新的政治集团。这是他通过议和捞到的政治资本。

是年十二月初一，奕䜣、文祥、桂良上《通筹夷务全局酌拟章程六条折》，分析了各列强国特点，认为太平天国和捻军是心腹之患，英、俄是肢体之患，应以灭内患为先，然后对付俄国和英国。这媚外之策为后来借师助剿，镇压太平天国奠定了理论基础。根据他的观察，他认为外国人并非"性同犬羊"，英国"并不利我土地人民，犹可以信义笼络"。清政府把列强只当作"肢体之患"，认为"可以信义笼络"。折子还提出要成立总理各国事务衙门；设南北口岸管理大臣；添各口关税；要求将军督抚办理国外事件互相关照，避免歧误；要求广东、上海各派两名懂外语的人到京以备询问；将各国商情和报纸汇集总理处。

十二月十日，总理各国事务衙门设立，出现了军机处以外的另一中枢政府机构。自此，清朝有了专门的外事机构，使清代的外交产生重大突破。

咸丰十一年（1861）年，咸丰帝过世，奕䜣与慈禧太后合谋发动辛酉政变，成功夺取了政权，被授予议政王之衔。从此奕䜣成为实力派人物。他协助慈禧太后政变，被授予摄政王，在军机处担任领班大臣。咸丰帝授权恭亲王办理与各国换约事宜的上谕。从同治元年开始，军机处里原来的顾命大臣穆荫、匡源、杜翰、焦佑瀛全部免职，换成文祥等人，全面控制了中枢机关。他又身兼宗人府宗令和总管内务府大臣，从而控制皇族事务和宫廷事务大权。他以总理各国事务衙门王大臣的职务主管王朝外交事务，自此总揽清朝内政外交，权势赫赫。

1861年至1884年期间，奕䜣任领班军机大臣与领班总理衙门大臣，期间虽在1865年遭慈禧太后猜忌被革除议政王头衔外，依旧身处权力中心。

19世纪60—90年代，为了求强求富，增强镇压太平天国和抵御外侮的能力，奕䜣支持曾国藩、左宗棠、李鸿章等大搞洋务运动，以兴办军事工业为重点，也兴办民办工业，近代工业从此起步。为了洋务事业，兴办新式学校，派出留学生，促进了近代教育事业发展。奕䜣奏请两宫皇太后重用曾国藩，与列强极力维持和局，借师助剿，终于镇压了太平天国，赢得了同治中兴，奕䜣获得"贤王"美称。

同治四年（1865）三月初五，编修蔡寿祺弹劾奕䜣，说他揽权纳贿，徇私骄盈，太后命令查办，七日就以其目无君上，免去议政王和其他一切职务。朝中大臣求情，慈禧太后才允许他在内廷行走，并管理总理各国事务衙门，但免去了议政王职务。这是奕䜣遭受的第一次打击。

同治八年（1869），奕䜣支持杀掉慈禧太后亲信安德海，为慈禧太后所恨。同治十二年，奕䜣劝谏同治帝不要修治圆明园，触怒了慈禧太后。

光绪七年三月，慈安太后去世，奕䜣更为孤立。反复浮沉磨平了奕䜣往日的棱角，挫折了他的锐气，遇到大事他提不出应对的策略。

1884年中法战争中，奕䜣为首的军机处对于战与和拿不定主意，军队节节败退。因中法战争失利被罢黜，一直到1894年以善后中日甲午战争，才再度被起用。

1894年至1898年期间，任领班军机大臣与领班总理衙门大臣，并总理海军，会办军务，内廷行走，但毫无作为。

光绪二十四年（1898）奕䜣病故，终年66岁。谥号"忠"，其孙溥伟袭爵恭亲王。

奕䜣是咸丰、同治、光绪三朝名王重臣，主张学习外国科技以加强中国军事实力，外交上主张保持与欧美大国的和平，支持开办了中国早期的近代军事工业，是清朝洋务运动的中枢首脑，为中国近代工业创始和中国教育的进步作出了贡献。在其担任政府首脑期间，清朝先后平定了太平天国运动、捻军以及西部各省的回民叛乱。他是晚清新式外交的开拓者，建议并创办了中国第一个正式外交机关，使清朝外交开始步入正轨并打开新局面。然而他命运坎坷，他支持慈禧太后发动北京政变，得到了委以重任的报答，但随即而至的是慈禧太后的不安和打击。后期他在统治集团内部浮浮沉沉，意志消沉，无所建树。

曾国藩

介绍名片

曾国藩，初名子城，字伯涵，号涤生，谥文正，汉族，湖南省长沙府湘乡县人。晚清重臣，湘军的创立者和统帅者。清朝军事家、理学家、政治家、书法家，文学家，晚清散文"湘乡派"创立人。官至两江总督、直隶总督、武英殿大学士，封一等毅勇侯。

一生简历

嘉庆十六年（1811）曾国藩出生于湖南长沙府湘乡荷叶塘白杨坪的一个普通耕读家庭。兄妹九人，曾国藩为长子。祖辈以务农为主，生活较为宽裕。祖父曾玉屏虽少文化，但阅历丰富；父亲曾麟书身为塾师秀才，作为长子长孙的曾国藩，自然得到二位先辈的伦理教育了。他倡导洋务运动，创立湘军，在治家，治军，治国，教育等方面都有重大建树，洋务运动时期的地方改革派。

6岁时入私塾读书，他童年时并不聪明，但是他勤奋好学。道光六年（1826）16岁的曾国藩应长沙府试（童子试），名列第七。

道光十年（1830）20岁的曾国藩就读于衡阳唐氏宗祠，师从汪觉庵。一年后转入湘乡涟滨书院。改号涤生。至道光十二年（1832）他考取了秀才，并与欧阳沧溟之女成婚。

随后连考两次会试不中，又努力复习一年，在虚岁28岁时，道光十八年（1838）殿试考中了同进士，从此之后，他一步一阶地踏上仕途之路，并成为军机大臣穆彰阿的得意门生。

在京十多年间，他先后任翰林院庶吉士，累迁侍读，侍讲学士，文渊阁值阁事，内阁学士，稽察中书科事务，礼部侍郎及署兵部，工部，刑部，吏部侍郎等职，曾国藩就是沿着这条仕途之道，步步升迁到二品官位。十年七迁，连跃十级。

道光十九年（1839）夏，曾国藩出衡阳，谒杜工部祠、石鼓书院。秋，出邵阳，察访武岗、新化、兰田、永丰。12月，子纪泽生，离家起程赴京。本年起始作日记，持之以恒，至终不辍。

道光二十年（1840）5月，庶吉士散馆，列二等十九名，授翰林院检讨。7月，得病，经欧阳兆熊、吴廷栋治疗、护理，两月始愈，三人遂成好友。

道光二十一年（1841）8月，偕倭仁往谒理学大师唐鉴，请教治学之方，检身之要。"考德问业"，"为义理所熏蒸"。11月，任国史馆协修，遍鉴前史，辨具得失。是年，喜读胡林翼赠送的《陶文毅公文集》。写作《里胥》，直道民间疾苦，鞭笞腐败吏治。

道光二十二年（1842）致力程朱之学，每日必做日课：早起、主敬、静坐、读书不二、读史、谨言、养气、保身，日知所亡、月无忘所能、作字、夜不出门。

道光二十三年（1843）4月，升任翰林院侍讲。7月，钦命为乡试（四川）正考官。8月，补授翰林院侍讲。12月，充文渊阁校理。

道光二十四年（1844）8月，郭嵩焘引江忠源来见，结为师生。派充翰林院教习庶吉士。

道光二十五年（1845）10月，升翰林院侍讲学士。李鸿章入京会试，以年家子投其门下受业。

道光二十六年（1846）1月，充文渊阁直阁事。自书其书舍曰："求阙斋"。夏秋间，养病城南报国寺，与同寓刘传莹就汉学、宋学深入研讨，知学须返本务要，"执两用中"。

道光二十七年（1847）7月，升授内阁学士、兼礼部侍郎衔。11月，钦派武会试正总裁，殿试读卷大臣。

道光二十八年（1848）3月，子纪鸿生。10月，辑录古今名臣大儒言论，按修身、齐家、治国三门分三十二目辑成《曾氏家训》。

道光二十九年（1849）2月，升授礼部右侍郎。9月，署兵部右侍郎。

道光三十年（1850）4月，上《应诏陈言疏》，直揭官场"委靡因循"、官吏"畏葸""柔靡"。"今日所当讲者，惟在用人一端耳"。7月，兼吏部左侍郎。

咸丰元年（1851）1月，洪秀全在广西桂平金田村组织起义。5月，上《敬陈圣德三端预防流弊疏》，咸丰帝"怒掷其折于地"欲罪之。

咸丰二年（1852），曾国藩因母丧在家。这时太平天国的起义已席卷半个中国，尽管清政府从全国各地调集大量八旗、绿营官兵来对付太平军，可是这支腐朽的武装不堪一击。因此，清政府屡次颁发奖励团练的命令，力图利用各地的地主武装来遏制革命势力的发展，这就为曾国藩的湘军的出现，提供了一个机会。

咸丰三年（1853）藉着清政府给予寻求力量镇压太平天国的时机，曾国藩因势在其家乡湖南一带，依靠师徒、亲戚、好友等复杂的人际关系，建立了一支地方团练，称为湘勇。

咸丰四年（1854）2月，湘军倾巢出动，曾国藩发表了《讨粤匪檄》。在这篇檄文里，他攻击太平天国农民战争是"荼毒生灵"，"举中国数千年礼义人伦诗书典则，一旦扫地荡尽。此岂独我大清之奇变，乃开辟以来名教之奇变，我孔子、孟子之所痛哭于九原"，接着号召"凡读书识字者，又乌可袖手安坐，不思一为之所也"其站在了道德的制高点，故动员了当时广大的知识分子参与到对太平军的斗争当中，为日后的胜利打下了坚实的基础。曾国藩残酷镇压太平天国起义，用刑苛酷，史称"派知州一人，照磨一人承审匪类，解到重则立决，轻则毙之杖下，又轻则鞭之千百。……案至即时讯供，即时正法，亦无所期待迁延"。不仅他自己直接杀人，他的父亲和四弟也杀人，即有人责其杀人过多，称呼为"曾剃头"、"曾屠户"。

咸丰五年（1855）2月12日夜，石达开总攻湘军水营，烧毁湘军战船100余艘。曾国藩座船被俘，"文卷册牍俱失"。"公愤极，欲策马赴敌以死"，罗泽南、刘蓉力劝乃止。

咸丰六年（1856）7月，坐困南昌。9月2日，杨、洪内讧（天京事变）后，太平军元气大伤。10月，曾国藩在长募勇组建吉字营入援江西。

咸丰七年（1857）2月27日，其父去世，偕弟国华回籍奔丧。7月，两次上疏，请求在家终制，获咸丰帝准许。是年建"思云馆"。

咸丰八年（1858）5月19日，李续宾、杨岳斌率水陆两军攻陷九江。弟国华入李幕。7月13日，接上谕命其出办浙江军务，17日起程。8月5日，抵武昌。与胡林翼会商进兵、筹饷之策。11月15日，李续宾、曾国华死于三河之役。12月，作《爱民歌》以训湘军。

咸丰九年（1859）1月，李鸿章来建昌进谒、留营襄办军务。是月，曾国葆改名贞干，入湘军，为其兄国华报仇。2月，作《圣哲画像记》。11月，拟四路进兵之策，攻取安庆。

咸丰十年（1860）5月，辑录《经史百家杂钞》26卷，"取精用宏"，"尽抢四部精要"。6月，左宗棠来营，留住两旬，商讨东南大局；奉命以兵部尚书衔署理两江总督。7月，委授两江总都，并以钦差大臣督办江南军务。10月18日与胡林翼、李续宾商筹北援之策。上疏请求带兵北上扫夷勤王、以"雪敷天之愤"。12月，祁门大营两度被困，太平军距大营仅20里，"危险万状"。

咸丰十一年（1861）8月23日，上《复陈购买外洋船炮折》："购买外洋船炮，则为今日救时之第一要务。"9月5日，湘军攻陷安庆。25日，移住安庆。11月20日，奉旨督办四省（苏、皖、浙、赣）军务，其巡抚、提镇以下悉归节制。12月，在安庆创办军械所。年底，定三路军进军之策："以围攻金陵属之国荃，而以浙事属左宗棠，苏事属李鸿章，于是东南肃清之局定矣。

同治元年（1862）52岁1月31日，奉旨任两江总督协办大学士，曾国荃补授浙江按察使。2月14日，左宗棠率军由江西入浙江。4月，李鸿章率军抵上海。5月，曾国荃率军进驻雨花台，会同彭玉麟的水师围攻天京。7月18日，为借兵助剿事再疏力陈利害："岛人借助剿为图利之计……而中华之难，中华当之"，决不能让洋人以助剿来"蹂躏中国之土地"。9月，为死于战乱而未及安葬的桐城儒生方东树、戴钧衡6人立石修墓，妥为安葬。12月，其弟曾国葆病死于雨花台湘军大营。年底，华衡芳与徐寿父子试制成中国第一台蒸汽机，曾国藩见后，于当天日记中写道："窃喜洋人之智巧我国亦能为之，彼不能傲我以其所不知矣！"

同治二年（1863）1月28日，安庆军械所造出我国第一条木壳小火轮，曾国藩登船试航后，喜而命名"黄鹄号"。5月7日，致函总理各国事务衙门，谓"洋人本有欺凌之心，而更授以可凌之势；华人本有畏怯之素，而逼处可怯之地"，反对购买要由海军上校指挥控制的船舰。9月，与容闳见面，商筹建立一个可以灾圆旋器的工厂。12月3日，交给容闳68000两银赴美购买机器。

同治三年（1864）1月，派李凤苞测量江浙外海各岛屿沙线。5月，江浙藏书遭兵动多有毁损，定刊书章程，即于安庆设书局，刊刻各种经史。6月3日，洪秀全病逝天京，其长子继位。7月，曾国藩赏加太子太保、一等侯爵。曾国荃赏太子少保、一等伯爵。8月15日，奏准裁撤湘军25000人。10月，行辕移驻安陵。11月，奏准停征厘舍、亩捐。12月，主持修复江南贡院，补行江南乡试，会考江南优贡。

是年，湘军在其弟曾国荃的率领下攻下天京，成为镇压太平天国的功臣。

镇压太平天国后，曾国藩麾下湘军已达十余万，有部下曾进言，"鼎之轻重，似可问焉"，实际就是劝其借其威望武力达到顶峰时拥兵自立。曾国藩改为，"鼎之轻重，不可问焉"，并手书，"倚天照海花无数，流水高山心自知"，劝者乃止声。从当时的实力对比看，曾国藩确实有问鼎之力，但清廷已经对其非常提防。但对于曾国藩个人，他一直是忠于清朝的，而且他这个人谨慎有余，魄力不足。从局势上看，当时天下刚受完兵灾，民心未必可用，相当一部分人对于清廷仍抱有幻想，客观局面也不允许他自立，曾国藩后来解散湘军未必没有向清廷表明自己毫无野心之意。

同治四年（1865）1月，选汉唐以来各臣奏疏17首，编《鸣原堂论文》。3月，主持修葺种山、尊经两书院。收养八百孤寒子弟，并从自己养廉银中捐款课奖。5月26日，接上谕：率军赴山东剿捻。6月，主持整理《王船山遗书》完稿，共320卷，交金陵书局出版。6月18日，北上剿捻之策：重镇设防，划河圈围，清野查圩，马队追踪。9月，经杨州、清江浦抵徐州。一路调兵布防堵围，沿途又张榜招员。10月，将金陵制造局上迁海虹口，和李鸿章原设的炮局及购自美国人的铁厂合并，再加容闳购回的百多部机器建成江南制造总局。12月，核定长江水师永远章程及营制营规。

同治五年（1866）湘军总领曾国藩奉令进驻周家口，以钦差大臣的重权身份，督师剿捻。曾国藩根据捻军行踪不定、流动作战的特点，采用了"重点防务、坚壁清野和画河圈围"的对策，但最终全部失败。后来，他在周口西至漯河建立起"沙河百里防线"，企图借此天堑消灭捻军。

一天，曾国藩从《商水县地图》上看到曾庄、曾楼村的村名，随修书差人送至商水城西曾庄，邀了几个老翁赴周口议事。议事间，曾庄来人知道是曾国藩的用意是与他们认宗。这也是求之不得的事，能有这么威武的同族亲近人，曾庄人还愁什么光不能沾到呢，于是他们齐跪在地拜见曾国藩。

宴餐三日，曾国藩随曾庄曾氏族人至曾庄曾氏祠堂祭拜了先祖曾参肖像，又去曾氏坟茔洒酒扫墓。之后，他把一面上书"全权钦差大臣曾国藩"的黄绸旗子留作纪念。直到解放初期，这面黄绸旗子才被查禁销毁掉了。

同治六年（1867）3月，在江南制造总局下设造船所试制船舰。同时拟设译书馆。5月，会同李鸿章将江南制造总局由虹口迁高昌庙，征地扩迁，规制大增。6月，补授体仁阁大学士。

同治七年（1868）58岁4月，奉上谕改授为武英殿大学士。5月31日，至上海视察江南制造成总局。8月，奉命调任直隶总督。9月，江南造船厂试制的第一艘轮船驶至江宁，曾登船试航，取名"恬吉"。12月，抵京师，陛见那拉氏与同治皇帝。

同治八年（1869）2 月 27 日，奏陈直隶应办事宜，以练兵、饬吏、治河为至要。6 月，奏请按湘军制改造直隶练军。8 月，作《劝学篇示直隶士子》，提出儒学有义理、考据、经济、辞章四科，唯义理为治学根本。12 月，奏陈："直隶清理积狱……计审结并注销之案四万一千余起，多作尘牍，为之一清。"

同治九年（1870），正在直隶总督任上的曾国藩奉命前往天津办理天津教案。1870 年 6 月 21 日，天津数千名群众因怀疑天主教堂以育婴堂为幌子拐骗人口、虐杀婴儿，群集在法国天主教堂前面。法国领事丰大业认为官方没有认真弹压，持枪在街上碰到天津知县刘杰，因发生争执开枪射击，当场击死刘杰仆人一人，民众激愤之下先杀死了法国驻天津领事丰大业及其秘书西门，之后又杀死了 10 名修女、2 名神父、另外 2 名法国领事馆人员、2 名法国侨民、3 名俄国侨民和 30 多名中国信徒，焚毁了法国领事馆、望海楼天主堂以及当地英美传教士开办的 4 座基督教堂。事件发生后，英、美、法等国联合提出抗议，并出动军舰逞威。曾国藩到天津后，考量当时局势，不愿与法国开战，"但冀和局之速成，不问情罪之一当否"，在法国的要求下，商议决定最后处死为首杀人的 18 人，充军流放 25 人，并将天津知府张光藻、知县刘杰被革职充军发配到黑龙江，赔偿外国人的损失 46 万两银，并由崇厚派使团至法国道歉。这个交涉结果，朝廷人士及民众舆论均甚为不满，使曾国藩的声誉大受影响，引起全国朝野的唾骂，连他的湖南同乡，也把他在湖广会馆夸耀其功名的匾额砸烂焚毁

同治十一年二月初四，曾国藩在南京病逝。朝廷赠太傅，死后被谥"文正"，其墓地在今长沙市望城县坪塘镇伏龙山下桐溪寺后，文革期间遭到破坏，现墓地仍残留石马等遗迹。

光绪五年（1879），也就是曾国藩死后 7 年，传忠书局刻印了由李瀚章、李鸿章编校的《曾文正公家书》。

在曾国藩的家书中，主要包含了以下方面的内容。

1. 治学论道

曾国藩是清末著名的理学大师，学术造诣极深。他说："盖真能读书者，良亦贵乎强有力也"，要有"旧雨三年精化碧，孤灯五夜眼常青"的精神。写字或阳刚之美，"着力而取险劲之势"；或阴柔之美，"着力而得自然之味"。文章写作，需在气势上下功夫，"气能挟理以行，而后虽言理而不灰"。要注意详略得当，详人所略，略人所详，而"知位置者先后，翦裁之繁简"，又"为文家第一要也"。为文贵在自辟蹊径，"文章之道，以气象光明俊伟为最难而可贵"。"清韵不匮，声调铿锵，乃文章第一妙境"。

2. 持家教子

通过对家庭成员的八本三致祥教育，曾家培养出了一代又一代的好儿女，尽管是侯门大族，100 多年来未见有纨绔子弟，这不能不说是曾国藩教育思想的成功。曾国藩家教理论体系为：以八本为经，以八宝为纬，以四字要诀、三致祥、三不信穿插其中，经纬连贯，脉络相通，形成的一套治家的完整可师的理论体系；这套理论不同中国传统的关于教育后代的核心理念，反对孔孟朱子颜氏等著名家训所一贯坚持的学而优则仕的学说，并付诸实施。它对当今社会几乎每个家庭所面对的教育困惑问题具有极为重要的现实意义。

3. 疆场竞斗

曾国藩以编练湘军起家，书生治国，镇压了中国历史上规模最大的农民起义——太平天国运动。其军事思想内涵极丰，确有过人之处。他认为，兵不在多而在于精，"兵少而国强"，"兵愈多，则力愈弱；饷愈多，则国愈贫"。主张军政分理，扣负其责。他购买洋枪、洋炮、洋船，推进中国军队武器的近代。治军以严明军纪为先，同时着意培养"合气"，将士同心，他认为"将军有死之心，士卒无生之气"。选择有四点要求："一曰知人善任，二曰善觇敌情，三曰临阵胆实识，四曰营务整齐"。曾国藩军事思想中最丰富并值得今人借鉴的是其战略战术。如"用兵动如脱兔。静如处女"，主客奇正之术，"扎硬寨，打死仗"，水师不可顺风进击，善择营地，"先自治，后制敌"，深沟高垒，地道攻城之术，水陆配合，以静制动，"先拔根本，后翦枝叶"等等。

4. 处世交友

曾国藩对交友之道颇有见地，他认为交友贵雅量，要"推诚守正，委曲含宏，而无私意猜疑之弊"。"凡事不可占人半点便宜。不可轻取人财"。要集思广益，兼听而不失聪。"观人之法，以有操守而无官气、多条理而少大言为主"。处世方面，曾国藩认为，"处此乱世，愈穷愈好"。身居高官，"总以钱少产薄为妙"。"居官以耐烦为第一要义"，"德以满而损，福以骄而减矣"。为人须在一"淡"字上着意，"不特富贵功名及身家之顺逆，子姓之旺否悉由天定，即学问德行之成立与否，亦大半关乎天事，一概笑而忘之"。"功不必自己出，名不必自己成"，"功成身退，愈急愈好"。曾国藩写有格言十二首，基本上概括了他的处世交友之道。

5. 修身养性

曾国藩总结了修身十二款：敬、静坐、早起、读书不二、读史、谨言、养气、保身、日知所亡、月无亡不能、作字、夜不出门。他认为古人修身有四端可效："慎独则心泰，主敬则身强，求仁则人悦，思诚则神钦"。曾国藩不信医药，不信僧巫，不信地仙，守笃诚，戒机巧，抱道守真，不慕富贵，"人生有穷达，知命而无忧。"

6. 人格修炼

　　首先是诚，为人表里一致，一切都可以公之于世。第二个是敬，敬畏，内心不存邪念，持身端庄严肃有威仪。第三个就是静，心、气、神、体都要处于安宁放松的状态。第四个字是谨，不说大话、假话、空话，实实在在，有一是一有二是二。第五个字是恒，生活有规律、饮食有节、起居有常。最高境界是"慎独"，举头三尺有神明。他每天记日记，对每天言行进行检查、反思，一直贯穿到他的后半生，不断给自己提出更多要求：要勤俭、要谦对、要仁恕、要诚信，知命、惜福等，力图将自己打造成当时的圣贤。许多人都认为人格修炼是空虚的东西，认为修身是虚无缥缈的东西，甚至还是迂腐的，但曾国藩一生的事业，修身才是他事业成功最重要的原因。

历史评价

同治帝，名爱新觉罗·载淳，咸丰帝长子，咸丰六年（1856 年）三月二十三日生于北京紫禁城储秀宫。他是清朝第八任皇帝，同治十三年十二月初五日崩于皇宫养心殿，终年 19 岁，庙号"穆宗"。为人任性，刚愎自用，是受制于慈禧太后，无所作为的傀儡皇帝。

一个六岁顽童，成为咸丰帝唯一的皇位继承人；一场宫廷政变，使皇太后登上了政治舞台；傀儡皇帝，听命于垂帘听政的母后；放荡生活，断送了十九岁的年轻生命，这可以说是同治一朝的缩略写照。

咸丰帝去世后，慈禧太后勾结奕䜣发动北京政变，捕杀肃顺、端华和载垣，斥革其他五人，两太后垂帘听政，改年号为同治。同治帝在位 13 年，前 12 年只是在两太后垂帘的情况下虚坐龙椅的傀儡皇帝，最后只亲政了一年。

同治帝亲政，只有一年多。他希望像祖辈一样能够有所建树，也想讨得母后慈禧的欢心，于是他不顾国力窘困的现实，毅然下令重修圆明园。同治帝是幸运的，没有兄弟和他竞争，顺利地登上了皇帝的宝座；他又是不幸的，和母后慈禧关系不好，本来幸福的婚姻遭到母亲的百加阻挠，刚刚十九岁就一命黄泉了，更不用说提出什么治国方略了。

史学界有这样评价："宣宗好俭，穆宗好奢。"据《清朝野史大观》记载，同治有两个癖好，一是好玩，一是好奢。完全被垂帘听政的少帝，十九岁便一命呜呼，和这一点不无关系。

同治皇帝正传

第一章　母子情疏

一

咸丰六年（1856 年），新年伊始，大清紫禁城储秀宫内一片繁忙。太监、宫女们在总管太监韩玉来的指挥下，不停地来回奔走着。原来，深得咸丰皇帝宠爱的懿嫔，也就是后来赫赫有名的慈禧太后的临产期快到了。

按清宫规定，嫔妃等人怀孕，一般要到八个月时才开始"上夜守喜"，也就是进行临产期的各项准备工作。但咸丰帝自二十岁登基以来，至今已有六年，宫内虽有后妃十八人及众多的常在、答应，只有丽妃生过一个女孩。久无子嗣，皇帝怎能不万分焦虑。他盼子心切，也就顾不了宫中规矩，老早就下旨令太监们筹办懿嫔分娩事宜。因此，大年一过，整个皇宫立即忙碌起来。

大年正月初九，咸丰帝派钦天监博士张熙到储秀宫中选"刨喜坑"的"吉位"。"刨喜坑"是满族生子的一个古老习俗，就是挖一个坑，等孩子出生后将胎盘和脐带掩埋起来。张熙经过一番仔细观看，选定储秀宫后殿明间东边门为"大吉"之地。因此，在正月二十四这天，总管韩玉来带领内务府营造司的三名首领太监，在张熙选好的位置上刨了"喜坑"，又带来两名专门选来的姥姥，在"喜坑"

前念喜歌，然后往里放了一些筷子、红绸子和金银八宝，取其"快生吉祥"之意。

正月二十八日（1856年3月4日），内务府又送来精奇呢（汉语"正"的意思）妈妈、灯火妈妈、水上妈妈各十名，懿嫔从中各挑选两名备用。她们是从镶黄、正黄两个名份最高的旗人中精心挑选出来的妇女，都生过男孩，而且谙熟接生之道。还选了两名"姥姥"，都是有经验的接生婆。这些人从二月初三日清晨六时起，一齐来到储秀宫，开始"上夜守喜"，太医院也派来御医六人，在御药房轮流值班。

临近预产期，新生儿用的衣物、尿布等物，也都准备齐全。由于皇室所用，自然不同寻常，不仅种类齐全，而且用料考究。其中包括：春绸二十七件，白纺丝小衫四件，单幅红春绸挖单一块，红兜肚四个，潞绸被十八床，蓝高丽布褥十床，蓝扣布褥一床，蓝高丽布挡头长褥一床，白高丽布挖单三十三个，白漂布挖单三个，蓝素缎挡头二个，青素缎挖单一块，红青纱挖单一块，白布糠口袋二个，白纺丝小带四条，挂门大红绸五尺，蓝扣布挖单十个，白漂布小挖单二十六个。做这些东西，共用各种绸料一百五十六尺四寸，各色布料十匹。

三月初九，御医为懿嫔摸脉，根据脉象，禀明懿嫔妊娠已近九个月。第二天，又由两位姥姥摸脉，估计分娩期在三月底或四月初。于是各项准备进入最后阶段，各种接生工具陆续被送到储秀宫。这些物品包括：分娩时处理胎盘和脐带用的大小木槽二个、木碗二个、木锨一张、小木刀一把，一块长六尺、宽四尺的精纺黑毡，还有那一大套新生儿用的衣物、尿布等。造办处还特地为新生儿赶制一座精美的吉祥摇车。最后，又取来曾在皇宫中不知用过多少次的宝物——存放在乾清宫的"易产石"和挂在养心殿西暖阁的大愣蒸刀。

咸丰六年三月二十三日未时（1856 年 4 月 27 日下午二点），一声婴儿长啼从储秀宫中传出，划破了紫禁城的上空。咸丰帝盼望已久的心愿终于实现了。这时，总管太监韩玉来飞也似前来禀奏皇上："三月二十三日未时，懿嫔分娩阿哥，已经收拾利落，母子均安，万岁爷大喜！"咸丰帝一听，龙心大悦，当即下旨，晋封懿嫔为懿妃，储秀宫的太监也都提职的提职，升官的升官。又任命储秀宫太监张文亮为"大阿哥下八品官职谙达"。至于对各路太监、宫女、接生姥姥及帮忙的妈妈等一千人，都得到了奖赏。一时间整个紫禁城一片喜气洋洋的景象。咸丰帝喜不自禁，竟吟诗一首，诗云："庶慰在天六年望，更钦率土万斯人。"

二

二十六岁的咸丰帝喜得龙子，不胜欣喜。因而小皇子的洗三、升摇车、小满月、满月、百禄、晬盘等宫中庆典过得有声有色，皇亲国戚们更是出手大方，一次又一次地赏赐给小皇子礼品，在他刚满周岁的时候，已经成为拥有大量珍宝的"巨富"。

同治出生的第二天，宫殿临督领侍史进忠等人就已开始为他准备"洗三"用的绸缎、大宝盆等物。并命钦天监博士贾席珍、陈希吕选"洗三"的吉位。所谓"洗三"，是宫中育儿习俗，即孩子出生的第三天，要给新生儿洗浴。钦天监官员选定南面是迎春神方位，三月二十五日上午十一点半，开始给小皇子洗浴，到中午十二点四十五分，"洗三"的仪式才完成。这是小皇子出生后经历的第一次盛典，几乎所有的皇室成员都参加了。他们每人都为小皇子准备了第一份礼物。咸丰帝赏赐的礼物是红雕漆盒一件，内装金洋钱四个，金包一分，银宝一分。皇后送金银八宝八个，金银如意四个，金银钱四个，棉被和棉褥各二床，白布糠口袋二个，棉袄四件，夹袄四件，袜子四双，吗哪哈四个，兜肚四个，抱抱帘四个，红绸带四条，月白纺丝带四条，枕头两个，头挡一个。他们送礼物给小皇子，叫做"添盆"。除了皇帝、皇后外，丽妃、婉嫔、玶贵人、容贵人、璹贵人、鑫常在，都给小皇子添了盆，就连丽妃生的大公主，虽不满周岁，也被抱来给小皇子添盆。此外，上一辈的皇贵太妃、琳贵太妃、常嫔、佳嫔、彤嫔、成嫔、祥嫔、寿安固伦公主、寿藏和硕公主、寿恩固伦公主、八公主、九公主，以及惠亲王、恭亲王、惇亲王、钟郡王、孚郡王、恭亲王福晋、恭亲王长女、惇亲王福晋、瑞敏晋郡王福晋、隐志郡王福晋、懿妃之母等人都参加了"洗三"添盆活动，分别将数量不等的礼物送给了小皇子。

四月二日，小皇子"升摇车"的仪式如期举行。满族育儿有一个奇特的习俗，就是"睡悠车"。清代有这样一句民谚："关东外，三大怪：窗户纸糊在外，姑娘叼着大烟袋，养活孩子吊起来"。所谓"养活孩子吊起来"，就是把悠车悬在梁上，把孩子放在车内，来回悠动，孩子在里面悠然自得，也就不哭不闹了。钦天监博士们选定四月初二卯时（早六点），为小皇子升摇车万全大吉之日。预定时间到了，在储秀宫后殿东次间，太监们把摇车升挂起来，这时太阳恰好从东方冉冉升起，寓意小皇子如日之初生。这时，造办处的太监在摇车上贴上福字，营造司首领太监唱着喜歌，由本宫首领太监执香引路，后面跟着谙达张文亮，把小皇子从东进间南床抱到东次间，放在摇车里。升摇车，不仅程序繁琐，而且相继又是一番赏赐。从帝后到妃嫔以及上一辈的妃嫔、公主、亲王、郡王、福晋等人，都要送两个小荷包给小皇子，内装金洋钱、金银宝或金银如意不等。

四月初五日又过"小满月"。按清宫规定，这一天要大赏生母。其规格是：皇后生子赏银一千两，表里（即衣料）三百匹；妃生子赏银三百两，表里七十匹。生女孩者减半赏给。

叶赫那拉氏由于生了男孩，分娩当天又晋升为妃，因而得到银三百两，表里七十匹的赏赐。懿妃自然高兴得没有话说，对宫内总管以下五十多人分别赏赐了银两和衣料。

四月二十三日，正好是小皇子满月，紫禁城又掀起了一次庆贺高潮。当天午正二刻，由内殿太监杨寿给小皇子剃头，剃完后赏杨寿小卷袍料一件，银四两。咸丰帝这天兴致极佳，传令各宫妃嫔到储秀宫中摆宴，大事庆祝。小皇子新剃了头，看起来眉清目秀，头角峥嵘，皇后妃嫔无不啧啧称赞，纷纷给小皇子送上一份厚礼，其中皇后赏赐最丰，这些礼物是：

金镯四个，银镀金铃铛、升、斗、钟、印一份，小帽两顶，单纱小衣服八件，兜肚两个，裤子两条，鞋袜四双。

其余妃嫔、公主、亲王、郡王、福晋无不争相送上一份厚礼，五颜六色地堆了满床。

满月之日，除了这些仪式外，还有一项是由父亲给取名。咸丰帝早就胸有成竹，立即钦赐佳名，说："就叫载淳吧。""载"字是从辈份上排下来的，乾隆时皇六子永瑢，画了一张发朝图，进呈给孝圣皇后，由乾隆帝御笔亲题，有"永绵奕载奉慈娱"一句。以后，宗室皇子取名，就用"永绵奕载"四个字排辈，咸丰的儿子自然轮到"载"字了。"淳"字则有质朴、敦厚之意，这寄托着咸丰帝对儿子的一片殷切期望。想当年咸丰帝与他的六弟恭亲王争位之时，就是凭着他的老师传授的"仁孝"二字，赢得了道光皇帝的信任，终于击败比他聪慧好强的奕訢，登上了皇帝宝座。因此，他希望小皇子也像他一样，养成纯朴仁孝之美德，好继承大统，承嗣皇位。

到七月初三日，是小皇子的"百禄之喜"。所谓"百禄"，其实就是给小儿过百日，因人死后亦有"百日之祭"，为避此忌，乃改称百日为："百禄"。这一天，从皇帝、皇后，到各宫妃嫔等人对小皇子又是一番赏赐。其礼物之丰盛，这里就不细说了。

咸丰七年三月二十三日（1857年4月17日），小皇子的第一个生日到了。按照满族习俗，这一天要"抓周"，也即皇宫中的"抓晬盘"。据说，满周岁的小孩已初懂人事，这一天"抓周"可以测出小孩一生的情趣和志向。

皇宫"抓晬"自然和民间不一样。首先，要准备好"抓晬"的用具。按宫中规定，这些用具包括玉陈级二件，玉扇坠二枚，金匙一件，银盒一圆，犀钟一捧，犀棒一双，弧一张，矢一枝，文房四宝一份，晬盘一具，中品果一张。到了卯时，也就是早晨六点左右，小皇子开始"抓晬"。小皇子由太监抱着，面向西北，在摆好的物品中摸来摸去。小家伙今天精神特别好，首先抓住了一本书，立时引起一片啧啧称赞。太监把书收下，让小皇子再抓，小家伙毫不费力从里面又抓出一套小巧玲珑的弧矢，又引出一片称赞声。最后，小皇子开始抓第三件东西，小家伙一把就握住了一杆笔。小皇子抓来这三样东西，使皇帝及后妃们十分满意，预示小皇子以后兼有文治武功，定可重振大清江山。皇帝一想到这里，不禁露出惬意的笑容。于是，皇帝后妃及亲王福晋们对小皇子又是一番丰盛的赏赐。

小皇子"抓晬"首先抓到的是书，后来的事情证明，同治确实与书结下了不解之缘。虽然他一生只活了十九岁，但是他从六岁时开始入书房读书，直到十八岁才走出书房开始亲政，在弘德殿书房中度过了十二个春秋。在他亲政后，慈禧太后还让他每天"办事召见后，仍应诣弘德殿与诸臣虚衷讨论"。他的老师李鸿藻等人也照常上班，给他上课。他死后，恭亲王率领一班人到弘德殿和昭仁殿检点他的遗物时，还看到书籍笔墨仍然井然有序地陈放在那里。

同治从出生第三天"洗三"起，历经小满月、满月、百禄、晬盘等仪式，共得到了五次赏赐。到他刚满周岁时，已是一名巨富小儿。他的"私有财产"包括金银器八百余件，衣被鞋帽等物五百六十多件，荷包、玉器等物七十件，这还不包括份例之内的各种供应，这真是生于皇家贵如天，周岁幼儿成巨富。

三

咸丰八年（1858年）玫贵人生的小皇子夭折后，咸丰帝膝下承欢的只有大阿哥载淳和丽妃所生的公主。而载淳作为咸丰帝的独根独苗，未来皇统的继承人，更是深受咸丰宠爱。他曾写过这样一句诗"绕膝堂前助笑颜"，生动地再现了小皇子膝前承欢的感人情景。

咸丰十年六月初九日（1860年7月26日），正是咸丰帝三十而立的日子。在宫中举行了盛大的万寿庆典，王室亲贵及各宫后妃都来祝皇上三旬万寿，热闹非凡。皇上今天心情特别好，特别是年仅五岁小皇子载淳出来给父皇祝寿，执杯祝酒，跪地叩头，礼仪娴熟，把皇上乐得开口大笑，为自己有这样聪明的儿子感到自豪。于是，他大宴百官，特命载淳出见廷臣。大臣们一见皇子眉清目秀，端庄凝重，仪表堂堂，气度不凡，无不叩首欢呼，把祝寿活动推向高潮。

咸丰帝除了在逢年过节、生日祝寿等节日里对小皇子有所关照外，他平时也常把自己喜欢吃的东西分赏给小皇子和大公主，以博得小家伙们一笑为乐。

咸丰十年八月二十日（1860年10月4日），在咸丰狼狈逃往热河行宫的第五天，晚膳刚刚用过，咸丰帝在热河头一次吃到自己非常喜欢的鹿肉，觉得味道特别鲜美，余味无穷。这么精美的食物让两个孩子也尝一尝。于是，他就令太监把两盘还冒着热气散发着余香的肉送给大阿哥和大公主品尝。当听到太监说两个孩子都吃得很开心，咸丰脸上露出了几天来十分少见的笑容。

又过了几天，锦州副都统向在热河行宫皇帝贡奉礼品。其中有几瓶卤虾和虾油，看起来色泽鲜亮，别有风味。于是，咸丰帝派太监把这些贡品赏给大阿哥和大公主。

咸丰十一年（1861年），是一个多事之秋。南方的清军正与太平军苦苦熬战，败多胜少。在北方，捻军起义烽火正炽，攻城掠地，十分凶猛。咸丰帝被搞得焦头烂额，坐卧不安。这天，又接到两江总督曾国藩的奏报，说清军在安庆被围，请示重新调置军队。咸丰帝焦急地来回踱着步，太监们紧张得大气都不敢出，在一旁静候吩咐。这时六岁的小载淳连蹦带跳地跑了过来，太监们心中一惊，连忙去阻挡，可小载淳早已跑到了咸丰跟前。不愧为聪明伶俐的小皇子，一看父皇神色焦急，立即收起顽皮嘻笑，马上跪下给皇上请安，用满语叫了一声"阿玛！"

沉思中的咸丰帝被皇儿逗乐了，摸着载淳的头说："嗯，乖，起来去玩吧，别摔着！"

载淳这才站起身来，后退两步，然后转过身去悄悄退下。望着小家伙的背影，咸丰帝露出了欣慰的笑容。这些宫内礼节，都是由"谙达"张文亮教的。见到孩子的接受能力如些之强，心头又涌起了思量已久的念头，想和皇后商量。于是，他派人把曾国藩的奏折发往军机处，等第二天早晨再与大臣商议。之后便径直向皇后的小书房走去。

咸丰急于同皇后商量的事，就是让载淳入书房读书。雍正皇帝明确规定过：凡皇子年届六龄，即入书房读书。早在去年，皇帝就已明降谕旨，命大臣认真选择和荐举品学兼优的儒臣，以备充做皇子的师傅。大学士彭蕴章将一位叫李鸿藻的大儒推荐给皇上，说他学问高深，可担当此任。

李鸿藻，字兰孙，是直隶高阳人士，咸丰二年（1852年）进士出身，初授翰林院庶吉士，第二年又授散馆编修之职，咸丰四年九月（1854年10月）又任功臣馆纂修。

因对《贞观政要》研究得非常透彻，又富有文采，深得皇帝重视，第二年命他在上书房行走。又命他为山西省乡试副考官。后因父亲病故，请假在家服丧。咸丰七年二月假满，仍回上书行走。七月，被任命为河南省学政提督。

咸丰帝对李鸿藻人品学问早有了解，当即允准彭蕴章的奏请，下诏将李鸿藻召回京城供职，仍在上书房行走。

咸丰帝一边想着，一边已经走进了皇后房间。这时，早有太监通报皇后，说皇上驾到。皇后急忙起身接驾。见过了礼，咸丰对皇后说出了自己的意思。

皇后也一直在想这件事，并且也暗中给他物色老师。一听皇上想让李鸿藻充任大阿哥师傅，当即表示赞同，说：

"他在上书房行走时，醇王、钟王、孚王都跟他读过书，跟我谈起过他，说李师傅口才很好，讲书透彻。还私下告诉我，说李师傅长得象皇上，让人望而起敬。但不知可有真才实学，人品怎样？"

皇上胸有成竹地回答：

"这你就放心吧，他是翰林的底子，学问深着哪。至于人品，他这三年在河南担任学政以来名声一直很好，人品更是众人交口称赞。"

"这样说来，就再好不过了。"皇后欣然同意。

"唉"，皇上伤感地说："大阿哥典学，本应该办得隆重些，我本想回京再办。但现在京师不稳，一时半会也回不去，也不能再拖延了。"

"那就让钦天监挑个日子开书房吧。"

"那倒不必。皇儿典学是件大事，得选个吉利日子，还是由我自己选吧。"

咸丰平时读书，涉猎甚广，谶纬星长之学也很在行。当即传旨双喜送来时完书，翻检了一会，选定四月初七日为皇子开书房。

选好日子后，又商量照料书房的人选。议来议去，觉得御前大臣景寿最合适。景寿娶了宣宗道光帝的第六女寿恩固伦公主，是皇帝的姐夫，宫中都称他"六额附"。他秉性沉默寡言，不喜欢拨弄是非，在宫中人缘很好。皇后以他与自己性格相近，更觉得满意。

一切都已商议妥当，第二天早晨皇帝驾到御书房，写好了一张朱谕，然后召见军机大臣。

军机大臣们鱼贯而入，见过礼后，排到两旁。未等大臣启奏，皇上就把这道朱谕交给侍立在旁的肃顺。肃顺高声宣旨：

"大阿哥于四月初七日入学读书。着李鸿藻充任大阿哥师傅。钦此！"

以怡亲王为首的一班大臣跪接圣旨，由军机处转交内阁，"明发上谕"。

在小皇子入学的前一天，咸丰帝又特地召见李鸿藻，对阿哥入学的准备情况做了了解。听完汇报后，皇帝又让李鸿藻背诵乾隆皇帝圣训中关于皇子典学的一段上谕，想最后再考察一下李鸿藻的学问。李鸿藻多年入值上书房，对这段上谕早已熟记在心，于是朗朗上口，流利地背诵了一遍。皇上满意地点点头，赏给丝绸两匹，荷包一对，端砚一方，大卷笔十枝。

咸丰帝继承皇位，多亏了老师的教导。因而他对小皇子典学这事非常重视。小皇子入学的第一天，他在御书房和军机大臣议政大半天，下朝后已累得一句话也不愿说。但他还是急于知道大阿哥的学习情况。他先传张文亮进来，细问一切。又怕太监图功讨好，尽拣好的说，就又把景寿也传来。听到两人一致赞扬小皇子聪明好学时，他十分高兴。把大阿哥带到东暖阁和自己一起用餐。为了热闹，他又派人把丽妃和大公主也叫来了，一时宠妃、佳儿、娇女相聚一堂，父慈子爱，欢声笑语，道不尽的天伦之乐。

四

可是这位在万众期待下诞生的皇子，却对自己的生母毫无感情。

这首先得归罪于清朝有悖于人情的宫廷制度。按照大清祖制，皇子出生后，无论嫡庶，一呱呱落地，就由保姆抱走，由事先已经备好的奶妈喂养。每个皇子按规定需有四十个人照料。其中包括八个保姆、八个乳母，此外还有针线上人、浆洗上人、灯火上人、锅灶上人。婴儿断奶后，就把奶妈打发走了，再添若干名太监，做皇子的谙达，专门负责教小皇子吃饭、说话、走路、礼节等等。到六岁，就准备好小冠、小袍褂、小靴，教他们随着王公大臣站班当差，并正式上书房读书。按规定，他们不仅不能与生母生活在一起，而且对生母看望儿子还有特别严格的规定。

对于皇子而言，所有的后妃都是他的"额娘"。他的爸爸只有皇上一个，而他的妈妈则有十几个甚至几十个。因此，哪个额娘慈爱善良，关爱自己，小皇子就对哪个额娘有感情。

俗语云："有奶便是娘。"普通百姓家，儿子对母亲一往情深，除了儿是娘身上掉下来的肉这种血脉相连的骨血关系外，就是"儿是吃娘奶长大的"。但是，大清皇宫的规矩，就是孩子不允许吃母奶。后妃们在分娩后，须立即服用回奶药，把奶回掉。

至于懿嫔，在产后的第三天，就服用了"回乳生化汤"，连服八天后，至四月初三日时，"乳汁渐回，结核亦消"，可见这种药回乳效果甚佳。因不用下奶，懿嫔坐月子期间不食油腻，她每天的食谱是：用粳米、碎粳米、碎红米、黄老米、碎黄老米、小米、凉谷米等八种米，每种七合五勺，再加芝麻四合，熬粥。此外，每天还供应鸡蛋二十个。

同治从出生那天起，生母没有喂过一口奶。他很少能得到温馨的母爱，却更多地领略了生母严厉的斥责和看不上的白眼。

但是，懿嫔随着大阿哥的出生却得到了数不尽的好处。她在分娩的当天就被晋封为懿妃。第二年的正月，内阁奉谕旨，懿妃又晋封为懿贵妃。在不到一年的时间里，她连升二级，其地位仅次于皇后。她凭着母以子贵这张王牌，咸丰宾天后的第二天，被她儿子亲口封为皇太后。她又利用同治帝年幼无知，垂帘听政，成为大清王朝的最高统治者。她给了同治一份骨血，而同治帝将无限的荣华富贵回报给了她，使她得到了梦寐以求的权力和地位。

对于慈禧来说，同治只是她谋取权位的工具，她的母子情爱，早已被那炽烈的权欲烧得荡然无存。她对大阿哥很少有慈母之心，却极其热衷于宫廷的争权夺势。大阿哥去给她请安，她经常板着面孔，动辄教训一顿。她那狭隘的妇人之心更令人难以容忍。她自己对儿子严厉不算，还对别人对小皇子的关心和爱护十分忌恨。在宫中，有几次看到小皇子依偎在皇后怀里，和皇后亲热无间，她就打心眼里不快。小皇子是她自己的私有财产，是她自己满足权欲的工具。她要牢牢地把儿子控制在自己手里，让他绝对服从自己，绝对孝顺自己，而不许他和别人有感情。

载淳不愿与生母亲近，对她总是敬而远之。每次请安时，总是觉得与她无话可说。在生母面前，他觉得自己是个受严厉管束的奴才，只有在皇后跟前，他才能感受到宠儿的欢乐。

小皇子载淳是龙年龙月出生的龙子，按照迷信说法，他龙运兴旺，算是好命。但他偏偏投胎于这样一个钻到"权眼"里的女人，注定他将有一个悲惨的命运。

第二章　辛酉政变

一

咸丰皇帝去世后，八位大臣受命先帝，"尽心辅弼，赞襄一切政务"，取得执掌朝廷大权的合法地位。它的一个直接后果就是引发了辛酉政变。

在赞襄政务的八大臣中，有四位是御前大臣，即怡亲王载垣、郑亲王端华、协办大学士户部尚书肃顺、额驸（道光皇帝驸马）景寿；有四位军机大臣，即兵部尚书穆荫、吏部右侍郎匡源、礼部右侍郎杜翰、太常寺少卿焦佑瀛。

恭亲王奕訢被排挤在顾命大臣之外，说明咸丰皇帝与他之间有着不可谅解的矛盾和很深的成见，至死还对奕訢不信任。咸丰皇帝不能忘记，当年与自己竞争皇位继承权的是奕訢。难道能让奕訢利用辅政之机把皇权夺过去吗？他最终把奕訢排斥在了顾命八大臣之外。

八大臣辅政期间，共做了四件大事。

八大臣辅政，公布的第一道命令就是关于治理咸丰皇帝丧仪的名单，把恭亲王奕訢排斥在外。

七月十七日，顾命大臣起草谕旨，宣布了治理丧仪和留守京师的人事安排："著派睿亲王仁寿、豫亲王义道、恭亲王奕䜣、醇郡王奕譞、大学士周祖培、协办大学士、尚书肃顺、尚书全庆、陈孚恩、绵森、侍郎杜翰恭理丧仪。陈孚恩接奉此旨，即星速前来行在。豫亲王义道，恭亲王奕䜣、周祖培、全庆著在京办理一切事宜，无庸前赴行在。钦此。"

虽然，"治丧委员会"里表面上有奕䜣的名字，但是并不让他参与此事"前赴行在"。从表面看来，治理咸丰皇帝的丧事固然重要，而镇守京师更为重要。全局衡量，统筹兼顾，似乎以国事重于家事的安排，可以理解。从感情上看，恭亲王奕䜣与咸丰皇帝是同父异母兄弟，尽管国事重要，留京责任重大，但总不能抛手足之情而不顾。何况，热河离北京并不算远。八大臣不让恭亲王前来，却急调陈孚恩，"接奉此旨，即星速前来行在"。这是什么原因？《清史列传》记载："载垣等矫诏，令孚恩赴行在。"其"矫诏"之说难以理解，因为诏令就是载垣等人起草的，完全反映八大臣的意志。

八大臣辅政，第二个措施是解决诏谕疏章的处理权限问题。对于这个问题，据费行简《慈禧传信录》记载："两宫乃召辅政大臣人议诏谕疏章黜陟刑赏事。初肃顺、杜翰、焦佑瀛，谓谕旨由大臣拟定，太后但钤印，弗得改易，章疏不呈内览。后持不可，议四日，乃决章疏呈览，谕旨钤印。任用尚侍督抚，枢臣拟名，请懿训裁定，其他简放人员，按照京察暨疆臣密考拟具正陪数员，在御前掣签，两宫并许可。"

《热河密札》第十二札也说："要缺公议，其余制签，均取旨进止。"

上述记载反映在确定辅政大臣权力问题上，太后与八大臣之间进行了激烈的斗争。最后议定的办法是：（一）章疏呈览；（二）谕旨钤印；（三）任用高级官员，大臣提名，太后最后裁定；任用一般官员，先提几名候选人，用

"制签"办法确定人选，由两位太后批准才能宣布任职。

"制签"，就是任命官员时，由军机处糊名签后进呈御前。两宫太后坐在两旁监督，小皇帝居中抽签，先抽中者为正职，后抽中者为副职。然后，再由各部抽签分配任职省分，最后公布于众。

七月十七日（8月22日），赞襄政务王大臣发布文件《为发下谕旨以"御赏""同道堂"方章为符信等事致吏部兵部咨文》《为按月恭缴钤图谕旨事交内阁片》，向京师内外各衙门宣布，今后朝廷命令必须有"御赏"、"同道堂"两枚印章才能生效，盖印公文定期交回内阁存档。

太后与辅政大臣的权力分配方案暂时这样确定下来。

八大臣辅政后的第三件大事是关于两后的称呼问题。那拉氏的儿子载淳继承皇帝位，根据清朝的祖制家法，生母懿贵妃应该尊为皇太后，与钮祜禄氏并尊。辅政大臣们经过精心研究，对两位太后名义上并尊，实际上有意分出先后高下。仍然存在细微的区别：钮祜禄氏称母后皇太后，那拉氏则称圣母皇太后。

当时，因为母后皇太后钮祜禄氏住在避暑山庄"烟波致爽"殿东暖阁，人们称为"东太后"；圣母皇太后那拉氏住在西暖阁，人们称为"西太后"。

八大臣辅政的第四件大事，是拟定建元年号为"祺祥"。据《军机处上谕档》记载："建元年号，业已恭拟，奉旨用'祺祥'二字，已于月之二十六日交片内阁矣。"这就是说，七月二十六日（8月31日），由八大臣拟定的年号，经两宫太后批准，用"祺祥"二字，正式确定下来。七月二十八日（9月2日），赞襄政务王大臣为建元年号奉旨用"祺祥"二字，致函留京王大臣。

顾命八大臣自以为大权在握，根本不把两宫皇太后放在眼里，在颁布了一系列决定和任命之后，他们弹冠相庆，歌舞升平，在热河这片小天地里做着不醒的迷梦。

两宫太后为了扭转顾命大臣一手遮天，独揽朝政的大权，充分利用了咸丰帝亲赐的两枚印章，参与朝政决策。更主要的是她们联合恭亲王奕䜣，共同策划了一次秘密政变。

两宫皇太后雷厉风行，立即拟好谕旨，盖上两道印章，密旨已备，只是肃顺、载垣等人已完全控制热河局势，并严密监视着两宫皇太后的行动，所以密旨不可能大模大样地发出。怎么办呢？此时慈禧太后找来心腹太监安德海，由他把密旨交给远在北京的奕䜣。

奕䜣早就想跟八大臣对着干，可是一直对咸丰的"顾命"有所顾忌，生怕弄不好就会被八大臣扣上"悖逆""犯上"的罪名，身首异处。现在有两位皇太后撑腰，奕䜣认为自己大显身手的时机成熟了。

相传奕䜣化妆成萨满，在行宫见了两宫太后，密定计，旋返京，做部署。奕䜣在热河滞留六天，同两宫太后会面约两个小时，他们破釜沉舟，死中求生，睿智果断，抢夺先机，外柔内刚，配合默契。恭亲王奕䜣随后返回北京，准备政变。

恭亲王奕䜣刚走，山东道监察御史董元醇的奏折就飞抵热河。奏折主要内容是：敦请太后垂帘听政，另简亲王辅政，并要求整顿高级官吏队伍。这份奏折无疑把矛头直指向肃顺等顾命大臣，符合了两宫太后和奕䜣等人的心愿。所以在朝廷内外，尤其在热河顿时掀起了轩然风波。紧接着，京师的王公大臣如恭亲王奕䜣、大学士周祖培、贾桢，拥兵大帅如胜保、僧格林沁和曾国藩等也在积极谋求垂帘听政的形势，以取代权臣辅政的格局。然而，当时政治斗争的中心热河，顾命八大臣勾结在一起，专横跋扈，因而，董元醇奏折引起的风波很快平息下来。

两宫皇太后见热河肃顺集团气焰嚣张，就采取了以退为进，以守为攻的策略，使肃顺一伙更加骄横，目空一切。

估计恭亲王回京布置妥当后，两宫皇太后正式下发驾銮京师之旨。肃顺等人却极为反对，上言道："皇上一孺子，京师何等空虚，如必欲回銮，臣等不敢赞一辞。"但是，两宫皇太后坚持还京，她们向肃顺等人表示："回京后如果发生意外，与你们毫不相干。"

九月初四日（10月7日），载垣、端华等人惟恐回銮京师后政局有变，于己不利，因而奏请太后、皇上辞去一些职务，以讨好两宫皇太后。两宫皇太后将计就计，将八大臣的部分兵权予以解除，而将步军统领等军权委任给亲信奕谖等人。

九月二十三日（10月26日），两宫皇太后及皇上在避暑山庄丽正门外，恭送大行皇帝梓宫上车。然后从小路先行回京，同行的有载垣、端华、景寿、穆荫等人。肃顺则和醇郡王奕谖等护送梓宫沿大路返京。这样，顾命八大臣的三位核心人物——载垣、端华、肃顺，也被分开处置。

二十九日（11月1日），两宫皇太后和皇上抵达京城西北门，恭亲王奕䜣率王公大臣出城迎接。安顿就绪，两宫皇太后密召奕䜣，商议了政变步骤和措施。

次日清晨，入朝时，恭亲王奕䜣将载垣、端华等人捉拿。当晚，肃顺也在扈从大行皇帝梓宫途中被醇郡王奕谖捉拿。

两宫皇太后随即以皇帝名义发布在热河时就已拟定的谕旨，以顾命八大臣阻挠先帝回銮，反对太后垂帘等罪名，将八大臣解任，并逐出军机处。几日之后，载垣、端华被赐令自尽，肃顺问斩菜市口。顾命大臣的余党，或革职，或发配，一场没有硝烟的权力之争宣告结束。

十月初九日（11月10日），嗣位皇帝载淳在太和殿重行即位大礼，废顾命大臣所拟"祺祥"年号，定明年改"同治"，取两宫皇太后一同治政之意。

　　咸丰十一年十一月一日（1861 年 12 月 20 日），载淳及两宫皇太后在养心殿举行垂帘听政大典。焕然一新的养心殿内，设置三个宝座，同治帝载淳端坐正中，慈安太后和慈禧太后（同治元年，皇上给两宫皇太后正式上徽号：母后皇太后徽号为慈安，圣母皇太后徽号为慈禧）端坐同治帝后左右两边，座前各垂一帘。

　　黎明时分，王公贝勒、大学士、六部九卿、文武百官应旨在养心殿外恭候。辰时正，按班入觐，除惠亲王以外，自亲王到科道官吏均依照官职高低分班分次到御座前行三跪九叩大礼，在喧闹的鼓乐声中，御前司礼太监立于御座前高呼："一叩首，二叩首，三叩首……"

　　从此，东西太后垂帘听政的时代开始了。然而谁又将主宰新的时代呢？

第三章　童年无趣

　　同治皇帝 19 年短暂的一生遭遇了五大不幸：幼年丧父是为第一大不幸；幼年担当社稷重任而不能享受正常童真快乐是为第二大不幸；同母亲关系不好是第三大不幸；婚姻不如意是第四大不幸；无子无女是为第五大不幸。下面简单描述一下他的童年的不幸。

一

　　同治元年春节，慈禧太后在政变后迅速稳定了政局，实现了垂帘听政，心情格外舒畅，对小皇帝格外开恩，小皇帝和太监们游玩嬉戏，甚是欢快。转眼已到二月二，两宫太后见年也过了，是时候让小皇帝上学读书了。于是，特下懿旨，让钦天监挑选入学吉日。钦天监官员回话，二月十二日是个好日子，入学时间就定下了。

　　然后是给小皇帝选择师傅。除了原先的师傅李鸿藻外，又增选了几位师傅。他们是：礼部尚书、前大学士祁俊藻；管理工部事务大臣、前大学士翁心存；工部尚书倭仁。他们都是当时耆年硕望、品学端方、最有名望的老臣。除了这些教汉学的老先生外，还命礼部尚书倭付珲布为总谙达，礼部左侍郎伊精阿和兵部尚书爱仁为谙达，专门给皇帝讲授满文。这样，共给皇帝配备了四个师傅、三个谙达。

为了督导小皇帝好好读书，又命辈份最高、小皇帝爷爷辈的惠亲王绵愉常驻弘德殿，专门照料小皇帝读书。又派惠亲王的儿子奕详（小皇帝叔叔）在弘德殿伴读。

对于皇帝典学，两宫太后和近支亲贵，无不给予高度重视。因为大清皇祚，已是一脉单传。皇朝兴衰，都寄托在这位不满七岁的小皇帝身上。如典学有成，堪当大任，则大清中兴有望。因此，特派位极人臣的议政王奕䜣充任弘德殿总稽查，全权负责皇帝读书的课程设置和典学的一切事务。

小皇帝典学是大清朝政的一件大事。因此，议政王奕䜣和军机大臣们共同拟订了一份皇帝典学章程，共十五条，其中规定了小皇帝的日常作息时间、功课内容及皇帝学习的纪律。

以下是这份章程的主要内容：

（一）每天皇帝入书房，按照历朝上书房的规矩，其课程排序是：先拉弓、然后学蒙古语、读满语、讲汉书。

（二）皇帝的作息时间：每天在例行早朝召见或引见后，就到书房读书。现在是半功课，下书房后再传晚膳。将来到整功课时，就在书房里传晚膳。

（三）现在皇帝刚入书房，年纪尚小，仅是半功课，到八岁时改为整功课。

（四）在课堂上应该诵读与讨论相结合，二者不可偏废。读完书休息时，应该和师傅随时讨论。以古论今，古为今用，屏除虚仪，务求实际，不能读书刚完，就出去休息。

（五）遇到两宫太后及他自己过生日时，可以放假三天，即万寿节正日子及其前后各一天。

（六）年终从彩服日（阴历十二月二十七）到第二年的正月初五日，放假九天，不上书房。

（七）每年正月十三到正月十六日，不上学。

（八）弘德殿搭、拆天棚，及端午中秋，各放假一天。

（九）遇到祭祀大典日，可以撤去拉弓及满蒙文两门课，汉书课酌量减少。

（十）皇帝亲祭坛庙日不上学。

（十一）自初伏到暑日，均是半功课。

（十二）现在皇帝尚在冲龄，只练拉弓。二三年后就应练习步射，十岁后练习打枪，以保持满族的骑射旧俗。

（十三）为重功课计，拟请两宫太后下懿旨，严防皇帝练习打枪时在各处游览。打完枪稍事休息，就应立即回宫。

（十四）骑马一事，须从小开始学习，才能逐渐娴熟，拟自入学后，每隔五天，下书房即在宫中长街学习骑马，特殊的天气除外。

（十五）学习步射时，拟请由御前大臣及乾清门侍卫派出数人，随同皇帝陪射，并与他比赛，以资观摩。

从上列章程条款来看，小皇帝担负着很重的课业负担，与现在普通小学比，不仅所学的科目多，而且学习时间长，内容又十分艰深，同治小皇帝如果生活在我们这个时代，一定会十分羡慕当今"小皇帝"们那欢乐、愉快、丰富多彩的学校生活。

从作息时间上看，分为半功课的作息制度和整功课的作息制度。其中半功课的作息制度是指小皇帝起床后，去给两个妈妈请安。小皇帝每天老早就要起床，去给两个妈妈请早安。吃完早膳后，要陪着太后们到养心殿里参加他什么也听不懂的朝政，耐着性子绷着一张严肃、庄严的小脸，做着皇帝的样子。下朝后，立即就去书房上课，然后才能吃饭与休息。按"整功课"的制度，小皇帝每天卯初（早上五点）起身，卯正（早上六点）去书房读书。然后还有膳前课与膳后课，就连吃饭也不能离开书房，须在书房中用膳，而且是一节课接着一节课地上，中间略有休息，也不能随便玩，仍要与师傅讨论课业，不许"诵声甫辍，旋即退息"。

从学习时间上看，小皇帝根本没有寒假与暑假可以休息，只是在春节前后有九天的假期，在两位妈妈及自己过生日时，可分别放假三天。过正月十五灯节时，可放假三天。此外，就是端午、中秋、祭典日、搭拆天棚日等各放假一天。以上的假期加起来也不满一个月，况且其中有的节假日也不能休息与玩耍，而是参加各种繁缛的礼仪活动。和现在比起来，不仅没有星期日，也没有寒暑假，可见，当个皇帝学生不容易。难怪小皇帝会发出"当皇帝真是一种苦差"的感叹啊！

从课堂内容上看，有满语、蒙语、汉语三门文化课，这个六七岁的小孩须学习三种语言，而这三种语言又是世界上最难学的。而且所学内容尽是些艰深难懂的帝王之学，除了文化课外，还有骑马、拉弓等武课。他天天被一大群师傅、谙达们包围着，教他学这学那，不得轻闲，小皇帝精神、体力负担之重是可想而知的。

二

由此我们可知，同治帝没有一个欢乐、轻松的童年，他被关在紫禁城那厚重高大的红墙里。他没有朋友，没有伙伴。他周围只有两种人，一种是要他天天去叩头问安的人——他的两个太后妈妈，另一种是天天向他下跪叩头的人——他的大臣和太监们。

前面我们提到，在繁重的课业之余，小皇帝除了日常给两宫太后请安侍膳外，在逢年过节，尤其是太后圣寿节（生日），还要参加各种繁琐的礼仪活动，下面是一次给太后上徽号的仪式。

　　慈安、慈禧两个徽号是在咸丰十一年九月拟定的，但没有举行正式的仪式。到同治元年四月二十四日（1862年5月22日）才举行加徽号的仪式。当天先派官员去祭天地祖宗，然后小皇帝穿好礼服驾至中和殿，装模作样地看了遍奏书。然后登上舆轿，经由右翼门来到永康左门。下轿后，由大学士捧着奏书在前边引路，小皇帝在后边跟着步行，来到慈宁门。小皇帝从东边的台阶上去，到门下站在东边。这时，两宫太后驾临慈宁宫，升座，摆好全副仪仗。小皇帝从东边走到中间，在正中的拜位上跪下。左边的大学士捧着奏书也跟着跪下，膝行向前，把奏书递到小皇帝手里。小皇帝接过来，由他恭献奏书。他右边的大学士跪下接过奏书，放在中间的黄案上，由宣读官捧起来，跪在地上宣读。宣读完毕，小皇帝率文武百官向两太后行三跪九叩大礼，恭上徽号。礼毕，两太后分别回到各自寝宫。这时，小皇帝的事还没做完，又分别到绥履殿问母后皇太后安，到平安殿问圣母皇太后安。

　　第二天是正式给两宫太后加徽号的日子。这天，小皇帝穿戴整齐，驾至太和殿，又按昨天的礼仪，恭献册宝。从这件事上，可见七岁小皇帝应付这样的大场面，完成这样一套繁琐的礼仪，实在太不容易了。

　　还有各种祭祀活动，也是由小皇帝出面唱"主角"。有一年，北京一带久旱不雨，小皇帝就在文武百官陪同下，到景山大高殿上祈雨。先派大臣到北京西郊的龙潭取水，然后敲锣打鼓迎入京城。沿途农民设香案于道路两旁，祈祷上苍降雨。大臣把龙潭之水送到大高殿，供奉在殿上。小皇帝佩带一块玉牌，上刻有"斋戒"二字，虔诚地斋戒祈祷，口中念道：

　　"敬求上天怜悯，速赐甘露，以救下方黎民百姓之命。凡有罪于天，祈降朕身。"

　　这样连着祷告三遍，再三叩头，才算结束。

一次，小皇帝正在行祈雨礼时，大雨突然而至。但仪式还没有结束，小皇帝就冒雨直到仪式结束。一个大臣送来一把遮雨的东西，被他拒绝了。这样，等仪式完成之后，他已被浇成了落汤鸡，回到宫中就病倒了。

此外，小皇帝还要承担着很多礼仪性的国事活动。其中必不可免的就是赐蒙古王公宴。按清朝的惯例，年终时内外蒙古王公要分班循环来京上朝值班，皇帝照例要赐宴。赐宴地点在抚辰殿或保和殿，有京二品以上的大臣坐陪。殿内摆设矮餐桌，放在地上的锦茵就是坐席。每二人一席，进膳时小皇帝也坐锦茵上。所赐之宴，除酒之外，还有十六样蒙式菜肴，大多是半生半熟的肉。小皇帝虽然不爱吃，但也强迫自己吃。宴会上气氛庄重而压抑，进餐时虽然有几十人在坐，还有几十人侍候、但没有人说话出声，大家都谨守礼节，默默地、恭恭敬敬地吃着。宴后，小皇帝照样还要向蒙古王公们颁赏，这种活动每年都要举办。

作为名义上的国家元首，小皇帝要参加很多很多的礼仪活动。行不完的礼，叩不完的头，天天如此，年年如此。这不能不使天性活泼好动的小皇帝产生厌倦之情。尤其令他难以忍受的是，在所有的仪式上，都要求他像个帝王的样子，摆出帝王的仪式。哭笑不得，只能是经常板着一副毫无表情的铁面孔。一次，曾国藩在平定太平天国后，由两江总督调任直隶总督，被恩准入朝觐见。接见后，他在日记中记载他对小皇帝的印象是："皇上冲默，亦无从测之。"像曾国藩这样诸于世故的权臣，都看不出小皇帝的喜怒哀乐，可见他装皇帝样子的功夫真是到家了。然而要达到这个地步，小皇帝做出了巨大的牺牲。他因此而童心泯灭，成了一个未老先衰的小老头。

三

在同治帝的老师中，他最喜欢的有两个人，一个是他的启蒙老师——李鸿藻，另一个是翁同龢。

翁同龢，字声甫，号叔平，又号瓶生。道光十年四月二十七日（1830年5月19日）生于北京城内石驸马街罗圈胡同。他的父亲翁心存，道光进士，曾任礼、户、工三部尚书，曾是恭亲王、醇郡王、惠郡王、钟郡王的老师，晚年奉命在弘德殿行走，任同治帝的师傅。翁同龢承继父业，刻苦攻读，在咸丰六年（1856年）考中状元，年仅二十六岁。

同治四年（1865年），李鸿藻被升为军机大臣，入值军机处。虽仍兼弘德殿行走之职，但军机事务繁忙，无暇照料皇帝的功课。为不耽误小皇帝的学习，两宫太后决定添派师傅，结果翁同龢被选中。

他得知此讯，喜不自胜。在他看来，人臣高贵，无如帝师。如能造就一位贤君圣主，乃千古不磨的大业。乃父翁心存几度充任上书房总师傅，肃顺被诛后重被起用，任弘德殿行走。如今他继承父亲遗作，父子双双启沃一帝，更是一则佳话，自觉脸上无限风光。消息传出后，早有士林朋友纷至沓来，贺喜不迭。

同治四年十一月十二日（1865年12月29日），两太后召见翁同龢。昨天晚上，由于过度兴奋，他半夜十二点匆匆起床，整肃衣冠，做好准备。后半夜两点多，东华门刚开，他就急忙乘车进宫。早上四点，把谢恩的折子递给内奏事处。然后在九卿朝房，坐等召见。

早上九点，终于轮到召见的时候了。醇郡王领他进入养心殿东暖阁。小皇帝这几天有病，十几天没上朝了。因今天朝见师傅，才特地让他进来参加召见。翁同龢跪下叩头行礼，然后是慈禧问话。慈禧说：

"现在派你在弘德殿行走，你要尽心教导。李鸿藻在军机上很忙，皇帝的功课照料不过来，就靠你多费心了。"

这番温谕，使翁同龢非常感激，忙免冠叩头：

"臣才识浅陋，蒙两位太后格外提拔，深知责任重大，惶恐不安。唯有尽心竭力，启沃圣心，上报二位皇太后恩典。"

"只要尽心尽力，没有做不好的。"慈禧说到这，喊了一声：

"皇帝！"

坐在御案前的小皇帝，连忙应了一声从御座上滑下来，侍立在旁。

"你要听师傅的话，别淘气。"慈禧提高了声音问："听清没有？"

"听清了！"小皇帝回答。

他们都露出了满意的笑脸。

十二月初十日（1866年1月26日），翁同龢第一次进殿授读。这天清晨，外面十分寒冷。下着细细的雪花。他早晨五点就起床了，六点多进宫，先被引入养心殿跪安，八点多到了弘德殿，随班进入南角门，在南墙下站班，迎候小皇帝大驾。

不一会，小皇帝驾到，师傅与谙达们忙叩见皇帝。因今天是翁同龢第一次入值，小皇帝向他做了一个揖，算是行过了拜师之礼。然后是各自归座。先是上满语课，教汉书的师傅们退到弘德殿西小屋坐候。一刻钟后，满语课结束。该上汉书课了。于是翁同龢等三人就来到书房。先由倭仁进讲，徐桐与翁同龢二人在门旁坐候。

倭仁，字艮峰，乌齐格里氏，蒙古正红旗人，道光九年的进士出身。早年是理学家唐鉴的弟子，素以理学大师闻名，在弘德殿属首座。平口授读，自称力崇正学，必以程朱为指归。今天他讲的是《尚书》中的《召诰》一节。只见他摇头宣讲，小皇帝在下面无精打彩，愁眉苦脸地听着，像是在活受罪。不用说小皇帝，就连翁状元听了也颇费解。

然后是徐桐讲。徐桐字豫如，号荫轩。道光三十年进士出身。祖上本是汉人，后来隶籍满洲，编入汉军正蓝旗，算半个满人。他是同治四年二月才被授以弘德殿行走的。他师从倭仁，以理学家自负，实则是靠他父亲尚书徐泽醇点上了翰林，其学问之浅薄早为士人所传。一次，徐桐在翰林院阅卷，竟将"秘"字读成"衣"、"必"，一时传为笑柄。

今天，徐桐讲的是《孟子》和《大学》。先背熟书，后授生书。他讲得比倭仁还差，小皇帝仍无兴趣，就这样昏昏地上了一上午课。坐在旁边的翁同龢心想，如果靠这两人把小皇帝培养成一代圣主，那真是白日做梦。

等徐桐讲完，小皇帝已经饿得挺不住了。于是立即传膳。膳后，轮到翁同龢授读。

翁师傅捧书就坐后，小皇帝立时来了精神。他对翁师傅的这门课很感兴趣，这门课叫《帝鉴图说》，是明代大政治家张居正编写的一本教材。张居正为了辅导幼年的明神宗，在明朝隆庆六年（1572 年）把自尧舜以来历朝帝王的事编成一个个小故事，其中包括八十一件可以学习的好事，还有三十六件引作教训的坏事。每个故事都加上标题，配上一幅工笔图画。由于图文并茂，趣味盎然，比较适合儿童特点，同治小皇帝非常喜欢。翁同龢对这本书非常熟悉，几乎每个故事都能倒背如流，娓娓道来。小皇帝听得津津有味，很感兴趣。

下面是翁同龢在同治五年二月十六日（1866 年 4 月 11 日）所讲的一堂课。

在连续几个阴天之后，这天北京的上空一片晴朗，明媚的阳光给京城带来一片暖融融的春意。小皇帝的心情很好，显得格外精神。午膳后，该轮到翁师傅讲课了。他老早就睁着两只大眼睛，静静地坐在座位上等着上课。翁同龢把书翻开，说道：

"臣今天讲'碎七宝器'这一段。"

小皇帝随着翁师傅的话翻到那段，只见图上画着一个魁梧的帝王，拿着一把玉斧，正在砸一件东西。

"这是什么东西？"小皇帝指着图问。

所谓的"七宝器"，是一种便器，也即尿壶。但当着皇上的面怎好直说这不雅之物。他考虑一下，回答道："等臣讲完，皇上就明白了。"

于是，翁同龢就讲了宋太祖平蜀的故事。这个故事讲述的是后蜀皇帝孟昶因生活奢靡，以致被宋所灭。宋灭蜀后，把蜀中宝物运到开封。宋太祖发现其中有一件溺器，用七宝装饰，就用玉斧砸碎了。说："蜀主以七宝装饰此物，当以何器贮食？所以如此，不亡待何？"

那不雅之物在讲述中，自然而然地说明白了。小皇帝听后马上就理解了这个故事的含义，对故事情节留下了很深的印象。

翁师傅的课讲得好，早就在宫里传开了。两宫太后自然要问，翁师傅怎样讲课？小皇帝照实讲了书房的事，并把那个"碎七宝器"的故事绘声绘色地讲了一遍，太后听了十分高兴。有一天，慈禧太后面谕李鸿藻："闻翁同龢讲《帝鉴图说》甚明白，上颇乐闻。"

翁同龢讲课不仅生动，而且深入浅出，把道理融进每个小故事中。一次，翁同龢讲唐宪宗拒受贡品一节，边讲边阐发做帝王的道理，同治帝听了大为感慨，说：

"贡献皆取之于民，我亲政后，定效法宪宗，不受贡物。"

翁师傅听了大为赞许，连连夸皇上讲得好。说：

"皇上能这样，真是天下臣民的福份。"

翁同龢之所以得到小皇帝的爱戴，有多方面的原因。小皇帝的师傅，原来都是些五六十岁的老者，而翁同龢仅有三十五岁，正当盛年，精力充沛，自然一扫以前老师傅们的暮气，这正是小皇帝最缺少的，也最想得到的东西。

翁师傅不仅年富力强，而且娴习经史，学问精湛。因而他讲技娴熟，颇得其法。

更重要的一点是他有很强的责任心。每天他寅时入值（早上四点），申时（下午四时）回家。一年四季除生病外，几乎天天如此。有时甚至抱病当班，不肯缺课。

他备课极其认真，对所讲的内容往往一日温习数遍，直至熟记为止。他为了弄懂一些问题，跑遍北京大小书铺，遍访名儒大师，直至彻底搞清楚为止。

为帮助同治帝学会作诗，他特意编辑了《唐诗选读》，亲手抄清，送给皇上，让他随时阅读。同治读古文有困难，他便将常用文言虚字编订成册，附上例文注释，供同治随时翻检。他见同治写仿不佳，是因笔不合手，特地到城外德宝魁笔店亲选两支上等水笔送给同治。种种关怀照顾，加深了他们的师生感情。

在教育方法上，他十分注意灵活性和实际效果。当他看到小皇帝精神疲倦时，就停止宣讲，让皇帝到宫院中散散步。同治帝感到作论太难，他提议不妨由师傅先编几条有关用语，供皇上选择使用，很受皇上欢迎，对提高他的作文水平起了不小的作用。

翁同龢把小皇帝的典学看得比什么都重要，凡是影响皇帝学习的事，他都挺身出来管，因此他不惜得罪同僚，有时对太后的一些做法也敢于直言相谏。同治七年（1868年），两宫太后常领着小皇帝巡幸王府。因此而打乱了教学计划，影响了书房功课。他认为这样不利于圣学。便会同李鸿藻联合上折，奏请停止皇上巡幸，以重圣学。此折虽被"留中"，没有公开答复和处理，但表明了师傅们的责任心。

同治小皇帝天性活泼灵秀，而师傅、谙达们却教导他怎样老成、持重，为改造小皇帝的童心，他们真是煞费心机，常常受到小皇帝机智而又倔强的抵制，时常会闹出令人尴尬乃至忍俊不禁的事情。当然，在小皇帝情绪好，学业有明显长进的时候，师傅和谙达们也喜形于色，欢声一片。

他的启蒙老师李鸿藻在教过一段时间后，对他的评价是："姿性平常，亦不乐攻苦。"因而对他要求逐渐严格起来。一天，李鸿藻督课十分严厉，唬着脸让他好好念书。同治感到受不了，就要请假入内以避之。但李师傅坚不允许，让他在坐位上好好读书。这时，小家伙气得脸都涨红了，"啪"地一声，把桌上的书扔到地上，愤怒说到：

"我不读了！"

这一举动把李师傅气坏了，他觉得自己的师道尊严受到了严重损害。他声色俱厉地说：

"皇上，请你把书拾起来！"

一连说了几遍，小皇帝就是不拾。相持了好长一会儿，小皇帝怕把事闹大了，让他那严厉的西太后额娘知道，就不好收场了。想到这，他才怏怏不乐的地把书拾起来。

又有一次，小皇帝说什么也不想再读下去了，眼睛左瞧右盼，一会做个鬼脸儿，一会嘻嘻地笑几声，师傅让他专心读书，他就是不肯，与师傅执拗起来，气得师傅束手无策，毫无办法。师傅一看怎么劝也不听，气得哭了起来，一边流着鼻涕眼泪，一边劝他听话。小皇帝一看师傅都让自己给气哭了，就有些不好意思了。这时正好看见书上写有"君子不器"几个字，就用他的小手把"器"字下面的两个"口"字遮住，然后招呼师傅说：

"师傅，你来看，这句话是什么意思？"

师傅一看，是"君子不哭"几个字，真是让人哭笑不得，立即破涕为笑，停住哭泣，连夸皇上聪明。

一次小皇帝读书，当读到"日若稽古帝尧，日若稽古帝舜"一句时，竟把"帝"字读成"屁"字，念成"日若稽古屁尧，日若稽古屁舜。"自己读着觉得很好玩，不觉嘻嘻笑出声来，把师傅气得直翻白眼。

当然，小皇帝不总是那么顽皮，也有认真读书，让师傅们高兴的时候。

一天，小皇帝学写字，写着写着，就不着边了，在纸上胡乱画了起来，李鸿藻见此情形，就来到他跟前，把他的手拉过来，捧着他的手说：

"皇上，你现在心不静，休息一会儿吧！"

小皇帝一见师傅这么客气，立即收起嬉笑，认真对师傅说：

"不了，我好好写。"

然后，他就工工整整、一笔一画地练习起来。

同治四年十二月十二日（1886年1月28日），翁同龢给小皇帝讲书，他听讲十分认真，不嬉戏，也没有倦容，使翁师傅发出了"我皇天资粹美"的感叹。尤其令他感到高兴的是，小皇帝记忆力特别好。四年前的夏天，他曾替李鸿藻写了十余张字贴，给皇帝练字用。这事小皇帝还记着呢，在讲课之余闲谈时，问道：

"您不就是那位写红仿格的翁师傅吗？"

"臣正是！"他连忙回答："皇上记性真好！"

"我知道，你是翁心存的儿子。"小皇帝笑着说。

同治五年八月初一日（1866年9月9日），小皇帝读书特别勤奋，就连多日来不愿意学的满语课，也能非常安静地学习。在翁同龢讲课时，他更是非常认真，因而学习进度很快，不一会就把旧课复习完了，又学了新课。这时，距下课时间还有一会儿，师生俩唠起家常来。说着说着，小皇帝忽然记起了翁同龢的老父亲。就关切地问老翁师傅已经去逝几年了，去逝时任什么职位，现在葬在哪里，等等。

翁同龢是个大孝子，一提起故去的老父，心中不免难过。又见小皇帝这样关心自己的老父，感动得不觉泪涕满面，沾湿了衣服。小皇帝见此情此景，也动了侧隐之心，跟着流出了同情的眼泪。

然后，小皇帝又向翁师傅打听他哥哥的情况，问道：

"您哥哥也是翰林吧？"

"是的。"

然后，又问他哥哥的年龄、官爵等等。这时，小皇帝想起去年翁师傅曾因哥哥去逝而请假十余天的事，关切地说：

"去年腊月您曾为兄服丧，不就是这个哥哥吗？"

"止是，多谢皇上体恤。"翁同龢感激地答道。他想，一个十一岁的小孩，竟这么懂事，富有同情心，他长大了定能成为仁孝慈和的皇上。

同治五年一月二十八日（1866 年 3 月 14 日）后半夜，北京突然刮起了罕见的黑风。听见外面寒风呼啸，翁同龢抖抖索索地从床上爬起来。虽然已有五更天了，但外面被大风刮得天昏地暗，伸手不见五指。仆人看看天气，面有难色。翁同龢毅然地说：

"备车，挂灯。"

马车顶着大风艰难地进行着。当车行至前门城墙外时，一阵疾风刮来，车灯一下子刮灭了，骠马受惊，翘着蹶子，在黑暗中狂奔起来。马车左撞右碰，万分危机，幸亏及时赶来几个守城官丁，把惊骠拉住，才避免了一场惨祸。但在黑暗中，骠马被撞伤，车被碰坏，眼看就要到列班的时间了，翁同龢焦急地对官丁说：

"马上备轿!"

官丁立即备好一顶轿，冒着狂风急速地把翁同龢送进宫内，终于在列班时赶到。

连惊带吓，又遇风寒，翁同龢感到体内寒热交加，身子直发抖。当他上课时，头痛得几乎不能端坐。但他仍强打着精神，忍住疼痛，一板一眼给小皇帝讲着书。

小皇帝见师傅疼成这样，还给自己讲课，于心不忍，就说：

"师傅，您去休息吧，我自己读。"

然后，他就自己认真地，静静地读了起来。

翁同龢强挺着坚持把课上完，回到家后，就开始发高烧。虽然吃了药，但一宿高烧不止，彻夜呻吟。

第二天早晨，翁同龢仍然余热不退。祸不单行，他的老母也病情加重。无奈，只好派人去请一天假。

第三天，他虽然出了不少汗，但仍有余热。想到因自己有病，把皇上的课耽搁了，心中不免内疚，于是，他便咬着牙，在凌晨三点钟就硬撑着起床了。他一站起来，立即感到一阵头晕目眩，耳鸣不已。但他还是坚持按时进宫列班，为小皇帝进讲。由于病痛难忍，他在讲课期间，几次出去休息片刻，坚持把课讲完。而小皇帝也能体谅师傅的苦衷，师傅讲课时认真听，师傅出去休息时也不嬉闹，在座位上安安静静地读书。

同治帝对师傅比对谙达要敬重得多。平时上满语课时好嬉戏，等上汉书课时则比较认真。他在淘气的时候，师傅们管教的效果比谙达们好得多。同治五年九月二十日（1866 年 10 月 28 日），小皇帝在上满语课时，闹得很厉害，一刻也不安静，搅得谙达上不了课。正在谙达万般无奈的时候，倭仁、翁同龢、徐桐三位师傅走入书房。小皇帝一见师傅们表情严肃地向自己走来，吓得立即收起嬉皮笑脸，回到自己的座位上去，正容危坐。师傅们对他讲了一会道理，才退下去。

谙达们对这件事很不服气，说他们三个师傅在上满语课时不应上书房，这是越俎代疱，愤愤不平了好几天。

四

翁同龢有一个好习惯，就是每天都坚持记日记。尤其是在他任弘德殿行走时，逐日记录同治帝典学的情形，多数日记都十分简练。兹举几则日记，以窥一斑：

同治五年正月初九日（1866年2月23日）。阴，垂垂欲雪，寒甚。早五点，同治帝亲至太庙行礼，七点还宫，九点到书房，十一点四十五分退。今天读书微倦，略有戏动。讲《帝鉴》"一忧一喜与兄弟共之"一句时，皇上能引《孟子》中"众忧亦忧"一句为证，可见皇上颖悟不常。

正月十一日（2月25日）。讲书颇有戏动，我以"敬"字献给皇上，皇上才听话。

正月十四日（2月28日）。宣庙（道光帝）忌辰，皇上到奉先殿、寿皇殿行礼。昨日皇上咳嗽、呕吐，皇太后有谕，今日书房不必多读。上午九点皇上到，减去熟书数号，默书、写作皆减。上午十一点退。

正月二十四日（3月10日）。我在十点左右进至案前侍皇上温习功课，先和皇上说，我是南方人，口音与皇上不同。皇上说不碍事，坚持让我领着读，因而领着读了一遍。

正月二十五日（3月11日）。皇上读书还清朗，只是膳后一时许精神有些疲倦。

二月初五日（3月21日）。皇上总开玩笑，我恳切地和皇上理论，并讲《帝鉴》"唐宪宗不受贡献"一段，反复讲解，皇上才听话。

二月初九日（3月25日）。晴，大风。六点皇上到，膳后背书时多有错误，我向他讲述矫正轻谩，警惕怠惰的道理，并切论勇于改过是成为圣主的根本，皇上听了面露喜色。又讲"延英忘倦"一段，用这个故事进一步阐发力戒怠惰的道理。

二月十一日（3月27日）。皇上读书很勤奋，略有戏笑，经师傅力争，方停止戏笑。

二月十二日（3月28日）。皇上读书时好时坏，但我说的话他都能听进去。在讲"淮蔡成功"一节时，有段注解难读，就请皇上把手指放在书上，用手指点着字读，方读得顺口。开始还有点勉强，但一试效果很好，十分高兴。

二月十五日（3月31日）。今天皇上读书还算勤奋，只是常嬉笑。昨天默写时错了一个字，我也不禁失笑。

二月十七日（4月2日）。今天皇上读书没有倦容，也不嬉戏，还是今年头一遭。只是在讲书时，说话和动作都不合礼数，因而抗词争之，并稍加讽谏。

二月二十五日（4月10日）。早晨六点皇上到。今天皇上多戏言，我与诸公恳切劝谏，才听话。读书还勤奋，下午一点半退。

二月二十七日（4月12日）。今天皇上读书极顺利，膳后全书读了十五遍。读满语也很顺利，用了两个小时就完成了，然后退出书房。上午九点又入书房，读得很好。讲"受言书屏"一段，还安静，中午十二点多就退下了。这样顺利是几天来所没有过的。

三月初三日（4月17日）。晴，仍暖。早六点上课，十二点十分退。膳前上课有戏言戏动，膳后读书很勤奋，讲书时也安静。生书领读五遍，自己读五遍，稍改变教学方法，效果还好。我与诸公商议，皇上近来言行多有非礼之处，不能不极力劝谏。于是就以学习态度认真不认真，来定每天读书的节数。希望这样能稍起作用。

三月十三日（4月27日）。晴，非常热。六点上课，十二点下课。膳后上课时有一段嬉笑，其余的时间都很顺利，讲书也很好。本日为皇太后进讲"明太祖诏百官迎养父母官给舟车"一节，皇太后问洪武为政尚猛及当时大臣为谁等问题，我都正确地回答了。又问皇帝功课情况，我回答说，这十来天虽无戏言，但精神疲倦。两宫太后说，皇帝每天起床甚早，往往叫醒时还睡眼蒙胧。入春后天气渐长，正是春困的时候。我回答说精力自然应该积聚，但也应视时宜怎样。每当读书不顺时，就让他写字，或下座走一走，舒展一下，把情绪调节好后，读书就顺利了。

三月十七日（5月1日）。皇上在膳后上课时又有戏言，但很快就止住了。讲书时还安静，皇上在讲书时说了这样一句话："宋仁宗不喜珠饰，何异于太宗之戒主衣翠耶。"诸臣都称赞他讲得好。

四月十一日（5月24日）。皇上到大高殿祈雨。黎明浓云如墨而不雨，皇上殷切盼雨，读书时望云而叹，可见吾皇之仁厚。午露日光，傍晚云合。将近六点时入书房，晨读四刻钟就结束了，这样顺利是几天来所未有的。满语也只用了两刻钟，膳后读书也很好。中午十二点退。

五月十二日（6月24日）。烦热益甚，似数年来无此酷暑。今天读书极好，膳前写字仅用四刻钟，而满语也用了四刻钟。李鸿藻持阿里汉折来到殿中，并传太后旨："以后膳前专读汉书，用六刻钟即可。满语改在膳后，不用多读，可酌量减少。"因为天气酷暑，故减去讲书、默书等课。

五月二十四日（7月6日）。阴云四布，下午二点有雨数点，雷声隐隐向东去。这天是三坛祈雨日，皇上亲至大高殿行礼。有太监来，说皇上祈雨时中暑，让在书房中听传。

五月二十七日（7月9日）。清晨有微雨，但很快就停了。七点后细雨如毛，地被淋湿了，雷声隆隆，先下小雨，晚上七点半时大雨如注，雷电交加，大雨下了三刻钟。从去年到现在还没见过这样的快雨。由此可见天心之仁爱，吾皇冒暑祈祷之诚笃。

十一月十五日（12月21日）。晴，极暖。早六点入书房，皇上读书甚"涩"，读了七刻钟才完。所谓"涩"者，就是读书时乱哼哼。膳后九点四十五分又上课，满语用四刻钟，然后背熟书六遍，多戏语，写字草率，讲书后又重写一张，略好一些。

十一月二十三日（12月29日）。今天早六点皇上到大高殿祈雪，没上早课。九点一刻回来，读书十分勤奋，学得很快，讲书也很通顺。

十一月二十五日（12月31日）。今天皇上有引见，上午十点一刻才来上课。先用三刻钟上满语课，我们上课时已十一点一刻了，读到下午一点，学习平平。写字时手腕没劲，未免太滑，因最近写大字太多了。下午一点半下课。当时日光荡漾，皇上见仍无雪象，不胜嗟叹。我进言道：只要皇上圣心诚敬，一定能感动上天。皇上点头，十分赞许。

十二月十二日（1867年1月17日）。皇上有点咳嗽，右手虎口的伤口结痂未掉，有钱那么大，不痛。但不能写字，也不能练拉弓。

同治六年五月初三日（1867年6月4日）。我在领读时，皇上很不安静。皇上盼雨心情迫切，听到雨声就高兴，雨停了就面带愁色，但愿老天能理解皇上。前天下旨，定于初七日祈雨。

十月二十七日（11月22日）。自本月以来，皇上一坐便读，精神焕发，讲书、属对都有进步，真是可贺。满语课自桂清来后，皇上也不再嬉戏。今天满语课进展尤速，仅用四刻钟就学完了。在膳后讲书时，我与倭仁发生了一点龃龉。

同治七年三月十六日（1868年4月8日）。皇上今天读书精神极其分散，恐怕是由于昨天照例去看剧造成的。因而上课时间延长一个时辰，才勉强读完。

三月二十九日（4月21日）。皇上读书较好，只是背熟书数号不佳，讲书还可以，昨天开始用朱笔在所讲的书上圈点，今天开始脱手写仿。

五月初一日（6月20日）。晴，热。皇上清晨入书房，读书十分勤奋，顺畅，背诵如流，精神一振，只用一个半点就结束了。剩下的只有写字、属对及读诗等几项作业。

七月初九日（8月26日）。晴，更热。皇上读书很懒散，精神不振，可知昨天必有耳目之玩。

以上仅是《翁同龢日记》中的一些片断。从这些只言片语的记载中，我们可以看出一个十多岁的小皇帝，怎样在众多师傅的教导下，进行他作为帝王所应完成的学业。就大多数情况而论，小皇帝学习是很用功的，并不像有人所说的那样，是一个只知嬉笑淘气的顽童学子，而是兼帝王、儿子、学生三种角色于一身，肩负天下重托的特殊学生。他的学习负担比一般学生要重得多。除了参加各种政务仪式外，他还肩负代表全国百姓和上天沟通的重任，一遇雨雪不调，他必须去祈雨、祈雪，因此而多次中暑、受凉或感冒，影响了功课。当然，他毕竟是个孩子，无论怎样教育，还是时常露出儿童的本性，在上课时嬉笑、戏弄老师，着实让师傅们大伤脑筋。但更多的是师徒之间有真诚的感情交流和共享学业进步的欢乐。

五

年轻的帝师翁同龢，因教学有方，深受小皇帝的喜爱，也颇为两宫皇太后看重。俗语云："枪打出头鸟。"教学的成功给他带来了欢乐，但也带来很多麻烦和苦恼。从资历上看，他入值弘德殿时间较晚，年齿又浅，因而引起了"满洲诸公"的妒忌。妒忌得最厉害的是徐桐。据《翁同龢日记》中记载，徐桐见太后经常称赞翁同龢，却不表扬自己，急得直吐血。于是，他表面对翁彬彬有礼，暗中却挑拨翁和谙达们的关系，常在背后搞些小动作。

按清代书房的规矩，皇帝出入书房，师傅和谙达们都要站好队，在门口迎送皇帝。站队时，满洲老师谙达们只能站在汉族师傅的后面。这样，谙达们心里不服气，觉得这样是低人一等。最使他们不满的是，师傅们可以坐着进讲，而谙达们则只能站着授书。谙达们几次想推翻这个规定，都没有成功。

翁同龢在同治四年十二月初十日（1866年1月26日）第一次进讲时，就遇到这个令人头痛的问题。他早已知道书房中的"站"、"坐"之争。这个争端始于醇亲王奕譞同治四年取代恭亲王奕訢任弘德殿稽察。一次，他传皇太后谕旨，命授读者在案旁就坐，其余的人可暂时退出书房，但他没说明其余的人是否可以侍坐。奕譞传了这个语意不明的旨意后，一些谙达认为有机可乘，教满语的谙达伊精阿首先公开在旁边坐着。不久，奕譞发现了这个现象，立即弹劾伊精阿，制止谙达在书房就坐。于是，谙达们愤愤不平，议论纷纷，要求改变这一不合理的规定。

翁同龢第一次入值弘德殿，觉得自己年纪轻轻，看见岁数比自己大得多的谙达们站着，而自己却要坐着，于心不安。尤其是知道"站"、"坐"之争的内幕后，怕招来议论，因而对是否就坐一时有些犹豫。但他又一想，这是大清旧章，不可随便更易，不能因为自己一个人谦虚而顿改旧制。想到这，他就毅然决然地入坐进讲。

谙达们没有达到目的，便迁怒于汉族师傅。而徐桐则利用自己一半旗人的身份，挑动谙达们把不满情绪集中到翁同龢身上，掀起了反对翁同龢的小风波。同治五年十一月，在徐桐的挑动下，谙达奕庆、桂清等人相继"掀腾"，在授课时也仿汉人师傅例就座。翁同龢不知是计，就以一个卫道士的身份公开表示反对，认为这个规矩沿袭已久，若要更改，须请旨方可。翁的态度加深了谙达们对他的怨恨。于是，他们故意拖长自己膳前授课的时间，挤掉翁同龢讲授汉功课的时间，企图要翁同龢担当授读"不尽心"的责任。

同治七年（1868年），书房改为整功课。整功课极其繁重，小皇帝早五点起床，六点上课。冬季天还没亮，小皇帝就已到书房了。一天下来，读生书、背熟书、练字、默写、温课、写诗、作论、拉弓、打枪，真是又忙又累。在上课的同时，又要参加很多仪式，往往影响功课进度，加重课业负担。一个十几岁的孩子，哪能堪此重负，因而经常生病，上课时也常常无精打彩。另外，当时两宫太后又张罗给小皇帝选秀女，同治帝越发神思不定，因而功课进展十分缓慢。

本来课业负担就很重，而谙达们为了与翁同龢夺争授课时间，又不断加大满语的课业量，有时一讲就是一个半小时甚至两个小时，甚至连小皇帝用膳的时间都被挤占用了，两宫太后不得不枵腹等着小皇帝下课进膳。到了膳后，小皇帝早已累得精疲力尽，就是你翁同龢讲得再好，对一个已经打不起精神的学生也是无可奈何的了。这样，帝师们争斗的结果，作出牺牲的首先是小皇帝。

翁同龢鉴于小皇帝课业负担过重，想在教学方法上作一些改良。他采取灵活多变的授课方式，一会领着读，一会教他写字，一会儿又让下来走动走动。他的这些改良方法遭到了倭仁、徐桐的反对。倭、徐在小皇帝情绪不佳、精神不聚之时，往往采用罚读、罚写的办法，逼迫小皇帝学自己教的课。尤其是倭仁，对自己讲的《尚书》要求极严，常让小皇帝默写尚书段落。小皇帝本来对这门课就不感兴趣，又让他把大段大段的课文背熟，真是难上加难。默写时，往往半天想不起来，急得直冒汗。连别的师傅都觉得于心不忍，但倭仁仍然严肃地瞪着眼睛看着，从不肯提示一个字。这样一来，小皇帝对这门课更是感到厌恶，不愿学了。

翁同龢反对这种教育方法，认为罚读罚写于事无补，主张"顺情劝诱"，通过各种方式激发小皇帝的学习兴趣。但这些建议遭到徐桐的反对，他指责翁同龢是"另开台面"，"借此取悦圣心"，是向小皇帝献媚买好。这些议论传到翁的耳里，气得他"肝气作痛"。

由于他们常罚读罚写，又加之谙达们故意延长满语课时间，翁同龢膳后的课时大多被侵占，有一次膳前竟拖到下午二点，膳后课几乎全部挤掉。翁同龢焦急万分，而徐桐和谙达们则暗中高兴，私下里幸灾乐祸地说："这下有翁叔平好瞧的"。见翁同龢整天愁眉苦脸，认为可把这个年轻气盛的帝师给"降"住了。

小皇帝可遭罪了。喜欢上的课没多少时间，而不喜欢上的课却没完没了，一天累得连话都懒得说，偶而想轻松一下，说几句笑话，或画个小人什么的，立即惹出师傅们喋喋不休的一套大道理。这样一来，他身心交疲，常闹小毛病。小皇帝也乐得生病，因为那样可以免去书房之苦。

两宫太后见小皇帝学业进展不大，还经常生病，心中忧虑，每次在翁同龢帘前进讲时，都细问小皇帝功课，并告诉他皇上易于疲倦，胃口不好。翁同龢明知这是因徐桐和谙达们作祟，加重了小皇帝的身心负担，但这话又说不出口，只是自言如何改进教学方法，如何增进皇上学习兴趣，对问题的实质却避而不谈。

但人的忍耐终是有限的。翁同龢看到师傅、谙达们的争课影响了小皇帝的身心健康和学业，深感内疚和不安。无论是从师生感情出发，还是忠君责任感的驱使，他终于抛弃了个人的恩怨得失，向醇亲王诉说了自己的苦衷。醇亲王很同情他，就向两宫太后陈奏改良授课制度。翁同龢又与李鸿藻协商解决办法，取得李鸿藻的支持。在醇亲王和李鸿藻的建议下，两宫皇太后正式传谕：满功课改在膳后上，时间不必过长。并要李鸿藻多抽出些时间，常去书房进讲。

满功课改在膳后的规定一公布，立即遭到谙达们的反对。在他们的鼓动和唆使下，宗人府理事官阿里汉陈奏，满功课改在膳后世重汉抑满，违犯祖规，大为不妥。太后见到这个奏折后，十分生气，斥之为无知妄言，把原折掷还，并再次传谕：嗣后膳前专读汉书，可用六刻钟；满语改在膳后，无庸多读，酌减为要。在两宫太后出面干预下，抢占课时间问题才得到解决。

帝师们的争斗给翁同龢带来了沉重的精神负担，使他的教学效果受到影响。同时，经过这番折腾，小皇帝的学习兴趣锐减，功课不好。西太后为此屡加斥责，说师傅们教导不力，甚至有一天竟说出了"恨不得我自己来教"的牢骚话。这些严谕责备，虽不是指翁同龢，但他心里也是惴惴不安。这时，又遇李鸿藻嗣母姚太夫人病逝，李遂力请回籍"丁忧"。这样，翁同龢感到自己势孤力单，书房颓局难挽，曾一度产生辞职之念。但他一想到国家多难，皇上典学未成，为臣责任重大，不忍离去，因而极力克制，坚持下来。

同治七年十月（1868年11月），李鸿藻守孝满复任，仍在弘德殿、军机大臣上行走。他回到书房后，在翁同龢的支持下，全力整顿书房。鉴于徐桐讲课效果太差，同治帝实在听不懂，李认为他难胜进讲重任，奏请两宫皇太后将他撤下，改由翁同龢领讲。李的奏请得到批准，从此翁同龢取代了徐桐的位置。徐桐被撤后，气得大发牢骚，说翁李二人互相标榜，存心打击他。翁李则不以为然，全力进讲，同治帝的学业渐有起色。但不久之后，同治十年（1871年）翁母病逝，他只好回籍守孝离开。

六

同治五年十一月二十七日（1867年1月2日），虽然距过年还有一个月，但宫中的人们已早早地忙碌着准备过年。尽管宫中很热闹，但小皇帝并没有因此而散心，在上课时仍然十分认真，尤其是背熟书时，十分通畅流利，讲书写字也都有板有眼，师傅们十分满意。下午一点半时，课就上完了。小皇帝虽然上了大半天课，但仍很有精神，小家伙见大家忙着准备过年的春联，一时也来了兴致，他喊过贴身太监，预备笔墨，思索了一会，就用他还不太熟练的笔法，写了一幅楹贴横扁。写完后，看着自己的手笔，不免有些得意。就叫太监把这幅楹贴送给师傅表达他对师傅们的一点心意。正好翁同龢、倭仁和徐桐还没回家。他们看到小皇帝的"作品"，虽然笔画粗厚，词句也不太对仗，但毕竟出自一个十一岁小孩之手，对于呕心沥血的老师，这幅充满雅气的手笔算得上一份珍贵的礼品，心中十分欣喜。翁同龢建议说："咱们也写几幅对联送给皇上吧。"倭、徐二位师傅十分赞同。于是你一句、我一句地作上了对子，不一会儿，就凑上了十余副，翁同龢在纸上精心抄正，送给小皇帝。这些对联是：

开卷有益，立善为师。

稼穑维宝，福禄来崇。

皇建其有极，道积于厥功。

敬胜者吉，谦尊而光。

检身若不及，树德莫如滋。

日向皇都水，冰从太游融。

八荒开寿域，万国转春风

皇极开昌运，春风鼓太和。

惟民归于一德，作善降之百祥。

观天地生物气象，学圣贤克已功夫。

观万物有生意，以一心为严师。

念经始典于学，于缉熙单厥心。

乐取于人以为善，欲寡其过而未能。

古训是式威仪是力，功崇惟志业广惟勤。

　　这些对联，既有对帝业的赞美，也寄予着他们对小皇帝典学有成的殷切期望。

　　这一年的春节小皇帝玩得特别痛快。春节前因小皇帝身体不太好，恭亲王特传太后谕旨，破例让小皇帝提前四天放假，十二月二十三日起就不再上书房了。春节期间，除了给两皇太后请安，接受朝官祥贺外，小皇帝天天和太监们玩耍，好不开心。转眼之间，十三天就过去了。大年初六，小皇帝开始到弘德殿书房读书。玩了十多天，小皇帝的心一时收不回来，因而在书房里精神不太集中，常常困倦。翁同龢见小皇帝这样，就想怎样才能激发他的学习热情。他记起春节前小皇帝送楹帖的事，心中一下有了主意。他向两宫太后陈奏，说皇上喜爱"属对"，请允许开设属对之课。经太后批准，同治六年二月初九日（1867年3月14日）开始在书房中专门教小皇帝作对联。在第一堂课上，翁同龢先出了一句上联："敬天。"

　　小皇帝不假思索，应声答到：

　　"法祖。"

　　"好！"师傅们见小皇帝这样聪明，十分高兴，大加赞叹。

　　打这以后，小皇帝一连几天学习兴趣都很浓厚，背熟书、学满语、练写字、讲课文，都十分顺利，翁师傅发出了"一切皆好"的赞叹。更难得的是，小皇帝在上课时积极思考，比拟联想，无不生趣，对所学内容理解得很好。

二月二十三日这天，在上满语课时，当读到"福龄阿"一词时，小皇帝像是突然想起了什么，对谙达说：

"这句话我知道，我皇父在热河时就这样叫我。"

谙达连声称妙。原来，"福龄阿"这个满语词汇，是汉语"天生有福人"的意思。当年小皇帝是咸丰皇帝的掌上明珠，独根独苗，自然宠爱有加，"天生有福"。

小皇帝听人说，人们称有学问的人肚子里墨水多，没有学问的人是"胸无点墨。"一天，他心血来潮，竟把一盅墨水吮进肚里，然后跟小太监说："这下朕有学问了。"小太监一看小皇帝黑黑的嘴唇，忙问：

"皇上，你吃什么了？"

小皇帝得意地说：

"朕喝墨水了。"

这下可吓坏了小太监，忙去禀告太后。这时，小皇帝也感到阵阵作呕，十分恶心。太后听报，急传太医。太医给开了苏梗等去毒表散之剂，给小皇帝服了。然后告诉师傅和谙达，可暂休几天，让小皇帝养病。这样，小皇帝连休五日，天天喝"三消饮"，才解除了恶心之症。重上书房时，师傅们看小皇帝脸色还有些苍白，心中不免难过。这时，又传来太后懿旨，让他们适当减少功课。

同治六年（1867年）的夏季异常炎热。阴历六月份，一连多日无雨，火热的太阳炙烤着紫禁城火红的围墙，皇宫热得象蒸笼一样。弘德殿虽然早已搭起凉篷，但也抵挡不住这股热浪。进讲的师傅们个个挥汗如雨，小皇帝更是热得无精打彩，怎么也不愿背书练字，天天一付倦不可支的样子。虽然功课减了又减，但还是嫌累得慌。小皇帝心想：这时如果不上书房，那该多好啊！要想不上书房，惟一的借口就是生病。小皇帝已经尝过一些甜头，有几次都因生病而获假数日乃至十余日，这次何不再试试呢？

主意已定，这天他一上书房，便显出恹恹欲睡的模样，读了几页书，写了一张字，就跟师傅说：

"师傅，我头晕恶心，胸中烦闷，怕是有病。"

师傅们哪敢耽搁，连忙把总管太监传来，让他去票报皇太后。

等了好长时间，太监才回来。原来，西太后听了禀报后，肚子里直犯嘀咕，昨天还好好的，怎么今天一上书房就病了呢？于是，她让太监传旨：问皇上是否真的病了，命他速到长春宫探视。并说，如果是皇上作假托功课，明天就要把耽误的功课全部补上，包括满语课在内。

小皇帝听了，心中一怔，这下可要坏事了。他知道，什么也别想瞒过他那精明过分的亲娘，这次该他倒霉了。一想到慈禧那冷峻的目光，他就觉得心虚。但事已如此，想不去也不行了。他只好随着太监怏怏地来到长春宫。

果然，慈禧早已把太医找来，又是切脉，又是问诊，假话自然不难戳破。太医禀报，未见什么病症。慈禧一听这话，立即沉下原本就很严厉的脸，把小皇帝劈头盖脑地斥责一番。然后严谕皇上贴身太监：以后小皇帝在书房有什么不规矩的举动，须随时来报告，不得隐讳，否则定严惩不贷。

小皇帝想借口生病在暑期休息几天的计划，就这样破灭了。无奈，第二天只好乖乖地继续上书房，在火云炎炎的酷热中，坚持读书。

但是，有一次小皇帝是真的病了。同治八年五月初六日（1869年6月15日），小皇帝下了书房，就在御花园跟小太监们玩举铜鼓的游戏，一连举了十多下，已累得有些气喘了，但小皇帝素来争强好胜，最后那一下举到一半就举不上去了，皇帝要面子，不肯撒手扔在一边，而是想慢慢地放回原处。谁知，鼓太重了，刚要把手撤出来，只听

"哎哟"一声，鼓已压在他右手食指和中指上。太监忙不迭地把鼓移开，小皇帝的手指已被压得肿了起来。

两宫太后得知此讯，大怒，重责了陪玩的小太监。太后认为皇上与太监玩耍伤手这件事不宜外传，因而奏事太监第二天到书房告诉师傅们：皇上昨天偶移一玉山子伤右手，不能上书房。又过两天，皇上仍未来上课，太监又传旨，说皇上感冒头痛。

师傅们对皇上身体十分担忧，就去皇上起居处看药方。只见脉案上写着：呕吐发热均止，惟饮水不消。药用焦曲、麦芽、枳实等品。五月十一日，师傅们见药方上写着：诸症皆平，惟三日不大解，药用一捻金。十二日，见御医方上写着：诸症悉平，大便畅行，用代茶饮。直到十九日，皇上才重入书房读书。这次伤手，小皇帝共休了十二天的假。

小皇帝重入书房时，师傅看见他容颜清瘦，面色苍白。一看便知，是服用通利药剂太多的缘故。李鸿藻对此事感到很生气，责备太医李德立说："皇上只是手伤，你怎么给他服那么多通便的药？"李德立不以为然，说这是奉太后旨意行事。听他这口气，好像皇上的病与己无关，太后让怎么治就怎么治。师傅们听了，不觉心寒，更为皇上的健康担忧了。

转眼到了秋季。九月初二日（10月6日），正式给皇上开射箭的课。以前只是练拉弓，现在皇上已十四岁了，可以习射了。太监早已在院中安置好靶子，皇上面向西站好，距靶子有十来步远。先由御前大臣奕山领射，教皇上怎样放矢，怎样瞄准，然后让皇上射。他多年练习拉弓，着实有些臂力。只见他轻松把弓拉开，连射三箭，除了一箭没中外，其余二箭正中靶上。第一次习射就取得这样好的成绩，群臣一片欢呼。

七

同治帝的性格很像他的父亲咸丰皇帝，重情感而少理智。想当初，咸丰皇帝已看出叶赫那拉氏是一个唯权是图、心狠手辣的野心家，也知道"灭建州者叶赫"这个典故，甚至隐约意识到她将母以子贵，篡夺朝政。但是，当肃顺建议他仿照汉武帝诛杀钩弋夫人的故事，杀母留子，以绝后患时，他却犹豫了。他忘不了圆明园之夜与她的雨露之情，更下不了让小皇子失去生母的狠心，终未采取果断措施，致使大清皇脉断送在这个阴狠的女人手中。

同治帝与他父亲一样，是个很重情感的人，在这一点上，他与生母慈禧的禀性格格不入。慈禧喜欢权势，在争权斗争中，能保持高度的理智和镇静，采取果断阴狠的手段，置政敌于死地。而同治帝则不然，他注重人与人之间的感情交流。因此，在他的生母慈禧和嫡母慈安之间，他更喜欢温柔娴淑型的慈安，而不喜欢冷峻理智型的慈禧。在他的几个师傅中，他较喜欢重情感的李鸿藻和翁同龢，而不喜欢整天板着一付"道学"面孔的倭仁和徐桐。在他所学的各门课程中，他偏爱能抒发情感，显露文采的作诗、属对等课，而不喜欢《四书》、《五经》等阐发义理的课程。

讲作诗、属对的老师，正是颇有文彩又通情达理的翁同龢。翁是个很讲感情的人。同治八年（1869年）年底，他的一名车夫因赌博负债而自刎身亡，他得知后，立即派人帮死者家属处理后事，并代他偿还了赌债。在他的日记中，还记着这样一件"小事"：有一年正月初三时，"仆人李元煮浮圆子，油溅伤眼，而瞳神无恙。"他对原配夫人汤孟淑更是一往情深。在她病逝后，翁曾一度痛不欲生。他在那年七月七日，牛郎织女相会的日子，他眼望隔河相对的"双星"，不由吟起"七绝"一首，来排解对亡妻的思念之情：

燕台回首树冥冥，尚见西山未了青；

薄醉岂能销积霭，远游终是逐浮名。

凤低蝉薄知成梦，鱼沈凫灯唤不醒；

人事变更谁料得，涿州城下看双星。

由于这对师生性格相近，因而能心气相通，教学效果自然胜于其他科目。翁同龢进讲时，常有佳话传来。例如，同治六年五月二十四日（1867年6月25日），翁同龢出了一句上联：

"中兴颂"。

小皇帝应声对上了下联：

"大宝箴。"

十二月初五日（12月30日），翁同龢出上联：

"太学讲经。"

皇上对下联：

"延英论政。"也是一副佳联。

同治七年十一月二十七日（1869年1月9日），翁师傅出上联：

"天临南极近"。

皇上应声说：

"星共北辰明。"

同治八年四月一日（1869年5月12日），翁同龢出上联：

"德大能容物。"

皇上对下联是：

"心诚自格天。"

每当属得佳对，群臣莫不啧啧称赞。小皇帝看见师傅欣赏自己的对子，心中感到由衷的快乐。书房气氛一下子就活跃起来，小皇帝也精神焕发，读、写、背无不顺利。

回到宫中和两位太后进膳时，他也可以眉飞色舞地炫耀一番。每当这时，慈安太后就会露出欣慰的笑容，赞赏小皇帝几句。而慈禧太后却往往不为所动，只是告诫小皇帝要谦虚，继续努力，结果是让小皇帝大失所望，兴致皆无。

清朝皇帝喜作诗，同治帝也不例外。况且有大文豪翁状元精心指导，同治帝的诗作日有长进，在书房中常有佳诗妙句。

同治七年十一月二十六日（1869 年 1 月 8 日），是翁同龢在三个月前请假送父亲灵柩回籍安葬后第一次上书房。久别重逢，师徒互致问候。这时，翁师傅看见皇上案上有一个装订得很精致的小本子，就问：

"皇上，请问那是什么书？"

小皇帝一听这话，立刻面露得意的神色：

"这是我的诗集。"

"噢？"翁同龢感到惊喜。

"快给臣看看。"

翁同龢拿过这本诗集，见皮上写着"同治御制诗"几个字，翻开一看，大多是课堂中所作的命题诗，也有自己课下吟咏情物的诗。这时，他看到一首名为"寒梅"的诗，不住地点头称赞。

"皇上，这首诗写得最有情致。"他说着，不禁大声吟诵起来：

"百花皆未放，一树独先开。好诗，好诗！实乃圣章第一篇也。"

同治八年三月二十九日（1869 年 5 月 10 日），这天皇上嗓音清亮，背书、读书都很流利。最后，翁师傅出了个诗题："松风。"让皇上以此为题作诗一首。然后，翁同龢对徐桐说：

"咱们耐心点，不要着急，我们以一个'静'字等他慢慢构思。"

写下题目后，小皇帝浓眉紧锁，默不作声地苦苦思索起来。翁、徐二位师傅也静静地在旁边看着。

想了好一会儿，突然，小皇帝眉头舒展，拿起笔来，飞快地在纸上写着。

"好了。师傅，我的诗作完了。"

翁师傅连忙拿过来，仔细地看了起来。只见他一边看着，一边点头，面露喜色。

"妙，真是妙句！"他转过脸对徐桐说："皇上这两行结句真是妙不可言。你看，'南薰能解愠，长在舜琴中'。两句诗竟用了两个典故。这前句是用《史记》上'南风之薰兮，可以解吾民之愠'这个典故，而后句是用《礼记》上'舜作五弦之琴，以歌南风'这个典故。把这两个典故巧妙地揉和到一起，真是一个难得的佳句。"

小皇帝的这句诗立即在师傅中间传开了，无不感到欣喜万分，倭仁说这句诗是蔼德仁君之言；徐桐说这是太平有道之象，将重见尧天舜日；李鸿藻认为皇帝能活用经史典故，且出语即见是帝者身份，读书确有长进。当然，最感到得意的，还是专教皇上学诗的翁同龢。他说，从这诗的功底来看，皇上用典巧妙，珠联璧合；从风格上看，做的是"道学诗"，字面却无"道学气"；在诗的天份上来说，似乎比乾隆"之乎者也"都用到诗中要高明些。

同治帝学诗确有点"天分"。他背经史时往往很费劲，背多少遍都记不牢。而背诗时则不然，有的诗他吟诵三遍，就能背诵如流。

同治帝的诗，在他长大成人后，就更加成熟了。下面是他在驾崩那年写的三首诗：

《元旦试笔》

春韶试笔纪元正，正烛时调淑气近。

北斗回杓看瑞象，东风入律谱和声。

苍穹泽沛占丰稔，紫塞兵销喜肃清。

长侍慈闱依爱日，发朝先进万年觞。

《暮春即景》

郊西辇路净天尘，五百韶光次第新。

送暖云山真绮丽，得时花草亦精神。

正当芳甸巡行日，尚忆兰亭吃饮人。

岂为物华供玩赏，阳和布令乐同民。

《南苑阅武》

风劲霜高万马骧，特临南苍饬戎行。

八方无事边烽静，七萃如云士气扬。

岂是劳军来细柳，敢云纵猎郊长扬。

防秋略寓驱刘意，家法钦承戒怠荒。

对同治帝这几首诗，民国大总统徐世昌有过评价。他在《晚清簃诗汇》中有这样几句案语：

"穆宗英明仁武，推心委任将相，削平大难，宏启中兴。仰承祖宗家法，忧国勤民，拳拳见于歌咏。"

又说，同治帝的诗"光明俊伟，气象峥嵘"。

这些评论当然有溢美之处，但从以上三首诗来看，同治诗确有一番风骨和意境。

相形之下，同治帝的文论就差得多了。翁同龢常叹息皇上作论"文思艰涩"，"文思甚窘"。当然，在师傅们的耐心启发下，也能作出一些令人满意的小短文来。

同治八年三月初八日（1869年4月19日），师傅开始让皇上练习作论。这天给的题目是"任贤图治"。小皇帝思考了一会儿，就一笔一画地写了起来，约用了四刻钟，终于写完了他的第一篇"论文"。这篇"论文"只有这样几句话：

"治天下之道，莫大于用人。然人不同，有君子焉，有小人焉，必辨别其贤否，而后能择贤而用之，则天下可治矣。"

这实际上只是一篇论文的提纲，但思路还算清楚，而且一句扣一句，很有逻辑性。师傅们感到非常高兴。翁同龢称赞这篇短论是："圣章第一篇。"大臣们知道了也很兴奋，一个大臣还特意写信把这件事告诉了直隶总督曾国藩。曾国藩回信说："圣学日益精进，不胜大幸！"

　　同年十一月八日（12月10日），翁同龢给出的论题是"矢鱼于棠。"皇上作论"颇速而有意致，"尤其是开头一句，翁师傅认为写得很有见地，这句话是这样写的："巡守田猎皆以省民风供祭祀为亟。"可谓一语破的，开宗明义。

第四章　母子斗法

　　我们知道同治帝当的并不是真正的皇帝，只不过是太后垂帘前的一个小摆设，一个由他生母操纵的小木偶，他像一个演员手上的线傀儡，在舞台上忙碌地上下、进出，何得而不苦，何得而不叹！然有随着年龄的增长，同治小皇帝渐之感觉到了这种束缚的存在，他的感叹也逐渐转变成了行动。于是在他14岁那年做了一件大事——下令斩杀了慈祥太后跟前的红人太监安德海。

　　太监安德海是慈禧跟前红得发紫的红人。籍直隶南皮，这地方是历史上有名的专出太监的地方。他自己给自己做了宫刑，当了太监。当年搞政变铲除肃顺一党，安德海曾行"苦肉计"，拿着两宫太后的秘密信件回京传递消息，说起来也是为慈禧日后垂帘听政立过大功的人，加上平时专讲慈禧爱听的话，所以特别受到慈禧的赏识。这使得安德海仗势骄纵，格外地张狂。

　　他的张狂，达到了渐干国柄的程度。宫内就不用说了，就连朝廷的命官，要递个折子，办个什么事，假如不送安德海好处，就很难顺利地办好。比方几次议修圆明园，多一半都是安德海在背地里做的功夫，他用花言巧语说动了慈禧，为的就是工程一开，就要花数以万计的银两，这样上到内务府下到承办工程的大小官员，都可以趁机中饱私囊，安德海也能从中得到不少贿赂和好处费。

议修园子的各种议论虽然未成形。但是到底断不了修园的念头，大修大建动大工程的日子总是会有的。这不，过了年皇上就 14 岁了，不用说谁也能看得出，用不了多久就要大婚、就要亲政了，难道大婚的好日子还不修修宫，修修门，好好地庆贺一下子吗？只要这些工程一开，哪一项不得报销几万两银子？面对着这肥差，谁都会动心和眼红的。

所以，越来越多的人来走安德海的门子，人们亲近他、巴结他是为了今后的路子。可是这安德海却昏了头，人们越是恭维他，越是抬举他，他越是由聪明变得糊涂起来，好像是他个人有非凡的本领，有操持天下的生杀大权似的。

皇上特别恨安德海，从小就恨。他见不得安德海那满脸堆着笑、曲意奉承主子的下贱样。平日里只要叫他看见安德海在拍马屁，他准定找个机会骂他一顿。可是往往自己刚骂完了他，他就跑到太后那里编排一顿，反让皇上受一顿斥责。这小子还常常派了人监督皇上在书房、在宫里的表现，连说个什么玩笑话都告到慈禧那里去，自己落个忠心耿耿的嘉奖。有时候，他还成心在母亲面前用教训的口气规劝皇上好好读书，说的皇上心里这不痛快，想骂又不敢骂，干受他的气。这种恨一直积累着，直到安德海谗言赶走了桂连，终于达到了一触即发的程度。

恰好在这个时候，颁布了筹办大婚的圣旨。说是筹办，实际上是提早几年做准备。谁都知道，皇上大婚是国家的头等大事，事到临头就来不及了，所以同治八年三月二十七，同治刚刚过完了 14 周岁的生日，两宫太后就发了一道懿旨，宣布皇家要筹办大婚。

懿旨说大婚的宗旨是"力崇节俭"，话是这么说，可民间百姓结婚都要大大地铺张一下，何况是富有四海的当朝天子！

眼看着朝廷就要大兴土木，大把花钱了。

这可把当家人急坏了。主掌户部的宝鋆最先稳不住了。谁都知道眼下是承平，可是难道谁都忘了刚刚蒙过难吗？刚扑灭一直烧了16年的农民起义的烈焰，英法联军烧掉的圆明园至今仍是残墙败瓦，国库里几乎没有一两剩银子，办个小事都得向四方伸手，眼下的局面只能是量入为出，支撑着过，哪里容得了再像从前一样一掷千金呢？别的不算，光是照着祖宗传下来的规矩一丝不苟地按《大清会典》去做，这大婚也至少得上百万两银子，从何处去凑这笔钱还不知道，哪里承得住再节外生枝，大操大办呢？

宝鋆得了信，急急忙忙跑到恭亲王那里商量对策，俩人商量了许久，没别的招数，只能找个德高望重的人上个折子，力谏两宫太后崇俭戒奢，在筹办大婚问题上"可省则省，可裁则裁"，为天下做个榜样。这个人，就是同治朝理学大师、言行方正、思想守旧的大学士倭仁。倭仁一则资格老，二则身为帝师，人重言重。宝鋆出面请倭仁站出来说话，倭仁听后，当即写了个劝谏的折子递上去了，可是两宫是否能从善如流呢？

其实，两宫太后并不是主要的劝说对象，而是在慈禧面前溜须拍马、乱出主意的安德海。安德海在后面撺掇着两宫大操大办，其意并不是为同治。他不过是想借着机会为自己大捞一笔，别的不说，单是借采办大婚物件，监制龙衣往江南一游，弄个钦命的美差，好好出宫走一遭就是了不起的殊荣。当了这么多年红人，也该有个机会来显示自己特殊的地位了。而这种特殊地位是任何一个太监也别想得到的。

安德海却仗着自己是慈禧面前的红人，仗着自己曾替主子做过大事，他跟前跟后地在慈禧面前游说，说防微杜渐的一个根本办法就是委任一个钦差给他，他可以替主子往江南跑一趟，亲自去打听一下大婚所需物件的价码儿，这样心里就有数了，就不怕内务府的人虚报价目了。倭仁的折子里不是说"大婚典礼繁重应备之处甚多，恐邪佞小人欲图中饱"吗？这回打听清楚了价，想中饱恐怕也不行了。所以派他去江南实在是接受倭仁的意见，杜绝流弊的一个根本办法。说来说去，慈禧动了心，她觉得这不失为一个好办法。不过她不敢轻易地松口，因为交泰殿里的那个铁牌没人不知道。于是，也没明说行，也没说不行，就这么拖着。

安德海要下江南的事已经弄得人尽皆知，宫里宫外就已经传开了，安德海奉了懿旨，要去南边采办大婚用品、监制龙衣了。几个平日就和安德海吹吹拍拍、臭味相投的大小太监，还有安德海的远近亲戚，以及花钱买来的老婆，都嚷嚷着跟他一起逛江南，大有一人得道，鸡犬升天的架式。

难道安德海不怕死吗？明知道太监不准出京还非要弄个人尽皆知？其实这小子可不傻，他放出这些消息，为的就是拿慈禧的这块大牌子压人。谁不知道如今当政的就是这位太后？慈安太后顶多只是个"陪坐"而已，根本不起什么实际的作用。只要拿了慈禧这柄尚方宝剑，还怕有谁敢管吗？

宫中沸沸扬扬传了一个夏天的消息，到了夏秋之交终于定了下来，安德海启程了。这安德海的谱摆得太极了。光是装满了大木箱的马车就有十几辆，首尾相接，从胡同口一眼望去根本望不到头。车辕上套的全是清一色的枣红马，也不知这小子从哪儿雇来的，个个骠肥体壮，就跟御马监里的御马似的。跟着安德海一起走的家眷个个是一等的打扮，男的全是青缎长袍，女的全花枝招展，那气派真是不同反响。光是看热闹的人就挤了半条街，把安德海威风的，好像不是太监了，而是外放的督抚走马上任似的。

就在安德海带了家眷、雇了大车耀武扬威地出了城的时候，一张大网已经悄悄地拉开了。

不少聪明的人已经有了预感，这个安德海目空一切，已经到了人见人恨的地步。且不说皇上把他当成了眼中钉，就连军机、王公大臣无不把他当成渐干国柄、干政乱政的祸星。同治四年，政坛上曾经出了一场震骇天下、危及国本的大政潮，慈禧背后听了安德海的种种谗言，加上她本来就对恭亲王存有戒心，便一纸亲笔上谕，把恭亲王逐出军机，罢议政王，革掉了一切差使。后来经过满朝文武极力转圜，才勉强留下了军机差使，但是同治之初就有了的议政王的称号却永远地革掉了。这次政潮的远因虽是慈禧与奕䜣在权力问题上的矛盾，而安德海干政却在中间起了相当大的推波助澜的作用。

不知自忌的人肯定没有好下场。安德海就属于这一种。他以为有了慈禧这把保护伞就可以为所欲为了，可以想怎么就怎么。可是他万没想到，这够大的伞居然也有够不着的时候。于是他毫无警觉，毫无防备，耀武扬威地走了。

相当一段时间以前，皇上就下了功夫去编织捕杀安德海的那张大网了。他不动声色，早就派了人暗地里调查安德海的种种劣行。听说他装了十几大车的那些箱子，里面全是不知打哪儿弄来的珍宝，这回带到南方，就是要到南边脱手卖掉的，那珍宝根本不敢在京城里卖，足以证明那东西的来路和本身的价值非同一般；听说他家里的摆设规矩全比照宫里，平日里他就是家里的太上皇；听说他们家的三亲六故全打着安德海的旗号为非做歹，仗着他是慈禧跟前的红人，倒像他也是主子似的；听说他多次结交外官，接受甚至索取贿赂……不用再打听了，就凭这几条就足以制他于死命了。14岁的皇上掌握了这些材料后，让自己的心腹太监有意无意地透露给几位王爷和军机大臣，久而久之，几乎所有的人都知道安德海干尽了不法勾当，只等着败露受惩呢！

这样，柄国的重臣们和皇上一样，不动声色地等着机会。

正在此时安德海自己送来了机会。

他出了京直奔通州雇船，由于行李多，家眷多，光是大平安船就雇了两艘，外加五、六艘小船随行。一路上安德海身穿龙衣，号懿命钦差，船头挂着一面"日形三足乌"之旗，船舷则红红黄黄地插满了龙凤之旗，招招摇摇，浩浩荡荡。乍一看，根本看不出是钦差之船，倒像是皇太后、皇上的御船出行了呢！

安德海这次出行随身带了好几十号人。除了随行的太监、女眷、亲戚外，还有专门从京师镖局里雇来的镖手，他们的任务就是保护十几箱珠宝。另外还有前站官，负责打尖，安排食宿。再就是僧人、女乐。反正是在京城摆不成的谱，全摆到这运河上来了。一路上，这支船队吹箫鼓瑟，热闹非凡，那叫一个威风。以致于走到哪儿，哪儿就聚满了一群群围观的人。

这消息很快就传到了山东巡抚丁宝桢的耳朵里。

丁宝桢，贵州平远人，咸丰朝进士。贵州那地方穷乡僻壤，举子进士出的不那么多，所以这位丁大人算得上贵州一省顶尖人物。他生性耿直方正，敢做敢当，不为五斗米折腰。

上年丁宝桢晋京陛见，听京中人士说起安德海的种种劣行，这位丁大人当时就放出了话："他要不犯在我手里则已，一旦犯到我手上，我非宰了他不可！"后来这句传到了皇上的耳朵里，皇上特别欣赏，他暗暗地记住了这个人，心想有朝一日可以借助他的力量来杀这个无法无天的安德海。这回安德海真的走了，而且走的是运河水路，那就非过山东不可了，一过山东，不就到了丁宝桢的眼皮底下了吗？

安德海的平安船一路招摇，"平安"地到达德州境内。丁宝桢早就通知了德州知府赵新如，"只要安阉的船一到，没犯事则已，稍有不法嫌疑，即刻擒拿禀告。"

赵新如居然胆子很小，但他倒是听从了丁大人的指示，专门派人在运河德州段的水域口把着，只要一见安德海的船，马上驰报济南巡抚衙门。

丁宝桢当天晚上就得了信，他眼睛一亮，"好小子！你还真敢来呀，老子正等着你呢！"事不宜迟，他一面飞章入奏，向皇帝报告自己准备擒拿要犯；一面布署人马，捉拿安德海。奏折以400里，仅次于重大军务的速度飞向京师。

此刻，安德海的船正往南行。过了德州是东昌府。东昌府是程绳武的辖区，丁宝桢一再下达命令叫程知府拿人，可这位程知府也没有动手的胆量。安德海的平安船又平安地驶出了东昌府。出了东昌，直奔东阿镇。东阿镇一过就应该渡黄河一路向南。可是没到东阿他们往东一拐，朝着泰安县进发，不用说安德海是想去拜访五岳之首——泰山。

丁宝桢急了，眼看着这小子在山东境内招摇，又抓民伕当差，又招女乐品竹调丝，竟没人敢奈他之何！这可急坏了丁大人，他一拍桌子，"我就不信没人敢碰他，你们只管抓，上头要是怪罪下来，我丁宝桢一人担着，与下官无涉！"于是他飞檄东昌府总兵王正起发兵追赶，王正起带了一小队精兵强将，走间道直奔泰安，坐等安德海的到来。

安德海满以为自己这个钦差身分足以让所有人却步。所以他目中无人，一路游山玩水玩得好不热闹。这会儿正盘算着怎样在泰山上好好看看风光。听说秦始皇、汉武帝还在这里封过禅，峰峰岭岭之间全是文人墨客的题字，自己虽识不了几个字，可是评头论足、附庸风雅的本事却绰绰有余，再说那泰山日出是非看不可的，好像隐隐约约听谁说过"登泰山而小天下"，那我一定要品尝一下这种滋味。他对手下说："咱们就住在泰山顶上，不见着日出，就不下山！""对！反正咱大爷有的是工夫！"

大队人马闹哄哄地进了泰安县，找了家最好的客栈投宿。安德海宽衣上炕，手下人正伺候着洗脚，忽听有人来报："听说安钦差过泰安境，县老爷备了一桌酒席准备伺候。不知安钦差能否赏光？"安德海一听，这风头一定要出，答应道："你们先回去，我随后就到，对你们老爷说，太客气了，恭敬不如从命，一会儿我就上去拜访。"来者留了一个听差负责带路，然后先回去报告去了。

这"县老爷"实际上就是东昌府的总兵王正起，他们设下酒席的圈套，把安德海骗了来，当即擒拿归案，押往济南府。

第二天天刚蒙蒙亮，安德海被押进了巡抚衙门。丁宝桢天没亮就来了，他知道人已经抓到了，大为振奋，现在要紧的是录个口供，赶快拜折上报，候旨处理。所以安德海刚一被提进来，丁宝桢立即过堂密审。

经过一番审讯，安德海被押进了死囚的牢房。他的心不住地砰砰乱跳。一会儿快，一会儿慢，有时竟像要蹦出喉咙了，弄得他好不难受。

他不知道下一步要干什么，他尽量装出平静的样子。可是一个死神的阴影却悄悄地在他身子周围悄悄地播散开来，他使劲挥了挥手，可是怎么也挥不去。他彻彻底底沮丧了。

想不到自己曾经风光一时的总管太监今儿个栽了跟头。这个丁宝桢还真不含糊，一路上没人敢拦、敢管，甚至没人敢问，可偏偏他敢，竟把我逮了来问！你等着，只要皇太后知道了这个信，准有你好瞧的！

太阳落山了。囚室里的铁窗逐渐暗了下来。一名衙役点着一根蜡烛从远处走来，也许是为了防风，蜡烛特意靠近胸前，而且走得很慢。烛光是从下巴往上照的，衙役的脸整个走了形，拉得长长的，眼睛像金鱼眼睛似地突出出来，不知怎么，他的嘴是半张着的，像个黑幽幽的洞，那样子可怕极了。正巧安德海站起来往铁窗外面张望，一眼瞅见，吓得他差点叫出声来，过了半晌，那心还呼呼呼地乱跳。太监除了骂人出名，胆小也是出了名的，谁要背地里猛地拍他一下肩膀，踩一下脚或者喊一句，准把他吓得尿了裤子。安德海突然之间觉得自己的命真得要保不住了，刚才瞅见的那模样兴许就是地狱里的小鬼来叫他的魂呢！一想到这儿，他哇地一声大哭起来，喊爹喊娘，喊太后喊丁大爷……

可惜一切为时已晚。丁宝桢已经下了杀人的决心，并且已传话下去，什么也不用审了，天黑就推出去问斩。26岁的安德海，不管有多大的靠山，也远不济急，命归黄泉。

假如他一直都能意识到自己只是个太监，是不是就可以免掉脑袋了呢？

倒安之役终于发动了。

远在北京的小皇帝已经等得迫不急待了，他像怀里揣着一只兔子一样，压不住的兴奋。见了两宫太后，不敢多说一句，好像再多说一句就会把自己的心思全掏出来似的。他默默地等着，等着，只等着安德海到了山东，撞到丁宝桢手里，这好戏就开场了。

别看他只有14岁，可是他觉得特别有把握，他知道事情不发则已，一发军机处肯定会支持自己的。这么些年了，他早就看出来了，六叔恨小安恨得要死。要不是姓安的在慈禧那里谗言，同治四年哪至于出那么大的变局，翻那么大的车！前不久借着筹办大婚，姓安的又在母亲那里

中華藏書

大清十二帝·最新整理珍藏版

中国书房

说三道四。皇上知道，六叔他们顶顶头疼的就是借机花钱了。他料定，只要处理了安德海，没人敢在母亲耳边聒噪，修园之类花钱的欲望是一定能有所节制的。别的恩怨全不说，单这一条，六叔他们肯定是支持自己的。

皇上觉得自己有把握，还有就是他知道慈安太后肯定会站在自己一边。安德海在内宫的张狂，最看不顺眼的就是慈安了。但是她知道小安子是慈禧跟前的大红人，只好睁一只眼闭一只眼假装看不到。这几个月，她知道安德海在背后挑唆大操大办，自己不是皇上的生身之母，站出来反对总是不合适，但是她听说光修一个乾清门就要报销十万两银子。这回刚刚结束大乱走向承平，皇家也该为天下做个好样子，想了几次这样的话，可是忍了忍一直没有说。后来听说安德海几次要求南下广东去采办大婚物件，她本来想制止，可是那天晚上去养心殿看儿子，皇上悄悄地说这正是惩治安德海的好机会……慈安一下子明白了皇上的用意，当时她什么也没说，只是使劲地攥着儿子的手摇了两下，传达了自己的心迹。

皇上觉得自己有把握，更关键的是丁宝桢站在了自己的一边。上年丁宝桢来京时说的话早就传到了皇帝的耳朵里，当时皇上就觉得认定了丁宝桢肯定是可以倚重的。现在安德海真的出京了，而且走的是运河水路，一定会从丁宝桢眼皮底下过，这事就已经有一半的把握了。抱着这样的兴奋，这些日子，皇上连上书房念书都格外地起劲。下了书房头一件事就是跑到慈禧宫里去看放奏折的黄匣子。这几天他更是格外留心，生怕自己一不留神漏了山东来的折子，万一慈禧先瞧见了——"留中"，一切可就完了。

偏巧这几天慈禧贪凉，夜里睡觉时受了点凉，她对皇上说："折子你先看吧，有什么说的再来告诉我。"

这下皇上可乐坏了，他觉得安德海这次是死定了，也许这正是老天的意思呢！要不然当着慈禧的面接到了丁宝

中国书房

桢的折子怎么办？岂不还得费一番周折才能治了这小子！这几天，皇上心急如焚，只要黄匣子一进来，他头一件事就是翻来翻去，可是，山东的折子却总是不见。直到第四天，才接到丁宝桢的折子。皇上一把把它捏在手里，小心地拆开一看，只一句他的心就通通通地跳起来了。"终于捉住了！"

养心殿南墙的木格子里放着的自鸣钟清脆地敲了三下，皇上定了定神，"事不宜迟，今儿个就把它办了，千万不能挨到明天！"于是他当即派了太监赶到恭王府叫六叔带上军机和内务府的大臣来。吩咐之后又跑到慈安那里，请慈安过来一块听折子，一路上他悄悄地告诉慈安，已经派人去请六叔了，今天就要把这件事处理掉，要不明天慈禧想出什么辙，杀小安子的计划就全落空了。

别看慈安平时不拿主意，可在关键时刻数她沉着冷静，她小声嘱咐说，千万别显得像早就核计好了似的，她叫皇上先回宫，喝点水再来，而自己装做事先根本不知道的样子，先去慈禧那里"探视"，随便坐着聊聊……

过了一会儿，皇上果然手捧着奏折急匆匆地走来了。这时，慈安神态安详，正坐在那里和慈禧闲聊呢。皇上请了安便说："两位额娘，有个大事请你们商量，我觉得做不了主，可事又太急，已经事先通知了六叔和内务府的大臣们一起来。"

"什么事值得这么急呀！还请了六爷和内务府？"慈禧看了儿子一眼。

"是，额娘，儿子也没想到，小安子出事了！"

"什么？"

皇上清了清嗓子，大声地说："山东巡抚丁宝桢来了个折子，说小安子一路招摇，现在被抓起来了，来折请旨处理呢！"说着，把手里的折子展开，用很慢的声音念："……伏思我朝列圣相承，二百余年，从不准宦官与外人交结，亦未有差派太监赴各省之事。况龙袍系御用之衣，自有织造谨制；倘必应采办，但须一纸明谕……何用太监远涉糜费？且我皇太后、皇上崇尚节俭，普天钦仰，断不需太监出外采办。即或实有其事，亦必有明降谕旨，并部文传知到臣，即该太监往返，照例应有传牌勘合，亦决不能听其任意游行、漫无稽考。尤可疑者，龙凤旗帜系御用禁物，若果系太监在内廷供使，自知礼法，何敢违制妄用？至其出差携带女乐，尤属不成体制！似此显然招摇煽惑，骇人听闻，所关非浅。现尚无骚扰撞骗之事，而或系假冒差使，或系捏词私出，真伪难辨。臣职守地方，不得不截拿审办，以昭慎重。"同治一边收起奏折，一边又说："皇额娘，这小安子胆大包天，竟敢滥用龙凤之旗，携带女乐，这不是丢咱们的脸吗！我一看这折子，气就来了，怕额娘休息未起，赶紧先派人去请六叔和内务府的人来商量怎么办，然后赶来请旨，请两位皇额娘拿个主意吧！"

他振振有词地说着。慈禧原本是斜靠在炕上的，一听这话马上坐了起来，她的脸变成了铁青，左额角的青筋一蹦一蹦的，怒气一触即发。皇上心里十分紧张，可他知道在这节骨眼上无论如何得硬着头皮顶住。情急生智，他一个箭步冲上去扶住慈禧，"焦急地"说："怎么啦，额娘？别这么生气，犯不上为这么个混账东西生气。这家伙不说出去好好为额娘脸上增光，反倒给抹黑！不好好收拾他，倒叫外人看着我们没有祖宗家法似的！您可千万别急坏了身子！"

慈安也赶紧挪了过来，扶着慈禧说："妹妹别着急，那不是放着顺治爷留下的规矩吗？该怎么办就怎么办，这是小安子自找没趣，白白辜负了咱们的信任！"

这两句话把慈禧死死地钉在那里了。她本来是想说："你把六爷和军机们叫来干什么！"可是还没容她张口，儿子就来了这么一套，一下子堵住了她的嘴，这下子想回护安德海也回护不了了，儿子和慈安端出了祖宗家法，他还能说什么！不过，慈禧的确是个不同寻常的女人，转瞬之间她便恢复了平静，她缓缓地说："既然已经叫来了军机，咱们就去听听他们的意思吧！"

一边说，一边往起来站。也许是受凉还没好，也许是站得太急，也许是刚才怀怒未发，慈禧忽然感到一阵头晕，随即身子一晃又坐了下来，沮丧地说："这会儿我头晕的厉害，你们先去见起吧！"

慈安和皇上往门口走去，她又转身关切地说："妹妹，要紧吗？传太医来瞧瞧？"

慈禧摇了摇手，慈安又嘱咐侍立在边上的宫女们："你们小心伺候主子，有什么事赶紧来报！"一边往门外走，一边又说："妹妹你放心，有什么咱们回头再商量。"

说完，慈安和同治一前一后朝养心殿去了。

恭亲王和军机、内务府的大臣早已候在那里了。奕訢对这次特别的召见也有所预料，可是等慈安、同治进来的时候，他还是明显地一怔，慈禧为什么没来？但他没敢问，率众先请了安。皇上不等发问便先把丁宝桢的折子拿了出来，他手一扬说："六叔，丁宝桢来了折子，说了安德海种种不法情事，已经抓了起来，现在请旨处置，你们说怎么处置吧！"

慈安插了一句："这安德海出京，内务府究竟知道不知道？"

内务府的主管大臣明善，才不久曾因为安德海幕后游说两宫大动土木申请拨款而在恭亲王那里碰了一鼻子灰，这会儿还生着安德海的气呢！平时内务府多花钱总要挨户部、挨恭亲王的嘲讽，可内务府也有一本难念的经呀！别的不说，单是宫廷的花销也一年多似一年，大多是安德海一个劲儿地讨好太后，处处向内务府伸手，最难办的总是内务府，所以早把安德海恨得咬牙切齿了，这回能除掉安德海岂不是拔掉了一个眼中钉？要说安德海出京这事他知道不知道，这九城之中凡知道安德海的就没有不知道他要出京办差的。这几个月，安德海早把风吹得到处都是了。可是毕竟谁也没见到太后的懿旨，谁敢说究竟有没有那个旨意呢！于是明善吞吞吐吐地说："奴才也只是风闻。"

皇上一听，"风闻，那就是说你知道了？知道了为什么不拦着！"

"奴才听说他是得了懿旨，所以不敢拦。"

"混账！那你就没错了？他要说有旨意要你明善的脑袋你也信吗？"

"对！对！是奴才的错，奴才没想到这安德海敢假传圣旨。"

"这就对了，皇太后那么圣明，怎么会让太监出京，你也不想想！"

如果再纠缠让没让安德海出京就会坏掉大事，恭亲王赶紧插了一句："这安德海究竟还有什么不法情事臣等还不清楚，请皇上明示，也好议个办法，请皇太后，皇上圣裁！"

皇上这才想起，奏折还攥在自己手里，他赶紧递了过去，"六叔，你干脆念念吧！"

恭亲王念了一遍，说道："这小子还真是无法无天了！"

"对，咱们不是有祖宗家法吗？你们瞧瞧该怎么办吧！"皇上把头转向明善："明善，你说，照旧例太监犯法该怎么处置？"

"照理是极刑，可是如果皇太后皇上宽其一限，也可特例特办。"

"胡说！什么宽其一限，难道皇太后过去不是照祖宗家法办事吗？"

看看火候已到，恭亲王说："照这样胆大包天、公然违法的太监，不杀不足以谢天下，不杀不足以告慰两宫太后和皇上辛苦创建的大好局面。臣请援例就地正法。"

"不这么办，倒像是我们没有调教好太监，纵容他们无法无天到处招摇似的。皇上，听你六叔的，就这么办吧！"慈安在旁插了一句。

"好，就这么办！"

养心殿里的会议即将结束，所有人悬着的心都放了下来，正准备散了的时候，忽然，一个太监急匆匆地跑了过来，尖着嗓子喊道："慈禧皇太后有话，叫先留下丁宝桢的折子，有什么话明天再说。"

眼看着一只手横插进来，已经差不多的决议就这么搁了浅。养心殿里的气氛又紧张起来了，在场的每个人都像吃了苍蝇那样难受。同治到底只有 14 岁，最先沉不住气了，他一拍桌子："我就不信谁能救得了这小子的命！咱们走着瞧，我要不让他死在山东，这个皇上我就不当了！"说完他拂袖就走。

慈安一把拽住了他，用相当决断和冷静的声音说："等两天也行，不过是让小安子多活几天而已。"

一看慈安和同治同样坚决的态度，恭亲王悬着的心放下了，他平静地率众臣跪了安。君臣步出了养心殿。此刻的紫禁城笼罩在薄暮的淡粉色晚霞中，微风轻起，远近的宫殿楼阁陷入了傍晚的无限寂谧之中。

第二天，上朝议事的仍然只有慈安和皇上。慈禧太后身体欠安没有上朝。军机们特别注意到，丁宝桢的那个折子没发下来，皇上和慈安也绝口未提这回事。可是一连两天过去了，丁宝桢的折子都留中未发，难道真就这么"淹"了吗？看这形势，西圣执意保全安德海，非逼着大伙议出个生路来。到第四天，丁宝桢的第二通奏折飞递到京，这是抓住安德海审讯之后的那封奏折，里面报告了安德海不仅有招摇违法之事，还从他身上搜出了几封"请托密函", 这是勾结外官的铁证。消息传出, 京城里本来就沸沸扬扬的议论一下又高涨了, 喊杀之声不绝于耳, 醇亲王也憋不住了, 也写了份奏折力诤, 坚决要求惩办安德海, 以维护祖宗家法的尊严。这样慈禧不得不出来直接面对这强大的压力了。

越一日, 慈禧力疾上朝。养心殿像平日一样, 皇上端坐在前面的御座上, 两宫皇太后分列左右坐在皇上之后的椅子上。三人好像什么事也没发生似的, 可是谁都知道表面越平静, 内心越紧张。刚坐好, 慈禧就说了话: "恭亲王, 你们把丁宝桢的折子议一下吧, 先拟个旨意来看。"

没用十分钟, 这上谕就拟好了, 不用说, 里面赫然写着"就地正法"四个字。这回不等慈禧说话, 同治就张了口: "六叔, 不妨先说说内务府人的意见。"

"是。臣等征求了内务府的意见, 该衙门认为我朝二百年从未有太监胆敢假传懿旨, 这回如不从严惩治, 怕开了先例, 将来难保不有循私枉法以为后继者。请皇太后, 皇上圣裁。"

慈安说了话: "这安德海犯法, 纯粹是辜负了我们姐俩儿对他的信任。听说他还在船上挂了个什么旗子, 让人觉得是皇太后叫他四处去打秋风, 这成什么体统? 妹妹, 我看是容不得他活命了, 这也是他自找没趣, 不是你我不给他面子, 你说呢?"

慈禧还能说什么呢? 养心殿里九个人, 有八个同意将安德海就地正法的, 儿子一口一个祖宗家法, 再争下去, 倒显着自己真有什么隐情似的, 这么一想, 慈禧的心横下去了, 脸反而开朗了, 她暗暗地说: "安德海呀安德海, 不是我不给你回护, 是你平日得罪的人太多了, 这回又犯在人家手里了, 再怎么我也救不了你了。"想到这儿, 她的心出奇地静了, 缓缓地说: "就这么办吧!"

上谕以600里加紧的速度飞递济南。为了防范安德海潜逃，连发了五封，分别寄给了直隶、山东、河南、江苏以及漕运总督，也就是说运河沿线的总督巡抚全得到命令，只要抓住安德海，"毋庸讯供，即行就地正法"。

当上谕飞递到济南城的时候，安德海的头已经掉了五天了。为丁宝桢捏着一把汗的大小官吏们无不弹冠相庆，上谕是用头等公文的速度递来的，足见本案的重大，"就地正法"写的那么简单明了，真是纲宸独断，君臣一致，真真体现了君臣同治的底蕴！

慈禧到底是个能干的女人。既知安德海命已不保，她一不做二不休，雷厉风行地发起了一场大整顿。她听说从安德海身上搜出了"请托密函"，拍案大怒，当下追加了一道谕令，将此案一干人犯一律处决，几个跟着跑的太监"查明绞决"，另几个雇来的帮手、保镖和安德海的亲信以"恐吓居民"之罪而"就地正法"了，而安德海花钱买来的妻妾和几个罪轻一点的人全充军发往黑龙江，"给披甲人为奴"了。

办完安德海，慈禧又发了一道明发上谕，申明整饬宫禁，将与本案有关的文件全都编入宫中则例，着内务府大臣严饬总管太监，嗣后务将所管太监严加约束、谨慎当差。如有不安本分出外滋事者，除将本犯照例治罪外，连该管太监一并惩办。上谕通令各省督抚，"遇有太监冒称奉差等事，无论已未犯法，立即锁拿，奏明惩治，毋稍宽纵"。

慈禧的一连串举措博得了一片赞赏之声。原本应该赞赏的是 14 岁的小皇上，反叫慈禧拿去出了风头。不过，皇上到底还小，他并没有更多的想法，只是非常解气。他觉得自己长了这么大，第一次干了件中外称赞、大快人心的好事，实在是了不起，惩办了母亲最宠信的安德海，说明只要自己做的对，就一定会赢得上上下下的支持，母亲的面子再大，权力再专，性格再烈，也会有所顾忌，有所退让。他第一次觉得，在母亲无所不能的巨大光晕之下，裂开了一道只有自己能看见的小缝。

一连几天，他的饭吃的特别香，觉睡的特别踏实，走路说话都格外地来情绪。

正当他极度兴奋，尾巴越翘越高的时候，慈安适时地扯了扯他的袖子，告诉他千万别得意得出格。这一提醒把已经飘飘然的皇上一下子激醒了。

是啊，慈禧皇太后已经好几天没给他好脸色了，今天早上，她还说胸口疼得厉害，连喉咙也肿起来了。传来太医，说皇太后是"肝气上逆，喉痛面肿，内火过旺"，赶紧服药，可是这内火压也压不住了，她病倒了，一病就是20多天。

同治不敢再盲目地乐了，他知道这内火是由杀小安子引起来的，所以好几天他都格外地陪着小心，他实在是太怕自己的母亲了。

不过，他觉得总有一天，天下的事全归自己作主，自己拿主意。那顺治爷、康熙爷不都是14岁亲政的吗？自己也14岁了，早晚也能亲政呢？他常常想象着自己一个人坐在养心殿里披阅奏章，运筹帷幄，指点江山，那是什么滋味呢？

第五章　大婚礼成

中国古代最早规定后妃制度的典籍《周礼》中记载："古者，天子后立六宫，三夫人，九嫔，二十七世妇，八十一御妻。"由此看来，周代的皇帝可以有 121 位夫人。隋唐时期，皇帝的妻妾也仿照九品中正制的官僚等级，有了品级划分。

明清时代，鉴于前代宫闱之乱，削减机构，随之减少后妃人数。在内宫机构上，把自唐代以来的六局二十四司改为"立六局一司；局曰尚宝、尚仪、尚服、尚食、尚寝、尚功，司曰宫正"。清代自康熙以后定为"皇后居中宫；皇贵妃一，贵妃二，妃四，嫔六，贵人、常在、答应无定数，分居东西十二宫"。由于妃嫔以下没有确定的数量，可以随意扩充，后宫佳丽有增无减，钗光鬓影，轻颦浅笑，豪奢不输前朝。

这样，朝廷挑选秀女入宫，耗费了大量的人力、物力和财力。到清代，选秀女活动已经逐渐形成了一套完整的制度。

早在顺治年间，清政府明确规定：凡八旗女子，不论属于官员或兵丁的家庭，只要合乎年龄，一律报户部应选。《八旗则例》中记载："凡应选之秀女，未经选验之前，不准私行许聘出嫁，违者交部治罪。"这样，皇帝优先选择女子当妻妾的权利就以法律形式规定下来。

关于清代选秀女的资料，在吴振棫的《养吉斋丛录》中记载是详细而系统的。

"八旗挑选秀女，或备内廷主位，或为皇子、皇孙拴婚，或为亲、郡王及亲、郡王之女指婚，典礼各有等差，而挑选之制则无异也。"由此可见，选秀女不只限于皇帝一人，而是皇族各代男子普遍具有的一种特权。

选秀女活动具有严格的组织程序："挑选秀女，事隶户部。每旗分满、蒙、汉为先后。满、蒙、汉三者之中，以女子之年岁长幼为先后。造册分咨各旗。其年自十四至十六为合例。有应挑而以病未与者，下届仍补挑。年已在十七以上，谓之逾岁。则列于本届合例子女之后。每日选两旗，以人数多寡匀配，不序旗分也。"

远道而来的女子要乘车，近处的女子也要乘车。这既是交通来往之需，也是为了使选秀女活动显得更加庄重。

清朝初年，选秀女活动尚未成熟，缺乏组织经验，不够严密合理，因此曾出现："车马杂沓，先后凌乱，应选者争路不得进，不特堕珥遗簪而已。"可见，秩序是相当的混乱，以至于一些秀女觐见皇上时，早已衣衫不整，青丝凌乱，钗环斜坠，香消玉殒，使主持选秀女的皇上大为扫兴。

直到嘉庆年间，额附丹巴多尔济总结历次选秀女的经验，制定了一套组织实施办法，才避免了过去的混乱现象。

选秀女活动改进以后，具体程序是："挑选之前一日，该旗参领、领催等先排车。比如，挑正黄、镶黄两旗，则正黄之满、蒙、汉分三处。每一处按年岁册，分先后排定。镶黄之满、蒙、汉亦分三处。每一处亦按年岁册，分先后排定，然后车始行。"

各秀女行车的前后也是严格按照清朝尊卑观念。首先是正黄之满洲，而蒙古，而汉军。继以镶黄之满、蒙、汉，依次类推，鱼贯衔尾而进。

车辆的行进路线事先已经预定好。"车树双灯，各有标识。日夕发轫，夜分入后门，至神武门外，候门启，以次下车而入。其车即由神武门夹道出东华门。由崇文门大街，至直北街市，还绕入后门而至神武门。计时已在次日巳午之间。选毕者，复以次登车而出，各归其家。虽千百辆车，而井然有序。俗谓之排车。"

选秀女时，"应选女子入神武门，至顺贞门外恭候，有户部司官在彼管理。至时，太监按班引入，每班五人，立而不跪。"即使皇帝看中了也不当场表态，据说是为了照顾没有被选中的秀女的面子。那怎么办呢？"当意者，留名牌，谓之留牌子。定期复看，复看而不留者，谓之撂牌子。"备选秀女准备一式两份牌子，牌子上写明、某官某人之女，某旗人，年龄多大。备选阅时，放在皇帝面前一块牌子，系在秀女胸前一块牌子，这样便于皇帝了解相关情况，以资参考。

被皇帝选中而留了牌子的秀女就有了难以预料的命运。"秀女入宫，妃、嫔、贵人惟上命。"妃嫔等级高低全看皇帝的喜爱程度，全在皇帝的一念之间。当然，这里也有出身门第条件的限制。"选宫女子，贵人以上，得选世家女，贵人以下，但选拜唐阿以下女。宫女子侍上，自常在、答应渐进至妃、嫔。后妃诸姑、姊妹一般不赴选。"

据《清史稿》记载："每三岁选八旗秀女，户部主之；每岁选内务府属旗秀女，内务府主之。"由此可见，每年一小选，三年一大选。年复一年，皇室后宫的宫女轮流交替，源源不断地进入宫中，其数额也就难于计算了。

朝廷将数以千万计的美貌女子网罗入宫，其目的是显而易见的。首先，用来满足皇帝和皇室子弟骄奢淫逸的生活享受。中国古代，风流天子历朝不乏其人，以致流传下许多家喻户晓的风流韵事来。此外，从古代诗词中，也可窥其一斑。如唐朝白居易的《长恨歌》："春霄苦短日高起，从此君王不早朝。承欢侍宴无闲暇，春从春游夜专夜。"再如唐朝李商隐的《北齐》："一笑相倾国便亡，何劳荆棘始堪伤。小怜玉体横陈夜，已报国师人晋阳。"又如清朝朱受新《吴宫词》："夜拥笙歌百尺台，太湖月落宴还开，君王自爱倾城色，却忘人从敌国来。"可见，帝王之好色，以至于亡身亡国，的确触目惊心，连诗词歌赋中也俯拾皆是了。

当然，历代后宫妃嫔成群，一个更重要的目的是为了皇帝广施雨露，遍布恩泽，龙马精神，孕育皇子皇孙，以维系国脉根本，确保宗祧社稷代有传承，以求实现天下历万世而永为一家一姓之天下的迷梦。

同治十年，两宫皇太后向全国颁布选秀女诏书。随后，内务府遍召满蒙大臣的秀女，入宫备选。

此次选秀女地点安排在御花园钦安殿，由两宫皇太后在恭亲王长女，也就是慈禧太后的"干闺女"，通称大格格的荣寿公主协助下，亲自主持。

经过一层层严格挑选，最后只剩下 10 名候选人。在这 10 名秀女中，慈禧看中了一个长相与她本人非常相似的女子。这个女子姓富察氏，是刑部江西司员外郎凤秀的女儿，不仅相貌秀丽，而且聪明洒脱，尤其让慈禧高兴的是，年方 14 岁的富察氏，长着一张充满稚气的娃娃脸，浑身也露出一股天真纯洁的气质，一看就是一个稚气未除，不谙世事的大女孩。慈禧心下暗自盘算：如果立富察氏为皇后，肯定容易收到自己麾下，听任自己摆布，这样，她自己这个皇太后仍能幕后操纵朝政，名义上撤帝归政，实际上仍然可以手握大权。而其他几位，尤其是崇绮之女阿鲁特氏，不仅年长懂事，而且博古通今，很难对付，千万不能让她们入主中宫。

慈安太后的主张却恰好相反，她理想的皇后人选正是蒙古状元崇绮的女儿阿鲁特氏。

阿鲁特氏出身书香门第，自幼受过良好的家庭教育，她的容貌虽比不上其他几位秀女妩媚娇艳，却显得端庄典雅，成熟稳重，自有一种雍容大度的尊贵相，一望便知是大家闺秀，令人由衷敬佩。况且，阿鲁特氏这年芳龄19，是入围的 10 名秀女中年龄最大的，还比同治帝年长两岁，因而更显得举止得体，言语合仪。慈安心想：皇后母仪天下，最好选择老成持重、知书达礼的女子，方能担当起中宫正位，为六宫垂范。想到这里，她更加喜欢阿鲁特氏了。

这样一来，慈禧为巩固自己现有的权力打算，慈安为江山社稷安危着想，两人在同治帝选后问题上又展开了一场较量。

开始，两宫太后都竭力争取同治帝选自己中意的秀女，来达到自己的目的。据说，同治帝本人看中的秀女，既不是富察氏，也不是阿鲁特氏，而是知府崇龄之女，即后来封为瑜妃的赫舍里氏，因为赫舍里氏在众秀女中有着最为出众的容貌。事实上，如果依同治帝所愿，可能后来就不会发生一系列悲剧，因为赫舍里氏不仅容貌姣美，而且是极能干的人，她必然能够化解两宫之间的芥蒂与慈禧母子间的冲突。然而，历史毕竟是历史，任何人可以假设、推想，但无法更改。

两宫太后各自召同治帝密议立后之事。同治帝虽然一见钟情于赫舍里氏，可是内心却非常敬重慈安太后，经过慈安太后一番开导，他便决定立阿鲁特氏为后。回想这几年来，他独处深宫，担负着许多非他这个年龄所能胜任的繁文缛节，大婚之后，亲政将随之而来，那时他又要独立处置繁重的军国大事。因此，同治帝的内心总有一种不堪重负、惶惶无依的感觉。在选皇后时，他也想找一个像姐姐一样年长懂事的皇后，使自己的心灵有所寄托，感情生活得以充实。

慈禧太后举荐的皇后人选富察氏，尽管姿容艳丽，聪明伶俐，可是同治帝见过之后，认为此人言语随便，举止轻浮，不合礼仪，不堪担当皇后重任。而阿鲁特氏却不同，虽然只有一面之缘，却已看出她家教良好，端庄贤淑，而且此前早就听说她诗书娴熟，才华横溢，有"女状元"的美称。同治帝心想：如果选立阿鲁特氏为皇后，那么，婚后一有闲暇，就可以与皇后一起畅谈书房里的功课和诗词曲赋，把自己得意的诗念给她听，夫唱妇随，互相切磋，那将是一种多么惬意的神仙般的生活呀！想到这里，同治帝进一步坚定了自己的意愿。

俗话说："二月二，龙抬头。"同治十一年阴历二月初二，对通过复选入围的四名秀女进行最后裁决。这四名秀女何人为后，何人为妃，何人为嫔，就看皇帝手中那柄玉如意递到谁的手中了。

一锤定音的关键时刻到了，只见同治帝手执玉如意，神色凝重地走下雕金蟠龙宝座，看看四名八族名媛，个个国色天香，花枝招展，简直让这位青年天子眼花缭乱，心神恍惚，心中油然产生了一种不知如何是好的感觉。再扭头看看慈安太后，得到的是慈爱、期盼、鼓励的目光，而一旁同坐的慈禧太后，不怒而威，表情复杂，让他无法琢磨，愈发紧张，竟口干舌燥起来。

同治帝便传呼"献茶"，很快，一名小太监捧着一盏龙井上来。同治帝接过茶盏，轻轻地呷了一口，一丝清香从舌尖荡漾开来，沁人心脾，同治帝顿时觉得镇静了许多，正准备一饮而尽，头脑中突然闪现出一个主意。于是，他假装不小心将茶水泼溅在了地上。然后，让凤秀之女富察氏和崇绮之女阿鲁特氏从泼过茶水的地上走过。因为，皇后人选也主要在她们两人之间产生。

凤秀之女富察氏，是一个爱美、爱干净的女孩，今天参加大选，她特意穿上自己最心爱的那件漂亮精美的皮袍，显得雍容华贵、富丽堂皇。她想，以自己的俏丽姿容和聪明伶俐，一定会俘虏同治皇帝那颗热情似火的心，也同样会赢得两宫太后的青睐和其他竞选者的嫉妒，同治皇后的桂冠一定是属于自己的。当她听到同治帝的要求，确信自己只剩下最后一个竞争对手，心中愈发得意，只见她拎起那件美丽的皮袍，在茶水泼过的地方，踮起脚尖，轻轻一跳，便跨了过去。

轮到崇绮之女阿鲁特氏出场了，她心中暗想：在今天这种场合，当着两宫皇太后和皇上的面，无论如何不能有失举止礼仪。拿定了主意，她就像平常那样，迈着端庄稳重的步子，从容地从茶水上缓缓走过，似乎根本没有在意脚下的茶水。

看到此情此景，同治帝的心情无比高兴，这正是他预先设想的。于是，他轻松欢快地对两宫太后说："两位秀女的表现，母后皇太后（慈安）和圣母皇太后（慈禧）都看到了，提衣服的爱衣，不提衣服的知礼。选妃取色，选后取德。儿愿立崇绮之女为后。"说完，他把那柄玉如意递到崇绮之女手中，这就意味着，同治皇后已经正式确立下来，她就是崇绮之女阿鲁特氏了。

此时此刻，慈禧太后气得脸色铁青，恨不得要从座位上跳起来，夺回崇绮之女手中的玉如意，亲手交给富察氏。她浑身哆嗦了一会儿，方才平息了些。平心而论，同治帝说得合情合理，怪只怪凤秀之女富察氏不争气，在关键时刻因小失大，丧失了皇后的尊位。大概，这也是天命有归吧。

慈安太后一向温柔敦厚，顾全大局。刚才这些人的一举一动，她都看在眼里，记在心头。崇绮之女阿鲁特氏面对考验，从容镇定，应付自如，尽显状元门第遗风，大家闺秀气度，有教养，知礼节，无论从哪方面讲，入主中宫都是合情合理之事。因此，她为能拥立这样一位皇后而骄傲，同时也为同治帝随机应变能力而喝采，而高兴。

当然，慈安太后也看到了慈禧的情绪变化，慈禧一心巴望凤秀之女入主中宫，可惜如意算盘落空了，一脸的沮丧与愤懑。慈安太后便动了恻隐之心，仿佛同治帝选择崇绮之女为皇后是自己的过错似的，为弥补"过失"，她急忙把选妃的荷包抓在手里，走过去，让同治帝送到富察氏手里。

同治帝原本无意于此，可是鉴于慈禧的淫威和慈安的劝慰，他沉吟了一会儿，最终还是把选妃的荷包，送到富察氏手里，封她为仅次于皇后的皇妃。

另外两名秀女，一个是崇绮之女的亲姑姑，崇绮之父赛尚阿小老婆生的女儿，因为是庶出，自然没有资格当选皇后。这一年她才16岁，比自己那位当选皇后的侄女还小三岁。另一位是知府崇龄之女，姓赫舍里氏，这年18岁，前面已经提到了，她是众秀女中长相最漂亮、最妩媚的一个。这两个秀女均着选为嫔。

随后，就在当天便发布了确立皇后和妃嫔人选的上谕：

第一道谕旨："钦奉慈安皇太后、慈禧皇太后懿旨：皇帝冲龄践祚，于今十有一年，允宜择贤作配，正位中宫，以辅君德，而襄内治。兹选得翰林院侍讲崇绮之女阿鲁特氏，淑慎端庄，著立为皇后。特谕。"

第二道谕旨："皇帝大婚典礼，著钦天监诹吉，于本年九月举行。所有纳采、大征及一切事宜，著派恭亲王奕訢，户部尚书宝鋆，会同各衙门详核典章，敬谨办理。"

第三道谕旨："员外郎凤秀之女富察氏，著封为慧妃。知府崇龄之女赫舍里氏，著封为瑜嫔。前任副都统赛尚阿之女阿鲁特氏，著封为珣嫔。"

同治帝大婚，是清朝自康熙以来二百年内首次在位皇帝大婚，因而朝廷将它定为头等大事来办，格外引人注目。

这年八月，距离九月十五日的大婚吉期还有一个多月，北京城内已是熙熙攘攘，一片沸腾。自从乾隆五十五年清高宗八十大寿庆典以来，北京已经有八十多年没有这么热闹过了。一时间，入京拜贺的地方官员，采办贡品的大内差官，借机前来做生意的商贾，游玩看热闹的闲杂人等，纷纷拥入京城，几天之内，京城及城郊的大小客栈、会馆、庙宇等一切可以住人的地方都为之爆满。

八月十七日，吉，适宜"大征"。所谓"大征"，就是下聘礼，朝廷特派礼部尚书灵桂为正使，大学士徐桐为副使，取"灵子桐孙"之意，持节至皇后府邸行大征之礼。聘礼由内务府预备，除了赐给皇后家大量金银器皿、绫罗绸缎以外，还有甲胄、弓矢等带有满族特点的聘礼。

当行聘礼的队伍到达皇后府邸时，崇绮一家早已跪伏地上迎接，把正使灵桂、副使徐桐迎入大门，然后请皇后阿鲁特氏出临受礼。

自从二月初二，皇帝亲授如意，立为皇后，并派内臣送回家的那一天起，阿鲁特氏在家中的地位和身份便发生了很大的变化。她与祖父、父母和兄嫂已没有家人之礼。她一进家门，全家人都应该跪在大门外迎接，而她则必须摆出皇后的身份，不许还礼，最多示意性地点一点头。随即被家人奉入正室，独住五开间的二厅，内有宫女贴身侍候，外有乾清宫班上的侍卫把守门厅，稽查门禁，管束极为严厉。

此后，就连皇后的父亲崇绮本人想见女儿一面都很难。偶尔一见，也必须穿戴整齐，谨守礼节，言语举止来不得一丝一毫的随便和大意。阿鲁特氏的母亲嫂子们，倒可以天天见面，但也必须小心侍候。以用膳为例，食物从厨房里传来，由丫头送到长嫂手里，再由长嫂传给母亲，再由母亲双手捧上餐桌，然后众人侍立一旁，等皇后用膳完毕，再依次传下去。刚开始几天，阿鲁特氏如芒在背，食不下咽，经过半年时间才逐渐习惯了。她实在不忍心让母亲侍立太久，每顿饭都吃得特别快，无奈每顿饭总有二三十样菜，光是一样一样传上餐桌的工夫，就花费好长时间。

"大征"这天，皇后早早就梳洗打扮完毕。当太监宣布请皇后出临受礼时，她在宫女簇拥下步入大厅，拜受诏书。太监在宣读完"大征"诏书后，公布了聘礼单子，然后一一亲自把聘礼交给皇后。这份聘礼单子上，既有皇帝与两宫太后送的大礼，也有宫廷显贵送的厚礼。这份厚礼的份量有多重呢？有一事足以说明问题，这就是，文武百官为了巴结讨好同治帝和两宫太后，争相花费重金购买奇珍异宝，致使京师的珠宝价格短时间之内成倍上涨。当时有人写诗讥讽说："金钗钿合定深情，执贽官仪别有名。椒戚都趋珠宝市，一时如意价连城。"

在九月十五日大婚前几天，是皇后妆奁进宫的日子。这些天，从皇后家到皇宫的路上，常挤满看热闹的人群。普通老百姓都想看看这天下第一份的嫁妆到底如何丰盛。

这份嫁妆的确非同一般，首先就有 360 辆装各种嫁妆的彩车，须用四天才能发完。最为壮观的是送嫁妆的彩车队伍，只见望不到尽头的黄缎彩车，伴着悦耳的笙歌鼓乐迤逦而来。彩车中装满了各种各样首饰、古玩、服装等物，抬妆奁的宫廷校尉全都身穿一色红缎绣花短褂，红黄相间，灿若朝霞，引得围观的老人妇女一片片啧啧赞叹声。

运送妆奁的队伍中，最令人惊奇的嫁妆是一面西洋大镜。这面大镜子在阳光下闪闪发亮，耀人眼目。在进宫门时，遇到了麻烦，原来镜子太大，校尉们根本无法抬进去。最后，不得不把镜架卸掉一部分，才勉强挤进宫去。

九月十三日，宫廷内开始举行册立皇后、皇妃的仪式。同治帝派礼部官员告祭天地、太庙后殿和奉先殿。

九月十四日凌晨四点，同治帝早已穿上礼服，来到太和殿等候，亲自阅视一遍那篇拗牙难读的"皇后玉册"和"皇后之宝"。这本玉册上的字全部用纯金铸成，缀在玉版上，由工部负责制造，共花费黄金千两。而"皇后之宝"也用赤金铸成，四寸四分高，一寸二分见方，交龙纽，满汉文，由礼部承制，报销黄金也逾千两。

接着，同治帝任命册封皇后的使臣，正使是威望最高的惇亲王奕誴，副使是贝勒奕劻。当庞大的册封队伍来到皇后家时，崇绮府邸早已灯火辉煌，亮如白昼。皇后的全副仪仗，一直排到胡同口外面。鼓乐喧天的乐队过后，供奉玉册金宝的龙驾缓缓停在崇绮家门前，正副使一个捧册，一个捧宝，步入大门。

崇绮全家早已在门口跪接，在大厅正中安放好玉册、金宝，这才请皇后出堂，在厅堂之中面北跪卜，听御前太监宣读册立皇后诏书，在接受了玉册和金宝以后，之才圆满完成了册立大典。

与此同时，清廷派大学士文祥为正使，礼部尚书灵桂为副使，持节捧册，前往凤秀府第册封富察氏为慧妃。

下午四点，慈安、慈禧两太后在慈宁宫升座，同治帝前往行礼，然后又来到太和殿，接受群臣百官朝贺。朝贺完毕，同治帝派惇亲王奕誴为正使，贝子载瑢为副使，持节至皇后府邸行奉迎礼，也就是民间的迎亲礼。在民间，一般是新郎亲自前往迎亲，但皇帝大婚与民间不同，皇帝以九五之尊，不能屈尊亲驾，因而用一柄龙形玉如意，上面由皇帝亲笔写一个"龙"字，放在迎亲凤舆内，就算是皇帝亲临奉迎皇后了。

迎亲的队伍以玉册、金宝为前导，凤舆居中，抬凤舆的校尉都穿绛红绣服，随后是一眼望不到尾的仪仗。旌旗、宫扇都绣着鸾凤图案。队伍前后是宫灯三百对，灯罩是由景德镇御窑厂特地为婚典制造的。

这天晚上普天同庆，全国各地老百姓都要在家门口张灯结彩。整个京城更是万家灯火，蔚为壮观。尤其是数百盏宫灯挂满了从午门到皇后家的御道两侧，远远看去，好似一条璀璨夺目的银链，把喜庆之夜装点得分外美丽。这时，同治帝和皇后都身穿红色龙凤同和袍，宫中执事及命妇都戴上了大红罩袖，宫殿里到处悬挂着红色彩绸，地上铺着大红地毡，……放眼看去，视野之内，全部是红，满眼是红，到处是红，把喜庆气氛渲染到了极致。

子夜零点的钟声一响，大婚典礼的高潮来临。皇后的凤舆开始起驾进宫，一时鼓乐齐鸣，仪仗、车辆一字儿排开，后面是无数的宫灯和喜灯，闪出夺目的光彩。在长蛇阵一般的送亲队伍中，簇拥着皇后乘坐的黄缎盘金鸾凤肩舆，由16名精神抖擞的校尉抬着，在通往乾清门的御道上缓缓行进。街道两旁挤满了观看的人们，摩肩接踵，人山人海。御道两旁排列着一队队太监，当皇后的凤舆行进而来时，宫监们立即拍手欢迎，如潮的掌声此起彼伏，接连不断。《清宫词》有一首诗，正是描绘此情此景的："昭阳仪仗午门开，夹路宫灯对马催。队队宫监齐拍手，后边知是凤舆来。"

当然，最热闹的还是午门以内。为了表示普天同庆，两宫太后在大婚这天下谕：特许大开夜禁，凡是身着花衣的人都可以进入午门观看皇后仪仗。紫禁城门，平时查禁非常严格，普通百姓想进去根本没门儿，这次破例开禁，真是千载难逢的好机会，既可观看大婚盛况，又可以一饱皇宫眼福。因此，人们纷纷购买戏装，不到一天，人们将全城的戏装抢购一空。大前门旁一家雨衣店，平时卖花翎和高丽货，眼下一见花衣供不应求，便用高丽纸画成彩衣出售，买者络绎不绝，这家店主大发横财。总之，人们通过各种办法穿上花衣，进入午门观看大婚盛典。皇后凤舆一入午门，便有无数人头攒动，争相观看。《清宫词》内有一首诗是专门反映这番情景的，诗云："巨典煌煌庆大婚，金吾不禁放诸门。忽传纸价高丽贵，一色花衣唱谢恩。"

当然，也有一些不法分子趁机混入宫中，大肆偷劫。同治大婚以后，发现宫内丢了许多东西，凡是办事大臣都受到了一些惩罚，因而到光绪帝大婚时宫禁很严，不敢随便敞开宫门了。

当午门楼上钟鼓齐鸣时，同治帝就知道，皇后阿鲁特氏已由大清门入宫了。于是，他从乾清宫起驾，前往坤宁宫，准备在那儿与皇后同拜天地。

过了大约一盏茶功夫，皇后凤舆入乾清门，皇后下轿，一手拿着一个苹果。随侍宫女把苹果接住，福晋、命妇立即捧上宝瓶，内藏特铸的"同治通宝"、金银线、小金银锭、金玉小如意、红宝石以及五谷杂粮，一瓶虽小，却盛载着人间富贵，是名符其实的"宝瓶"。皇后手拿宝瓶，缓缓进入交泰殿。在进入殿门时，门槛上专门设置了一双朱漆马鞍，鞍下放两颗苹果，皇后跨过去后，就可以"平平安安"。这时，皇帝也驾到交泰殿，在一片鼓乐声中，皇帝与皇后一起下拜，成为结发夫妻。

然后是拜寿星、拜灶君、行合卺礼，……繁文缛节，数不胜数，这样，从半夜一直折腾到天亮。

同治帝大婚礼，为了搞得今天如此奢华的场面，清政府筹备了整整三年，前后共耗费白银 1130 万两，现在折合人民币 900 多亿元，这个数目相当于清王朝全年财政收入的一半，如果兑换成粮食，可以供 1400 万人足足吃一年。总之，这次"百年难遇"的大婚盛典，其规模之大，耗费之巨，不仅在清朝历代皇帝婚典中绝无仅有，而且在整个中国封建帝王婚典当中，恐怕也无出其右者。

第六章　亲掌政权

嗜权如命的慈禧一直不愿意把到手的权力轻易交给儿子载淳，她以皇帝"典学未成"为由，持续垂帘听政。已经十八岁的同治帝，相比于顺治帝和康熙帝亲政的时间，早已到了亲政的年龄。迫于祖制的规定，迫于朝野的压力，慈禧不得不在同治十二年（1873年）将皇权交还给儿子。那么垂帘归政之后的慈禧能否安心面对后宫平淡的生活？同治帝又如何开启他的亲政生涯？同治十一年（1872年），同治帝成婚，慈禧鉴于多方面的压力，不得不同意撤帘归政。同治帝为表示对两宫皇太后垂帘以来勤政的酬劳，举行隆重庆典，给两宫皇太后敬上徽号：慈安徽号为"端裕"，慈禧徽号为"端佑"。

经过近半年的准备，同治十二年正月二十六日（1873年2月23日），同治皇帝举行了亲政大典。

亲政的前一天，两宫皇太后正式宣布撤帘，发布一道懿旨云："皇帝寅绍丕基，于今十有二载，春秋鼎盛，典学有成，兹于本月二十六日，躬亲大政。欣慰之余，倍感兢惕。……皇帝日理万机，当敬念惟天惟祖宗所以托付一人者，至重且钜。只承家法，夕惕朝乾，于一切用人行政，孳孳讲求，不可稍涉怠忽。视朝之暇，仍当讨论经史，探求古今治乱之原，克俭克勤，励精图治。此则垂帘之初心，所夙夜期望而不能或释者也。在廷王大臣等，均宜公忠共矢，勿避怨嫌。本日召见时，业经淳淳面谕。其余中外大小臣工，亦当恪恭尽职，痛戒因循，弘济艰难，弼成上理，有厚望焉。"

从这些言辞可以看出，两宫皇太后还是不放心同治帝独揽权柄。因此，又发一道懿旨，令"皇帝每日办事召见后，仍应诣弘德国殿，与诸臣虚衷讨论。李鸿藻、徐桐、林天龄、桂清、广寿均著照常入值，尽心讲贯，用收启沃之功。"

不久年轻的同治帝坐在太和殿上，接受王公以下文武大臣官员的朝贺。在他自己的意识中，从此以后，他将成为大清朝名副其实的最高统治者。为了摆脱垂帘的阴影，他把办公地点从养心殿移到乾清宫，常在那里单独召见臣子，独立裁决军国大事。这一天，各口岸的中国船只有史以来第一次挂起龙旗，以示庆贺。

同治帝亲政后，的确表现出了一股奋发有为的热情。在亲政的第三天，他就下令整顿财政，严禁内务府支取户部款项。谕令各省督抚举荐人才，以备任用。下令各地整顿税收，严禁官吏渔猎百姓。他夙兴夜寐，细览章奏，兢兢业业，井然有条，就连御史考试，也亲自验查试题。

同治帝以为，自己这样兢兢业业地忙于政事，一定没有辜负两宫皇太后的谆谆教诲和殷切期望，一定会得到慈禧的赞许。

可惜，年轻幼稚的同治帝，对慈禧太后嗜权如命的本性缺乏足够的认识。虽然在亲政后不久，为了对太后的归政之恩表示感谢，再次举行两宫皇太后加封大典，慈安太后加封"康庆"二字，慈禧太后加封"康颐"二字，而且主动增加了拨给两宫太后的"交进银"，从原来的每年白银 10 万两增至 18 万两。但是，同治帝天天独自处理朝政，却从不向慈禧太后请示汇报。没多久，慈禧太后闲不住了，于是把同治帝召来狠狠地训斥了一顿。而同治帝年轻气盛，性格刚强，对慈禧干预政事也心怀不满，但她毕竟是自己的生身母亲，只好隐忍吞声。这样，更滋长了慈禧太后的跋扈气焰，她仍然不放听政的姿态，事事对同治帝掣肘。同治帝每有独自裁决的事，不向慈禧启奏，或与她商量，都将遭受责骂训斥。

同治帝感到，他的生身母亲不是自己温柔的港湾，而像一条阴冷的毒蛇，在缠绕着他，吞噬他的统治精神和独立意志。为了实现自己的夙愿，他千方百计策划着将这条毒蛇从他身边支开。

希望终于来了。同治帝从太监那里得知，慈禧太后有心重建圆明园，把那里当作她的休憩、娱乐、颐养天年的场所。

同治帝得知慈禧太后有心重修圆明园，就立即着手准备。这样一来，不仅他自己在政事之余，可以去开心消遣，而且可以讨慈禧的欢心，公开表明自己对太后的孝心，报答母亲的恩情，戳穿慈禧向人散布自己"不孝"的流言蜚语。更主要的是，这样可以让慈禧太后远离紫禁城，在圆明园的美景中流连忘返，不再过问政事，对自己造成干扰。

于是，同治帝向两宫皇太后提出了重修圆明园的想法，慈禧太后从来没有这么高兴过。她想，同治帝把园子修好了，自己可以在那里安享天年，即使有大臣们为难和攻击，即使有后人修史立传，也可以让同治帝做挡箭牌，自己只是坐享其成，何乐而不为呢？

慈安太后深知修园之举不得人心，但她也知道同治帝有自己的苦衷，明白他的意图，如果不用这一招儿，确实无力摆脱嗜权如命的慈禧，这实在是万不得已而为之，也只好默许了这件事。

同治帝见自己的提议得到了两宫皇太后的同意，就在同治十二年九月二十八日（1873年11月17日）发布了一道上谕："两宫皇太后垂帘听政十一年来，朝乾夕惕，倍极勤劳。……自朕亲理朝政以来，无日不以感戴慈恩为念，朕尝观养心殿书籍之中，有世宪皇帝御制圆明园四十景诗集一部，因念及圆明园本为列祖列宗临事驻跸听政之地，自登基以来，未奉两宫皇太后在园居住，于心实有不安。因以回复旧制为念。现当库款支绌之时，若遽照旧修理，动用部储之款，庆恐不敷。朕再三思考，惟有将安佑宫供奉列圣圣容之所，及两宫皇太后所居三殿，并朕驻跸听政之处，择要兴修。其余游观之处，概不兴修。……庶可上娱两宫皇太后之圣心，下可尽朕之微忱也。"

重修圆明园需要巨大的物力财力，而当时的时局是内忧外患，国家财力正值空虚之时，假如耗巨资重建圆明园，无异于拿江山社稷当儿戏。那么，对于皇帝的举动大臣们会有何反应？执政十二年的慈禧应知道，重修圆明园意味着财政将不堪重负。那么她会心安理得地接受儿子的这份孝心吗？重修圆明园的诏书刚一发出，有人欢喜也有人反对。反欢喜的是内务府官员，他们可以借此大兴土木之机好好捞一把。

与此同时，这一举动遭到了多数朝臣的反对。就在上谕颁布的第三天，一名叫沈淮的御史就上书直言，以目前西北回乱未平，南北均有旱涝为由，劝皇上不宜大兴土木，否则有损圣德。同治帝闻奏大怒，立即召见沈淮，以《大学》养老之子言之，把沈淮狠狠地臭骂了一顿，沈淮本来不善口才，见天威震怒，早已吓得魂不附体，哑口无言。于是，同治帝更加理直气壮，又下了一道谕旨，阐述自己决策的正确性。

其间还有一个叫游百川的御史，他提出的劝阻皇上修园的理由是：重修圆明园可能再次引来洋人的骚扰，企图借洋人来恐吓同治帝。同治帝本来就讨厌洋人，一看游百川的奏折，气不打一处来。他立即召来游百川，厉声责问道："你也有父母，哪有父母想要，而你偏不给的道理！"这游百川是个刚直不阿、能言善辩之士。他巧舌如簧，沉着应战道："紫禁城内南、北、中三海，俗称西苑，近在宫掖，风景秀丽，用不多银两加以修缮，就可作为皇太后颐养天年之圣地。"

同治帝知西苑虽然景色宜人，但紧接皇宫，自己的目的就达不到，于是决定严惩游百川，杀一儆百。

于是同治帝罢免了游百川的官职，的确起到了杀一儆百的目的，此后很长时间内再没有人敢出面谏阻同治帝兴修圆明园一事。同治十三年（1874年），重修圆明园的各处工程正式开工。慈禧太后兴致尤高，她以太后之尊，不惜躬亲画样，详订款式。同治帝也数次巡幸圆明园遗址，亲自实地勘查。这母子二人，彼此心照不宣，甚为相洽相行。

就这样，同治帝与慈禧太后尽管各怀心事，但最终他们还是殊途同归，力排众议，紧锣密鼓地开始了大规模的修园工程。接下来，同治帝将怎样实施自己的计划？他要重修圆明园所需的巨大物力、财力又从何而来呢？

重修圆明园，说起来容易，做起来就难了。首先遇到的一个难题就是钱。圆明园是康熙、雍正、乾隆三大盛世动用全国物力兴修起来的。同治帝虽然声称只是部分修缮，但其费用仍然十分庞大，据预算至少需银一百万两。在多年战乱后，国库银两大多消耗在军费开支上，早已入不敷出，哪有钱用于修园？因此，修园之初，内务府的人常常三个一队，五个一伙，跑来要钱，弄得同治帝一筹莫展。

同治帝无路可走，只好发起了一次募捐活动，下谕让众大臣为重修圆明园报效园工银两。此令一下，在官员中立即引起了骚动。那些惜财如命的大臣们见皇帝把手伸进了自己的腰包，不免心有余悸，但圣命难违，只好象征性地拿出一些银两，以应付皇帝的号召。

恭亲王奕䜣是第一个带头报效银两的人。同治十二年十月初四（1873年11月23日），他率先把两万两白银交到内务府，并声称受恩深重，不敢仰望嘉奖。其实，奕䜣对重新修园一事始终持反对态度，但他深知慈禧对此事态度十分积极，皇帝也决心已定，上书谏阻只是螳臂挡车，徒劳无益。

在奕䜣的带动下，内务府官员明善和贵宝也自告奋勇地分别捐银两万两和一万五千两。他们是竭力倡导修园的人，这样慷慨大方，自然有自己的企图。皇上见他们捐款积极，一定把主持修园的肥差交给自己，那时就能中饱私囊，收回的就不止是两三万两了。此后，各大臣纷纷前来捐银，但并不像同治帝和内务府大臣预计的那样踊跃，捐万两以上的极少，大多是两三千两。甚至有些亲王、大臣竟声称从自己薪俸中扣几百两银子，算作略表"报效之忱"。

同治帝见状，万分焦急，后来经内务府大臣婉转点拨，他才恍然大悟：大臣们捐银不踊跃，与奖赏没有兑现有关系。于是谕令恭亲王："著总管内务府大臣核给奖励。"

听说皇上要根据捐款多少给予奖赏，这些大臣顿时露出了庐山真面目，纷纷根据自己捐银的数目，请求奖赏。后来，内务府索性明码标价，以捐银多少决定升官的标准。这样一来，官员们捐款才踊跃了一些。尽管如此，到第二年八月（1874年9月），捐款总数也不过四十万五千五百二十两，对于修园这个庞大工程来说，简直是杯水车薪，无济于事。

同治十二年十月初七日（1873年11月26日），内务府官员进驻圆明园。第二天在安佑宫、天地一家春、正大光明殿等处举行了开工仪式。不久，钦天监择定了良辰吉日，届时上梁仪式将正式举行。时间选好了，可是上梁需要的上好木料，一时还没有着落。

正当同治帝为修园木料奇缺而发愁的时候，京城里突然冒出一个名叫李光昭的人。李光昭本是靠做买卖为生的投机商人，他善于钻营投机，熟谙贿赂之道，经常周旋于官宦之家，进行诈骗活动。当同治帝修圆明园急需木材的消息传到他耳朵里的时候，不禁又动了行骗的主意。他很快和内务府的诚明、贵宝、成麟等直接办理修园工程的官员拉上了关系，并凭借自己的三寸不烂之舌，向诚明等吹嘘自己资力如何殷实，对皇上如何忠心，最后抛出了令内务府官员怦然心动的诱饵。他声称自己在江南诸省采购了价值万两白银的楠、椿、松等巨木，并愿把这批木料全部砍伐运京，报效朝廷，用于修园。诚明等听了喜出望外，隆重款待李光昭，并立即禀报同治帝。同治帝闻讯，真是雪中送炭，想不到自己竟有这样忠心耿耿的臣民，欣然恩准，令成麟与李光昭同行，去各省砍伐木材。并谕令各省督抚予以保护，所运木料一律免去税收。

李光昭如同获得了尚方宝剑，打着"奉旨采办"的旗号，私刻"奉旨采运圆明园木植李衔"的印章，在四川、湖北等地大肆招摇撞骗。四川总督吴棠觉得此人来历不明，形迹可疑，便派人暗中打探。经过明察暗访，很快就将李光昭的真面目揭露出来。吴棠立即上奏朝廷，说四川省从来没有姓李的客商购存木料，更没有李光昭其人采办木材之事，李光昭所言纯属骗局。同治帝此时求木心切，正所谓饥不择食，虽听说此事，也没把它当回事儿详加查问。

李光昭见各地官员已有所警觉，没捞到多少油水，便打起了骗洋人的主意，他匆匆奔赴香港，冒名差办圆明园工程的钦差大臣，到处张扬木材事宜。香港商界早已知道大清皇帝正大兴土木，重修圆明园。现在见到钦差大臣来采买木料，便信而不疑，不久一个名叫安济的法国商人上钩了，首先落入李光昭的圈套，与李签了一份购木合同。谁知事不凑巧，安济竟在木料运来之前因醉酒跌入海中淹死了，合同因此而作废。李光昭又找到另一名法国商人博威利，与他商洽购买洋木三万五千英尺，以每尺木材一元五角计价，其中包括运费，总价五万四千二百五十元，这批木材计划一个月之内运抵天津。

于是，李光昭携带合同和木样，乘海轮到达天津。他一面禀呈直隶总督兼北洋大臣李鸿章，请求海关免税放行，一面向内务府呈报，说已将一批洋木运至天津大沽港。他自以为京中官员不懂英尺大小，也不晓得洋木价格，转而漫天报价，明明是价值五万多两白银的木材，他竟谎报三十万两。为了保险起见，他竟无耻地贿赂美国领事馆，求美国人替他隐瞒木价。

内务府官员们接到李光昭禀文后，立即呈报给皇上，同治帝阅后自然龙颜大悦，立即批文"奉旨依议"。

谁知天津已闹出了乱子。李光昭本来做的就是骗人的买卖，洋商把货运到天津后，他哪里有钱去付款提货。于是李光昭便耍开了无赖。一会儿说款子未齐，一会儿又说木材尺寸与原议不合，不肯提货。洋商情急之下，告到法国领事馆，由法国领事馆出面，控告李光昭废弃合同，有意诓骗，要求清政府拘留李光昭，令他赔偿法商损失。这样，就引发了一场中外交涉事件。

李鸿章见事情越闹越大，就连忙上奏同治帝，把李光昭行骗内幕及其所引起的纠纷捅了出来。同治帝闻奏，仿佛被人当头打了一棒，恍然大悟，天威震怒，下谕令李鸿章审讯，按律严办。李鸿章以"诈称内使近臣"和"诈传诏旨"罪，判处李光昭斩监候，秋后处决。

堂堂大清皇帝竟然被一个小小奸商所骗，在中外产生了恶劣的影响。是可忍，孰不可忍。同治帝一气之下，下令把代为李光昭奏请捐助木材的崇论、明善、春佑三位大臣"革职留任",不久,又将与此事有牵连的内务府大臣贵宝、诚明和成麟等一并革职。这些人本想借李光昭升官发财,不想反被这个大骗子拉下了水,悔之晚矣。

闹剧已经落幕,但同治帝心头之恨并未消解。因为随着这件木材诈骗案的败露,引发了朝廷众臣反对重修圆明园的更大风潮。以前谏阻修园的多是名不见经传的小官,而这次与以往不同。恭亲王、醇亲王、文祥、徐桐、广寿等一批御前大臣,军机大臣和帝师们也纷纷上书,要求停止修园。同治帝感到这股风潮迅猛异常,自己难以招架。

那位最先倡导重修圆明园的慈禧太后,对修园的消息可谓了如指掌,可表面上她对此事却装聋作哑,袖手旁观,做出一副事不关己的样子。这样,在主张修园的一方,同治帝成了名副其实的孤家寡人,不免有些心虚。但他年轻气盛,不肯善罢甘休,仍咬牙硬挺着。于是,同治朝最激烈的一场政治斗争拉开了帷幕。

首先对同治帝发难的是恭亲王奕䜣,他原本对重修圆明园就持反对态度,只是碍于这事有慈禧做后台,他对同治四年差点被慈禧革职还心存余悸,因而不但没有公开表示反对,还装出赞许皇上的姿态,先后两次带头捐款。当李光昭诈骗案一曝光,同治帝私游之事也闹得满城风雨时,恭亲王觉得是时候站出来阻止修园了。他采用了迂回战术,把停工同"戒微行、远宦寺、绝小人、警宴朝、开言路、惩夷患,去玩好"等七件事混在一起,这样就避开了慈禧太后,直把矛头集中在毫无政治经验的同治帝身上。

同治十三年七月十六日(1874 年 8 月 27 日),奕䜣发动惇亲王、醇亲王、科尔沁亲王伯彦讷谟祜、额附景寿、郡王衔贝勒奕劻、军机大臣文祥、宝鋆、沈桂芬、李鸿藻等十重臣联衔上奏,就停园工等八事进行劝谏。这十人分别是五御前、五军机，不是同治帝的叔伯、长辈，便是宰辅命臣，可谓阵容强大，来势汹汹。

经过两个多小时的廷争，十重臣用自己的方式进行劝谏，同治帝最终说了一句：别的都好说，只是修园一事，是为了讨太后的喜欢，我不能说停就停，得奏请太后决定。但这只是风雨欲来前的暂时平静，一场更大的风暴正在酝酿，那时将掀起更加猛烈的波澜。

事后，恭亲王等十重臣为迫使同治帝就范，四下活动，联名上奏两宫皇太后，想先说服太后，让太后来给同治帝施加压力。

慈禧太后以她丰富的政治经验，觉察到停止修园乃大势所趋，无力阻挡。与其继续冒天下之大不韪，继续坚持，不如索性抢先来个高姿态，把责任推给儿子，自己落个圣明的美誉。于是，她假惺惺地同意了恭亲王等人的建议，叫来同治帝，训斥他没把事办好。

这样一来，同治帝处于上压下挤，进退维谷的艰难境地。当初最支持他修园的是慈禧，现在却暗中撤了梯子，反而把修园所引起的一切过失都推给了他。同治帝如同哑巴吃黄连，有苦说不出。

七月二十九日（1874 年 9 月 9 日），骄阳似火，最后摊牌的时候到了。这天上午，同治帝见了十重臣。恭亲王最先进去，因为已有慈禧在后面撑腰，他这次完全理直气壮，在同治帝面前毫不收敛。奕䜣向同治帝开宗明义地提出停止修园的请求，并再次毫无顾忌地讲了一大篇同治帝早已听腻了的大道理。同治帝对恭亲王向太后告状一事早已不满，现在又来指手画脚，他索性倒身躺在宝座上，来表示他对这位亲叔叔的不满。恭亲王见同治帝对自己竟如此不重视，更加气愤，他上前一步，责备同治帝违背祖训，干出一些不合体的事来。

同治帝实在听不下去了，"呼"地坐起来，怒气冲冲地说："你对祖训可真熟啊，朕做出什么不合体的事了，你就尽管说吧！"

恭亲王来个顺水推舟，指着同治帝身上穿的衣服说："皇上穿的这件衣服就不合祖制！"

原来，同治帝平时与载澄等人微服私游，穿着一身黑衣，这身衣服一方面可以掩饰他的帝王身份，另一方面他身着黑衣后，更显得面皮白净，格外精神。今天同治帝一时疏忽，竟忘了换龙袍朝服。当叔叔的恭亲王奕訢见侄子这么不尊重自己，怎能不肝火上升呢？

同治帝一听，把脸一沉，怒声反问："朕今天穿的这身衣服，和你儿子载澄穿得一模一样。你不去管自己的儿子，却来教训朕。你先退下，朕随后有旨。"

接着，气愤中的同治帝草拟了一封诏书，把奕訢的爵位连降十等，撤去他军机大臣的职务。同时，还免去了恭亲王之子载澄的贝勒郡王衔和御前大臣行走的职务。传谕十重臣遍览。大臣们看了，面面相觑，目瞪口呆。

众大臣急忙一齐觐见，劝同治帝收回成命。尤其是惇、醇两位亲王，极言对日本、台湾交涉已处于紧急状态，除恭亲王外，没有人能担此重任。最后，同治帝被迫勉强收回成命，恢复了奕訢军机大巨的职务。

恭亲王奕訢见同治帝收回成命，觉得这个年轻皇帝对自己无可奈何。上有慈禧做后盾，下有朝臣拥戴，看你能把我怎么样！因此，当同治帝再次召见御前、军机十重臣与帝师翁同龢时，便决定对停止修园发起最后进谏，非迫使同治帝下令停工不可。

同治帝此时已是孤家寡人一个。眼看众臣已站到恭亲王一边，知道取消修园工程已成定局。一想到自己张罗了将近一年的"大事"竟被大臣们给否定了，自己想摆脱慈禧太后的如意算盘也落空了，真是咽不下这口气，因此，他责问恭亲王："当初，我提修园，你不也赞同吗？你还带头捐银，现在怎么出尔反尔，非要迫使我停工！"

恭亲王听了这话，像被人刺痛了伤口，脸色异常难看，红一阵，白一阵。他不愧是政坛老手，很快就恢复平静，答道："臣以为皇上天资聪明，必以为事不可为，有下诏停工的一天，那时天下定要盛赞皇上圣明。"

"你为我想得太周到了。"同治帝冷笑着说。突然，他把话锋一转，怒声喝道："你这不是当面一套，背后一套吗？你们为什么到太后那里告我的状，你安得是何居心，这不是挑拨我们母子关系吗？"

十重臣见情势不好，急忙极力申辩，一时间，殿堂之上，唇枪舌战，此伏彼起。同治帝哪里是十位老臣的对手，不一会儿，便口干舌燥，欲辩无言。在旁静观的帝师翁同龢急忙为同治帝解围，同治帝也顺水推舟，同意停止修园。但为了挽回一点皇帝的面子，有气无力地说："你们说现在不合时宜，那等十年、二十年之后，四海平定，国库允裕了，你们许不许我重新修园？"

众臣见皇帝已同意停工，便齐声说："当然，当然！"大家其实内心都明白，这只是一张空头支票，谁知道十年、二十年之后是什么样子呢。

同治帝见事已至此，只好收场。但他看到众臣都是恭亲王的追随者，自己只是个徒有其名的皇帝，实在咽不下这口气。因此，他决定效法康熙大帝除掉辅政大臣鳌拜那样，给恭亲王奕䜣点颜色看看。

说做就做，同治帝仿效他生母同治四年的故伎，给恭亲王定了召对时"语言之间，诸多伯仪"的罪名，下谕革掉恭亲王的亲王爵位，降为郡王，仍允许他任军机大臣之职。同治帝满以为这样就不会招致众臣反对，就可以轻而易举地剥夺恭亲王之权。他哪里会想到，军机大臣们早已与恭亲王联成一体了；尤其在谏阻修园这件事上，十重臣采取了空前一致的行动。恭亲王一旦受处罚，都不能不有唇亡齿寒、兔死狐悲之感。因此，同治帝发布谕旨几天来，如石沉大海，没有一点反应。

于是同治帝决定仿效慈禧太后在祺祥政变中的招法，企图发动一次宫廷政变，来清除妨碍自己皇权的十重臣。

这时，早有探事的太监把这件事禀告了慈禧太后。一直坐山观虎斗的慈禧，认为自己出面的时机到了，是自己力挽狂澜，收拾残局的时候了。

第二天，同治帝正准备实施他的"政变"计划，太监突然通报两宫太后驾到，同治帝听报大吃一惊，这时两宫皇太后已驾临弘德殿，并传旨召见御前、军机十重臣。

于是，弘德殿中出现了这样一幕场景：两宫皇太后高高地坐在御案里，同治帝在旁侍立，十重臣在下面跪听。慈禧在这个关键时刻，又一次淋漓尽致地将她的玩权手段展现在众大臣面前。只见她一把鼻涕一把泪地数说恭亲王的功劳，对皇帝把事情弄到这个地步，感到痛心疾首。最后，由慈禧太后一语定乾坤："十几年来，没有恭亲王怎会有今天的太平。皇上年少不懂事，前天的上谕立即取消。"

随后，军机大臣们按慈禧的意思，拟了一道上谕，以同治帝的名义发布。上谕写道："朕奉慈安端裕康庆皇太后、慈禧端祐康颐皇太后懿旨：皇帝昨经降旨，拟将恭亲王革去世袭罔替，降为郡王，并载澄革去郡王衔。在恭亲王召对时，言语失仪，原属咎有应得。惟念该亲王自辅政以来，不无劳勋足录，著加恩赏还亲王世袭罔替，载澄贝勒郡王衔。该亲王当仰体朝廷训诫之意，嗣后益加谨慎，宏济艰难，用副委任。"

同治帝本来设想，今天是自己大兴龙威，重振帝纲的好日子。没想受到两宫皇太后的阻挠，不但威风没抖出来，反而落了个受训的遭遇。经过这么一折腾，他那原来就很薄的一层帝王尊严被慈禧剥得一丝不剩。

围绕重修圆明园而掀起的一场轩然大波，就这样归于风平浪静了。争斗的双方——同治帝和以恭亲王为首的十重臣，斗了个你死我活，结果两败俱伤。鹬蚌相争，渔翁得利。惟一的胜利者，是身居幕后的慈禧，开始怂恿同治帝修园的人是她，最后制止修园的人还是她，真可谓翻手为云，覆手为雨。她利用这件事狠狠地践踏了同治帝的政治威信，又借这位青年皇帝的手对权倾朝野的恭亲王大大地整治了一番。最令她得意的是，通过自己导演的这场惊心动魄的闹剧，又一次显示了她本人的政治才能，提高了自己的威望，博得了朝野一片"皇太后圣明"的美誉，这为她以后再度垂帘做好了铺垫。

中华藏书

大清十二帝·最新整理珍藏版

第七章　"中外合作"

一

当咸丰皇帝在世的时候，就一直对外国侵略者怀有戒心。他尽管在态度上妥协屈服于西方国家，却没有接受他们的"合作政策"。同治皇帝幼年登基，两个皇太后与议政王奕䜣成为了最高决策者，他们对西方国家的"合作政策"竟欣然听命了。这是清朝末年对外关系的重大转折。

西方列强根据中国政治形势的变化，决定采取新的对华政策，即共同支持清王朝的所谓"合作政策"。清政府也确定了"抚夷"的对外总方针，同治朝的中外关系发生了显著的变化。这是中国近代对外关系史的新变化。

对华"合作政策"的主要倡导者是英国国务卿西华德。一八六二年二月，西华德指示美国驻华公使蒲安臣："在中国，对于一切重大问题要协商合作；在维护我们的条约权利所必需的范围内保卫条约口岸；在纯粹的行政方面，并在世界性的基础之上，支持在外国人管理下的那个海关；赞助中国政府在维持秩序方面的努力；在条约口岸内，既不要求，也不占用租界，不用任何方式干涉中国政府对于它自己的人民的管辖，也永不威胁中华帝国的领土完整。"很明显，西方国家采取联合一致，共同侵华的

"合作政策"，实现了将清政府共同控制起来的目的。美国"要在中国用公平的外交行动来代替武力"，企图把它掠夺中国的真实面目用伪装掩盖起来。英、法、俄对美国采取了支持态度。

由于各国的具体处境不同，列强当时采取对华"合作政策"。美国资本主义工业在十九世纪五十年代有了显著发展，产品产量剧增，迫切需要海外市场。国务卿西华德公开说："美国政治及经济行动之更大的舞台，是太平洋区域。"美国把中国市场做为主要的目标。然而，美国在当时又难以用武力强占中国。一八六一年，美国爆发了南北战争。长达五年之久的内战，使美国没有余力与欧洲列强争夺中国。为了防止其他国家在中国无限制地扩张势力，美国打出"合作政策"的旗帜，既使既得利益有保障，又能分享新的特权。这是美国首任驻华公使蒲安臣精心策划的一种狡猾的"外交政策"。因而，美国资产阶级学者丹涅特说："蒲安臣在其驻华公使任内在中国对外关系方面的最大贡献，就是在一八六三——一八六五年这一困难时期实行了合作政策。"

蒲安臣的"合作政策"可以说是对清政府进行了逐步的改造。同治三年七月（1864 年 8 月），蒲安臣把传教士丁韪良翻译的韦登所著《万国律例》送给清朝总理衙门"参酌援引"，使清政府学会资本主义国家的办事规章，充当驯服的工具。总理衙门得书如获至宝。奕䜣等人认为"其中亦间有可采之处"，奏请刊刻丁韪良所译《万国律例》，七月二十九日（8 月 30 日）得到两宫皇太后的批准。同治三年（1864 年）孟冬月，京师同文馆正式出版木刻本《万国公法》一书。《万国公法》凡例之四称："是书之译汉文也，本系美国教习丁韪良视其理足义备，恩于中外不无裨益，因与江宁何师孟、通州李大文、大兴张炜、定海曹景荣略译数卷，呈总理各国事务衙门批阅，蒙王大臣派员校正底稿，出资付梓。"这本用"和平"、"公正"、"主权"等等虚伪言词掩盖着"弱肉强食"观念的《国际公法》的实质，只不过用"强权即公理"，来愚弄与恐吓落后国家的软弱政府。

美国提出的列强对华"合作政策"，也十分有利于英国。英国当时在对华贸易总值占有百分之七十以上的优势。并且已经将中国的海关管理权和沿海的航运业控制在手。它既不想失去自己在经济方面的优越地位，也不能将其他国家从中国市场排挤出去。贪婪的英国商人要求政府将中国市场予以扩大。"而英国政府，一心希望维持中国政府使其不致崩溃，也就成为中国政府的支持者了。""英国所采取的这种态度，并不是像后来商界的宣传家所说的，是柯莱伦顿勋爵在受了蒲安臣催眠术般的蛊惑后忽然离经叛道的结果；这是 1862 年就已决定了的政策。"因而，英国驻华公使普鲁斯对美国倡议的"合作政策"表示最热烈支持，正是由于这个政策也符合与英国政府的意图完全吻合。

一八六五年十一月，海关总税务司赫德送给总理衙门一份意见书，称之为《局外旁观论》，用以对清政府的决策施加影响，"劝告"清廷兴办有利于列强的"新政"。

在这篇文章里，赫德要求清政府务必遵守条约，按照"章程"办理一切对外事务。他说："现在某事当行，某事不当行，已有条约可凭，一经违约，即有问故之患。"他威胁清朝官员说："民间立有合同，即国中立有条约，民间如违背合同，可以告官准理。国中违背条约，在万国公法，准至用兵，败者必认旧约，赔补兵费，约外加保方止。"他进而"劝告"清朝官员对外国可能提出的要求最好积极主动地及早办理。他说："若违章，有动兵之举，国乱之灾。违约者，或因不肯照约，或因不能照约。若不肯，必有出而勉强者；若因不能，必有起而代行者。""是以或有应办，或有请办，不致日后为人所勉强也。"赫德还具体地提出中国应该早办的事情，如"水陆舟车，工织器具，寄信电机，银钱式样，军火兵法"等项。他表明了西方列强企图在中国修铁路、开工厂、办电报、设银行、承航运等经济掠夺的野心。赫德在文章的最后表示："若照行，泰西各国必致欣悦，无事不助，无时不合。"他希望清政府与西方列强"合作"，满足列强的各项要求，以便取得侵略者的"欣悦"。

第二年，即同治五年（1866年），英国驻华公使阿礼国，支使使馆参赞威妥玛写了一篇《新议略论》，呈递给总理衙门。他首先教训清政府对列强的意志要完全顺从。他说："各国在华，都有要务不能弃置，系中华立约，许为相保。如果肯保，深惜力有不及，所言中外互结一也。"他进而恫吓清政府，如果不照条约行事，难免外国"干预"。各国"见必受险，难免干预保全。一国干预，诸国从之，试问将来中华天下，仍能一统自主，抑或不免分属诸邦，此不待言而可知。"他甚至更为露骨地威胁清政府，不听从外国人的意志，中国的政权就保不住了。他说："各国大局，系中国一日不能保全，各国一日难免代为承保；而使外国代承其责，实（难）免外国代为作主，此中国失权危险之处。"他给清政府施加压力，指出两条道路任其选择："嗣后中国不久必须择定两节之一，或自招外国协同去弊兴利，可以永保自主之权，或以仍旧怀疑杜绝，外国亦以疑心相对。"

威妥玛还提出了在中国兴办资本主义国家的新式事业要求，并要求清政府答应。"各省开设铁道、飞线（电报）、以及五金煤炭各厂开采，水陆各军安设操练，中华用项不足，约请借贷，医学各等项设馆教习，以上各等新法，中国如欲定意试行，各国闻之，无不欣悦。"他向清政府施展了"催眠术"。"各国代谋诸事，不惟于中国无损，反于中国有益。虽谓于外国有益，实于中国更有大益。何则？中国果能听议各国人民进华，固能取益，而中国一取其策，定能保其富平。富平一保，自主之权亦能永保不移。"真是好话说尽。威妥玛苦口婆心是为了劝说清政府"约外国人相帮"，在中国投资。这样"内地从此容易治平，外国民人来往通商，常行居住，易得保全，各国亦可无虑。其最为欣悦者此也。"

俄国政府在第二次鸦片战争时期，是"取得实利的惟一强国"。在刚从中国边疆强占一百多万平方公里的大片领土之后，俄国需要一段时间来巩固侵略的成果。因而，俄国驻华公使巴留捷克向蒲安臣表示："俄国不曾希图威胁中国的领土完整"，并且他"若是能在把西方文明像接枝那样接在东方文明之上的政策中与他人合作，那末就觉得太愉快了。"俄国公使对美国公使蒲安臣倡导的"合作"政策给予完全支持。

法国驻华使馆当时正在为"贵州教案"经年不结而苦恼。新任公使伯尔德密在一八六三年到任。"他是一位度量宽宏，又有经验的政治家。他立刻看到抛却一切猜忌并在一个重要的关于中国问题上采取合作政策的利益。"他立即表示愿与美国进行合作。

十九世纪六十年代，世界资本主义列强在对华"合作政策"的旗帜下，联合起来运用形式上比较温和的侵略方式，促进了中外反动势力的进一步结合。

二

同治朝的"中外合作"的一个显著标志就是公使驻京。早在第一次鸦片战争后，西方国家的政府就力图实现公使驻京的目的。一八五四年二月十三日，英国外交大臣克勒拉得恩，在写给包令的信中提出："争取英国国主得有一位代表长久而光明正大地驻节在北京朝廷。"

英国公使包令，会同法国公使布尔布隆、美国公使麦莲于一八五四年，与清政府官员进行修约交涉。在包令向长芦监政崇纶等所递"清折十八条"中，第一条就是"英国钦派大臣，驻扎京师。"当时，咸丰皇帝谕令军机大臣，除请求申理中外民间讼案、核减欠款及广东停止加抽茶税，"尚可允其查办，此外各款，概行指驳"。西方列强"公使驻京"要求遭到了咸丰帝的拒绝。

英法两国并没有罢休，直接用武力实现了公使驻京的侵略要求。在一八五八年六月二十八日订立的《中英天津条约》，第二款写道："大清皇帝、大英君主意存睦好不绝，约定照各大邦和好常规，亦可任意交派秉权大员，分诣大清、大英两国京师。"第三款规定："大英钦差各等大员及各眷属可在京师，或长行居住，或能随时往来，总侯奉本国谕旨遵行。"清朝被迫承认了。

《北京条约》签订后，几个主要资本主义国家的公使陆续来到北京。咸丰十一年二月十五日（1861年3月25日），法国公使布尔布隆最先到达北京。第二天，英国公使普鲁斯也在北京建立了公使馆。六月初一日（7月8日），俄国公使巴留捷克到北京。同治元年六月二十四日（1862年7月20日），美国公使蒲安臣到达北京。法、英、俄、美四国公使，是第一批驻京的外国使臣。

关于英、法公使到京的情形，恭亲王奕䜣的奏折作了较详细的记载。英国专使额尔金于咸丰十年九月，进入京师时，强占了怡亲王府。"该夷总以怡亲王府屋宇宽敞，必欲为将来驻京之馆。并称府内尚有隙地，伊欲自盖房屋等语。"恭亲王奕䜣认为"现在暂时居住，已属不成事体，设或任其久占，并添盖房屋，更非所宜。"英国人又想将东城内长安街的继公府占为己有，"并仍欲另行添盖房屋，且有每年愿纳地租银一千五百两之说。"恭亲王设法开导其另觅别地。最后，英国公使馆设在梁公府，是宗室奕梁的府第。奕䜣只好奏请咸丰皇帝，另赏奕梁官房一所。咸丰十年九月二十四日（1860年11月6日）议定，每年租价银一千两，按年付租，久暂任便。"惟该府修理工程甚巨，应将第一、第二两年租价银二千两，扣归修费，少补兴工之款。"英国公使九月二十六日照会恭亲王："兹查该府主公出，无从写立批据"，"令其将尚存零星物件搬移"。恭亲王给英使照会说："查梁公府既经贵大臣择定愿住，自应照来文知照该府办理可也。"

法国公使馆最初"到京时仍欲指定肃亲王府居住"。恭亲王奕䜣认为："亲王府第，究属有关体制，前英酋欲指定各王府居住未经允准，更未便给予佛国。肃亲王系我国八大功勋，所有府第均系世袭，且肃亲王现在出差，其花园不愿出租。"于是，法国公使又找到东交民巷景崇的府第。"查景崇前曾获咎，例不准居府第，早经迁徙，其袭爵之纯堪，现未在京，且闻另有自居私宅，是以历久无人居住，间多塌损。"因此，"不得已允其将外面损坏处所，略加修理"，"每年租价一千两内扣除几年"。咸丰十年十一月初五日（1861年12月16日），恭亲王给法使照会，准予租用，"并准于花园空地内自盖房屋，后交还景公府，即毋庸租价"。法使驻进景公府。

咸丰十年十二月二十一日（1861年1月31日），恭亲王奕䜣等奏《请新设总理衙门未尽事宜酌拟章程十条折》，声称："无公所以为汇总之地，不足以示羁縻。该夷从前每借口于中国遇有外夷事件，推诿不办，任情狂悖，今设立衙门，该夷已为欣喜非常，自应迅速建立，以驯其性。"为办理外交事务，适应外国公使驻京的需要，清政府设立了总理衙门。法使于二月十五日（3月25日），英使于二月十六日（3月26日）抵京。由天津道孙治、直隶候补道长启护送来京。两国公使到达北京之后，总理衙门派遣崇纶、恒棋前往迎接。

英国公使布鲁斯爵士，是额尔金勋爵的弟弟，是一个狡猾的外交官。他一八五八年奉命来中国，交换《天津条约》批准文件。一八五九年六月，在大沽口外遭到清方的阻拦。一八六一年三月六日抵达北京。当日，法国公使布尔布隆派人持名帖赴恭亲王府"请安"。恭亲王"亦遣人持刺答拜。"英国公使普鲁斯因初到房屋尚未收拾，"行李堆满，无延客地，未能接晤，一、二日内，当赴公所谒见。"

二月十八日（3月28日），法使布尔布隆带着译员哥士耆、美理登到总理衙门谒见恭亲王奕䜣，"并带武职四人随同前来"。"其余随从，半系借用英国之人，约计三十余名，均在门外伺候"。布尔布隆"虽微能学说汉话，不甚明晰"。"经美理登、哥士耆代为陈说"。他对恭亲王表示，今天的会见，"十分欢喜，今驻中国，实为两国永远和好之据"。他和恭亲王谈话的主要内容，"大致申明和好倾心相向之意"。这是首次外交礼节式的拜访。二月二十三日，（4月2日），英国公使普鲁斯也来拜谒恭亲王。"语言极为恭逊，礼貌愈加驯谨，略谈片刻。尚未有商办之事。"事后，奕䜣分别回访了两国公使，"以顺其意"。

出身陆军的俄国公使巴留捷克，早年曾经充任沙皇的侍从官。他于一八五七年来中国，以炮兵少尉的身份充当俄使普提雅廷的随员。一八五九年，在俄国派遣的伊格纳切夫使团中充副官。一八六〇年十月，当英法联军攻占北京时，巴留捷克带领哥萨克骑兵也参加了占领安定门的部队。《北京条约》签订后，巴留捷克作为俄国第一任驻华公使，由恰克图启程来到北京。

美国外交官蒲安臣是第四个到北京任职的驻华公使。他曾经三度当选为美国众议院议员，而且当选过参议院外交委员会委员。一八六一年，他受命为驻华公使，于十一月抵达广州。他又在上海消磨了六个月以后，于一八六二年七月二十日抵达北京就任。他在任职期间，颇受恭亲王奕䜣和总理衙门其他大臣的信任。

来到北京的第五个公使，是德国的外交官艾林波伯爵。一八六一年，他担任普鲁士东亚外交使节团首领，与清朝驻天津的三口通商大臣崇厚谈判，双方签订第一个通商条约《通商章程普后条约及海关税则》。清政府承认普鲁士和其他国家在平等的基础上，享有商业上的权利和治外法权，即包括一八五八年《天津条约》的一切条款。但是，清政府拒绝普鲁士公使驻在北京。"提议在将这项权利推延十年"，后来，"这个延迟的期限终于缩短为五年"。事实上，德国第一任驻华公使李福斯于一八六二年八月十五日到达上海，充任"大布国钦命驻扎中国总理通商事务总领事兼理德意志公会钦差大臣"。一八六三年至一八七五年间，历任北德意志联邦、德帝国驻华公使馆参事和公使等职。恭亲王奕䜣拒绝普鲁士国公使进京换约，理由是："至各国纷纷换约，亦属不成事体，其应如何拒绝，臣等自当悉心筹划，以慰宸廑。"

然而，外国公使在同治朝先后驻京，有法国、英国、俄国、美国、德国、比利时、西班牙、意大利、葡萄牙、丹麦、奥地利、日本、荷兰。北京的东交民巷则成了著名的外国使馆区。

恭亲王奕䜣为外国公使驻京做出了努力。总理衙门的办公场所，最初设于东堂子胡同旧有铁钱局公所。外国公使驻京后，恭亲王奕䜣、大学士桂良、户部左侍郎文祥联名奏请装修总理衙门，大兴土木，"创建大门三间，安设鹿角栅，添砌影壁一座，以壮观瞻"。同时，为了给外国公使"力争体面"，"将头层二门改作牌坊式样，其二层之门，改作三间敞厅，以便出入，免致特启中门"。"至大堂司堂各处，虽然糟杇，尚可将就。惟将瓦片改换，再加油饰，即可壮观"。"计所需工料，合银二千余两，尚系功归实用，实已无可再省"。

外国公使驻中国的京师，这是历史上从未有过的事，不免引起京师官民的惊恐。英国驻华使馆派人向总理衙门"告状"。据威妥玛说："该国人出行街市，辄遇间杂人等围绕指辱。"他向清政府要求，"于该馆设立官人马匹，以便随同出入，弹压闲杂人等，其经费由该国自筹"。于是，奕䜣向皇帝报告："随即札令顺天府转饬大、宛两县，挑选人役四名，马四匹，由臣等送交英国馆寓，作为听差使用。""此项人役，谕令于该国人出行时，跟从照料，如有不应到之处，即令其告知该国之人，不可前往，免致别生事端。并严饬随时小心，勿稍疏忽。其马乾口分，若令该国自给，殊不足示大方，已饬承办之大（兴）、宛（平）两县，令核实给发，勿任浮冒。"清政府充当了外国公使的卫兵和警察。

三

清朝对外贸易的门户，如果说从道光年间的鸦片战争开放，那么经咸丰年间大开，到同治年间由外国人"帮办海关税务"，则完全丧失海关自主权。中国的海关最后陷落了。

发展的具体过程是，外国侵略者得寸进尺，步步为营，逐渐扩大在中国的经济势力。而清朝的昏庸腐败的官僚，对侵略者的本性缺乏认识，分不清"友谊"还是"侵略"，把中国财政收入最主要来源的海关让外国人把持。为了控制中国海关，早在道光二十五年（1845 年）年，英国驻上海领事巴富尔，以便于外国商人缴纳税款、办理手续为理由，向清朝上海海关道台提出，把海关办事机构搬到英租界的中心区——外滩。道光二十六年（1846 年）年，原上海海关改为"江海大关",专办国内沿海航行船舶的税收事宜,另设"江海北关"专门办理外商征税事务。

咸丰三年(1853年),上海发生小刀会起义,占领上海县,海关一度处于瘫痪状态。英国领事阿礼国以"租界中立"为借口,逼走"江海北关"的清朝官员,并且武装占领了"江海北关"。接着,英美领事密商,公布了"船舶结关的临时规则",宣称代行上海海关权力,征收外国商人的税款,即"领事代征制"。上海道台吴健彰与英领事交涉无效。咸丰三年九月八日(1853年10月10日),他发出《关税征收事宜仍按旧例办理》的通告,并找两只船,挂上了海关的旗帜,停泊浦东陈家嘴。同时,照会英、美、法等国领事,宣布两船为临时海关的关址,预定九月二十六日(10月28日)正式办公,征收商税。

然而,外国商船对清朝设立的这个临时"水上海关"根本是视而不见,依然畅行无阻。咸丰四年正月(1854年2月),上海道台吴健彰在苏州河北岸租了一所房子,设立"海关办事处",再次通知各国。外国领事说:"要付税大家付,有谁不付,大家也不付。"上海海关依然收不到税款。

吴健彰又在闵行镇、白鹤渚各设一关卡,征收出口货税,正式照会各国领事。然而,外国领事认为这是"违背条约、条款的行为","无法承认",通知外国商人不必缴税。上海道台吴健彰最终无计可施。

外国领事看到夺取海关的时机已经成熟。于是,以英国领事阿礼国为首,策划了一个所谓"海关引用外人负责帮办税务"的阴谋。"人员由领事推荐,但是为中国服务,由中国付给薪金,并且在中国长官的节制下工作。"咸丰四年五月初六日(1854年6月1日),由美国公使麦莲出面,向清政府正式提出成立一个由外籍人员组成的"税务管理委员会"直接监督,重设上海海关。清政府被迫同意了这个方案。六月初五日(6月29日),正在租界里避难的上海道台吴健彰与英国领事阿礼国、美国领事马辉（穆菲）、法国代理领事伊担达成了出卖中国上海海关的协议："兹因关监督深知难得诚敏干练熟悉外国语言之人员，执行约章关章上一切事务，唯有加入洋员，以资襄助。此项人员，应由道台慎选遴委，道台亦应予以信任事权，俾资改良一切。"从而由外国"襄助"中国海关。

最初打算只要派税务司一名，英、美领事推荐由法国领事馆里的司密斯担任。法国领事表示犹豫。最后决定由英、美、法三国领事各推荐一人。咸丰四年六月十八日（1854 年 7 月 12 日）正式组成"行动联合一致的关税管理委员会"，由法国人司密斯、美国人卡尔、英国人威妥玛组成。每一位税务司薪金六千元。英国副领事威妥玛负总责。中国的司税不过是"帮同纠察"而已。一八五五年六月，威妥玛辞职，英国指派李泰国接替这个职务。这是外国侵略者夺取中国海关行政权的开端。"贸易是侨居在中国外国商人的生命，保护贸易是驻在那个国家里少数外国官吏的第一职责；在上海口岸，经过这样长久的一种无政府状态时期，贸易终于受到管束。"

咸丰八年六月二十九日（1858 年 8 月 8 日），在上海订立的《中英通商章程善后条约》第十款写明"任凭总理大臣邀请英人帮办税务"。这是清朝政府请外国人"帮办税务"政策，第一次明确地写在条约里。

李泰国"富于精力"。他首先改组了上海海关。接着，于咸丰九年（1859 年）在广州开办了一处海关。然后，于咸丰十年（1860 年），在汕头开办了一处海关。在短短三、四年里，李泰国先后在全国开办了十四个通商口岸的海关。

清朝总理衙门成立后，设立全国性的总税务司署，首先在上海设立。咸丰十年十二月初六日（1861 年 1 月 16 日），江苏巡抚薛焕奏请授英国人李泰国"总税务司"的职务，要求清廷"伤令帮同各口管理通商官员，酌量立法，严查偷漏等情"。他为外国人控制中国海关首先鸣锣开道，摇旗呐喊。

恭亲王奕䜣等人复奏太后，完全同意薛焕的建议。他们表示："外国税务，易于偷漏，中国官员稽察难期周到。臣等亦拟令外国人帮办。""既薛焕今有此请，自应发给李泰国执照，令其于各口帮同办理。"奕䜣的决策得到太后的批准之后，就颁给李泰国札谕，"派令稽查各口洋税"。他在《札谕》中说："查税务司李泰国，曾在江海等关帮办税务，诸臻妥协。今新增通商各口税务，尤宜实力经理，仍派令李泰国帮同总理稽查各口洋商完税事宜。"他在授权之后，又对李泰国提出要求，"至各口税务司及各项办公外国人等，中国不能知其好歹，如有不妥，惟李泰国是问。"对于总税务司以外的各口税务司也任用外国人"帮办"。"所有总税务司之任，原视何国人办理妥善，即责成何国人经理，其任至重。李泰国向来妥慎可靠，是以派令经理。此后该总税务司膺此重任，务宜秉公尽力，始终谨慎，不准该税务司及所用各项外国人自作买卖。倘有办理不善之处，即行裁撤，该总税务司其勿负本爵信任之至意可也。""李泰国在上海等关办理税务多年，征收甚旺，且所得薪水极厚，尚不肯从中作祟，滋生弊端。"从中可看出奕䜣充分肯定和满意李泰国的工作。

咸丰十一年二月（1861年3月），恭亲王奕䜣召李泰国到北京。他返回上海不久，在保卫租界的战斗中受了重伤。他不得不停止一切工作，并且告假回英国休养，获得批准。他离开了上海，推荐克士可士吉、赫德二人代办税务。奕䜣认为，赫德在粤海关曾充副税务司，恒棋对他了解，认为"人尚驯顺"。于是决定让英国人赫德代理中国海关总税务司的职务。咸丰十一年四月二十日（1861年5月29日）赫德到天津，恒祺由京师前往，会同崇厚商办三口税务。

四月二十八日（6月6日），代办总税务赫德抵达北京，会吾恭亲王奕䜣，"以初次来见，未能与之细商"。这是赫德对恭亲王的礼节性拜访。五月二十三日（6月30日），英国人赫德奉命代替李泰国为中国海关总税务司。咸丰五年六月（1865年8月）总税务司署由上海迁到北京。

恭亲王奕䜣十分赏识赫德。他说："该员为人谨慎圆通，又富经验，为众所知晓。"赫德在中国任海关总税务司达四十八年之久。在他任职期间，又新设海关三十余处，建立了一整套殖民地化的海关制度。从此，外国人担任了中国每一口岸的较高级的职员。据统计，海关内班人员中，总税务司、副总税务司、各关税务司、副税务司的六十九人全是外国人，帮办中外国人二百一十九人，中国人二十五人。外班人员、总巡、验估、验货二百八十二人，全是外国人；扦子手五十人中，华人只二十人。海班人员中管驾官四十二人，都是外国人。只有"水手、听差、轿夫、杂役"等低级人员由中国人供职。在海关工作的中国人不准讲中国话，海关内外公文不许用中文。清政府虽然在各海关中派有海关监督，但是形同虚设。中国近代的海关为"帮办税务"的外国人完全控制了。

海关总税务司赫德，"阴持朝议，显缩邦交"，在幕后操纵着清朝的政治决策。海关总税务司是总理衙门的最高顾问，正如马士所说："总理衙门在那时还没有经验，所以在一切国际问题上，从商议一个条约到解决一个土地纠纷，都常听取在北京的总税务司的意见并要求他的帮助，各省的总督、巡抚、道台也经常和各地的税务司商议，听取其意见而行动。"控制了中国海关就相当于控制了中国政府。赫德回顾自己在华的活动说："我所主持的工作虽然叫做海关，但其范围甚广……而最关重要的是它的领导权必须掌握在英国人手里。"这是外国侵略者的自白书。

第八章　中兴名臣

一

1812 年 11 月 10 日晚，在湖南湘阴东乡左家塅，左家第三个儿子左宗棠出世了。当他来到人世之时，他的父亲左观澜已经 35 岁，母亲余氏更已 37 岁。

左家属书香门第，虽然生活清苦，但据传从清初起已经出了秀才十多人。左观澜也是位秀才，一面读书，一面教书。左宗棠生活在这样一个耕读之家，自然受到严格的儒学训练。他 3 岁学识字，4 岁读《论语》和《孟子》，9 岁开始学做八股文章，全家人把希望都寄托在了他身上，希望他能在科举考试上出人头地。

1826 年（清道光六年），左宗棠第一次参加湖南湘阴县令主持的童子试。次年又顺利通过了长沙知府主持的府试。可是，等到由湖南省学政主持的院试时，他因母亲病重而未能参加，没有取得秀才的资格。出师不利，给左宗棠带来了不小的打击。此后，虽然父兄督教益严，左宗棠却逐渐对八股文章失去了兴趣。

他的兴趣开始转移到"经世致用"之学方面。所谓经世致用之学，就是反对读书人和做学术的脱离现实的烦琐考证，倡导学术研究更好地为社会现实服务。在当时湖南的经世之学很兴盛。左宗棠大约是在他 17 岁那年，从书铺里买到了一部顾祖禹的《读史方舆纪要》。他如获至宝，发现了一个与八股文章截然不同的知识世界，对书中所载山川险要、战守机宜反复索读，直到了如指掌。不久，他又读到了顾炎武的《天下郡国利病书》和齐召南的《水道提纲》，更加开阔了眼界，掌握了一些有用的知识。

左宗棠如此读书，对于当时正统的知识分子来说，已经意味着有些"离经叛道"，起码是不务正业。因此他经常遭到一块儿读书的士子们的明讽暗讥。可是，左宗棠并不为其所动。他从小就是一个个性很强的人，性情刚烈而自信。他崇拜诸葛亮，敬仰他横溢的才华。但他并不迷信，他更相信自己。当他给朋友们写信时，经常会毫不犹豫地署名"亮白"。他对学术的认识已经超越于一般八股士子之上，对别人的讥讽当然也就满不在乎。

祸兮福所生。科场失意在给左宗棠造成暂时困境的同时，却为他日后成就大的事业奠定了充足的知识基础。因此，当他后来回忆起这段艰难的经历时，常常产生一种塞翁失马的感慨。

他既然不能得志于科场，便越发关注于经世致用之学。他用功研读刚刚出版的《皇朝经世文编》，对清朝中叶以后官绅们有关吏治、经济、军事、刑名等方面的重要议论既加圈点，更注心得。后来，他有机会见到了该书的编者贺长龄，在谈了一番自己的读书感想之后，便提出要借阅他的藏书。这位名臣名学者觉得左宗棠是个人才，非常高兴，决心用力栽培，不仅慷慨应允借书，而且还经常与他共同探讨学术问题。1831 年，左宗棠受贺长龄之荐，入长沙城南书院读书，除了研究程朱理学外，继续丰富他的经世致用知识。书院山长贺熙龄是贺长龄的弟弟，也很赏识左宗棠这个弟子，曾经做诗夸奖他"开口能谈天下事，读书先得古人心"。在城南书院，左宗棠还结识了一些有志于经世之学的同学，如罗泽南、丁秩臣等，这些人后来成为湘军的重要创始人。

1835年，他在第二次进京参加会试的途中，对经世之学仍念念不忘。一路上，他望着千里平原，万里长江和黄河，心中无比激动。他想："大丈夫应该建功立业，真不能老死科场。"他又想，何不利用自己已有的地学知识，绘制正确可用的全国地图、省府地图和历史地图呢？后来他考试失败归来，果然弃八股文于一旁不管，专心查阅方舆图志，在他的夫人的协助下画起地图来。这项工作经过一年多的时间终于完工，只可惜未能及时印刷而原稿辗转散失。

此后，左宗棠又凭着兴趣去研究农学，并取得了可观的研究成果。1838年，他钞录《畿辅通志》、《西域图志》以及各省图志，于山川关隘、驿道远近，分门别类地进行记录，积累了五六十大册资料。1840年至1847年，他在湖南安化两江总督陶澍家任家庭教师。在将近8年的时间里，他得以有机会饱览中国历代典籍。他利用《古今图书集成》中所载的清朝康熙时的全国地图、乾隆时的全国地图与他自己所绘的地图相互校正，使他的地学知识更具权威性。当时已经有人推崇他能"括地九州归指掌"。在这一时期，左宗棠结识了胡林翼，这件事对他未来的仕途发展产生了不小的影响。

左宗棠潜心研究地学，为他日后的军旅生涯打下了一个很重要的基础。天时、地利、人和历来被视为兵家争胜的三大法宝。作为一个统帅，要想取得地利，首先就得掌握天下山川形势，只有这样，临战才能因势利导。左宗棠热衷于对山川地理的研究，也主要偏重于兵事方面。他曾综合自己历年研究地学的心得著成《舆地图说》一书，书中历代兵事如何利用地形，并成为该书的重要部分。

1840年爆发的鸦片战争，给当时所有经世学者提出了一个新的严肃的课题，这就是如何抵御资本主义列强的侵略。左宗棠对这件事也非常敏感。虽然他身居安化，但心系东南沿海抗敌前线。为了做到知己知彼，他勤奋地阅读所能找到的各种记载外国情况的史志、别录，还多次写信给他的老师贺熙龄，要他多多提供有关东南战事情况。当他得知朝廷战和不定，林则徐被罢斥，琦善等人得志时，他非常气愤。他认为，朝廷应一意主战，否则，英军得胜，海外各国必将纷起效尤，中国自此便无安宁之时，处处受制于人。他说，林则徐是众望所归，若能继续受到重用，必能"固岭南千里之守"。他痛斥琦善以奸谋误国，贻祸边疆、贻患子孙，应当斩首军前。真可谓爱憎分明。

以诸葛孔明自居的左宗棠，对清军在这场战争中的作战指导问题也提出过自己的见解。在他看来，由于英军船坚炮利，游弈海上，牵制我沿海七省兵力，造成主客劳逸形势的颠倒。中国只有采用持久战战略，才能最终战胜英军。他反对"急旦夕之功"，主张采取扎实的战备措施，增强沿海各省的防卫能力，使"一省之力足当一省之用"，避免敌攻一处，全局震动，调兵征饷，疲于奔命。他提出了练鱼屯、设碉堡、简水卒、设水寨等具体战备措施，讲求火器的应用，实行坚壁清野，断绝敌人的接济等。在战术上，他提出清军专守城根河岸，或于敌军必经之道设险埋伏，当敌军逼近之时先以炮火实施杀伤消耗，然后伏兵突起于前，奇兵疾出于后，前后夹击，一举歼灭。

左宗棠的这些主张与当时林则徐、魏源、林福祥等人提出的抵御英军的战略战术大体相同。林则徐和魏源主张沿海各省就地招募和训练海岸防御部队，指出"调客兵不如练士兵"。林福祥倡导持久战，主张诱敌上岸，埋伏设险。毫无疑问，左宗棠与林、魏等人的抗敌主张在那个时期都属于杰出思想。而且，他僻处湖南内地，能发此高论，尤其显得难能可贵。

鸦片战争之后，魏源成为当时中国进步思想界的明星。左宗棠虽然蛰居湖南，但他非常敬重魏源，尤其重视魏源的著作，认真地从中汲取思想精华。1844 年，魏源的《圣武记》一书刊刻问世，左宗棠立刻向他的老师贺熙龄借阅。魏源在书中颂扬了清前期的武功，使得他热血沸腾，一种强烈的爱国情怀与他素有的自信心相结合，变成了强烈的民族自尊心和自信心。左宗棠对魏源在书中所表述的建军用兵思想，亦多加赞赏，说他"于地道兵形较若列眉"，确有心得。不久，左宗棠又读到了魏源的《海国图志》，对魏源开眼看世界的精神，"师夷长技以制夷"的主张推崇倍至。他后来力主学习西方军事科学技术，其思想的产生与这时受《海国图志》的启蒙是有密切关系的。

左宗棠对林则徐更是仰慕不已。他赞成林则徐在鸦片战争中的立场和态度，同情林的遭遇。他称林为"天人"，他的心曾经追随林战斗在粤海，奔波于新疆和西南。1850 年元旦刚过，左宗棠于湘江舟中高兴地见到了林则徐，两人促膝而坐，抚谈今昔，直至东方吐白，始各依依别去。他们谈到了列强对中国的侵略，谈到了国内人民的起义，还谈到了清朝政治、经济和军事。此次见面之后，他对林则徐更加敬仰。

这年 12 月，左宗棠得知林则徐在前往广西镇压各族人民起义途中客死广东潮州，一时竟悲痛失声。他悲巨星陨落，进而联想到了自己的处境。自许为诸葛亮的左宗棠这时已年近 40，却仍然功不成而名不就。他的满腔热情，他的满腹经纶，尤其是他的军事才略，何时才能得以发挥？一个教书先生何时才能出人头地！

1851 年（清咸丰元年）太平天国革命爆发后，左宗棠终于迎来了自己施展抱复的机会。如火如荼的农民起义，以摧枯拉朽之势荡涤着旧的封建官僚机器。万马齐喑的清朝大小官僚对革命洪流束手无策。清政府被迫改变陈规，广开才路。一大批功名不高，甚至没有功名的草野之士乘势脱颖而出。左宗棠则以其特有的条件，成为其中的一个佼佼者。

本来，左宗棠早就预料到要发生大规模的农民起义。面对山雨欲来风满楼的革命形势，他百忧交集，夜不能寐，曾经打算当一个"山隐翁"。但是，以他的个人秉性，以他的阶级立场，左宗棠是不会置四面烽火于不顾，而自甘寂寞的。

果然，当他从他的好友胡林翼处得知太平军已经进占广西永安（今蒙山）时，立刻发表了一通如何对付太平军的议论。他说，自古兵法有言，"谋定而后战"，"善用兵者致人而不致于人"。由于清军不懂得这个道理，在作战中反主为客，自然要处处被动，经常挨打。他主张清军在太平军营地附近广筑碉堡，步步为营，渐逼渐进，迫使太平军离开营垒，改守为攻，如此则清军可以反客为主，由被动变为主动。左宗棠的这番话，既表明他对镇压农民起义具有很高的热情，也说明他有较好的兵法素养，知道争取主动权是两军作战的首要问题。至于他所提倡的建碉堡以合围的"铁桶战术"，对付初起于广西山区的太平军定能比较有效。

胡林翼看了左宗棠的这番议论，觉得应该设法起用他，让他发挥其军事专长。于是，他多方荐举，希望引起朝廷的重视。1851 年冬，湖广总督程矞采接到胡林翼的荐书，随即修书送往湘阴，请左宗棠出山。左宗棠在家中读了这封聘函，直摇脑袋。以他的傲气，是不会轻易为人所用的，他要等程矞采诚恳地"三顾茅庐"然后再做决定。可惜这个程矞采远没有当年刘备敦请诸葛亮的诚心，更何况他不久便被革职发配，也就用不着左宗棠给他当军师了。

1852 年 4 月，太平军从永安突围北上，一路攻城斩关，来到湖南长沙城下。湘中官绅个个惊恐万状。原来的云南巡抚张亮基被清廷任命为湖南巡抚，奉命收拾危局。胡林翼又向张亮基极力推荐左宗棠，说他"廉介刚方，秉性良实，忠肝义胆"，而且"胸罗古今地图、兵法"，精通时务，绝非一般庸夫俗儒可比。如果蒙恩起用，一定会有利于湖南军务的。张亮基专人往请。左宗棠还是一脸傲气，托辞推谢。他还不了解张亮基，不愿意将自己的命运同一个自己并不了解的人捆绑在一起。胡林翼见此情景，便反过来做左宗棠的说服工作。胡也把张亮基吹得天花乱坠，说他是"不世奇人"，这次是虚席以待，真心诚意地要重用你，机不可失，时不再来啊。与此同时避乱山中的郭嵩焘等人也大事规劝。在多方劝导下，左宗棠为了封建地主阶级的利益和个人的功名利禄，终于应聘出山了，并在镇压太平军的过程中崭露头角，逐渐成为"同治中兴"名臣之一。

二

从道光三十年（1850 年）太平军起义开始，到同治五年（1866 年）左宗棠奉命西征的十余年间，正是海内外多事，天下形势乱纷纷，神州势将覆亡之际。在这期间有五支主要力量在中原角逐：太平军、捻军、回军、湘军和清廷直属的势力。在当时的危急情况下，必须有一支强大的力量，有一个强有力的人物，力挽狂澜，才可能一一击败对手，实现海内团结。

在以上五支力量中，有太平军、捻军、回军三支反政府的力量，然而都不能担负起挽救国家危亡的重任，那么回过来看看中央政府的情况吧！除了湘、淮军外，清朝廷在各地有一些直属部队，但由于管理腐败，军队素质差，旗人将领无能，战斗力一般都很差。太平军兴起时，最先派去进剿的将领如赛尚阿、乌兰泰、胜保等都不堪一击，进剿捻、回军的"京兵"也败退下来。多隆阿是满人中的善战者，又已战死。在陕甘的满族大员如熙龄（总督）、恩麟（布政使，曾护理总督）、庆瑞（宁夏将军）、玉通（办理青海事务大臣）等，都是所谓"丰镐世家"，纨袴子弟，既不懂政，更不懂军。又如乌鲁木齐提督成禄，逗留在甘肃高台县达 7 年之久，不敢出玉门关一步，却在当地压榨老百姓，贪污 30 多万两银子，还残杀 200 多良民。这个人后来被左宗棠参办。在新疆的满族官员也都是这一类人物。新疆的几次民变，几乎都是由于贪官污吏枉法殃民所引起。清政府内也有开明有识之士，如大学士兼军机大臣文祥等，他们清楚如依靠这帮人去收复大西北，不仅是无望，而且也荒唐。因此，惟一的希望是依靠汉人将领和军队：湘军和淮军。

湘军主帅曾国藩在太平军被剿灭后，就被清廷调到北方剿捻，但不久他告病，仍回南京当两江总督，由李鸿章接替剿捻任务。曾国藩素来认为高位、大名、重权是一种危险，只有辞荣避世才是安身良策。他已经封侯拜相，兵权又已交出，从此再无"进取"之想。李鸿章是有名的对外妥协投降派，他们二位都提出过放弃新疆的主张，特别是李鸿章，他是在塞防海防之争中，对出兵收复新疆是坚决反对。清朝廷中有识之士没有将收复大西北的重任交给曾国藩和李鸿章，表明已认识到他们二人不可能有统一中原、收复新疆的胆略和决心，全国人民也不能寄希望于他们二人。

在这种局面下，太平军既已失败，捻军和回军又不可能统一中原，他们自己也从来没有提出过这样的要求，清军本身力量单薄，又不可能将各派力量联合起来，湘、淮军两位领袖曾国藩和李鸿章不愿担当收复新疆的重任，清廷以至全国人民，唯一的希望就寄托在左宗棠身上了。

在这种不得已、万难的情况下，左宗棠"引边荒艰巨为已任"，在朝廷命令和人民期望下，毅然出来力挽狂澜。他曾多次渴望当时局稍微平靖之后，能脱离戎马生涯，回到家乡安享田园之乐。但是他说："万方多难，吾不能为一身一家之计。""此时西事无可恃之人，我断无推卸之理，不得不一力承担。"因此，他牺牲了家庭幸福、田园乐趣，走上那漫长、艰苦、荒凉的沙漠之路。

三

清廷在将平定西北重任增色给左宗棠以前，也曾作过一些部署。那时太平军战事还没有全部结束，不能将善战的湘军西调，于是将四川布政使刘蓉（霞仙）调任陕西巡抚。刘是左宗棠的同乡、好友，以前二人同在骆秉章幕府共事。刘是位秀才，足智多谋，他和左宗棠同时被誉为"诸葛亮"。不久，江西境内太平军战事已近尾声，清廷又将杨岳斌（厚庵）调任陕甘总督。杨岳斌是与彭玉麟齐名的湘军水师统领，原名载福，因避同治帝（载淳）讳而改名。后来曾随左宗棠在东南作战。这两名湘军将领来西北后，并没有扭转局势。刘蓉在霸桥与西捻一战，几乎全军覆没，巡抚职也丢了。杨岳斌见形势不妙，也请病假告归。左宗棠到达汉口时听到这个消息，认为他二人虽有失误，但还有可用之处，赶紧上奏请留下他们，但为时已晚。这也说明，湘军个别将领离开了统帅和大部队，独立一方，就难以成功，诚如胡林翼生前所说："气类孤而功不成。"

左宗棠接受督办陕甘军务的重任，心里很清楚，这是清廷在危急之际，需要他、利用他解决一时的困难，对他并没有长远重用之计。他与王柏心说："朝廷所以用之者，不过责一时之效已耳。"他常常自己定下一个计划，并告诉夫人、儿子、朋友们：等这一阶段任务完成了，就决心退隐。可是当这一阶段完毕，紧接着下一阶段更重的任务又来临，他又不得不说："我不去怎么办呢？国事如此，万无退避之理。"于是又抱着老病之躯，继续另一项任务。就这样，在多事之秋，任务接踵而至，始终没有能卸下重担。

在汉口，他一面等待由各地调集的军队，同时研究进兵策略。他向清廷提出了用兵程序：

"欲靖西陲，必先清腹地，然后客军无后顾之忧，饷道免中梗之患。"

这项军事策略重要而正确。新疆是中国西陲，欲收复新疆，必先平定玉门关以内的陕甘腹地。新疆为外国侵占，对内地而言，甘肃成了西陲。欲平定甘肃，首先必须平定潼关以内陕西、河南等腹地的战乱。这就是说，欲收复新疆，必先平回；欲平回，必先平捻。回军占领了通往新疆的门户肃州和河西走廊，又和在乌鲁木齐自称"清真王"的妥得璘勾结；清军如不收复肃州，打通河西走廊，就出不了关。即使出了关，也不能保证军需接济和粮道畅通，还要受两面夹击的危险，那么，放弃新疆，这是中国人民包括广大回民都不能答应的。捻军在陕西、河南一带势力很大，东奔西窜，有时甚至逼近京畿；如果不先平定捻军，同样，清军是无法进入甘肃的，否则也是两面受敌。当然，更不用提收复新疆了。

左宗棠到汉口后，想起了一位好友，咸丰三年同任湖广总督署幕府的王柏心。王柏心十分器重和敬佩左宗棠，当左宗棠回湘阴东山隐居时，王柏心曾赠诗："武库森然郁在胸，归来云壑暂从容。"一再劝他不要消极隐居，乱世中难求一才，应该出山为国家效力。当左宗棠受官文、樊燮构陷，再度消极时，王柏心写信劝他："功高为人所忌，自古有之；听到诬蔑你的游词，就决定拂衣还山，绝口不谈世事，以表明自己的高洁，但此乃浅之为丈夫，非所望于达节之士也。"

王柏心直率而恳切的言辞对左宗棠产生了很大的影响。王柏心熟悉中国历史，更熟悉历代兴亡成败的原委。他曾人云贵总督林则徐和陕甘学政罗文俊幕府，遍游陕甘各地，对关陇山川形势和少数民族风俗民情都有所了解。他是一位有学问、有谋略、也有理想的人，素来赢得左宗棠的敬重。他家在监利，离汉口不远。左宗棠约请他来汉口会见，他们分别已十余年，二人本来都蛰居故里，现在左宗棠已是总督兼钦差大臣，王柏心仍然乡居，老友重逢，十分快慰。他们在汉口聚会的几天中，不单是叙旧，更主要的是讨论国家大事和西北用兵策略、作战部署等。他们二人的看法有很多相同之处，谈得十分投机。左宗棠后来平定新疆时采取的一项成功的战略——"缓进急战"，即用充分的时间作好各项准备，然后以迅雷不及掩耳的行动速战速决，这项战略就是王柏心和他共同商定的。他们还一致认为，在西北作战，应采取屯田政策，因为西北粮食缺乏，军粮若全靠内地接济，迢迢数千里，运输困难，万一断粮，军队就不能作战了。对付捻军，他们都认为要用骑兵和炮车作战。因为捻军往来奔驰，避实就虚。专用步兵对付则追赶不上，应该用骑兵对付步兵，用炮车对付骑兵。他们又定"三路进兵之策"。王柏心和他商定的策略，不仅适用于陕甘军事，在收复新疆中也起了重要作用。

在西征军的人事安排上，左宗棠也作了部署：除奏调刘典帮办陕甘军务外，又调广东提督高连升（果臣）率部来西北参战。另外，原属曾国藩统领的将领刘松山（寿卿）也奉调入陕，带领老湘军 9000 人，以后成为左宗棠手下的一员大将。

清朝廷命李鸿章为剿捻主帅，并督剿东捻，左宗棠负责征剿西捻。另外还有几支地方部队参加。一支是张曜的"嵩武军"，另一支是宋庆的"毅军"，这两支部队都是豫军，英勇善战。此外，山西按察使陈湜的军队也由左宗棠节制。

休整了一个月后，各路军队齐集汉口。同治六年二月左宗棠率部队离汉口向西北进发。那时西捻军一部分已入陕，东捻一部分进入湖北，在天门、钟祥等地活动。左宗棠虽奉命剿西捻，但这时首先得对付东捻，部队到达随县附近，与捻军遭遇。捻军使用的是一些原始武器，在装备上远不及清军。他们突然遇到炮车，惊惶失措，纷纷溃逃，被赶回河南，但是捻军人多势众，转移迅速，对所到之处造成了很大威胁，不是轻易可以消灭的。

甘肃回军得知西捻入陕，也向陕西大举进犯。清廷一方面担心甘回入陕与西捻合流，又怕西捻再回河南，与东捻复合，就下令给左宗棠，命他务必将西捻消灭在陕西境内。左宗棠于是按既定计划，分兵三路人陕：由刘典率5000人由樊城人荆紫关；由高连升率4000人溯汉水入蜀河口；左宗棠自领7000人进潼关。谁知出师不利，当部队经过函谷，扎好营寨时，突然大雷雨，山水猛发，辎重被洪水冲走了一大半。大军进入潼关后，士兵又感染瘟疫，死了200多人，病的更多。

入陕的军队一方面要对付捻军，另一方面还要对付回军，虽然打了好几场胜仗，但捻军采取的是"打了就跑"的战术，并未消灭其主力。那年冬天刘松山的湘军和郭宝昌的皖军（楚胜军）正在陕晋边界沿黄河西岸堵塞捻军，防止他们东渡，在宜川、交口之间突然遇到回军进犯，因此停下来与回军作战。就在这一天内，捻军大股趁此奔到黄河西岸。对岸的山西部队原来以为捻军缺乏渡河器材，暂时过不了黄河，因此不作准备，大部队都开往晋北去了。十一月廿二日傍晚，南风骤起，黄河水冻成坚冰，捻军便从宜川西北的龙王辿，踏着冰桥进入山西。出其不意，一连攻陷了吉州、乡宁几个县城，山西全省大为震动，连京师也受到威胁了。

清朝廷恐慌不安，下诏严责左宗棠和李鸿章，以及直隶总督官文和河南巡抚李鹤年等，并都给以撤职留任处分。这是一次大挫败。

左宗棠看到捻军进入晋冀，局势将更难收拾，命刘典和高连升留在陕西，自己亲率5000兵回师晋冀。刘松山和郭宝昌的部队也赶紧由陕渡黄河追来。这时局势的变化渐渐有利于清军，东捻军已为李鸿章平定，西捻军被孤立。朝廷立即命淮军、张曜嵩武军、宋庆毅军等会同湘军合剿西捻。西捻军东奔西窜，同治七年初，到定州，并有少数部队进犯保定；不久又到任丘、献县、饶阳，三月过吴桥，直犯天津，离京师已不过二三百里。捻军虽然声势浩大，造成威胁，但是究竟因为组织涣散，缺乏新式武器装备，又无明确的政略战略，强弩之末，终不免于失败。在清军几路追击之下，捻军不是被歼灭，投降，就是走散。六月，张总愚带领残部由山东济阳向西，往临邑进发，官军从四面包围，走到徒骇河边，下起大雨，河水猛涨，淮军刘铭传部将捻军驱赶到河边，捻军无路可退，又无法渡河，张总愚遂蹈水而死。余部投降的投降，溃散的溃散，捻军至此被彻底消灭。

清朝廷论功行赏，撤消了之前的处分，并给左宗棠加了一个"太子太保"的头衔，命刘松山等率军回陕剿回，着左宗棠来京陛见。

八月初五日左宗棠到达天津，初十日到北京。这是他第四次来京了，前三次都是来参加会试，每次都落第而归，最后一次来京是道光十八年（1838年），距今也已30年了。前三次自己只是以一个无人知晓的穷书生而来，这次来，已是赫赫有名的地方大员、钦差大臣，不可同日而语了。八月十五日，觐见了慈安、慈禧两宫皇太后。他当了7年的巡抚、总督，和朝廷奏折来往频繁，但见皇太后和皇上还是第一次。太后对他慰勉有加。捻军平定了，朝廷放了些心，但仍害怕陕甘回军打过来。太后叮嘱宗棠，务必保护好山西边境，先巩固东边，再向西推进。太后又问："西北回乱何时可以平定？"这个问题却是很不好答复的，宗棠考虑了一下，应声说："需要五年。"太后觉得时间长了一些，但宗棠预计进兵、运粮、筹饷等许多困难因素，5年能平定陕甘，就算够快的了。后来有人认为他估计冒进，是轻敌骄傲。他说："天威咫尺，何骄也！？"皇上面前说错了话，是要杀头的，他哪里敢胡说、骄傲？3年后，他写给友人的信里说：

> "西事艰险，为古今棘手一端。鄙人冒然认之，非敢如壮侯自诩：'无逾老臣'，亦谓义不敢辞难耳。前年入觐面陈，非五年不办，慈圣颇讶其迟。由今观之，五年蒇事，即大幸耳。"

四

同治八年（1869年）初，左宗棠奉清朝廷命，率大军进入陕甘平息回军"造反"。同年底进驻甘肃平凉。这次复杂的民族纷争是他所要面对的问题，是一项十分艰巨的任务。他认为处理民族关系，对付回军，与对付捻军和太平军有所不同，应当更为慎重。

他在进入陕甘之前，首先调查研究了那里的回民情况和回汉纠纷。中国是一个多民族国家，在漫长的年月中，各族人民之间的团结友爱、互助合作，是历史的主流，各民族间自然融合也是历史的主流。回、汉、满三族在历史的长河中，友好也是主流。在清代，回民和其他民族一样，也参加科举考试，也作官吏；回汉二族在短暂时间和局部地区内也有过纷争和矛盾，但还不曾扩大。同治元年至十二年间，陕甘一带的回汉矛盾激化，回民和汉民互相仇杀，满人官员却站在汉族一边，挑拨离间，从而导致回民起义。那时，回族和汉、满族关系处于最低潮、最恶劣的时期。

左宗棠入甘前，了解到汉回仇杀的残酷情形，认为主要责任在于甘肃官军的残暴，慨叹说："甘肃之军，不能保卫人民，反而扰民；甘肃之官，不能治理人民，反而激起人民造反。"他把回汉仇杀归因于当地满汉官员和军队的腐败和残暴，即"官逼民反"，对被压迫的回族和汉族人民寄以同情。他还批评那里的团练说："既像团练又不是团练，像兵勇又不是兵勇，像土匪又不是土匪。"当地汉人多将汉回仇杀的责任完全推在回民身上，他多次表达不同看法："从前汉回仇杀，责任不尽在回民。""陕回之祸，由于汉回构怨已久，变乱实在是由汉人挑起的。"

陕西一些汉人士绅却不能以客观公正的态度来看待，他们不顾汉人屠杀回人的事实，却只看到汉人被回人屠杀，因此对回民恨之入骨。他们提出"剿洗"政策，就是要用武力征服。一些地方官吏也偏听这种意见。左宗棠坚决反对"剿洗"政策，他对那些偏听"剿洗"政策的官吏们更为不满，警告说：

"惟秦人议论，往往不可尽据。即如汉、回争哄，致成浩劫，力主剿洗，万口一声，生心害政，实由吠影吠声致然，虽贤知之士，亦所不免。非兼听并视，折衷至是，不能平其政，祛其弊也。"

他批驳了陕人"杀尽回民"的谬论，接着提出"剿抚兼施"的办法："仍宜恪遵前奉上谕：不论汉回，只辨良匪，以期解纷释怨，共乐升平。"他认为这样可以促使汉、回同胞解纷释怨，共同享受和平的生活。

"不论汉回，只论良莠"，本是由林则徐最早提出。20

年前他任云贵总督时，处理当地回民起事的政策是："但分良莠，不分汉回，良则虽回必保，莠则虽汉必诛。"左宗棠政策的核心承继林则徐政策而来，但是重点在于"抚"。

所谓"剿抚兼施"，"剿"就是武力征讨，"抚"是和平方式安抚。左宗棠认为办理回事必须"以抚为先"，即是以和平方式为对待回民的主要手段和目的。回乱之所以产生，是由于政府歧视回民，如果朝廷宣布政策：汉回一视同仁，那么大部分回民将不会追随上层回军人物。但是面对在各地割据的回民武装，如果政府没有强大的实力也不行，起事的回军是不会自动放弃武装，把通往新疆的大路让出来的，所以又必须有"剿"，左宗棠自己说是："盖不得已也。"

"剿抚兼施"的政策一出，受到了来自各方面的阻难。一方面是陕西士绅和一部分地方官员的"剿"派，他们自己没有力量对付回军，听到清政府派左宗棠率大军来陕甘征剿，就希望左宗棠来帮他们对付回民。左宗棠对陕西士绅这种民族"仇恨"和畸变心理，深为厌恶，坚决反对，他说："秦中士大夫恨回至深，每言及回事，必云'尽杀'乃止，并为一谈，牢不可破，诚不知其何谓！"陕西士绅的"剿"派对左宗棠感到失望，他们始终不满于左宗棠的政策，还常加以阻挠。

另一方面是满族高级官员中的主"抚"派，如熙龄（总督）、恩麟（布政使、护理总督）、庆瑞（宁夏将军）、玉通（办理青海事务大臣），以及后来署陕甘总督的穆图善等，他们都是满洲贵族的公子哥儿，既不懂得用兵常识，又胆小如鼠，加之甘肃是个穷省，无兵可用，无饷可筹。因此他们怀着苟且偷安的心理，又接受回军首领的贿赂，只主张"抚"，然而没有求"抚"的实力，从来没有"抚"成功，局势日趋败坏。

至于清朝廷，也给左宗棠很大的压力，清廷命他克期平定陕甘"回乱"，虽然同意了"剿抚兼施"的政策，但是两宫太后对他提出的"五年为期"还是充满疑虑，认为时间太长。后来有几次因军事停顿，立即下旨严责。例如同治九年（1870 年）十月，金积堡久攻未下，朝廷就责备左宗棠说：

"竭东南数省脂膏，以供西征军饷，似此年复一年，费如此巨款，岂能日久支持？该大臣扪心自问，其何以对朝廷？"

朝廷对左宗棠表面上"信任"，是不得不用他，暗地里处处怀疑，深怕他按兵不进，拥兵自重。

左宗棠面对着的是盘踞在各地的强大的回军武力，顶着来自三方的压力，加上恶劣的自然条件，困绌的军饷、军粮，西事艰阻如此，他毅然不顾各方面的反对，在进陕之前发布了一道告示，说明"剿抚兼施"的政策，告示说：

……多杀非仁，轻怒非勇，诛止元恶，钮必非种。凡厥平民，被贼裹胁，归诚免死，禁止剽劫。汉回仇杀，事起细微，汉祸既惨，回亦无归。帝曰汉回，皆吾民也。使者用兵，仁义节制，用剿用抚，何威何惠……

一些回民读到告示中"帝曰汉回，皆吾民也"两句，不禁感动而流泪。多数善良回民与汉民纠纷，原是细微的事，因受满汉官员压迫，又受上层回民鼓动，"造反"实属不得已而为之。他们如果逃出回军，到汉民地区，又恐怕为汉民残害，真是走投无路。他们自然希望中央政府能有一个公正、妥善的政策。

左宗棠在给孝威的信中，表明了对回民政策的信心，说："回民入居中土，自三代以来即有之，传记中'疆以戎索'及'骊戎'、"陆浑之戎"、"徐戎"皆是也。欲举其种而灭之，无此理，亦无此事。前年四字告示中'帝曰汉回，皆吾民也'两句，回民读之，亦为感泣，可见人心之同。且令中外回民均晓然于官司并无专剿回民之意，亦知覆载甚宏，必不协以谋我。便可百年无事，若专逞兵威，究竟止戈何时？"

左宗棠认为要贯彻剿抚政策，双方以诚相待，十分重要。一方面必须回军诚心求抚，另一方面必须官军诚心办抚。官军需力量强大，回军才肯甘心就抚；官军还必须显出诚意，回军就抚才能有诚心。他认为"抚"比"剿"难得多，"剿"，只须使用武力，打了胜仗，大局就定了。"抚"，则是纷繁的善后事务。但是决不能避难就易，为中华全民族的利益，最终必须贯彻和抚之局。

五

进军西北是一项十分艰巨而重大的任务，别人都不愿去、不敢去；左宗棠已充分认识到这一点。同治八年四月，宗棠部队已收复了秦陇门户董志原。大军进入甘肃之际，他写信给孝威说："西事艰阻万分，人人望而却步，我独一力承担。"同时给友人夏献纶（小涛）的信也说："西事大类养痈，失今不图，西陲恐非复朝廷所有，弟不自忖量，引为己任。"如果回军继续扩张势力，向西与盘踞新疆的阿古柏连成一片，最终关内回军和领袖也将如乌鲁木齐的妥明一样，成为野心家阿古柏的手下败将，不仅西陲非复中国所有，连中原也岌岌可危了。左宗棠不避艰险，毅然引西事为己任。但是西事艰阻在何处呢？首先，对处理西事的方针有各种不同意见，是"剿"是"抚"，莫衷一是；朝廷又处处不放心，时加诘难，这些都给西征以巨大压力。而西征军事本身更是十分艰险的任务。在西北边远穷荒之地，作战固然艰难，筹饷、运粮、运兵等后

中华藏书

大清十二帝·最新整理珍藏版

中国书店

勤工作更是加倍困难。语云："兵马未到，粮草先行。"如果后勤工作得不到妥善解决，就不可能取得军事上的胜利。

对进军西北的后勤工作，左宗棠有一个极为重要的观点，即："筹饷难于筹兵，筹粮难于筹饷，筹转运又难于筹粮。"

筹兵、筹饷、筹粮、筹转运，对西北军事都是极为重要又极难的事。筹兵难，因为西北地区人口稀少，加之多年战祸，死亡惨重，兵源更其缺乏。在陕甘，除本地兵外，还要靠川、鄂、黔、湘等外省的兵；新疆则要靠锡伯、索伦、察哈尔、蒙古等各族、各地兵种，系统纷繁，指挥不易。左宗棠这次到西北来，除了老湘军外，还率领了张曜、金顺、徐占彪等各地方部队，兵源和统一指挥的问题基本上得到了解决。

筹饷比筹兵更难。西北一向贫困落后，平时还要靠内地财政接济，经过多年的战争破坏，农业歉收，物价高涨，军费更无从筹措。而东南各富庶省分，经太平军多年战争，自身财力也很支绌。所以西北虽有了可用的兵，却无饷可付。左宗棠只能向清廷求援，和向东南各省当权的旧友、同事求助。后来在进军新疆时，甚至还必须借外债，总算获得了一定的饷源。

筹粮又更难于筹饷。光有了钱不行，几十万大军是要吃饭的。西北农业不发达，土地干旱，本来粮食就不够吃；兵荒马乱之后，连当地人民也吃不饱，更不用说供应数十万大军了。所以必须从内地运粮过来。

粮食有了，又怎样运到陕甘呢？西北既不通舟楫，当时又没有铁路、公路，地广人稀，到处是高山、深沟、沙漠、荒原，运输工具主要靠车驮。沙漠只能行骆驼，骆驼在夏天还要歇厂。显然，转运粮食比筹粮又更难。

左宗棠在年轻时就已认识到西北筹粮运粮的困难，曾写过："囊驼万里输官稻，沙碛千秋此石田"的诗，如今身临其境，总算经过精密的筹算，制定了一套运粮、用劳力、用驮口的办法，基本上解决了运输的困难。

左宗棠还认为，自古边塞用兵，不在多而在精。兵精而少，饷、粮、运都比较容易解决，因此决定采取精兵政策。

他的这些认识是十分重要的。过去西北的高级官员不懂这些道理，或是认识到了而没有解决办法，因而遭到了军事上的失败。他不仅认识到，而且经过周密研究和筹划，采取了相应的对策，这是获得成功的原因之一。

兵、饷、粮、运的困难解决了，入甘的大军于是展开对回军的全面攻击。大将刘松山的先头部队，首先遇到的第一个坚固堡垒，是马化漋踞守的金积堡。

回军领袖马化漋有才干、有计谋，他拥有大量枪械马匹。金积堡地处险要，本地官兵不是他的对手。马化漋对付清军采取的是两面手法：面对强大的清军，他就表面求"抚"，而在有利时机和地点，又乘其不备，袭击官军。他与占据在南面董志原的陕西回军关系密切，由于陕回军比甘回军强，他想拥陕回军以自重。当西征军迅速攻下了董志原后，马化漋将由董志原处逃来的陕回军予以收留，供给他们马械，使其抗拒清军。刘松山的部队和陕回军在郭家桥初次接战，打了一次胜仗。马化漋立即向穆图善、安定等替陕回军求"抚"，并说这次回军抗拒官军，是刘松山挑起的。穆、安本来都是主"抚"派，尽管他们吃过回军的亏，也知道马化漋不可信，但抱着得过且过的心理，又收了马化漋的贿赂，加之对朝廷派左宗棠大军入陕甘，正惴惴不安。他们二人就上奏将刘松山告了一状，说他轻进滥杀激变，这也是告左宗棠。清廷又怀疑了，命左宗棠如实奏报。

马化漋请"抚"其实没有诚意。当左宗棠大军入甘后，他也曾派人向左宗棠请"抚"，左宗棠告知他剿抚本无成见，只要诚心求"抚"，自然是欢迎的。他对马化漋的两面手法也有所耳闻，命令部队暂时停止前进，注意察看马化漋求"抚"是否真实，看看他和陕回军的联系如何。马化漋本以为自己地处险要，清军不能深入，一方面暗中使陕回军抗击清军，一方面坐观成败，窥视清军强弱。回军在郭家桥战败后，他大为震动，再次派人到刘松山营中，代陕回军求"抚"。刘松山命他交出马械，他又不肯交出，只拿了少数瘦马朽械出来敷衍塞责，同时修固堡垒，挖掘壕堑，开掘秦渠，积极备战。又密遣部将马万春督促陕回军将领杨文治、禹得彦等攻击固原境的清军。金积、吴忠两堡的回军也向刘松山部队出击。清军连战连胜，刘松山部队攻克了金积堡东北马家等寨，搜出了马化漋给部下参领马重三、吴天德等的札子，命他们纠党抗拒官军，自署"统理宁郡两河等处地方军机事务大总戎"。左宗棠于是上奏，为刘松山辩明真象。他称赞刘松山"忠勇而明方略，当时诸将，实罕其匹"。因为刘松山曾是曾国藩老部下，又在奏中对曾国藩善于用人进行了称赞，说："臣与曾国藩议论时有不合，至于拔识刘松山于凡众中，信任最专，其谋国之忠，知人之明，非臣所及。"

朝廷收到左宗棠奏报后，认为马化漋擅授官职，抗拒官军，暴露出反清的意图，下谕旨说：

"回目马化漋既给与马重三伪札，是其狂悖之情业已败露，而求总兵胡昌会保其永不反复，并代陕回甘言求抚，前后两歧，殊难凭信。着左宗棠严饬刘松山乘此声威，迅图扫荡，不得轻率收抚，转遂奸谋。"

同治九年（1870年）正月，刘松山率军围攻金积堡。一次在附近马王寨前亲自督战，被寨前飞炮击中左胸。部将争来看他，他说："现在作战要紧，不要管我，你们都跑来，会搞乱队伍。"命他们继续猛攻。将士们在气忿之下，一鼓作气，攻破了马王寨。但是刘松山于当日伤重死去。

刘松山去世，左宗棠丧失了得力助手，就命刘松山的侄儿刘锦棠接管老湘军。刘锦棠本来是军中的副手，虽然年轻，但很有才干。他竭力稳住了阵脚，然而刘松山之死还是给全军带来了不小的打击。雷正绾、周兰亭、张福齐等几支军队同时溃败，伤亡惨重。马化漋知道刘松山被击毙，清军溃败，就命回军大举反攻，包围了刘锦棠固守的吴忠堡和预望城，又诱使各地已就抚的回军叛变，一时甘回和陕回军攻占了陕甘边境定边、鄜州等许多县城，全局大震。清朝廷又吓慌了，下严旨责备左宗棠督师不力，并命令李鸿章率领黔军入关督剿。

李鸿章十分不愿去西北，他很有自知之明，对西北情况懵无所知，又缺乏决心与勇气，也不耐受西北边荒的艰苦生活。接到廷旨后，反复筹思，着实苦恼了一阵。他写信给曾国藩求助，说："即懵懂西去……于西事无所补益。午夜旁皇，不知所措。"在恩师面前暴露了他的苦闷。他给友人的信也说："鄙人于西北形势生疏……冒昧前去……实不能自了……西事万难结局。"

尽管李鸿章对西事畏而却步，彷徨不知所措，但皇命难违，也只得遵旨前往。他于六月到达潼关，这时湘军已将局势稳住，回军攻不下吴忠堡和灵州，入陕回军也纷纷败退。恰好这时在天津发生了一起引起全国震动的教案，清廷看到左宗棠已掌握了陕甘局面，就命李鸿章回京，协助曾国藩处理天津教案。

左宗棠的军队开始向金积堡合围，已处于被动地位的马化漋仍然反反复复，一面坚守，看到形势不利，一面又求"抚"，请求让他们春耕。左宗棠同意让回民出堡春耕，也答应办"抚"，但仍然责令交出全部马匹、军械，马化漋却又拒不交出，还在堡前修长壕，引渠水入壕以阻挡清军。这样又相持了几个月。是年十月，左宗棠到西北已两年了，金积堡仍未攻下。清朝廷又严旨批评左宗棠，话说得很厉害："似此年复一年，费此巨帑……该大臣扪心自问，其何以对朝廷？"

金积堡堡垒坚固，城周长9里多，高约4丈，深厚约3尺。堡内墙壁纵横，渠水环复。堡外又有许多卫星堡寨、关卡，东自吴忠至灵州，共有450余所；西自洪乐老马家寨至峡口，共120余所。堡内储存了大量枪炮、粮食。马化漋准备战事已有多年，他是新教主，因乾隆年间新教被清朝廷禁灭，新教主马明心和苏四十三伏诛，马化漋对清廷有着很深的仇恨，因此抵抗坚决，不肯轻易就抚。这次被围困10个月，清军节节进逼，马家堡寨绝大部分被攻占，堡内已支持不住。到了年底，首先是逃来的陕回军陈林率领老弱回民8000余人出壕求"抚"，刘锦棠接受了他们的要求，命他们将堡寨平了，仍在原处居住。不久，王洪寨也平了堡寨请"抚"。马化漋看到形势孤单，"抚"已成定局，于是只得请抚。他自知和清廷结怨已深，只求以自己一死，换得族众的宽待。

湘军将士因为攻金积堡一年来，伤亡惨重，老统领刘松山也阵亡，都纷纷禀告左宗棠，要求立即杀死马化漋雪忿。左宗棠知道清廷也不会宽恕他，但是考虑到甘局仍应以"抚"为重，河州马占鳌早有就抚的意思，西宁马尕三也表示就抚，如果现在杀马化漋，对抚局将不利，因此将马化漋暂留在军中，报奏朝廷，认为暂时不宜杀他，待收复最后一个据点王家疃后，再根据罪恶轻重"重者诛夷，轻者迁徙"。清廷同意了他的请求，但是指出，以后即使马化漋在招抚方面立了功，也不准左宗棠代为乞恩减罪，说："届时不得以收复各处代为乞恩，以伸国法，而快人心。"

一个月后，马化漋派亲信去招抚了王家疃的回军。第二年（同治十年）正月，刘锦棠派兵丁入堡搜查，又找出藏匿洋枪1000多支，认为不诚心投降；左宗棠原给他留了一条立功的后路，但清廷已谕示不准代为乞恩减罪，于是将马化漋父子和亲随等人处死。

金积堡虽已成功攻下，但是历时久，清军伤亡重大，还损折了刘松山、简敬临、李就山等9员大将。左宗棠说，他经历了10余年的太平军和捻军战争，都没有这次伤亡惨重。然而金积堡的攻陷，对甘肃回军的震动更大，形势也急转直下。

清军的第二个目标，是马占鳌据守的河州。马占鳌本来就有归顺之意，一直对此局采取观望态度。马化漋既已失败，他就抚的决心也增大，但仍要看看形势。河州与西宁一带原是古代河湟之地。河州在洮河之西，由安定、陇西进军必须渡过洮河。左宗棠下令准备船舶、桥梁和其它渡河工具。同治十年六月，分三路进军；八月，大军渡过洮河，马占鳌还一路抵挡，清军乘胜直逼河州外围要隘太子寺和董家山，马占鳌仍然负隅顽抗，清军两员大将傅先宗和徐文秀在攻堡垒时阵亡，左宗棠派王德榜和沈玉遂接统他们的军队，继续猛攻。马占鳌看到清军节节深入，形势已对自己大为不利，又听说西宁的客、土回都已归顺，后退之路已绝，于是派人到清军营中，表示愿交出马械，诚意就抚。还派遣子弟到安定大营献良马，愿受约束。左宗棠接受了要求，命子弟和随从使者都回去，回军部队留驻原地。他了解到马占鳌就抚确有诚意，保奏清廷任命他为统领，率领原回军部队，改编为三旗。

河州平复，左宗棠于是由安定进驻任所省会兰州，距被任命为总督之时，已六年过去了。

正当西征军在河州作战时，新疆形势发生了变化。前一年（同治九年）阿古柏赶走妥明，占领了乌鲁木齐和北疆，新疆全境沦陷。这年五月，俄罗斯以阿古柏兵侵扰边境为借口，乘机而入，夺取了伊犁地区，声言还要代清政府收取乌鲁木齐。清朝廷着急了，赶紧诏命荣全署伊犁将军，去收复伊犁；命滞留在肃州高台几年不敢上任的乌鲁木齐提督成禄，赶速率部队出关，与都统景廉会合收复乌城。又命刘铭传率淮军自陕西经肃州西进，并命左宗棠进驻肃州。

左宗棠对当时的军事形势进行分析之后，认为用兵次第应是先关内、后关外。须先收复河州和西宁，然后打通肃州要道，大军出关，才无后顾之忧。当然，在"强邻觊觎狡然思逞之时"，也可先派军出关，不必拘执，但关外还不到最紧急的时候，目前还应集中兵力，肃清关内。他得到诏令后，先派徐占彪率领蜀军开赴肃州，大军在收复河州之后，于是迅速向回军第三个堡垒——西宁进攻。

西宁回军领袖原是马尕三（文义），尕三死后，由马永福接替。西宁办事大臣玉通主"抚"，马永福也表示愿就"抚"，玉通就派马永福的侄儿桂源为西宁知府，本源为镇标游击，代行总兵。一个掌政权，一个掌兵权。然而他们并非真心诚意就"抚"，一直在观望战局。当马化漋失败后，马桂源看到形势不利，曾向清军求抚，马占鳌就是因听说西宁已就抚，才跟着求抚的。不想马桂源后来又改变了主意，他看到新疆的变化，清军准备出关，西宁、金积堡和肃州回军以往都和新疆的清真王妥得璘有联系，那时白彦虎和禹得彦带领陕西回军残部也逃到了西宁，因此桂源、本源兄弟联合白彦虎等，继续抗击清军。在清军进逼之下，他们率领回军、民全数撤出西宁，在外围作战。城内只剩下汉族和满族官员、3万余汉民和少数未撤出的千余回民。汉民将城门关闭，推举西宁道郭襄之主持守城，等候清军，西宁城实际在回军包围之中。

进攻西宁回军的清军主力，是刘锦棠新招募的湘军和谭拔萃的老湘军，左宗棠又调来陕北的宋庆军和宁夏的张曜军，后来又派刘明镫军助攻。同治十一年（1872年）十月，在几路大军围攻之下，马桂源兄弟放火焚烧东关，然后率部队逃往东川，不久又到巴燕戎格，西宁城在被围困两个多月后终于解围。男女难民3万余迎接清军；还有一千余回民，刘锦棠叫他们安居原处，城外回民和陕回民崔伟、禹得彦等也纷纷求"抚"，随马桂源逃走的回军民也相继逃回来。刘锦棠军乘胜追击，同治十二年正月，在巴燕戎格将由西宁逃出的回军主力消灭掉。马永福求抚，本源、桂源也被迫求抚。只有白彦虎率领余小虎等2000余人往北逃到肃州。

肃州是西北重镇，是由甘肃到新疆的要道，也是回军最后的一个强大据点。它于同治四年被马文禄占领。马文禄和清政府关系也是反反复复。他多次打败清军；后来又和驻扎在高台的成禄等讲和。当左宗棠派徐占彪率蜀军向肃州进发时，马文禄又联络由西宁逃来的白彦虎余部，以及由新疆入关增援的维族地方武力据城抵抗。

清军已经攻占了西北三大回军据点，因此左宗棠这时可以集中军力来攻打肃州。除先来的徐占彪军外，又陆续调来宋庆、张曜和金顺各军，将肃州团团围住。肃州城高三丈六尺，厚三丈余，外有城壕围绕，阔八丈三尺，深二丈，同样是一座险固的堡垒。清军围攻了好几个月，伤亡惨重，一直没有得手。

这时新疆的情势更加紧急，清廷命成禄速出关，成禄不得已由高台出关屯驻在玉门。这位名为"乌鲁木齐都统"的官，却7年来从未出关一步，不单如此，在关内还胡作非为，苛索老百姓几十万两钱银，诬良为盗，滥杀无辜老幼妇女和由肃州来高台避难的人民，包括大批回民，真是罪恶累累，朝廷几次命他出关，他以缺粮为借口，拒不出关。左宗棠以前曾弹劾他，但清廷袒护满官员，置之不理，这次左宗棠将他的罪恶一一核查，再上章弹劾，清廷不能再置之不问，下旨拿问。并命金顺兼统成禄的部队出关。左宗棠考虑当时肃州尚未攻下，赴新道路还不畅通，粮运困难。逃到肃州的白彦虎因看到形势不妙，已逃出关外，抵达敦煌附近。金顺如率少数部队出关，恐怕也不是白彦虎的对手。因此奏请清廷，让金顺推迟两个月出关，那时估计肃州可以克复，新粮又已上市，全军再次第西进。朝廷同意了他的意见。

同治十二年八月，左宗棠亲自到肃州城外巡视督战，已被围困一年半的肃州，虽然尚未被攻下，但实力已耗尽，难于支持。马文禄于是决定求抚。一个月后，刘锦棠率领湘军从西宁来增援，军势越大，马文禄感到绝望，亲自到左宗棠军中就抚。左宗棠命他缴出马械，并报上汉民及回民的户籍。当马文禄上次受抚时，城中汉民还有 3 万余人，先后为马文禄所杀，现只剩男女 1100 余人。左宗棠命将原籍关外沙州，以及从甘州、西宁、河州、陕西等地逃来的客回先送到城外废堡中安置，以后再安排到各地定居。马文禄和 9 名从犯因杀人太多，罪恶重大，处以死刑。清军士兵因为围攻肃州日久，伤亡很大，又知道城内汉人被杀很多，已顾不得左宗棠不准滥杀的多次指示，进城后就对回民一片残杀。

左宗棠一向重视军纪，他认为民族矛盾不是可以靠"军威"和"屠杀"来解决的。他曾指示刘锦棠："宜严杀老弱妇女之禁。"又命令徐占彪："严饬各营勿得稍有侵暴，致失人和。"命令刘端冕："申明纪律，除临阵外不准滥杀，不准奸淫妇女，搜抢财物，烧毁粮食。"这次部队在肃州滥杀，虽然是部队没有照他的意志办，但他作为统帅，负有责任，对此他一直深感歉疚。后来他给金顺的信说："弟自办军务以来，于发、捻投诚时，皆力主'不妄杀，不搜赃'之禁令，弁丁犯者不赦。而于安插降众一事，尤为尽心。即如克复肃州时，尚有不能尽行其志者。"

这既是告诫和批评部下，也是对自己未尽到职责的责备。

肃州既已克复，陕甘回事平定，进军西域的要道已经打通，收复新疆的军事行动于是提到日程上来了。左宗棠在5年前回答皇太后的提问时，说："当以五年为期。"他率军于同治七年底入陕，到同治十二年九月攻下肃州，正好是5年。当时一些朋友认为他太冒进，他事后也认为能如期完成计划，乃是侥幸所得。

六

新疆是中国版图的一部分，已经有两千多年的历史了。古代称为西域，包括巴尔喀什湖以东和以南地区。汉武帝曾派张骞两次通西域（公元前139年和前119年）；汉宣帝曾在乌垒城（今轮台县东）设置"西域都护"。东汉班超父子长期驻在西域，对维护民族团结和国家统一作出了重大贡献。南北朝前凉曾于吐鲁番东南设署高昌郡，至今高昌古城遗址犹在。唐初设安西都护府，管理于阗（和田）、疏勒（今喀什）、龟兹（今库车）、碎叶（在楚河上游，前苏联境内）四镇。以后唐朝平定了突厥叛乱，实现了对整个西域的管辖。元代西域和内地往来频繁，有大批西域人内迁。清乾隆皇帝平定了准噶尔部的叛乱，消灭了天山南路大小和卓木的势力，又统一了天山南北二路。乾隆二十四年（1759年）将西域改名为新疆。在几千年的漫长历史中，西域的少数民族也和内地包括汉民族的各民族一样，发生过变乱、分裂和割据局面，但这都是中华民族内部问题。直到19世纪以后，由于西方帝国主义，特别是沙俄和英国的东侵，加上清朝中央政府的腐败，地方封建地主中一些野心家想依靠外国侵略势力，出卖民族利益，因此新疆局势变得复杂起来。

嘉庆二十五年（1820年），亡命浩罕国的大和卓木的孙子张格尔，在英国侵略者的唆使下，率领叛军窜入南疆；道光六年（1826年），攻陷喀什噶尔、英吉沙尔、叶尔羌、和阗等城。清政府从内地调兵去，平息了这场叛乱。到了同治年间，由于内地长期战乱，陕西和甘肃的回民乘机起事，清政府在新疆的力量愈益薄弱。一些地方官又与封建主勾结，残酷统治当地的各族人民。因此，新疆南北两路的各族人民也爆发了好几处起义。起义开始不久，领导权就被一些封建主和上层宗教人士所篡夺，打起"排满、反汉、卫教"的民族分裂旗帜，形成混乱的割据局面。

在新疆北路，一个名叫妥明、又称妥得璘的陕西回民来到乌鲁木齐，于同治三年八月，勾结清朝参将索焕章，杀死提督，占领了乌城，不久他又排挤了索焕章，自号"清真王"，企图号令陕甘各股回军。他还占领了附近一些城市，并曾扩展到伊犁地区。但他的残暴的军事统治遭到回、汉各族人民的共同反对，因此这个政权始终处于不稳定状态。

在新疆南路，同治三年四月，库车回民首先举事，阿克苏随即响应，以黄和卓为首领，占领了南路东四城。六月，叶尔羌也举事，推阿布都拉门为首领。八月，喀什噶尔回目金相印、和阗回目马福迪等响应，南路西四城除英吉沙尔外也都被占。

喀什境外有一个浩罕小国，以前也属清朝，后来为沙俄吞并其三部，仅剩安集延一部。金相印想利用安集延人抵抗清军，请了他们的帕夏（即将军）阿古柏来帮忙。阿古柏是个大野心家，同治四年他率领浩罕兵攻陷了英吉沙尔，夺占了喀什噶尔，又将叶尔羌的阿布都拉门、和阗的马福迪和东四路的黄和卓赶走。同治六年，统一南路而独立，自称为"毕条勒特汗"。同治九年（1870年）阿古柏进军北疆，占领了吐鲁番和乌鲁木齐，杀死了妥明，并向西扩展到玛拉斯，侵占了新疆的大部分地区，建立"哲得沙尔汗国"，实行极其残暴、野蛮的统治。

来自西域小国的阿古柏，极度野蛮地统治着各族人民，激起了人民的无数次反抗，但他何以能维持相当长的一段时期呢？这除了他采用严密的特务统治和残酷的镇压手段外，主要原因在于俄、英两大帝国主义的支持。俄英两国是当时两霸，他们都想利用阿古柏傀儡政权扩充在新疆的势力，彼此之间又互相争夺。同治五年俄国就勾搭起了阿古柏，并签订协议，允许俄国人到南疆追捕逃犯。同治十年，俄国派兵夺取了伊犁城和附近地区，诡称是代清政府收复，一俟乌鲁木齐、玛纳斯等城克复之后，即当交还。他以为清军无法收复乌城，它可以永不归还。此后，它又积极支持阿古柏政权。同治十一年（1872年），俄与阿订约，承认阿是"独立国君主"。它的目的是让阿维持割据，使新疆长期陷入混乱状态，它就可长期占领伊犁，并且还可进一步将势力伸入南疆，最后侵吞新疆。英国也早在同治七年就与阿古柏有来往。同治十三年（1874年），英阿订立了《英国与喀什噶尔条约》，英承认"哲德沙尔汗国"为独立国。英国在印度的殖民政府向阿古柏提供了大量武器、弹药，还派出军事教官和工程勤务人员，帮助阿政权。英国同时也取得了大量特权，如通商、低税、领事裁判权、土地房屋租买权等。英国以侵略者阿古柏的保护人自居，其想独占新疆的目的昭然若揭。英、俄二国实际上正在瓜分中国这块肥沃广大的西部疆土。他们之间既相互勾结，又相互斗争。

左宗棠从年轻时就极为重视新疆。22岁写下了《燕台杂感八首》，其中一首"西域环兵不计年"的诗已看出他对新疆关心备至。在离闽西征前，写了"陇秦指疏勒"的联语，表明他已下定决心，统一中原，一直打到新疆的最西边境，将西事进行到底的决心。他毅然以"西事艰巨为己任"，但面对的却是十分棘手、内外交困的局面。

国内战乱纷争不断，国境四周则频遭骚扰，正在逐步被瓜分、吞食。俄罗斯雄踞北方；英法侵入东南沿海，还将势力分别深入西藏和越南、滇桂边境；美德等国也不甘落后，跃跃欲试；新兴的东方日本帝国主义则侵占了琉球，虎视着台湾，毒爪已伸入朝鲜，还觊觎着满蒙。五千年文明的中华帝国正处于强邻环伺之下，濒临土崩瓦解的边际。

左宗棠素以诸葛亮为楷模，用一句诸葛亮在《前出师表》中的话"此诚危急存亡之秋也"来形容左宗棠当时的处境，实不为过。诸葛亮是处于蜀汉小朝廷。而此时的中国形势，比蜀汉时期要危急得多，有亡国灭种的危险。全国人民饱经战祸的熬煎，处于水深火热之中。他们最迫切的希望是，统一国家，停止内乱，安定社会，各民族、各阶级阶层、各地区、各教派能团结一致，发奋图强，共同抗御外侮，然后才能取得长治久安、民富国强的局面。面对这般危急的形势，面对全国广大人民的希望，左宗棠和他的这支部队能有所作为吗？能够挽狂澜于既倒吗？

七

同治三年（1864 年）中亚细亚安集延国的帕夏（将军）阿古柏入侵新疆，攻占南路八城，不久又占领北路乌鲁木齐和伊犁地区。同治九年，阿古柏在各城征收地税，并强令回汉各族人民改变衣着和风俗，仿效安集延国，于是新疆全境都沦陷了。俄国趁机派兵占领了伊犁，还声言要进占乌鲁木齐。

左宗棠分析了当时的形势，上奏朝廷，主张"先关内，后关外"，当国内获得稳定、统一的局面后，再兴师远征，这是上策。然而在强敌当前，国势危急之时，却又不应拘泥于必"先安内而后攘外"，正如他在 15 年前处湘幕时，英法联军将对京津发动进攻，尽管那时太平军战事方殷，他却毅然提出要率湘军北上，抗击英法侵略，对于当时俄国在新疆的军事行动，他也认为必须全力以赴，准备抗击，奏中说：

"陇中局势，自宜先规河、湟，杜其纷窜；然后一意西指，分扼玉关，断其去路，乃策全功。此时兴师远举，尚非稳着。然当强邻觊觎、狡然思逞之时，固未可拘执。"

他又给总理衙门写信，诉说自己对与俄国交涉的观点，说："俄人既称代为收复，一时似不至遽起衅端。荣全此去交涉收回伊犁，彼自将以索兵费为要挟之计。如所欲无多，彼此明定地界，永不相犯，自可权宜允许。若志在久踞，多索兵费，故意与我为难，此时曲意允许，后难践诺，彼反得有所借口，以启兵端。纵此时收复伊犁，仍虑非复我有也。俄国与我国大小相当，人口不及我多，战阵、火器与泰西各国大略相同。而我国当多难之余，如大病乍苏，不禁客感。暂时不宜与其争论动兵，静以图之，反弱为强，诎以求伸。古人云：'圣人将动，必有愚色。'图自强者，必不轻试其锋。"

他既反对屈服投降，放弃领土，但也不主张鲁莽从事，而是暂时应以低姿态麻痹敌人，暗中却要积极准备。

他在给儿子的信中，也表达了对当前西北局势的忧虑，再次声明将负责到底的决心：

"俄罗斯乘我内患未平，代复伊犁。朝廷所遣带兵大员均无实心办事之意，早被俄人识破，此事又须从新布置。我以衰朽之躯，不能生出玉门。惟不能将关内肃清，筹布出关大略，遽抽身引退，此心何以自处？"

在这几封信中，他表明了几点认识和决心：一、俄罗斯是当前大敌，阿古柏不过是一傀儡，还是容易对付的。二、朝廷领兵大员即那些满人将领成禄、荣全之辈均不可

中华藏书

大清十二帝·最新整理珍藏版

中国书房

靠。三、收复新疆，必先肃清关内。四、他年老体弱，衰病侵寻，恐不能生出玉门，难以担负西征重任。但即使引退，也必将出关战略筹划定妥，否则"此心何以自处"？他收复新疆的决心和信心很大，但又担心七十衰朽之躯，难以胜任。然而非常幸运的是，他终于完成了这项重任，而且也终于活着出了玉门关。

同治十二年，俄罗斯仍然占据伊犁。荣全到了伊犁东北的塔尔巴哈台，与俄人交涉要将伊犁收回，但俄人不予理会。清廷着急了，着总理衙门几次写信询问左宗棠对付的办法。他在回信中提出了对付俄国人的策略和对当前形势的分析，说："俄人久踞伊犁之意，已很明白，情见乎词。尊处据理驳斥，实足关其口而夺其气。惟自古盛衰强弱之分，固然要讲理，还要靠实力。中国兵威对国内回乱尚未能平定，更何能禁俄人之不乘机窃踞？恐非笔舌所能争也。荣全深入无继，景廉兵力单薄，军队多见冗杂、缺额，兵无斗志。甘、凉、肃及敦煌、玉门一带本广产粮食，军兴以来，土地荒芜，人民贫困，已不足胜任大军后方基地，需要从新布置军队和筹款、筹饷各事。"

继之，提出进军新疆、收复伊犁的用兵次第："欲杜俄人狡谋，必先定回部，欲收伊犁，必先克乌鲁木齐。如果乌城克复，我武维扬，然后大兴屯政，安抚人民，即不遽索伊犁，而已隐然不可犯矣。乌城形势既固，然后明示以伊犁我之疆土，尺寸不可让人。对其派兵'代管'，可以酬资犒劳，令彼有词可转。如彼知难而退，固然很好。如奸谋不戢，先肇兵端，主客劳逸之势不同，我固立于不败之地。俄虽国大兵强，但如不得已而用兵，我整齐队伍，严明纪律，精求枪炮，统以能将，岂必不能转弱为强，打败劳师远征的敌人吗？"

他对敌我作了充分的估计，表示不惜一战的决心，而且认为俄军劳师远袭，补给线长，兵力不继，只要我国整军精武，战胜敌人是完全可能的。

肃州克复后，清廷授予左宗棠协办大学士。次年（同治十三年）七月，又晋东阁大学士，仍兼陕甘总督。这是左宗堂得到的最高奖赏。按清代惯例，未入翰林者不能授大学士（即宰相），这是对左宗棠的殊荣。不过这时是"遥领"，还无实权。清廷对人事方面又作了一些布署，诏授景廉为钦差大臣，督办新疆军务；金顺为帮办大臣，眼看收复新疆的圣战即将开始了。

这年十二月，在位13年的同治皇帝载淳，在正当开始"亲政"的时候，突然去世。由醇亲王奕譞的儿子、4岁的载湉继帝位，改元光绪。由于新皇帝年幼无知，又与同治帝是同辈，所以两宫皇太后仍然垂帘听政。这样选择新帝显然是有意而为的。

八

结束陕甘战事后，面临的是千头万绪的善后工作。左宗棠早就料到，抚比剿难。回族同胞在这次绵延50余年的变乱中，遭到了很大的灾难，汉族同胞也损伤惨重。左宗棠认为必须妥善处理战后的回军民，也包括战地的汉民，使他们各得其所，再过平安温饱的生活。处理回军民的善后，比处理太平军和捻军要难得多。捻军和太平军多数是汉民，俘虏后，给资遣散回原籍即可。对陕甘的回军民和汉民却不能这样办。陕西有许多回民跟随回军逃到甘肃，战后如仍让这些客回和当地汉民杂居，将会对回民不利。即使陕回民和甘回民杂居也不便，在战时他们可以团结对付清军，和平时期则因地区不同，信仰新教和旧教的不同等，也难以和睦相处。照理应该送陕回民回陕，但是陕回民离开家乡已10年之久，本乡产业早已被毁，未毁的已被官府没收；如果回乡，应该将产业归还，可是战时情况混乱，人证物证不足，势必引起无限纠纷。如果不归还土地房产，回民又如何生活？而且本来与当地汉民不和，还怕汉民欺凌报复。陕西一些汉人士绅早就扬言不许陕回民回陕，如关学领袖贺瑞麟（角生，三原人）就曾代表陕人提出公禀，反对回民回来。所以陕回最难安置。在金积堡和河州留有一些客籍甘回民，和本地回汉民难于相处，也需要妥为安置。还有一些汉民为回军服务，有的是受武力驱使，有的是信奉伊斯兰教，自愿跟随回军的，认作义子或当奴仆的都有。这些汉民也应迁徙，送回原籍，以免遭当地汉民迫害。

既然陕西回民不能回原籍，甘肃客回民也要迁徙，迁徙到什么地方去呢？这又是摆在他们面前的一个难题。左宗棠对安顿回民的地点定了几条要求：要有水源、草木茂盛、土地肥沃、河流和平原相间的地方；又要是无主的荒地，以免有人来争夺；要自成片段，回族同胞可以聚族而居，以免与汉人杂居，又惹起纠纷。他还规定：每户回民都应分得土地、房屋、窑洞、种籽、耕牛和农具。在迁徙途中，大人每人每日给粮 8 两或一斤，小孩 5 两或半斤，随带的牲口也发给料草。沿途地方官吏应接送、保护，准备好供安歇的窑洞，并供给柴薪；到达安置地后，对贫困户仍要发给粮食。有些回民在原住地已种下庄稼的，可以等待收成后再迁移；有些回民一家分散在各地者，可以迁到一处团聚。回、汉民愿意投奔亲属者，也听其自便。又严禁沿途土豪劣绅对回民恐吓讹诈，为此还杀了几个违法的土豪劣绅。

左宗棠为回民善后倾注了大量心血进去，也花了大量军费。西征军费本来就十分拮据，左宗棠坚决省下军费，用于安置回民。迁移的回民大部分安置在平凉、会宁、静宁、安定、秦安等地，汉民则安置在安定等地，均在现今的陇东平原，水草比较繁茂的地方。

这些对待回民比较开明和合理的措施，引起了甘肃、陕西一些上层人士的反对，当地官吏也找出种种借口多方阻挠。甘肃本来贫瘠、干旱，一些汉人看到左宗棠将有水有草的地方分给回民居住，大感不满，认为他太袒护回民，因而背后称他为"左阿浑（訇）"，将他比作伊斯兰教中的经师，只替回族人说话、办事。但是左宗棠不顾他们的反对，坚决执行他的政策和办法。"帝曰汉回，皆吾民也"。战争是不得已的行动，回汉都是中国人民，回民如今陷于如此困难的境况，自然应该帮助和保护他们，首先应妥善地安顿他们。

至于饱经战祸的回民和多数下层汉民，对左宗棠的善后措施都感满意。当他的队伍经过时，回、汉民都列案焚香迎送。其实原因也很简单，多年来回汉互相仇杀，积怨很深，这次清政府派左宗棠率大军进剿，陕甘汉人士绅早就扬言要对付回民，对左宗棠到来，寄予了很大希望。至于回民，虽然看到左宗棠人陕前颁布的"汉回一视同仁，决不滥杀"的告示，但怎能轻信。清军战胜，回军失败了，回民老百姓必然怀着忐忑不安的心理，只得听天由命。但没有想到，清军并将他们杀掉。然而即使留得性命，祸乱之余，遍地伤残，白骨黄茅，炊烟断绝，也无法生活。左宗棠又给他们安排住地、田亩、耕具、牲口、种籽、房屋等，并发给口粮，沿途照顾保护，完全出于意外。封建时代的老百姓，不论是汉、回或其他民族，都愿意过安定温饱的生活，他们都厌恶不应发生的战争。

左宗棠对已安抚的回民，坚定一视同仁地对待他们。他了解地方上的情况，土豪劣绅常与官吏勾结，包揽词讼，欺压良民，特别是他们多年来敌视、欺侮回民的顽固态度，不是容易改变的。他亲自监督地方吏治，严惩了一批欺侮回民的土豪劣绅，如平凉武生李振基，因为压迫已抚回民，被处死刑。灵州豪绅吕廷桂和苗维新，讹诈抚回未遂，竟狂妄要求刘锦棠派兵抄洗，同时阻挠难民领取耕牛和种籽，又散播谣言，说清军要杀尽回民，攻击左宗棠："官爱回民，不爱汉民。"左宗棠给予了严厉处理，吕廷桂就地正法，苗维新被押赴行营严办。又如左宗棠幕客周汉（铁真，宁乡人），有文名，本来受左宗棠器重，升了道员，后来因争杀降回，被革职遣送回乡。按察使史念祖（绳之，江都人），也是有名文士，因杀降回，被左宗棠奏劾罢免，他一直耿耿于怀，怀恨在心，屡屡写文章骂左宗棠。

左宗棠也很注意保护回族同胞的宗教信仰自由，让他们保持回民原有的风俗习惯。留坝县丞赵履祥曾向左宗棠建议，在安置回民时，令回民与汉民通婚，开荤吃猪肉，立意是"用夏变夷"，同化回族。左宗棠断然反对，在批文中驳斥说："独不闻'修其教不易其俗，明其政不易其宜'乎！有天地以来，即有西戎；有西戎以来，即有教门；老教断无禁革之理。"引文的意思是：保留其宗教信仰，而不改变其风俗习惯；修明政治，但不改变其合适的生活方式。左宗棠认为应维护老教，是尊重多数回民的意见。当回民要求修建清真寺时，他立即同意，批示说："回教之建立清真寺，例所不禁。"

他在安置回民时，还注意将他们组织起来，实行自我管理。每十户设一"十长"，百户设一"百长"，在回人集中的化平川、海城、宁灵等厅县，还设一较高级的"通判"官职，遴选一些熟悉风土，懂农事，了解回民疾苦，和人民同甘共苦的回人，充当各级回官，办理户籍、婚姻、诉讼等事。

左宗棠特别重视提高回民和各族人民的文化素质，在各地广设义学，对各族儿童实行免费入学。对河州、洮州、循池、海城、化平川等回族聚居的地方，特别注意那里回民子弟的义学。张曜驻防宁夏时，也在回民村中普设义学，劝回民儿童一律读书。义学启蒙课本采用《千字文》、《三字经》、《百家姓》等，并供给儿童笔墨书籍。另外在各地设立一些较高层次的"书院"。在回族聚居的化平川特设一所专收回民子弟的书院，还设了一名回民"训导"，管理回民的就学和科举考试。

战后左宗棠立即申请在甘肃举行单独的科举考试，以前是和陕西合闱考试的，因为回民文化教育程度一般比汉民低，第一、二次乡试，回族子弟没有一人取中。为鼓励回民参加科举与汉民有同样的机会取得功名和充当政府官吏，左宗棠特别奏准朝廷，在考试制度上对回民采取一些优待办法：回民仍和汉人同考，但是每隔一科必须取中至少一名回民举人。

左宗棠执行了比较开明的民族政策，赢得了多数回民，包括汉民和其他少数民族的好感。平凉老阿訇马六十说："甘肃河州一带的回民直到现在（1936年），还常常提起左宗棠，每遇到有事不便解决时，就说：'按照左宫保的章程，一劈两半。'因为左宗棠在甘肃时，每遇回汉族有争执，还能够折衷办理，留得了好感。"民国二十五年（1936年）一位名人李维城在纪念左宗棠逝世50周年的文章中，谈到左宗棠在西北团结各民族的工作，使汉、回和其他各族人民和平相处，几十年来未发生重大纠纷，他说："青海蒙、藏民俗，举行社火时，制泥为人，提剑砍之，谓砍年羹尧，盖泄愤也。而无论回、蒙、藏人言及左公，则未有不表敬爱之忱者。"是年康雍朝代征西大将，对少数民族作了不公正的事。李维城结论说："此固由于个人仁虐不同，而与我整个民族之团结，盖有莫大之关系也。"

战后的陕甘，经过左宗棠苦心经营，较快地恢复了生活和生产。光绪初年有人从新疆经甘肃、陕西回广东，他记述途中见闻时说："自入陇所见，民物熙熙，一片升平景象，竟若未经兵燹者。"也许有溢美之词，但显然已迥非以前战时黄沙白骨、赤地千里的惨象了。

九

在进军陕甘途中，左宗棠为陕西会馆题了一副对联：

百二关河，十年征戍；

八千子弟，九寨声名。

西宁收复后，刘锦棠在那里建立了一座昭忠祠，祭祀死难将士，也请左宗棠写了一副对联：

黄流东注，湟水南来，任浊浪纵横，百折终须趋巨海；

胡笳勿悲，羌笛休怨，认灵斿仿佛，千载犹闻诵《大招》。

这两副对联抒发了左宗棠对 10 年征战的感触。战争双方不仅要遭遇重大的人员伤亡，还会危及无辜人民的生命财产。左宗棠是在多方的敦劝和压力之下才从事战争这个不祥之物，也是在爱国思想驱使之下，不知疲倦地为国事驰驱。从闽、汉来陕甘，带了 8000 子弟，一路损兵折将，伤亡惨重。但他坚信："任浊浪纵横，百折终须趋巨海"，内乱终将平息，国家终将统一，失地终将回归祖国。

陕甘战争结束后，他又准备进军新疆。趁这一段喘息的时间，我们暂时离开一下战争，谈谈他在西北的政绩。

他在西北待了很长的一段时间，前后有 12 年，大部分时间用在军事上，只是在战争的间隙从事政治、经济、教育等工作。同治八年底他接受总督关防，同治十一年七月才进驻总督所在地兰州。由于陕西设有巡抚，主持本省政务，左宗棠名为陕甘总督，按清代惯例，一般不宜对陕政多加干预；所以，他尽心力较多的只在甘肃。虽然时间不长，但还是干了许多出色的工作。

首先谈谈他办的几项实业，即当时称之为洋务。同治十一年底在兰州创办了兰州制造局，这是一所制造武器的兵工厂。当时甘肃战事已近尾声，新疆战争即将开始，建立这个工厂是为满足进军新疆的需要。左宗棠有一个办洋务的得力助手：记名提督、总兵赖长。他是广东人，原是粤军将领康国器（佑之，康有为的祖父）部下，曾随左宗棠在闽粤一带与太平军作战。他虽然是行武出身，但心灵手巧，懂得西洋机器的有关知识，也会仿制西洋枪炮。他原留在福建，宗棠来西北后，将他调来主持制造局工作。局中工匠多数是广东人，还有福建和宁波的一些能工巧匠，有些是从福建船政局调来。该局主要生产枪炮弹药，产品有：仿德制后膛螺丝大炮，仿意制重炮，仿德制后膛七响枪。又改进国内原有的劈山炮和广东制无壳抬枪。劈山炮本来很笨重，要 13 人施放，改进后只需 5 人；抬枪也由原来 3 人放二支，改为一人一支。另外还大量生产铜引、铜帽和大小开花子弹等。装子弹的火药开始是由海外购运，因为运费昂贵，宗棠决定自己生产，自己自足，由帮办甘肃新疆军务的刘典筹划。光绪元年在兰州成立了火药局，最初生产的火药力量不及洋药。左宗棠是一个多才多艺的人，他亲自指导火药生产，发现原料硝和磺不够纯，提出要经五至七次反复提炼，经过改进，产品质量和洋药基本相同。虽然增加些工本，但省了运费，也节约了大笔外汇。

左宗棠对生产有着科学的见解，他主张生产技工和使用人员互相学习、了解，使制造器械的人知道如何使用，使用器械的人知道制造中的一些知识；这样，生产者可以不断提高产品性能，更好地满足使用上的要求；使用者也可增加维护、修理的知识，而且还可参加生产改进者的行列。因此，左宗棠命厂中技工都学会使用各种兵器，又命

中华藏书

第十卷 少年傀儡，因人成事

中国书店

令从军营中挑选一批官兵来厂参观演习。

短短几年下来，兰州制造局生产了大批枪炮弹药，源源不断供应进军新疆的部队，产品质量都不错，在收复新疆的战役中发挥了重要作用。光绪六年俄使索思诺福齐等来到兰州，看到中国自造的武器，也都同声赞叹。

左宗棠在兰州自制枪炮的短期目的，是支援新疆战事，长远的目的，则是要使中国不因武器低劣而受制于洋人。他曾说："如果有充裕的经费，就能大大提高武器的产量和质量，中国枪炮日新月异，西方各国再也不可能挟其枪炮之利，来欺侮我们了。"他早在湖南幕府时，就曾自制劈山炮，这次在陕甘行军途中，曾见到凤翔府城楼内，尚存开花炮子二百余枚，平凉府西城有一尊大洋炮，上镌"万历"，及"总制胡"等字。他不禁慨叹，写信给总理衙门说："尝叹泰西开化炮子及大炮子之入中国，自明已然。……利器之入中国三百余年矣。使当时有人留心及此，何至岛族纵横海上，数十年挟此傲我？索一解人不得也。"

除了武器外，左宗棠也把民生日用工业作为发展重点。早在办福州船政局时，就向清朝廷提出了要次第开办民用工业的计划，认为这是富民强国之本。甘肃盛产羊毛，赖长用他自己制造的机器，将本地羊毛织成一段呢样，送给左宗棠看。宗棠看看质量不错，与外国货也差不多，就和赖长商量，开办机器织呢厂。赖长说他自己"杜撰"的机器，质量还不能保证，外国有现成的织呢机，建议买一整套来。宗棠同意他的意见，委托胡光墉在上海向德商购买，还请了几位德国技师。

这一整套织呢机器共 1200 余件，另外还买了掘井、开河等机器，运输真煞费苦心。轮船运到汉口后，改装木船，1000 余箱分成 4000 余小箱，从汉水上溯，然后起岸，用牲口、牛马车和民伕从陆路运到兰州。遇到山高路窄，还需要开凿山路，或拆散大件，才能通过。从第一批机器运到兰州，直到最后一批到达，中间所用的时间达一年之久。真是"甘道难，难于上青天！"后人说这是"愚公移山"式的建设。

赖长织成第一段呢样是在光绪三年冬，到光绪六年九月，织呢总局正式开工。厂址在兰州通远门外，新建了几座厂房，聘请德国总管李德和奥国满德二人，另有德国技工5人，由一名中国领班管理。约定在任期中将全套生产技术传授给中国学徒。学徒是由陕甘勇丁中挑选出聪明好学的青年。左宗棠期望这批青年将来都成为熟练的师匠，以后一传十，十传百，由关内到新疆，都能生产呢料，国人都能用上国货。

甘肃织呢局是中国第一家机器织呢工厂，它比甘肃制造局胶丰更大的意义和影响，但是当时中国人似乎并不重视它。相反，英国人却十分注意。从机器刚运到，直到工厂落成，上海的英文报纸连续报道。外国人从垄断中国市场和维护商业利益着想，对中国自办近代工业颇为嫉妒。英国人对德国抢先经营也抱有敌意。他们还派人到兰州参观，说原料和产品质量不及洋货，价格又高，攻击德国的技术。德国人不服，还打了一场笔墨官司。

左宗棠于光绪六年底（1880年）离兰州后，织呢总局和制造局都先后停办，真所谓"人存政举，人亡政息"。他离兰后第二年，还念念不忘一手创办的织呢局，写信给护理陕甘总督杨昌濬，询问织呢局的近况，说："至今犹魂梦难忘。"然而两年之后，织呢局就停办了。制造局是同治十年开办的，到光绪八年也停办了。虽然两厂的寿命都不长，但却为我国近代军事和纺织工业起了先驱作用。它们的一些机器至今还保留了下来。六十五年后（1943年）有一位专门研究左宗棠事迹的学者秦翰才，特地去织呢局旧址寻访，那时已改名为兰州织呢厂，厂前门楣依然标着"甘肃织呢总局"赤地金字，看去是左宗棠手笔。厂内还剩下有德制的织毛机、梳毛机等五台机器。经过几度兴衰，现在规模宏大的兰州通用机器厂和兰州第二毛纺厂就是在这两个厂的基础上逐渐发展起来的。

在甘肃办的洋务除上述两宗外，左宗棠还试办过机器采金。采金机是由胡光墉捐购的，他还推荐了一名德国技师米海厘，随身带了两件探矿仪器来甘肃。先在肃州文殊山，后到玉门赤金峡勘探，没有探查出大金矿，但探出了一起石油矿，就是玉门油矿的前身。左宗棠和米海厘谈过几次，认为他不是内行，不久就将他遣送回去。后来左宗棠派人在产金地办起小规模的人工淘金，他告知杨昌濬，办金矿的目的是养活部分穷人。因为那年甘肃虽丰收，粮虽产量增加，但交通不便，运不出去，谷贱伤农，老百姓仍然过着穷困的生活。左宗棠办金矿效果不大，但他提出的办矿方针在当时却是很有意义的。他说："矿务须由官办，没有听任人民私采之理。但官办弊端很大，防不胜防，又不及包商开办，耗费少而获利多。最好是以官办开其先，而商办承其后。"后来他在新疆开办金、铅、铁矿，都采用"官本试开"，办其它工业也同样倡导"官开其先，商承其后"的方式。处在封建时代末期，他已具有发展资本主义经济的眼光，也已觉察到官僚资本主义的弊病。

他在西北举办的另一项利民措施是开渠凿井。西北黄土高原素缺雨水，农作物全靠渠水灌溉，左宗棠作了一番调查研究，得出结论说："西北地亩价值高下，在水分之多少；水足则地价贵，水缺则地价贱。治西北者，先宜水利；兴水利者，宜先沟洫，不易之理。"所以他安置战后回民，必选择有水草之地。他在平凉住了一年多，经常去泾河观察形势。泾河与西北多数河流一样，平时干涸，一遇暴雨和山洪暴发，又泛滥成灾。前人曾修过郑、白二渠，引泾水灌溉。同治四年，刘典在郑、白二渠遗址上重修渠，后左宗棠也在"利民渠"遗址修了一条"因民渠"，他还有更大的计划。泾水发源于平凉西北，流到泾州，与汭水合流，水势渐壮，如开渠灌溉，可得肥沃田地数百万顷。如果节节筑坝，作闸蓄水，又可以通小船，可像湖南的湘水、资水，源头可通舟楫。他听说外国有开河机器，就命胡光墉买到一套德国机器，又聘了几位德国技师。光绪六年秋，人和机器到达泾源工地，左宗棠命平凉知府廖溥明主持开渠工程。用机器开河，这在内地还是一个创举。那年冬天左宗棠奉召进京之前，还亲往工地视察，作了指示。不幸次年春泾水暴涨，把渠工冲坏了。接任护理总督的杨昌濬借口财政困难，主张停工。左宗棠虽不以为然，还提出速开支渠，以宣泄上游水势等意见，但"人亡政息"，终于不了了之。

"天下黄河富宁夏"，宁夏水利建设自古有之。秦渠创于秦，汉伯和汉延两渠创于汉，到清代仍有干渠 20 余条，支渠 140 余条，灌田 80 余万亩。在 10 年战乱期间，双方都曾掘堤，用渠水灌阻敌人，破坏很大。左宗棠拨出专款，一一为之修复。他还在河西走廊张掖、肃州以及西宁、河州等处修渠治坝；在最穷荒的安西、敦煌和玉门发给平民赈银、寒衣，拨款举办兵民屯田。他的部将王德榜驻军在狄道和安定一带，屯田自给。为了引抹邦河水灌田，王德榜提了一个宏伟的计划，将一座高三十五六丈，长 420 丈的山坡，挖低 25 丈，开成明渠。这个计划，连左宗棠都为之吃惊，后来还是批准了。王德榜从此不仅是左宗棠手下一员猛将，而且也成为一位开河、水利专家，后来在北京永定河上游和江苏六合境内滁河下游都主持过筑坝、开河的工作。

光绪三年西北大旱，河渠干涸，左宗棠下令各地打井抗旱。一时在西北各省普遍开展了"凿井运动"。左宗棠采取以工代赈的办法，既救济了灾民，又获得永久的水利。费用不够，他就自己拿出养廉金来，他写信给陕西巡抚谭钟麟说："估计开数万井，所费不过数万金，如果经费难筹，可由我一人负担。"他以养廉金捐助公益事业，从不吝惜一分钱。如光绪四年修兰州城垣，清朝廷工部不准报销，全部费用都由他私人负担，养廉金就是这么花掉的。另一个办法是劝富家出钱，贫者出力，两得其益。凿井运动取得了很大效果，仅陕西大荔一县就开凿 3000 余井。开渠凿井减轻了当时的灾荒，也为发展西北农业起了很大作用。

左宗棠在兰州还有一件事并能遂愿，即修建黄河铁桥。他看到两岸人民来往十分不便，只能用羊皮筏渡河，皮筏既小，又很危险。他托胡光墉从上海请来德商泰来洋行福克，到兰州勘察洽谈，福克索价六十万两银子修建这座铁桥，左宗棠嫌要价太高，甘肃战后财政拮据，一时拿不出如此巨款，因此未能办成。直到三十年后，宣统元年，后继者禀承左宗棠的倡议，终于将兰州铁桥建成。

＋

对于西北人来说，发展农业是关系到能否吃饱、生存的头等大事。左宗棠早认识到这点，开渠、凿井就是为发展农业兴办的一些措施。但是他发现在西北有一大怪事，在兴办农业之前，先必须进行"破坏性"的工作。当他入潼关以后，使他十分吃惊的是，西北田野上开满了罂粟花，城乡各处尽是烟民。他作了一些典型调查，如在陕西三原县，城里人吸鸦片烟的占十之七，乡下人吸烟的占十之三。农民不种粮食，却种罂粟，因为鸦片价钱比粮食贵得多，又可以自己吸用。光绪三年陕甘大旱，饿死了千千万万的老百姓，十之八九是烟民，因为烟民身体本来就虚弱不堪，哪堪再挨饿？宁夏原是西北的粮仓，指望能运些粮来救荒，不想良田也都种满了罂粟，一片片罂粟花，确实鲜艳美丽，但却不能充饥，还是伤害人身体的毒物。政府也拨了些款子救济灾民，但灾民领到赈款后，不去买粮，却先去买鸦片。这似乎又是一件天大怪事，其实也不奇怪，吸上鸦片成瘾，就不能自拔。左宗棠到达西北后，立即下决心禁种罂粟。

罂粟原产于印度，自汉代张骞通西域后，域外植物纷纷移植到中原，如葡萄、萝卜、胡桃、胡瓜、胡麻、蚕豆、豌豆、玉蜀黍等。据说唐代时候罂粟被移植到西北，唐人雍陶过斜谷诗云："马头初见米囊花。"有人认为米囊花就是罂粟花。但是中国人大抽鸦片烟是从清道光年间才开始的，特别是鸦片战争以来。西北人本来抽的是从广东运来的洋烟，名为"广土"，但价格高昂；于是有人从广东买来罂粟种子，在陕甘试种，产品质量（毒性）瘾君子认为不坏，可与"广土"媲美，于是大量种植，称为"西土"。西土"物美价廉"，西北吸烟的人越来越多，人民体质越来越坏，农业生产也一蹶不振。原来刚劲的民风，也变得奄奄无生气。无怪乎左宗棠称罂粟为"妖卉"。

自鸦片战争以来，左宗棠对"妖卉"深恶痛绝，他认为鸦片之祸，既深且烈，人则变为废物，家则倾家荡产，国则亡国灭种。林则徐坚决禁绝鸦片，不畏帝国主义强暴和朝内权臣奸佞，不惜牺牲高官厚禄和身家性命，左宗棠对他十分敬佩。同治四年，左宗棠在福州看到鸦片在福建流毒很深，十人中几乎有五个吸鸦片，烟民中穷的沦为盗贼，当官的则贪污腐化，福建吏治一塌糊涂，他特上奏朝廷，建议对福建政治严加整治。但是他在福州的时间很短，还没有来得及实行整顿，即奉命调赴西北。在西北看到鸦片之烈，甚于东南。通过一番调查研究，他定下了禁绝鸦片的方针和策略，对烟农、烟贩和烟民区别对待：对于农民，绝对禁种罂粟；对于烟土贩子，禁运而不禁卖；

对于烟民，只劝戒而不禁吸。

为什么只禁种、禁运，而不禁吸、禁卖呢？这项政策的实施取决于当时社会的特殊情况。当时西北吸鸦片者太多，十人中有三四人吸，有些地方高达十之六七。而吸毒者多深藏密室，贩毒者也十分隐蔽。如果去捉拿烟民烟贩，不仅捉不胜捉，也没有如此多的戒毒所来收容烟民，而且势必惊动千家万户，官吏衙役本来多数就是品质低劣，必会趁此需索诈骗，而这些官、兵、吏、役本人也多数是吸毒者，彼此又会互相包庇。所以如下令禁吸鸦片、捉拿烟民，结果会成为一纸空文，有令不行，政府威信下降，徒然令闾里不安，增添一些贪污索贿的事，以后就更不好办事了。禁种则容易收效，罂粟长在田野中，一大片罂粟花，一眼就看到。从成苗到开花结果，需要较长时间，烟农无从守秘密，很容易被及时铲除。低价的"西土"来源断绝了，外地洋烟又严禁运来，市面上只有偷运来的或在荒山绝谷内生长的少量烟土，烟价就会猛涨，烟民会自然而然地减少，这比颁布一纸空文的禁吸命令要产生更实际的效果。

陕甘战事结束后，左宗棠就集中精力来禁种罂粟，他命令各级政府从道、府县，直到基层，四出检查，见到种罂粟的整片地亩，一律翻犁灌水，全部铲除。如果是罂粟和豆麦等杂种的地，只将罂粟拔除。每月都要汇报，违禁者处以杖责枷号，不论贫富贵贱，一律依法处分。虽然禁种比禁吸好办些，但也遇到了各种阻挠。贪官污吏借此向农民敲诈勒索，军营中本来吸毒成风，也暗中包庇烟农，烟农则公然说："不许种鸦片，哪来的银子交钱粮？"各地方官表示："民间种罂粟，时间已久，早已成为习惯、风气。西北地方辽阔，要想一时查禁，也是很困难的。"但是左宗棠依然没有动摇执行禁种的决心。

宁夏在马化漋统治时期，因为穆斯林教规严禁鸦片，没有人敢公开种罂粟，马化溁失败后，因为有厚利可图，人民就纷纷种起来了。禁烟令在宁夏的阻力也最大。左宗棠毅然将宁夏府大小官员（除个别外）分别革职、撤任、查办；对违抗禁毒的士绅也一律拿办。经过如此整顿，宁夏大面积种植罂粟的局面平息下来了。自从林则徐大禁鸦片以来，三四十年中，在清政府大员中，最痛恨鸦片、禁鸦片决心最大、最严格的，当推左宗棠了。

禁种罂粟是为了断绝鸦片烟的来源，除了禁种还必须禁运。左宗棠对外地烟的政策是：四川、云南等地土烟入境，一律没收焚毁；对于洋烟，因为受中英不平等条约限制，不没收销毁，但一律不准入境，勒令烟贩连同烟土折回。如偷运入境，查出则仍要焚毁。从禁种、禁运开始，后来对开设烟馆公开售烟也加以禁绝。

禁种、禁运的政策不久就效果初显，到光绪六年左宗棠离开西北时，陕甘境内烟苗已基本根绝，只在深山荒谷可能还有少量种植。新疆境内，南路烟苗已消灭大半，北路则差些。总之，烟土来源大量减少，烟价自然腾贵，每百两价格由六七十两银涨到三四百两，烟民自然减少了。

禁烟的最后一步是针对烟民。既然禁吸在当时难于实行，对于汪洋大海的烟民只有劝戒。左宗棠发动各方力量收集戒烟药方，配制成药，分送给烟民。同时鼓励官绅士民捐资合药，救治烟民较多的，还要上报朝廷请奖。这是积极的方面，消极的一面呢，则是无法一一惩治广大烟民，但对于官吏，则绝不许吸烟。部下有吸烟者，一经发现，就扣上一顶很合适的帽子："嗜好甚深"，或"颇有嗜好"，这样就具备了参劾革职的资格。

左宗棠痛恨鸦片烟，厌恶抽烟的人，是始终如一的。有一次他听说孝威托两个同年好友，为母亲代购药材，他知道这两个人烟瘾很大，写信去狠狠批评了儿子一顿，并且命儿子与这两人断绝往来。还有一次，不知从哪儿听到

中华藏书 第十卷 少年傀儡，因人成事

的消息，说他的长孙抽鸦片烟，他勃然大怒，立命家人将孙子拿来，予以处死。家中人都知道他的脾气，说到真做到，都替他捏一把汗。大家赶紧将孙子藏起来。只有几位姑奶奶是在左宗棠前惟一可以说话的人，她们拉住父亲苦苦相劝，告知他大孙子并没有抽烟的嗜好，不过偶尔抽一两口玩玩的。宗棠才息怒，命将他禁锢在书房内，如果再犯抽烟的毛病，那就非处死不可了。一个月之后，他没有再抽烟，这才放了他出来。

陕甘的农民不能种罂粟了，用什么来维持生计呢？左宗棠又替他们筹划，种罂粟获利很大，因此要找一种同样获利大的作物，他认为可用种棉代替。棉花是一种经济作物，他经过一番核算，认为种棉收利可高于罂粟，在通知下属推广试种稻谷桑棉的文中说：

"甘省素来不产丝棉布匹，全靠外省运来，既无舟船运载，因此价格昂贵异常。农民本来很穷，每到隆冬，还只穿件短布单衣；而我们在上位当官的人都轻裘重茵，实在于心不忍。""西北人民苦无衣甚于无食，许多老弱妇女衣不蔽体。"他引述唐人韦应物的诗："自惭居处崇，未睹斯民康"，表达自己的心情，感到身为最高地方官，竟未能使老百姓人人有温暖的衣服穿上御冬，深为惭疚。

种棉织布，不仅能改善农民生计，也能解决老百姓缺衣问题。他一方面广泛宣传种棉的好处，一方面又向民间传授种棉方法。同治十三年，他下令刊行了《棉书》和《种棉十要》等书籍，同时还命各地设立纺织局，教给妇女纺织技术。由于他的积极倡导，甘省东自陇东正宁、宁州，西至河西走廊凉州、甘州、山丹、东乐等地普遍植棉。同治十二年他西征时经过山丹等地，正值田间棉熟，他停车和父老攀谈，农民告知他："一亩棉田收获较好的，可得二十余斤，每斤一千文，又省工力。种罂粟还要剥果刮浆，种棉比种罂粟更合算。"当然，用棉花代罂粟，主要目的是断绝毒害人民的烟土来源，同时又解决了人民的衣食问题，是一举两得。现在甘肃敦煌、安西一带已成为盛产棉区。棉区人民的生活也都较为富裕。

左宗棠初到陇东，看到农民所种庄稼品种只有大麦、小麦、糜子、小米、玉米等，每亩一年只能收一百余斤。他于是想到推广南方的稻谷，在平凉曾教勇丁试种一次，没有成功。后来平凉知县王启春教农民试种，每亩收了四五百斤。宗棠十分高兴，于是劝导农民种稻，这是甘肃种稻之始。至今平凉川地仍在种稻谷，宁夏一带已盛产大米，品质优良，在国内驰名。

除了棉粮以外，左宗棠还鼓励植桑、养蚕，发展畜牧；在荒山、原野、道旁广植树木。除家蚕外，还提倡养山蚕。他经过考查，发现五种树叶可以喂养山蚕：槲、橡、青杠、柞和椿树。他将 5 种树的形态写明，公之于众，叫大家去寻找。他说这是"为甘肃万年之利"。他还从浙江湖州运来桑秧移植，在兰州总督衙门后面，莲花池小西湖侧，种了一千多株桑树；在东校场、河壖和总督衙署内后花园，也植了桑树；还运了几百株桑秧到肃州栽植。另外，设立了蚕桑专局，教人民养蚕缫丝。

他同时很重视畜牧业，认为："西北之利，畜牧为大，而牧利又以羊为长，其毛可织，其皮可裘，肉可为粮，是老百姓日常生活必需品。人民不必耕地、种桑，也可以致富。耕田用人力多而收获少，放牧则需人少而所获多。"他认为水浇地可耕种，水草丰盛的地可放牧，湖泊草原地带则可渔可牧，不应耕种，以免破坏草原植被，引起沙漠蔓延。这些看法具有保护生态的远见。

为发展畜牧业，他提出了一些措施：在有水草的地方，查明户口，散发羊种，成本分 3 年归还，不计利息。他对这项优惠办法向人解释说："这些办法是以利民为主，地方富裕了，民物蕃盛了，国家也受益了。"有一次在行军途中，看到安西一带百姓贫困，就从自己养廉银中取出两千两，分给贫民和兵丁购买羊种。光绪二年，他又拨银六千八百余两，借给皋兰贫民买羊放牧。

甘省蔬菜品种寥寥无几，左宗棠命人陆续从湖南、江、浙等省带来各种南方小菜种籽，教人种植。现在甘肃的南方蔬菜几乎已应有尽有了。

十一

西北本来是中华民族文化的发源地，但是历经数千年的风雨沧桑，政治经济中心东移，陕甘等省大部分地区却成了文化最落后的边地了。要想国家富强，必须提高人民文化素质，首先需要兴办文化教育事业，这是左宗棠多年来一贯的认识。他在浙江和福建时，军事战争结束后，就立即兴办教育，修建书院，创立书局。进入甘肃后，看到西北文化落后，更感到办教育的重要，当地方秩序稍一恢复，就着手兴办书院和义学，各地学龄儿童和青少年纷纷踊跃入学。从同治八年（1869年）起，到光绪五年（1879年）他离甘时，已创设了尊经书院（庄浪）、泾干学舍（泾阳）、文明书院（岷州）等20余所，又修复重建了瀛洲书院（泾阳）、仰止书院（东乐）、银川书院（宁夏）等20余所，大部分在现甘肃省，也有些在陕西、宁夏和青海；其中还有专为回民子弟设立的，如在平凉化平川的归儒书院。书院学生都发给膏火费。如兰州的兰山书院，当时是甘肃省最高学府，正课学生每名每月给膏火费三两，副课学生一两五，可以维持个人生活了。兰山书院每年膏火费需要两千多两银子，由于甘肃省财政拮据，经常拿不出钱来，左宗棠就将养廉角倾囊捐出。他年轻时也是靠膏火费维持生活的，深知穷学生的苦处。

他很关心学生的学业，时常到书院去看看，和学生谈谈天。有一次学生们写了一篇禀文，送交管理书院的布政使崇保，崇保特地拿给他看。他很高兴，亲笔在信上加批："览呈诸生之禀，文理尚可，殊为欣然。本爵大臣四十年前一贫士耳，然颇好读书，日有粗粝两盂，夜有灯油一盏，即思无负此光景。今年垂耳顺，一知半解，都从此时得来；筋骨体肤，都从此时练就。边方无奇书可借，惟就《四书》、《五经》及传注，昼夕潜心咀嚼，便一生受用不尽。诸生勉旃！事平至兰州，当课诸生背诵也。"

西北边远之地，多年来受频仍的战事困扰，人民食不糊口，衣不蔽体，求生还来不及，哪有心思求学！但是经过左宗棠竭力提倡，各地书院纷纷建立，因之学风文风大为改观。

一些地方的士绅和人民对左宗棠在西北所作的一系列好事十分感激，要为他建立生祠，以示崇敬。如同治十三年甘州人民为他建了生祠，他知道后，命将已建成的祠改为南华书院。光绪二年西宁士民在改建湟中书院的同时，也要为他建生祠，也被他制止。

这些书院在当时对普及文化知识起了重要作用，后来又成为兴办新式教育的基地。一二十年后，晚清政府开始兴办新式学堂，大都由书院改建。府办书院改为中学堂，县办书院改为小学堂，兰州的兰山书院则改为优级师范学堂，仍然是甘肃省的最高学府。

除了书院之外，还在各地兴办了几百所义学，是专为各族儿童设立的启蒙教育学校。入学儿童称为"蒙童"，免交学费；还办了专收回民子弟的义学，如兰州有正德、序贤、养正、存诚四所义学，其中养正和存诚二所就是专为回童力的。在甘省财政困难的情况下，左宗棠想方设法筹拨经费，或拨出一些荒山绝地，收取租金，供给办学经费。在他倡导之下，一些地方官吏纷纷响应，如会宁知县许茂光、两当知县萧良庆等，不仅拨出荒地和耕牛，自己还捐出养廉金，又在地方集资。所以学习风气一时十分兴盛。左宗棠在肃州驻节时，有暇还常到义学去看看，和学童们谈谈话。他是教过多年私塾的，至今仍很爱这一行。

义学里读的是《千字文》、《百家姓》、《三字经》等，先教儿童识字，稍大点读四书五经。书院里读的书更多些。以往陕甘的书都从成都和武汉等地运来，战争时期，书贩都裹足不前，而外地的书质量也很差，错字和破句连篇。左宗棠就编书、刻书。他早在杭州时，就设书局刊刻六经，在福州又设"正谊堂书局"。来西北前，先在汉口设"崇文书局"，又在西安关中书院内附设书局，两局的刻书费用都由他从养廉金中付出。同治十三年，他奏请在浙江严州开设官书局，开印四书五经，专运甘肃用。新疆收复后，又在迪化（乌鲁木齐）开设书局，刻印的书专供回民子弟诵读。他行军途中还有一个流动的印刷所，在安定和肃州行营都开雕过书籍。受他的影响，他的部属如西宁知府龙锡庆，也在西宁开设了"尊经书局"；陕西布政使翁同爵曾利用关中书院藏版刊印书籍，种类很多，除启蒙书和四书五经外，还印过《十三经》、《廿四史》、《资治通鉴》、《小学》、《孝经》，以及供棉农用的《棉书》、《种棉十要》，供一般人读的有关法律和生活常识的书有《律易解》、《圣谕广训》、《吾学录》等。左宗棠自己的著作《盾鼻余渖》也初次在西安刊刻。这本著作收集了他的诗文联语等杂稿。他虽以军事、政经等方面业绩见称于世，在诗文方面也不错。有几篇文章曾被选入黎庶昌等人编的文选集《古文辞类纂续篇》中，诗作不多，被人誉为"军中诸作，如扶风豪士，气韵沉雄"。尤其是工于联语，有许多脍炙人口的对联，已散见本书各章中。

左宗棠还创办了一件有惠于甘省广大知识分子的事，即"乡试分闱"。何谓乡试分闱呢？按照清代科举考试制度，每省举行乡试，中举后就有资格进京参加会试。可想而知，举人是贫寒士人梦寐以求的改善政治、经济地位的晋升之阶。在清初，甘肃本来是和陕西合为一省的，康熙二年才从陕西分出来，自成一省，但是乡试却没有分开，两省士人仍然合闱（闱是考试地点），同在陕西省会西安参试，到左宗棠人陕甘时，已行之200多年。"合闱"十分不利于甘肃省的士人：第一，取中总名额比分闱要少；第二，甘省文化落后，考不过文化较高的陕西人，有时一榜中甘省士子竟然完全落第；第三，贡院在西安，由甘省各地去，路途遥远，最近的也有七八百里，由宁夏去二三千里，河西走廊三四千里，由新疆镇迪道（隶属甘省）则有五六千里。来回时间需一二月至三四月，路费昂贵。大多数秀才都是寒士，因此能到西安应试的甘省士人，顶多只有十之二三，多数优秀人才失去了竞争的机会。

左宗棠看到合闱对甘肃士人的不利，于是奏请将甘肃乡试与陕西分开，在兰州省会举行。经清廷批准，就在袖川门内与萃英门之间修建了贡院，于光绪元年举行分闱后第一次乡试，打破了200年来合闱的局面。这次与试者约3000人，比在陕西合闱时多出两三倍。左宗棠以陕甘总督身份，照例入闱监临。合闱时陕甘共取中举人62名，分闱后，左宗棠奏请甘肃取40名，朝廷只批准30名。光绪二年分试，左宗棠再次奏请，于是批准40名，外加旗员2名。左宗棠看到回民子弟文化较低，前二科一名都未取中，又奏请每二科中有一科至少要取中一名回民，这样可使无论汉回各族士人都乐于就学，在兰山书院肄业的学生多至四五百人，甘省人文由衰而盛了。

兰州新建贡院规模很大，号舍可容4000人，在全国也算数一数二。左宗棠入闱监临时，为试院写了一副对联：

共赏万余卷奇文，远撷紫芝，近撃朱草；
重寻五十年旧事，一攀丹桂，三趁黄槐。

"一攀丹桂",是说他一次中了举,"三趁黄槐",则是说会试失败三次。兰山书院主讲吴可读对左宗棠奏请分闱,创建贡院十分敬佩,读了这副对联后,咏诗说:"紫芝朱草光芒在,留得楹联百世新。"

六十八年后,秦翰才到贡院旧址(当时的甘肃学院)寻访,看到礼堂中还居然悬挂着这副楹朕,惊叹不已。

左宗棠有过科举考试的经历,他深知科举虽能取得人才,人才却不一定能考上科举,他就是一例,若非机遇,也断难施展为国驰驱的一番抱负。他年轻时曾受到许多前辈的知遇,所以他也倍加珍惜人才,特别是不遇、失落的人才。

他看到参与乡试的士子,衣衫褴褛,许多人几乎像个要饭的,当然还有更穷的秀才,连兰州也来不了。参加乡试士子的旅费多是由地方官借筹的。他经常自己拿出养廉金,送给外地士子,作回家旅费,每人送给八两。士子中举后去京会试,路费更困难了,他又分送每人二十两,后又加到三十两。他说:"我自己也出身于寒士,当年进京考试,辛苦奔波,仆仆道途,衣服破旧,囊中空空,困苦状态,至今回忆犹在目前,和如今见到的士子一样,当然应竭尽微薄的力量给予帮助。"

他帮助寒士,珍惜人才,曾流传有一段佳话:兰山书院有一个学生安维峻,字晓峰,秦安人,读书勤奋,有才识胆略,左宗棠很赏识他。曾告诫他端正读书的态度:"读书当为经世之学,科名特晋升之阶耳。"安维峻本来以为读书就是为取得功名,听了深感惭愧,他自说听了左宗棠的教诲,从此胸襟稍开阔了。

光绪元年贡院落成,举行分闱第一次乡试。左宗棠希望安维峻能中举。密封的试卷,分给各考官评阅,究竟安维峻考得怎样,他也不得而知。发榜前夕,正值秋宵月出,他睡不着,就到贡院的园中散步,挂了拐杖站在小桥边赏月。他自言自语地说道："如果安维峻能取得第一名，这次乡试算是没有辜负了！"

不想有一位小官员在一旁听到了，这句话在闱中传开了。发榜那天，左宗棠以监临身份坐在一旁听考官唱名。按例先从第六名唱起，一直唱到最后一名，没有安维峻的名字，左宗棠有些不安了。然后又从第五名倒唱上去，唱到第二名亚元，仍没有安维峻，左宗棠这位临阵多年的大将，这时竟有些坐不稳。最后唱第一名解元，正是安维峻，他摸着胡子哈哈大笑起来，得意地向考官们说："宗棠的老眼还不花吧！"

第二年，安维峻来到京城参加会试，左宗棠用篆书写了"行无愧事，读有用书"八个字的对联，送给他作为座右铭。安维峻会试二次都失败，左宗棠写信鼓励他说："科名不足为人轻重，幸勿介怀。惟读书自乐，静以俟之。"安维峻家境贫寒，每到岁暮，左宗棠总要寄钱给他，接济家用。光绪六年春，宗棠又寄钱给他，并写信告他说："我料你今科必捷，特寄上少许钱作为喜费。"因为如中了进士，报子的报喜费等就要不少花费。那年果然如宗棠所料，安维峻中了进士。

光绪十九年（1893 年）安维峻当了御史。次年，中日甲午点起，中国战败，和议起，他上章奏劾李鸿章和大太监李莲英，并且涉及慈禧太后。奏章中说："窃闻和议之说出于皇太后，而太监李莲英实左右之。皇太后既归政皇上矣，复遇事牵制，何以上对祖宗上天之灵？李莲英是何人，而敢干预政事乎？"这些警句传诵一时，而他的胆量真够大，戆直亦少有，几乎凌驾他的恩师了。于是被革职、充军。但名声震撼中外，没有辜负恩师对他的教诲和期许。光绪二十五年（1899 年）他被释回，光绪三十四年（1908 年）曾任京师大学堂总教习，民国十五年（1926 年）去世。

主讲吴可读是兰山书院另一位"行无愧事，读有用书"的人物。他字柳堂，皋兰人，道光三十年进士。是书院创办的积极赞助者。左宗棠奏劾成禄，吴可读接着也上疏朝廷，陈述成禄的种种罪状，提出可斩者十，不可缓者五。在封建社会中，说直话的人容易闯祸，他说了直话，被连降三级。光绪五年（1879 年），他因不满时政，国家前途渺茫，服毒而死。遗疏中还请为穆宗（同治帝）立嗣，可谓义烈而又有些迂阔之士。

十二

左宗棠始终十分关心老百姓的生活。到兰州后，看到人民饮水污浊，就命赖长制造了一具简易水泵，当时名"吸水龙"。同治十一年（1872 年），在总督衙门的节园内外开凿了几个水池，用吸水龙将黄河水打上来。河水逶迤自西流入，顺流经过三池。由于池子面积比水管大得多，水流速度急缓，河水中挟带的泥沙就沉积在池底，到达最后一池时，河水已由黄浊变为清莹澄澈的碧波。池水绕过一个亭子，水澄清了，左宗棠取名为"澄清阁"，并题了一副对联：

> 万山不隔中秋月，
> 千年复见黄河清。

俗话说："千年难见黄河清"，而今关内已平复，收复新疆失地的战争即将开始，他对此充满了信心。

池水绕过澄清阁，转东而南，绕过一个亭子。那年甘省多产瑞谷，被认为是吉祥之兆，左宗棠取名为"瑞谷亭"，写了一副对联：

> 五风十雨岁其有，
> 一茎澄穗国之祥。

在澄清阁的北面，有一座亭子，取名"槎亭"，比拟为天河中摆渡的小舟，为牛郎织女一年一度相会之用。宗棠题联云：

八月搓横天上水，

连畦菜长故园春。

流水绕过"瑞谷亭"后，注入一个大池中，名"饮和池"，宗棠题联云：

空潭泻春，若其天放，

明漪绝底，饮之太和。

次年又在衙门右侧开凿了一个"挹清池"，从渠道引来五泉山泉水。凿池花了 1.9 万余工，由兵勇开凿，所花的钱都由左宗棠养廉金中拿出。两池的水供给老百姓汲饮，每天约有 3000 余人入园汲水。宗棠看到老百姓成群结队而来，手持盆、桶、瓢、勺各种盛具，老弱妇孺参杂其间，人人笑逐颜开，他也十分高兴，写了一篇"饮和池记"，记中说：

"……静极明生，黄爻为碧，如湘波然。绕澄清阁，供烹饪、汲饮、灌溉。暇游其上，谋目谋耳者应接靡暇。……祷曰：'河伯匄我多矣，其有以溉吾人民。'……清流汩汩，注大池中，命曰'饮和'，用工万九千余，皆亲军力，未役一民也。用钱五百余缗，使者之俸余也。弥月毕工，役之征缮之暇，未废事也。呼民取饮，则瓶罍瓢勺罋盎之属早具，乏者或以织柳之器来，或手掬而饮；老者、弱者、盲者、跛者群熙熙然，知惠之逮我也。"

左宗棠每天都去池上看看，儿童知道是总督来了，都跑过来围观。左宗棠命从人分给他们糖果，儿童高声欢笑，他也哈哈大笑。

总督署原来是明代肃王府邸，节园是王府的花园，原名"凝熙园"，经过清代 200 余年的修葺，园亭之胜，在各省中称得上数一数二。总督衙门坐北朝南，背靠黄河。饮和池在箭道大门内，池水经过箭道二门，在园内外绕流，回环往复，流入节园，状似一条小黄河。渠中堆积石块，形如砥柱，与流水冲击，园中有肃王妃塚，过此是拂云楼，楼建在北城垣上，高三层，高拂云霄，因而得名。当时算是兰州高层建筑了。登楼北望，是雄伟的北山，和由西向东蜿蜒流去的黄河；南面是有名的五泉山。楼下有两块石碑，一是古隶书，已剥落，细认是汉大将霍去病败匈奴于皋兰山下，及始建金城（兰州）之事；另一是大草书，刻的是明肃王《拂云楼诗》。据传肃王妃当明亡城破时在此触碑死，碑上犹有"血迹"，天阴雨时可隐约见到。拂云楼也名"望河楼"，左宗棠用篆书写了"大河前横"的横额，又题了一副对联：

　　　积石导流趋大海，

　　　崆峒倚剑上重霄。

在后园，他划了一区菜圃，有水一泓流过。圃内杂种南方的韭菜、萝卜、瓜薯类，还有湖南家乡的冬苋菜。他为菜圃题一楹联：

　　　闭门种菜，

　　　开阁延宾。

他常常穿着短衣，提着水桶，在圃中浇水种菜，欣欣然自得其乐。也有人认为这是一种策略，因为不久将要进攻新疆，敌人必会派密探来兰州侦察清军行动。为了防止泄漏出师时机，他表面忙于种菜，口不言兵，使外间莫测动静。这也有些道理，但是左宗棠素来爱好农业，自幼就是在农田的劳动中长大的。

节园规模虽不大，在当时也是兰州风景胜地。左宗棠听友人郭嵩焘说过："西方各国都市中设有公园，供人民游乐。他于是将节园开放二个月，让老百姓入园同乐，这恐怕是西北最早的公园了。宣统元年护理总督毛庆藩也仿效左宗棠，将节园开放 10 日，任人游览。游人感怀往事，还写了诗作纪念。

左宗棠在肃州也修建了一座公园。他捐出二百两银子，将酒泉疏浚为湖，湖中留有三个沙洲，并建了一些亭台楼阁。湖内放养 1 万余尾鱼苗。环湖筑堤，周围三里，种上杨柳和花树。湖前为清励楼，南檐悬有左宗棠书联：

> 中圣人之清，有如此水，
>
> 取醉翁之意，以名我亭。

楼后为一方厅，题额"大地醍醐"。厅后明廊可俯瞰酒泉，泉水甘冽如酒，因以得名。厅前宗棠书联云：

甘或如醴，淡或如水；

有即学佛，无即学仙。

光绪五年（1879 年）五月二十日，酒泉湖建成，向游人开放。除了近城士女外，远隔数十里的男女老幼，纷纷结伴携带食品饮料，前来游赏。左宗棠高兴已极，写信告知杨昌濬说："酒泉湖堤亭子告成，盖自天地开辟以来，未有之胜景也。"这未免有些开玩笑的意思。但是他看到湖中白波万叠，沙岛回环，湖上飞鸟小禽飞翔游泳；亭台楼阁，倒映水中。堤边柳暗荷明，游人往来如织，几叶扁舟在湖中荡漾，时闻悠扬断续的笛声，确是赏心乐事。恐怕在边远的肃州，确也是开天辟地以来未有的胜景吧！

左宗棠看到游人络绎不绝而来，又担心他们过分游乐，耽误了工作，因而规定每年以三月三、四月四、五月五、六月六、七月七、八月中秋，对老百姓开放。后人称酒泉湖为"左湖"，以志纪念。

那年秋天，左宗棠泛舟于酒泉湖中，兴之所至，写了一首《秋日泛舟泉湖》的诗：

我心如白云，舒卷无定着。身世亦如此，得泊我且泊。昔岁来兰州，随槎想碧落。黄河横节园，牛女看约略。以槎名其亭，南对澄清阁。走笔题'一系'，乡心慰寂寞。今我访酒泉，异境重湖拓。杖摘出新泉，堤周三里廓。洲渚妙回环，树石纷相错。渺渺洞庭波，宛连湘与鄂。扁舟恣往还，胜蹑游行属。邦人诧创见，旁睨喜且愕。吾党二三子，时复举杯杓。

频年南风兢，靖内先戎索。出关指疏勒，师行风扫箨。强邻壁上观，弭伏一丘貉。老我且婆娑，勉司北门钥。桓桓夫子力，盛美吾敢掠？西顾幸无它，吾归事钱镈。水国足鱼稻，笋蕨耐咀嚼。梓洞暨柳庄，况旧有邱壑。一觞酹飞仙，有酒盈陂泺。不饮酒不溢，十日饮不涸。仙来笛悠扬，我来歌且骂。丰年醉人多，仙我共此乐。他年倘重逢，一笑仍夙诺。

诗的上半首，描述了节园和酒泉湖的胜景，泛舟湖中，仿佛见到了洞庭湖的滔滔波浪。下半首将他在西北征战的目标、步骤和决心表述得很清楚，先平定关内战乱，然后出关直指疏勒。他深刻认识俄、英帝国和盘据新疆的傀儡是一丘之貉。重申夙愿，事平之后，要回到梓木洞和柳庄，去度那悠游的岁月，可惜没能实现。

在陇东高原的平凉，地处高寒，水泉冷冽。可是在柳泉书院旁边，古称柳泉湖处，有一股暖泉，隆冬还冒热气。泉水东流过万竹园，可灌溉田亩数十顷。左左宗棠驻节平凉时，命地方上将其修治，供给老百姓饮用，还立碑题记。10年后他奉召入京，路过平凉时，特地再去探望，不想已被原守令魏光焘用围墙圈入书院中了。他很不以为然，认为泉水本是用于灌地的，干旱时节更为急需，与其私藏在院中，供少数人饮用，不如引入田地里，岂不是大家共享益处更大！立即命令打开墙门，让老百姓重新汲用，并写信告知护理总督杨昌濬，还嘱他转告魏光焘。

中华藏书

大清十二帝·最新整理珍藏版

中国书房

第九章　同治之死

一

同治皇帝大婚之后，他对自己的皇后阿鲁特氏十分中意，他爱她端庄娴淑，爱她知书达礼，爱她雍容不俗。因此，小俩口在婚后可谓互敬互重、相亲相爱。犹如鸳鸯戏水，甚为相洽相得。

大婚之后，同治帝和皇后如胶似漆，耳鬓厮磨，好不惬意。宫中没事时，他常和皇后谈文作诗。谈到兴起，共同吟诵几首都喜爱的唐诗，真是其乐无穷。同治帝对皇后的爱是一种深沉的敬爱，他把她当作姐姐那样敬重，在她面前从不轻佻浮薄，更无亵容狎语，就连打情骂俏也于心不忍。他从内心里敬重和爱慕皇后。和她在一起时，他感到心里非常充实，他把她当作自己的知心朋友对待。

看见这对新人感情这样好，两宫太后表现出了极为相反的态度。极力促成此事的慈安太后感到由衷的高兴，她为他们婚后的幸福生活而感到欣慰。每当皇后到她那里侍膳时，她总是让皇后早点回宫，好有时间陪皇上。

慈禧太后则表现出了强烈的嫉妒之心。同治帝去看她的次数本来就不多。婚后又沉浸在幸福的新婚生活中，去看她的次数就更少了。慈禧由此生出无限的怨恨。她恨儿

中华藏书

大清十二帝·最新整理珍藏版

中国书店

子娶了媳妇忘了娘，更恨把儿子对自己少得可怜的一点爱也全部夺走了的儿媳。当然，这其中也含有一丝对新人甜蜜幸福的嫉恨。当她自己孤寂地独守深宫时，一想到依偎欢爱的儿子、儿媳，慈禧的嫉妒之心便油然而生。

尤其令慈禧最不能忍受的是，同治帝大婚后专宠皇后，对色冠后宫的瑜嫔也不错，而偏偏冷落了慈禧中意的慧妃。因此，她决定出面干预了。

她先是给皇后使脸子。每次皇后入见她都拉下那张原来就透着一股阴冷的老脸，说话时不冷不热，阴阳怪气，挟风带刺。这样一来，搞得皇后惶恐不安，不知自己在什么地方得罪了婆婆，天天提心吊胆，手足无措，这给她甜蜜的新婚生活蒙上了一层阴影。

更有甚者，慈禧又把政界上用熟了的挑拨离间手腕用于处理家事，常在同治帝面前贬低皇后，赞扬慧妃。皇后体态较为丰满，走路四平八稳，慈禧便常指使她自己拿这拿那，故意让她来回奔走，稍慢了点儿，便责怪她动作笨拙，礼节不周，皇后面容端凝，平日不苟言笑，只是在见到皇帝时，才露出一丝让人回味无穷的微笑。正因为这笑千金难买，所以同治帝尤为珍爱。而慈禧最嫉恨的也是皇后那动人魂魄、倾国倾城的微笑，常骂皇后是"狐媚子"，让皇帝不要被她迷惑。

这对新人刚刚度完蜜月，慈禧便向同治帝摊牌了。一天，她把同治帝叫去冷嘲热讽地责备他婚后冷淡了自己，并把责任推到皇后的身上。最后她终于露出了自己的真意："慧妃非常贤明，你应该多加眷顾，好好待她。皇后年少，不懂礼节，皇帝不要总到她宫中去，妨碍了政务。"

同治帝听了心中十分气愤。这分明是无中生有，硬要把自己和皇后拆散。要讲贤明，皇后比慧妃强多了。至于"年少"，更是无稽之谈，谁都知道皇后比自己还大两岁，是后妃中年纪最大的。至于"不懂礼节"，那更是胡说八

道了。皇后在礼仪修养方面，比你太后可强百倍。说我到
皇后那里妨碍政务，到慧妃那里就有益于政务吗？你越不
让我和皇后在一起，我偏要和她在一起。同治帝虽然心里
愤愤不平，但这些话怎敢说给张扬跋扈的慈禧听。虽然嘴
上诺诺答应了，但回去后仍然我行我素，和皇后的关系越
发亲密。

慈禧一看自己的话没起作用，便采取了切实的干预措
施。她常常派太监查看同治帝与后妃同房的记录。这样一
来，慈禧太后便对同治帝与后妃同房的情况了如指掌。同
治帝与妃嫔们同房时，慈禧便平安无事。一遇同治帝与皇
后同房，第二天慈禧一定要找碴训斥皇帝或皇后一顿。皇
后为了皇帝少挨几顿训，便有意对同治帝冷落起来。一
天，在同治帝的一再追问下，善良的皇后才哭诉了其中的
缘由。同治帝听了大怒，索性独住乾清宫，既不去皇后寝
宫，也不召幸妃嫔了。

慈禧见同治帝很少与皇后同房了，自以为得计，暗中
高兴。但听太监报告，说同治帝连妃嫔也不召幸了，就有
些着急了。一天，她竟替皇帝做主，命敬事房太监把慧妃
抬入同治帝寝宫，想让皇帝以后专宠慧妃。同治帝再也忍
不下去了，他责问太监："朕没揭膳牌，谁让你把慧妃
抬来！"

太监吞吞吐吐地说："太后怕万岁爷独居寂寞，让慧
妃陪万岁爷说话。"

同治帝听了大怒，喝道："朕连召幸妃嫔也要别人做
主吗？就是老祖宗来，也休想管朕的事！"

太监碰了一鼻子灰，讪讪退下，把慧妃送回宫去。

原来一对幸福的鸳鸯，被专横的慈禧强行拆散了。皇
帝和皇后虽近在咫尺，却丝毫不得亲近，慈禧在他们中间
硬是划上了条不可逾越的"天河"。同治帝美满的婚姻生
活，就这样断送在自己的亲生母亲手里。

同治帝亲政后，在政治上郁郁不得志，在婚姻生活上横遭母后干预，一名青春旺盛的十八岁皇帝，竟被迫独寝乾清宫，不能和自己心爱的皇后生活在一起，这是何其痛苦！他整天闷闷不乐地呆在宫中，既懒得过问政事，也不同任何后妃往来。

在同治帝百无聊赖，百般苦闷之际，有两个人闯进了他的生活。一个是恭亲王的儿子载澄，一个是翰林院检讨王庆棋，正是这两个人把同治帝引向了邪道。

先说载澄。他是出了名的浪荡公子，他自恃父亲是权倾朝野的议政王，便恣意妄为，狂淫无度。尽管载澄人品恶劣，但因经常出没于市井声色之地，见多识广，知道很多同治帝未曾见识过的奇闻异趣，再加上载澄和他父亲一样长了副伶牙俐齿，把宫外的事讲得绘声绘色，给苦闷中的同治帝带来了无穷乐趣，和皇上成了无话不谈的好朋友。同治帝为了能常见到他，特意让他充任自己的伴读，还给了他一个"御前行走"的差使。从此，他成了同治帝微服私游的伙伴。

再说那王庆祺，是个进士出身的翰林院检讨。他是京师人士，长得一表人才，又是天生一副唱曲的好嗓子，常在酒楼茶馆即兴高唱一曲，引来无数的行人驻足欣赏。

从普通翰林一跃成为帝师后，王庆祺四处搜罗民间西皮二簧剧本，托太监进奉给皇上。上课时也常讲些宫外奇闻趣事，逗皇上开心。他听太监说同治帝天天独宿乾清宫，十分清冷寂寞，便到琉璃厂书摊上买些描写风花雪月的小说，在授课之余呈给皇上，让皇上消愁解闷。

十八岁的同治帝毕竟情窦已开，情欲正旺。虽因母后干预，不能过正常的夫妻生活，但压抑在体内的欲望并未因此而消失，反而日积月累，越抑越盛，一经近侍佞臣的撩拨勾引，便像火山一样勃然喷发，成了中国历史上罕见的荒淫天子。

少年时的同治帝，虽也经常微服私游，但只是逛逛街景，看看热闹，品品小吃。这时同治帝私游，却专以渔色猎味，纵淫取乐为目的。所去之处，多是藏污纳垢的烟花柳巷。同治帝一到这些地方，果然只见一个个娉婷弱女，妖艳温柔，眉目传情，卖弄风骚，灯红酒绿，玉软香柔。与枯燥乏味，压抑拘束的宫中生活比起来，真是别有一番天地。只有在那里，同治帝才能将宫中的苦恼忘掉，寄托那颗空虚无依的心灵。

二

同治帝微服私游时所留连的地方，大多是一些普通妓馆，光顾的嫖客不计其数，人物极滥，妓女接客也是毫无选择，兼收并蓄，因而最易于性病的传播。同治帝不知深浅，纵淫无度，在这潭脏水里游来泡去，乐而忘忧。不知不觉，便染上了性病。

在亲政以后，同治帝健康每况愈下。尤其在圆明园之争前后，他更加放纵地私游取乐，并借"查看园工"、"行围"和"校阅"之名，在京郊一带大尽游兴。但此时他已深受性病的折磨。他时感下身痛痒难忍。同治十三年春天，他去西山扫墓踏青时，在路旁数以万计跪迎的官民面前，他疼得竟然直不起腰来，让臣民见到的只是一个面色苍白、未老先衰、佝偻虚弱的病态天子。

同治帝患淫病后，身体素质很差，抵抗力大大降低。但他这时仍不自爱，还带病寻欢作乐，各种病毒乘虚而入。

同治十三年十月二十一日（1874 年 11 月 29 日），同治帝在去西苑之后，突然得了感冒，从此一病不起，原先预备的召见不得不取消。三十日，他突然头眩目涨，浑身发冷，胸痛烦闷，脸上出现了红疹。

在此后的五天里，经御医精心调治，皇上病症逐渐减轻。十一月初三那天痘颗渐长，紫滞稍化，胸堵烦吐的症状消退。初四日诸症皆退，眠膳皆安。初五日痘颗顶陷渐起，已有放白的势头，御医们诊断已有"由险渐化为平之象"。

正当同治帝病情好转之际，他那狠毒的母亲却迫不及待地开始策划一起罪恶的夺权阴谋。慈禧想乘皇帝患病之际，把自己重新出山垂帘训政的权力抢过来。

十一月初十日，同治帝正式发布上谕，通知全国臣民，以后内外陈奏事件，均由皇太后披览裁定。并表示："仰荷慈怀曲体，俯允权宜办理，朕心实深感幸。"从此，慈禧又一次堂而皇之地公然执掌了大清的权柄，为她再度垂帘奠定了基础。

同治帝的病本来已逐渐好转，但经过慈禧的这番折腾，病情突然发生逆转，他在十一月初八日那天"微感风凉"，以致咳嗽鼻塞，心虚不寐。尤为严重的是，痘粒浸浆皮皱，有停浆不靥之势。由于余毒发不出来，痘毒日渐侵蚀圣体，浮肿、失眠、气喘胀痛等症状又出现了。到十六日，痘毒已侵入同治帝的筋络，他腰软肿痛，不易转坐，腿疼盘挛，屈而不伸，又有遗精尿血之症，天花逆险愈来愈重，同治帝生命垂危。

从十一月十八日起，同治帝的病症急剧恶化。重新肆虐起来在痘毒肆虐的基础上，梅毒又出来逞凶了。十八日晚上，他感到自己腰肾部肿痛难忍，第二天，淫毒竟在腰部迸发出来，腰部的红肿迅速溃烂，从中流出了令人作呕的脓水。

可怕的事情很快就发生了。溃烂很快由腰部向全身蔓延。二十五日，同治帝腰部和臀部的溃烂连成一片，而且由外烂转成里烂。第二天，漫肿、串溃越来越大，越来越多，每天流出的脓汁多达一大茶碗。二十七日，腰部烂洞进一步扩大，其中流出秽臭不堪的脓汁，皇帝圣体简直变成了一个装满脓臭的桶，那脓水从几个烂洞里不住地向外流着。二十八日，当御医为同治帝换药时，一揭开贴在溃部的膏药，灰白色的脓汁竟像箭一样激喷而出，立时满宫都是一股令人作呕的腥臭气味。

二十九日，浑身溃烂的同治帝竟硬挺着召见了军机、御前、内务府及弘德殿等大臣。诸臣上午八点进入东暖阁，只见同治帝由一名太监扶着坐在龙床上，两宫太后也坐在上面。诸臣一一上前，只见皇上面容萎顿，但目光仍然炯炯有神，痘痂已经掉了一大半。同治帝先问："今天是什么日子？"听到回答后，他便开始交待腊月应办的各项事宜。大臣们听了十分感动，纷纷表示皇上不必操心，一定把诸事办好。

三十日，同治帝的病情进一步恶化。病毒在下身肆虐一番后，竟又一路向上攻来。下身的脓水略有减少，但越来越粘稠难闻，上面则出现了牙浮面肿的新症状。十二月初一日，同治帝一昼夜大便二十一次，便下的东西都是白腻腻的脓状物，小便则是红色的脓血，这表明同治帝体内已全面溃烂。初二这天，同治帝的牙根已烂成黑色，从嘴里喷出一股股臭气。上嘴唇和左腮肿成一个紫黑色硬快，嘴唇外翻，样子十分可怕。到初三，同治帝面部肿块胀得发亮，似乎马上就要流出脓来。第二天，当御医在肿块上敷药时，面皮一揭便破，但里面流出来的不是脓，而是血水。腮部都快烂透了，牙龈烂得糜黑一片，口中臭气令人作呕。

至此，同治帝已是无处不溃、无处不烂，既使请来神仙，也是回天乏术了。十二月初五（1875 年 1 月 12 日），全身溃烂的同治帝已是神气衰微、精神恍惚，失去知觉，奄奄一息。下午五点，饱经病痛折磨的同治帝终于六脉断绝，牙关紧闭，瞑目而逝，他那十九年短暂而痛苦的人生之旅至此结束了。

<h1 style="text-align:center">三</h1>

同治帝走了。

他走了，带走了皇后阿鲁特氏的欢乐与幸福，带走了她的爱与忧愁，带走了她过去生活的美好记忆，也带走了她对未来的所有的热烈憧憬。

就像疲惫的鸟儿找不到憩息的枝头，就像困顿的船儿找不到停泊的港湾，就像迷路的孩儿找不到温暖的怀抱。

昏沉的天地之间，孤零零地，她感觉到的只是孤独、痛苦和绝望，一个人踟蹰，一颗心飘流。

这些天，皇后阿鲁特氏只是哭，哭得呼天抢地，哭得寝食俱废，哭得晨昏莫辨。后来，哭得嗓子哑了，她就一个劲儿地淌眼泪；眼泪流干了，她就一个劲儿地抽泣，连抽泣的劲儿也没有了，就一个人坐在窗前长久地发呆。

窗前，飞过一只大雁，留下一声长鸣，飞远了。她想起金代大诗人元好问的诗歌《摸鱼儿》，哽吟诵起来：

问世间情是何物？直教生死相许。天南地北双飞客，老翅几回寒暑！欢乐趣，离别苦，是中更有痴儿女。君应有语：渺万里层云，千山暮景，只影为谁去！

横汾路，寂寞当年箫鼓，荒烟依旧平楚。招魂楚些何嗟及，山鬼自啼风雨。天也妒，未信与莺儿燕子俱黄土。千秋万古，为留待骚人，狂歌痛饮，来访雁丘处。

这首《摸鱼儿》，诗前有一段序，道出了写作此诗的缘由："乙丑岁赴并州，道逢捕雁者，云：'今旦获一雁，杀之矣。其脱网者悲鸣不能去、竟自投于地而死，予因买得之，葬于汾水之上，累石为识，号曰雁丘。时同行者多为赋诗，予亦有《雁丘辞》。所作旧无宫商，今改定之。"

皇后阿鲁特氏带着沙哑的声音歌咏了一遍，无限感慨地自叹："大雁尚且勇于为死难的同伴从殉，何况生而为人乎！"

此时此刻，她已抱定殉情而死的决心，但她觉得，现在还不是从殉的时候。她还想看看，同治帝的临终遗命能不能变成现实，同治帝的宗桃由谁来承继？

于是，她还要坚强地活着。

同治帝之死，除了皇后阿鲁特氏以外，几乎再没有真切的哀恸者了。倒是为热衷于街谈巷议的平民百姓，增加了不少茶余饭后的谈资，无聊者以此为素材，精心编造了一些轶闻趣事和花边新闻，以满足那些同样无聊者的耳目之需。自然，还给那些出入紫禁城的满洲宗亲、王公大臣们留下了一个疑问——谁将承继大统？

说起清朝的帝位继承制度，还经历了一个发展完善的过程。

清初，采用立储以贤的方法交接帝统，弊端逐渐暴露，并直接威胁到清廷的长治久安。雍正以后，鉴于前朝之失，除实行立储以贤的原则外，又采取秘密立储、鐍匣封名的形式，就是由在位皇帝对所有皇子进行长期考察，当圣意已决，选中自己理想的皇位继承人时，就用朱笔书写其名，立为储君，并将朱谕封于鐍匣之内，藏之于乾清宫"正大光明"殿匾额后。皇帝临终时，命御前大臣取下朱谕，共同拆视，当众宣布继位者，获得书名的皇子随即继位登基。这样，既可鼓励诸皇子建功立业、内修外治，努力为充当储君创造条件，又可避免储君成为众矢之的。这种帝位交接制度，其优点是显而易见的，所以以后几代相沿成习。

当年，咸丰帝驾崩于热河行宫，弥留之际，按继统成例将皇位传给了他惟一的皇子载淳。同治帝载淳继位登基是水到渠成、顺理成章的事情，可是，当他本人崩逝时，年方 19 岁，膝下无子，传位于何人就成了一个问题。

那么，同治帝临终时，有没有留下传位遗诏呢？答案悬而成疑。

同治帝载淳六岁即位，17 岁亲政，19 岁因滥交而患性病，不到一年即崩逝。在他 19 岁患病前，青春鼎盛，精力强健，加之婚后一年尚无子嗣，所以，大病以前，同治帝根本不可能有立储的想法。

然而，同治十三年十一月以后，同治帝自知病情吃紧，来日无多，立嗣一事就成了他不得不考虑的一个重大问题。

在位皇帝预立储君，这是历朝统治者为国祚绵远，永葆社稷不传外姓的有效条件。清入关以来，历代帝王都非常重视对皇储的培养和确立，以实现帝统的和平交接和国家的长治久安。

同治帝在考虑储君人选时，不由地回想起自己六岁即位以来的甜蜜与辛酸：幼年时，仅仅满足于吃喝玩乐，虽然对慈禧太后的求全责备，安德海的为虎作伥也心怀忿恨，但毕竟是小孩子，对权力这东西还没产生过多大欲望，任人摆布也浑然不觉。年长以后，他一心想行使皇帝的权力，匡济大清艰危的国运和时局，可是在慈禧的把持下，一再推迟将摄政大权交给年轻的同治皇帝。大婚以后，慈禧鉴于各方面的指责和压力，不得不与慈安太后撤帘归政。同治十二年正月二十六日，他在养心殿举行了亲政大典，接受文武百官和外国使节的朝觐与拜贺，梦寐多年的亲政夙愿终于变成了现实，他的心里甭提有多高兴，甚至在睡梦里，脸上都挂着欢乐的笑容，他梦见自己变成一只逃出樊笼的雄鹰，在湛蓝无际的天宇展翅飞翔，越飞越高，越飞越高，山在脚下，云在脚下，风在脚下，连眨眼睛的星星都在脚下呢！可是，好梦总是易醒也易碎的。

他在亲政过程中逐渐觉察到：慈禧像一条阴冷的毒蛇，缠绕着自己的手脚，使他寸步难行。身为一国之君，竟然无权处理军国大事；名为九重天子，实为木偶傀儡，任人玩弄摆布。像他自己这样的挂名皇帝，于国于家又有何用？

同治帝想到这儿，长吁一声，便打定主意。为了遏制慈禧的权力膨胀，为了使自己的悲剧不再重演，一定要立一位年长而贤明的储君。

近支宗室当中，谁适合继承满清大业呢？

想到这儿，一张玉牒图谱（即清室家谱）在同治帝脑海中浮现出来。

原来，满清爱新觉罗氏起源于长白山，入关后规定：凡显祖宣皇帝（努尔哈赤之父）的嫡派子孙，称为宗室；叔伯兄弟的后裔，称为觉罗。给宗室子弟命名，自从康熙皇长子胤禔出生，开始有明文规定。即用胤、弘、永、绵、奕、载等字为近支宗室行派顺序。道光七年，又续拟了"溥、毓、恒、启"四字。咸丰七年再续拟"焘、闿、增、棋"四字，嗣后各宗室子弟都依照此辈数命名。到1937年，溥仪在东北又颁"上谕"，规定续选"敬志开端锡英源盛正兆懋祥"十二字，作为自"棋"以下宗室子弟字派。这是后话。

以上都是命名的前一字，此外，对后一字也规定了特定的偏旁。自康熙朝以后，命名派字如下：

一、雍正：前"胤"、后"示"字旁；

二、乾隆：前"弘"、后"日"字旁；

三、嘉庆：前"颙"、后"玉"字旁；

四、道光：前"锦"、后"竖心"旁；

五、咸丰：前"奕"、后"言"字旁；

六、同治：前"载"、后"三点水"旁。

七、光绪：同上。

八、宣统：前"溥"、后"人"字旁。

至道光以后，有一个不成文的规定，非帝系子孙命名，后一字不能用帝系子孙所用的偏旁。如道光帝的儿子辈：奕䜣、奕䜣、奕譞，偏旁都从"言"字；孙子辈：载沣、载洵、载涛，偏旁都从"水"部；曾孙辈：溥仪、溥伟、溥任，偏旁都从"人"部。

而庆亲王府这一支，由乾隆之子永璘（嘉庆帝颙琰之兄）传下来的，命名后一字所用偏旁与道光帝子孙不同。绵字辈的绵悌、绵性，偏旁都从"竖心"部；奕字辈的奕劻、奕功，偏旁都从"力"部；载字辈的载振、载抡，偏旁都从"手"部；溥字辈的溥锐，溥铨，偏旁都从"金"部。

这样，根据这些人名的偏旁，就可以知道某人属于哪一个支派，也可以区别出皇室支派的亲疏远近来。当然，这在清室"玉牒图谱"上是一清二楚的。

按照大清继位制度，一般传统是父死子继，同治帝是载字辈，应择溥字辈的人承嗣皇帝。

同治帝自己没有子嗣，他又是咸丰皇帝的独根独苗，这就意味着，先皇这一脉将从此终了。想到这，他不禁仰天长叹，泪如雨下。

无奈，只好追溯到道光帝谱系当中。

道光帝共生九子。长子奕纬、次子奕纲、三子奕继均早年夭折；四子奕䜣即是咸丰皇帝；五子奕誴过继给嘉庆帝第三子绵恺为嗣子，袭惇郡王，后晋封惇亲王；六子奕䜣，在咸丰即位同时封为恭亲王；七子奕譞封醇郡王，同治十一年晋亲王；八子奕詥封钟郡王，同治七年薨；九子奕譓，封孚郡王。以上为道光帝谱系中奕字辈诸人。

同治十三年冬，当同治帝考虑储君人选时，道光帝子嗣中，溥字辈只有载治之子溥伦一人。当年，道光帝长子奕纬早亡，无嗣，就把乾隆帝第三子永璋之孙、奕纪之子载治，出嗣为奕纬之子。因此，溥伦虽为道光帝嫡长曾孙，实际为旁支疏宗之后。溥伦承嗣，恐怕难孚人望。这样，溥字辈就没有合适人选了。

如此一来，同治帝只好将父死子继的嗣位传统改为兄终弟及，从近支载字辈中挑选。

当时，载字辈当中，有奕纬的继子载治，奕誴虽有子多人，可是本身已出嗣为绵恺之后，均不能考虑；奕䜣长子载澄，次子载滢，虽年已长成，却浮浪成性，不堪帝位之任；奕譞长子载瀚，次子载湉，皆年幼无知，也在考虑之中；奕詥甫及成年而亡，更无子嗣；奕譓有子载澍，现为贝勒，渐至弱冠，聪明颖悟，志向鸿远，却是理想的人选。

同治帝在病榻上拥被而卧，经过一番细心的思考，决定立孚郡王奕譓之子、贝勒载澍继承皇位，承嗣其父咸丰帝。

祖宗托付的江山社稷，自己在撒手人寰之际，终于寻觅到了托付之人，同治帝想到这儿，连日来的郁闷心情顿时减少了许多。

到同治十三年十二月初一这天，同治帝感到呼吸困难，四肢不由地乱抖，随时都有生命危险，于是急忙命心腹太监传召皇后阿鲁特氏和帝师李鸿藻入宫。

皇后阿鲁特氏，当时正在坤宁宫默坐，眼看皇上病入膏肓，就要驾崩而去，她一个人束手无策，黯自神伤。这时，忽然养心殿太监进来口传圣旨，召她入内。

皇后听到皇上急召，内心猛地一紧，浑身一阵颤栗。这些天她提心吊胆惯了，一颗心总在嗓子眼，刚才差点儿从喉咙里跳出来。她那原本白里透红的粉脸儿，变得像窗户纸似的煞白，拧眉毛，瞪眼睛，吓坏了传旨的小太监。

皇后急切地问："万岁爷出事了？"

"没，没事儿。万岁爷召皇后娘娘入内。"小太监分明有些紧张。

中华藏书

大清十二帝·最新整理珍藏版

中国书店

皇后这才定了定神，理理鬓发，迈着大步奔养心殿而来。

养心殿东暖阁内，这几天内侍在同治帝御榻周围吊了一匝儿幕帘，使他免受风寒，安心静养。

皇后挑帘入内，正要行大礼。同治帝见是皇后到来，急忙让她起来免礼。

阿鲁特氏抬眼一看，不觉向后退了一小步。这就是当年英姿飒爽的皇上吗？只见他整个身体蜷缩在锦衾御被当中，只露出头脸和脖颈。这是一张怎样的脸啊，豌豆大小的紫色颗粒密密麻麻地铺在脸上；昔日炯炯有神、脉脉含情的一双大眼睛，在肿胀的上下眼睑挤压下，仅仅剩下了两道黑缝，隐隐透出一丝浑浊熹微的目光；往日两道浓眉也逐渐脱落，由浓墨重彩的工笔变成了淡淡的写意；嘴唇向外翻着，一张一翕，散发出一股令人眩晕的难闻气味。而脖颈这处地方，一些饱满的颗粒竟然绽开，流出点点白腻的脓汁……

皇后看到这副惨状，痛苦地要闭上眼睛，两行清泪再也忍不住，已夺眶而出，她忍住哭声，俯身扑倒在御榻上。

同治帝原本以为见到皇后会欣慰许多，没想到，自己这副狼狈相已经让皇后惊惧不已。他的心在滴血，皇后的泪水在肆意奔流……

这样，过了约莫一袋烟功夫。

只听帘外有人叩问："臣李鸿藻叩问圣上金安。"这是李鸿藻奉旨入宫来了。

同治帝听到帝师的声音，便令他启帘入内。

这时，皇后阿鲁特氏自觉不妥，正准备退避，同治帝向她摆了摆手，吃力地说："李师傅是先帝股肱老臣，又是朕的启蒙恩师，你就是李师傅的门生媳妇，自然不必拘礼。况且，朕还有要事对你说，你就不必回避了！"

李鸿藻入觐，见阿鲁特氏在旁，急忙免冠伏地，给皇上和皇后行礼请安。

同治帝恳切地说："师傅快起，这个时候，这些虚礼就不必讲究了！"他握住李鸿藻的手，目视良久，哽咽着说："朕病势危重，恐怕再也起不来了。"

李鸿藻听了，不禁失声痛哭，一旁的阿鲁特氏方才勉强止住眼泪，这时又哀恸起来。

同治帝摆了摆手，示意道："这还不是哭泣的时候。"接着，他转向阿鲁特氏，开口说："朕倘若不讳，必定立嗣君，你看谁可以继承皇位呢？现在，把你的想法说出来。"

阿鲁特氏抹了把眼泪，平静地说："国家四方不靖，亟需自强，需要立有为的君王。宁愿皇上立长立贤，也不愿贪图太后这个虚位。"

听到这些话，同治帝脸上浮现出一丝笑意，他欣慰地说："你这么识大体，顾大局，朕不讳之后，也可以瞑目了。"

接下来，同治帝对着帝师李鸿藻和皇后阿鲁特氏，把自己这些天关于立储的想法和决定和盘托出，两人听了，一致赞同。

随后，同治帝口授遗诏，命李鸿藻笔录，遗诏共有一千来字，大意就是立贝勒载澍入承大统。

李鸿藻笔录遗诏完毕，同治帝接过来又浏览了一遍，对李鸿藻说："这算是一张草诏，上面用语有不妥当之处，还望师傅代为斟酌，下去重新拟好后，明日亲自呈上来。"

这个李鸿藻，原本是一个胆小怕事、拘谨畏难的人。由于他的拘谨小心，所以取得了一帆风顺的仕途，成为同治帝的师傅，官至军机大臣兼侍郎，也正是由于他的胆小怕事，致使同治帝的遗诏流产，立载澍为储君的计划半途夭折。

李鸿藻步出养心殿，捏一捏怀里揣放的圣上遗诏草稿，感到无比恐慌和焦躁。他做梦也不会想到，大清皇帝的遗诏，这份帝统交接时惟一可信的证明书，为得到它而引发多少刀光剑影的遗诏，居然现在会握在自己手里。他甚至可以像当年雍正帝和隆科多所干的勾当一样，信手涂改遗诏，不过，他李鸿藻激动了半天，还是李鸿藻，他没有隆科多那么大的胆量和野心。

他激动地想：我李鸿藻到了人生的十字路口了，大清朝也到了命运攸关的十字路口了。

东南西北，前后左右，该往哪儿走呢？

历史，一个王朝的历史，一个民族的历史，甚至整个人类的历史，许多时候竟然操纵在一两个人手里，这是一个简单的历史逻辑，然而，演绎出这个简单的历史逻辑，需要多少错综复杂的历史事实呀！

历史选择了李鸿藻，李鸿藻又该做如何选择呢？是尊敬他信任他敢于把江山社稷托付于他的行将就木的皇上？还是可以让你死可以让你活又可以让你求生不能求死不成的慈禧太后？

站在人生与历史的十字路口，李鸿藻苦思冥想，苦思冥想，苦思冥想。

凭着多年宫廷斗争的经验，李鸿藻深知，同治帝远远不是慈禧太后的对手，况且，这会儿慈禧太后借训政之名，已经重新把持朝政，而同治帝不过是一堆行尸走肉，拟定的遗诏也不过是一纸空文，立载澍为储君不过是同治皇帝一场不醒的春梦罢了。

李鸿藻心中盘算：虽然，同治帝与自己在弘德殿朝夕相伴，十几年来师生情深，然而，师生情谊又怎能与自己项上这颗头颅相比呢？还有自己的功名富贵、万贯家财、妻儿老小……。与其为一个行将就木的空头皇帝卖命，倒不如以此作为向慈禧太后邀功请赏的特殊礼物。

李鸿藻打定主意，便一不做，二不休，急匆匆来到居住在长春宫的慈禧太后面前。

他入宫见过慈禧，随即从怀中抽出那份遗诏，呈递给慈禧。慈禧看看李鸿藻那副神色慌张的样子，气喘吁吁，就掂量出这张纸的份量非同寻常，于是一字一句地认真读下去。

当慈禧读到立载澍为帝、以抵制太后扶立幼主并再度垂帘的词句时，内心不禁升起一股无名业火，她草草看完，立即将它撕得粉碎，顺势撂进取暖的炭火里，付之一炬了。

慈禧猛地回转身，阴森森的目光宛如两把冰雪凝铸的利剑，直刺向目瞪口呆的李鸿藻。这位背叛皇帝来效忠太后的奴才，顿时毛骨悚然，浑身筛糠。

慈禧逼问道："这份遗诏，是万岁爷口授，是你代为执笔的吧?!"

"是，是。万岁爷旨意，奴才不敢违抗。"

"那么说，你敢违抗哀家的旨意喽?"

"奴才不敢，奴才不敢。"李鸿藻俯伏在地，叩头如捣蒜。黄豆大的汗珠，从他多皱的额上滚落下来。

"李鸿藻，你和皇上私立遗诏，可知罪吗?"

"奴才知罪，奴才罪该万死，奴——"李鸿藻全身瘫作一团，竟说不上话来。

"你把立遗诏的事情，原原本本地向我交代清楚，尚可网开一面，哀家甚至可以毫不计较;否则，哀家将免你官爵，抄你家产，还要将你全家满门处斩!"

李鸿藻早已吓得半死，隐隐听说尚有缓和余地，方才勉强支撑，一五一十地将密立遗诏的前后经过交代出来。

慈禧太后上前一步，追问道："当时，在场的只有万岁爷、皇后和你三个人吗?"

"是!"

中华藏书

大清十二帝·最新整理珍藏版

"拟定的遗诏，只此一份草稿吗？"

"是！"

看着李鸿藻那战战兢兢、冷汗交流的狼狈相，慈禧脸上露出一丝不易觉察的诡异的笑容，她真想仰天长笑，放声大笑，可是笑容刚刚出现，还没有荡漾开来，在嘴角停留了一会儿，竟消失了。

慈禧转身看着炭盆里翩然起落的几只灰蝴蝶，停了半晌，冷冷地抛出一句："你给我下去吧！今后有什么消息，及时向我禀报。"

李鸿藻正要退下，慈禧又补充说："五天之内，不准你在任何公开场合抛头露面，当然，决不能把遗诏一事泄露出去。"

接下来的几天，李鸿藻再也没有在同治帝面前出现过一次，据传旨的太监回来禀报，他最敬重最信赖的这位帝师一病不起，并且有先他而去的可能。同治帝有一种不祥的预感，可是他已经寸步难行、气若游丝了。

养心殿内，仍有御医们进进出出，可是，弥留之际的同治帝再也没有服过一次药，用过一次膳，甚至喝过一口水。他竭尽全力在坚持着，苦熬着，抗争着，等待着。结果，没有多久，死神降临了。

同治帝含恨而死，他的遗诏没有来得及公诸于世，就被慈禧太后毁掉了。

就在同治帝去世的当天晚上，慈禧命令心腹太监传出懿旨，召集王公、军机大臣及皇族近亲入宫议事。

众人闻旨，知道事情紧急，便火速赶来。惇亲王奕誴、恭亲王奕䜣、醇亲王奕譞、孚郡王奕譓、惠郡王奕详、贝勒载治、载澂、御前大臣、军机大臣奕劻、景寿、李鸿藻、荣禄等二十余人，按班侍立于养心殿西暖阁门外。

近日，慈禧太后已谕令众位王公大臣：同治帝病体沉重，宜安心静养，务请诸臣不必进宫探视问疾。因此，大臣们半夜闻太后召见，心中不免揣测，皇上病情如何，两宫太后夜半急召，有何用意，自己又将如何应对呢？大家在门外候旨时，内心像十五个吊桶打水，七上八下，揣摩着太后旨意，考虑着应对之策。

过了一盏茶功夫，只见一位御前太监从阁内出来，这张脸儿永远是那么平静、呆板，大臣们都是察言观色的行家里手，却始终找不出任何带有预兆意味的表情符号。

这位太监在阁门口站定，手执拂尘，尖声叫道："两宫太后有旨，宣诸臣一起进见。"

王公大臣们整整衣冠朝服，便鱼贯而入，进入阁内，向两宫太后行礼后分两班侍立，一班是皇室宗亲，一班是朝廷重臣，全都敛声屏息，静候懿旨。

还是左边御座上的慈禧开口发话了："今日召诸位前来，非为别事。只因皇上病势愈加沉重，看来将要不起了。国不可一日无君，民不可一日无主。为防不测，当务之急是议立嗣君。诸位有何建议，可速速票奏上来。"

恭亲王出班奏道："皇上春秋正富，谅龙体不至有变。况且风闻后妃中已有皇上骨血在身，不妨到时再立不迟。"

慈禧听到这里，声音哽咽着说："诸位王公大臣，哀家不妨实言相告，皇上今日已经晏驾了！"

王公大臣们听说皇上殡天，不啻平地起了一声炸雷，纷纷惊绝在地。暖阁之内，顿时一片唏嘘哀恸之声。

这时，只听慈禧太后斩钉截铁地说："此处并非哭灵之地，况且，现在还不是哭灵的时候，诸位应议立嗣皇帝才对。后妃有孕，实系风闻。况且眼下国事繁忙，边疆不靖，一天也耽搁不得，诸位应快速议来！"

这时，军机大臣文祥提出了自己的看法："若为皇上立嗣皇帝，按照我朝家法承袭次序，应立载治之子，溥伦为帝。"

慈安太后一直守口如瓶，惜言如金。听到文祥这番话，接连额首赞许。看来，她也有意于此。

室内一时没有人出班陈言，慈禧内心不由得"咯瞪"了一下，她正要开口，只见贝勒载治走出班来，俯首叩头，力谏不可。

紧接着，惇亲王奕誴也驳斥道："我看立溥伦不妥，帝位人选应从近支宗室内择贤而立，溥伦毕竟在血源关系上离得远了。"

此时此刻，王公大臣们在下边议论纷纷，有人坚持认为，按大清父死子继的承袭正序，溥伦在溥字辈居长，又是道光帝嫡长曾孙，宜承嗣同治帝为君；有人认为眼下国家危难，不应拘于统绪之囿，拥立年长且贤的人为储君。这些人的建议一出，很快又遭到另一些人的争论。一时间，暖阁内各抒己见、众说纷纭，气氛异常激烈。

慈禧太后放眼看去，诸臣中只有两个人一直低头不语，谁呢？恭亲王奕䜣和醇亲王奕譞。这兄弟俩深知自己子孙被立为嗣君有着很大的可能性，怕遭嫌疑和忌妒，心里非常担心，所以采取了最稳妥的一招，这就是《三国演义》里徐庶进曹营——一言不发。刚才两人听到"皇室近支"几个字，分外惊慌起来，将头埋得更低些，装作抽泣，一个劲儿地抹眼泪。在外人看来，这两人还沉浸在同治帝驾崩的巨大悲痛当中呢。

慈禧见两人沉默不语，便以攻为守，劈头直问奕䜣："不知恭亲王意下如何？"

奕䜣急忙止住哭声，推委道："愚臣尚无浅虑，还望太后定夺。"这些年来，前有议政王头衔被夺，后有谏止修园一事被责，他对慈禧的毒辣手段已经多有领教，俗话说："吃一堑，长一智"，与过去那个妄自尊大的恭亲王相比，现在的奕䜣乖巧的多了，也聪明得多了。

听到恭亲王这句话，慈禧心中无比惬意。本来，她最担心朝中大臣推举恭亲王奕䜣的子孙入嗣皇位，一旦选定，无论从血统的亲疏，还是从恭亲王对朝廷的功勋哪一方面说，都是无可挑剔的。如果选立奕䜣之子为帝，那么，奕䜣就可能"挟天子以令诸侯"，以恭亲王的名声和威望，群臣定然一呼百应，到那时，自己这个太后就没有现在的地位和权力了。

此时此刻，看到奕䜣俯首贴耳，诸位大臣一时没有反应，慈禧太后能不心花怒放吗？

即便如此，慈禧还是装出无可奈何的样子，说，"看来恭亲王是不想担当天下重任啊！"随即，她以庄重严肃的目光，扫视了一周，眼光罩在了奕譞身上，用不容置喙的口吻，字斟句酌地说："看来，溥字辈无合适的人选。而先皇又没有次子，现在遭遇如此大的变故，如若承嗣年长者为帝，实有心有不甘。年龄幼小的皇帝易于教育，将来才好御极四海。刚才，东宫太后与哀家已计议妥当，一言既出，永无更改，请诸位大臣静听。"

慈安听到这话，神色茫然地看着慈禧，心里暗自思忖："西边多会儿与哀家计议来着，怎么就计议妥当了呢？"

没等慈安反应过来，慈禧就高声宣布："醇亲王奕譞之子载湉，年方四岁，敦厚聪慧，天生龙凤之仪，且是至亲，使之继统十分妥当。兹着醇亲王奕譞之子载湉为嗣君，承继大统。"

这番言语，字字都如一声声闷雷炸响在奕譞耳畔，他吓得浑身颤抖，倒地谏阻说："启奏太后，犬子无知，况且不合建储祖制。臣诚惶诚恐，还望两宫太后再作他议。"

"这是社稷所需，岂容得你推三阻四，统绪既定，大宝有归，众位有何异议？"慈禧声色俱厉地说。

诸位王公大臣久经世宦，深谙慈禧色厉内荏的为人，眼下只有附合的余地，哪敢吐半个"不"字。大家纷纷说："皇太后圣明，悉听皇太后圣裁。"

在立储问题上，慈安太后本来与慈禧意见相左，刚才听慈禧说议立嗣君载湉是两人共同计议的结果，心中便生出许多怨恨，她想等王公大臣们与慈禧争执起来时，自己再反戈一击，不想大臣们一律随声附合，一致同意慈禧的私自主张。自己天性少言寡语，也就只好缄口不言了。

议定奕𫍯之子载湉为嗣皇帝后，慈禧传旨令军机处速拟诏旨。同时，为防止变乱，慈禧在召集群臣开立嗣会议时，已经密令直隶总督李鸿章亲统重兵，驻防京师。

第二天，清廷首先将同治帝遗诏公布于众。遗诏大意是："慈安端裕康庆皇太后，慈禧端祐康颐皇太后御养心殿西暖阁，召惇亲王奕誴、恭亲王奕䜣、醇亲王奕𫍯、孚亲王奕譓、惠郡王奕详、贝勒载治、载澄，公奕谟，御前大臣伯彦讷谟诂、奕劻、景寿。军机大臣宝鋆、沈桂芬、李鸿藻；内务府大臣英桂、崇伦、魁龄、荣禄、明善、贵宝、文锡；弘德殿行走徐桐、翁同龢、王庆棋；南书房行走黄钰、潘祖荫、孙贻经、徐郙、张家骧入，钦奉懿旨，醇亲王奕𫍯之子（载湉）着承继文宗显皇帝为子，入承大统为嗣皇帝。"

当然，这份遗诏并非出自同治帝亲拟，而是慈禧等出台的一份伪诏。至此，清代自雍正以来鐍匣密诏传位的家法被废止。

接着，内阁在同一天正式颁行上谕："钦奉两宫皇太后懿旨，皇帝龙驭上宾，未有储贰，不得已以醇亲王奕𫍯之子载湉承继文宗皇帝为子，入承大统为嗣皇帝，俟嗣皇帝生有皇子，即承继大行皇帝为嗣。"

上谕颁行后，朝野一片哗然。

按理，嗣皇帝应承继同治皇帝，为何却又为文宗皇帝过继子嗣？

原来，若依清朝承袭次序，正如慈安太后和文祥的主张，应立溥字辈之长溥伦为嗣皇帝。可是，这样一来，皇太后将由同治皇后阿鲁特氏担当，慈禧太后就成了太皇太后，如此一来，名不正则言不顺，就失去了继续干政的资格。因而，她为了把持太后宝座，竟然破天荒地为咸丰帝过继了一个儿子。至于亲生儿子同治帝，有无子嗣对她来说是无关紧要的。

不过，也有人认为，慈禧之所以不为同治帝立嗣，是因为她想置皇后阿鲁特氏于死地。即使慈禧太后成了太皇太后，也并不影响她干涉朝政。因为，北宋宣仁故事，传为美谈；即使在大清一朝，孝庄皇太后虽没有垂帘的形式，可是大政皆由她裁决；及至康熙早年，身为太皇太后的孝庄何尝不可垂帘？所以，有无垂帘之名，是太后还是太皇太后，关键要有听政、摄政的实权。

当然，载字辈众多子弟中唯独选中载湉，其中又蕴藏着慈禧的一番苦心。

首先，载湉是一个四岁的吃奶孩子，懵懂无知，极易受慈禧的摆布和指使。这样一来，慈禧借皇帝年幼之名促成垂帘；揽权干政就更为方便直捷。

其次，载湉与慈禧有双重血缘关系，并有着特殊的关系。一方面，载湉是咸丰帝的亲侄子，同治帝的叔伯兄弟，在宗室谱系上同属道光帝一脉，自然在继统人选中占据优势。另一方面，载湉的母亲是慈禧的胞妹，这样，载湉不仅是慈禧的内侄，又是慈禧的外甥，亲上加亲，非比寻常。在慈禧看来，载湉自然是承继大统的理想人选。

此外，载湉的父亲奕譞在辛酉政变中，为慈禧剪除政敌肃顺立下了汗马功劳，为人又谨慎保守，对慈禧言听计从，关系融洽。比起恭亲王奕䜣来，奕譞这个未来皇帝的亲生父亲野心不大，容易对付。这当然是慈禧事先看好载湉的重要原因。

在议立载湉为帝的当天晚上，四岁的载湉被太监们迎入宫中，继承大清皇帝之位，并按照慈禧的旨意，定年号为光绪，取光大统绪之意。

由于新君年幼，两宫皇太后得以再度垂帘，朝政大权又重新回到了慈禧太后手中。为了掩人耳目，慈禧重演当年把戏，于同治驾崩后第四天，又发布垂帘诏书：

> 垂帘之举，本属一时权宜。惟念嗣皇帝此时尚在冲龄，且时事多艰，王、大臣等不能无所禀承，不得已姑从所请，一俟嗣皇帝典学有成，即行归政，钦此。祗承懿训，寅感实深，因思朕以薄德藐躬，钦承两宫皇太后懿旨入承大统，诞膺景命，仰荷大行皇帝付托之重，遗大投艰，茕茕在疚，幸赖两宫皇太后保护朕躬，亲裁大政。尔王、大臣暨中外大小臣工，惟当翼为黾勉，各矢公忠，共襄郅治，以上慰大行皇帝在天之灵，下孚薄海臣民之望，朕实有厚望焉。所有垂帘一切事宜，著该王公大臣等，妥议章程，详细具奏，特此通谕中外知之。

这样，慈禧终于实现了再度垂帘的野心。

慈禧再度垂帘，大权在握，应该是志得意满的时候，可是在她内心深处，不时掠过一阵不安和莫名的烦躁。

原来，慈禧绞尽脑汁促成今日垂帘局势，是建立在销毁同治帝遗诏前提下的。在知晓同治遗诏内幕的三个人当中，同治帝已经命丧黄泉，李鸿藻已经成为垂帘体制下一名忠实奴才，只有皇后阿鲁特氏，成为她顾忌的一块心病。

同治帝临终前几天，慈禧以皇上病体沉重、安心静养为名，阻拦皇后和王公大臣入内探问病情；皇帝崩逝后，慈禧立即召开议立新君会议，并粗暴无礼地将皇后排挤出参会人员名单；议立新君时，她又一口否决了皇后成为皇太后的可能性。这样，她终于胜利了。

然而，慈禧一直担心，万一皇后阿鲁特氏把同治遗诏的真相公之于众，戳穿自己销毁遗诏的恶行，自己不仅无法再掌权柄，恐怕也无法立身于世了。

阿鲁特氏存在一天，慈禧在世上就局促一天，难受一天。慈禧把心一横，咒骂道："这个狐媚子，我一定要让你立即从这个世界上消失，消失得越快越好！"

其实，早在同治帝在世以前，慈禧就对同治皇后忌恨不满，一心想废掉她。

据史籍《道咸以来朝野杂记》记载："穆宗后阿鲁特氏，尚书崇绮女。被选入宫，不得孝钦太后（即慈禧）欢，孝贞（即慈安）从中敷衍之。某年，以事欲废之，诏惇王奕誴欲发表焉（时惇王为宗人府宗令，凡有大事须宗人府宗令以诏令行之。）召对之际，惇王对曰：'欲废后，非由大清门入者，不能废大清门人之人，奴才不敢奉命。'盖饥两后（孝贞、孝钦）皆由妃正位者。由此，遂中止，而孝钦大愠。"

由于惇亲王奕誴为人耿介率直，慈禧废掉同治皇后阿鲁特氏的预谋没有得逞。可是，她对皇后进行惩处的恶毒念头一天也没泯灭过。

这天，慈禧在长春宫用过早膳，离早朝还有一阵儿功夫，她不由地又盘算起这个问题来：怎样才能置皇后于死地呢？

她想起了儿子同治帝的死，同治帝病逝，与皇后总有一定的关系吧！对了，正因为阿鲁特氏狐媚惑主，才导致了同治帝得了不治之症，英年早逝，那么，就给她定个狐媚惑主的罪名吧。

慈禧正为自己的锦囊妙计出笼而暗暗得意的时候，只听值班太监进来票报："启奏太后，皇后阿鲁特氏来见。"

慈禧正在诧异不已，门帘"刷"地掀开了，大步跨进来的正是皇后阿鲁特氏。

皇后阿鲁特氏，这些天为丈夫的崩逝悲痛欲绝，简直不愿再存活下去，忽然又传来慈禧要以咸丰帝嗣子身份立载湉为新君的消息，这无疑在她那正在滴血的心田上又撒了一把盐，使她陷入极度的痛苦和绝望之中。她为丈夫死后无嗣而悲愤，为自己以寡嫂身份处于慈禧淫威下而绝望，更为慈禧毁弃同治帝遗诏而痛恨，因此，她抱着不顾生死的决心，毅然来见慈禧，拼自己全力与慈禧作坚决的抗争。

阿鲁特氏见到慈禧，第一句话就是："无论如何，不能让大行皇帝无后！"

慈禧阴沉着脸，阴阳怪气地说："如果我有个好儿媳妇，大行皇帝早就有后了！"这分明是讥讽同治帝无后的根源在于皇后不贤，没有给丈夫生个皇子。

这句话像利剑一样，刺中了皇后内心深处的隐痛。自己正是在慈禧的强行干涉下，不能与年青的丈夫长相厮守，才没有为他生个儿子。但细想起来，也怪自己心肠软弱，屈服于慈禧的压力，故意与皇帝疏远，多次借故拒绝了皇帝临幸，才造成了同治帝私游，以至于早逝的悲剧。想到这儿，皇后悲从中来，不禁伏地痛哭。

只听她捶胸顿足地哭诉道："是我没有福分，辜负了大行皇帝的恩宠，是我没有照顾侍奉好大行皇帝，才有不幸的结局。我的罪过万死莫辞。只是，可恨那大行皇帝遗诏——"

慈禧哪里容得阿鲁特氏再说下去，她张牙舞爪地大声咆哮："遗诏已经颁行，立储之事由我和慈安太后作主，哪里有你插嘴的余地！再信口雌黄，胡言乱语，该论死罪！"

皇后平时为人平和谦逊，绝不愿轻易招惹是非。虽然对慈禧专横不满，但仍能以礼相待，不愿顶撞。到这个时候，她再也忍耐不住了，一股积压已久的怨愤之气，从内心喷涌而出，用沙哑的嗓子哭喊着："随大行皇帝而死，是我的心愿。只是因皇嗣未定,所以才隐忍至今,苟且偷生。我现在已决定去死,我死了也能从大清门出殡。我死不足惜,只请为先帝立嗣,这是我份内应说的话,怎能因此加罪于我呢?"

慈禧一听到"大清门"三个字就头痛,这等于揭她宫嫔出身的老底。慈禧恼羞成怒,声嘶力竭地大叫起来:"你这贱货,害死了我儿子,还想当太后不成!来人啊,给我掌嘴!"

恰巧这时慈安太后赶到,连忙喝住太监,才使皇后免遭一顿毒打。

皇后踉踉跄跄回到坤宁宫,从此以后,她整天茶饭不思,只是一个劲儿地痛哭,两只眼睛肿得像水蜜桃似的。

皇后的父亲崇绮得知女儿痛不欲生的情况,便把这件事奏闻慈禧。慈禧对皇后的一举一动都清清楚楚,只不过谅她也掀不起多大风波,急切下毒手怕引起嫌疑,故而不加理睬,准备让她自生自灭。

现在,慈禧见皇后生父崇绮奏请此事,心中灵机一动,何不假崇绮之手将皇后早日铲除呢?想到这,她便冷冰冰地抛出一句话:"皇后如此悲哀,看来从殉大行皇帝之志已决,就让她随大行皇帝去吧!"

崇绮领会了慈禧的旨意,知道女儿必死无疑,与其与慈禧消极对抗,不如让女儿认命算了,这样还能保住自己的官职和全家的性命。因此,他便托太监给皇后送去一个食品盒。皇后打开一看,里面空无一物,她顿时明白了父亲的意思,为了不连累家族,她就绝食而死了。当然,也有人说皇后阿鲁特氏是吞金而逝的。

可惜老天不遂人愿,这位年仅 22 岁的皇后不仅没有看到皇上的遗愿得以达成,自己还被慈禧太后相逼而死。皇后阿鲁特氏崩于光绪元年(1875 年)二月二十日,距同治帝宾天才七十多天,同治十三年十二月,同治帝死后不久，慈禧发出懿旨："皇后作配大行皇帝，懋著坤仪，著封为嘉顺皇后。"以下称阿鲁特氏为嘉顺皇后。

皇后自杀后，随即有两道上谕发出。第一道是："钦奉懿旨：嘉顺皇后，孝敬性成，温恭夙著，兹于本日寅刻遽尔崩迅，距大行皇帝大丧未逾百日，复遭此变，痛何可言！着于寿康宫行殇奠礼，择期移至永思殿暂安。所有一切事宜，著派恭亲王奕䜣，会同恭理丧仪，王大臣暨各该衙门，查照例案，随时妥筹具奏。"

第二道是："嘉顺皇后于同治十一年作配大行皇帝，正位中宫，淑慎柔嘉，坤仪足式，侍奉两宫皇太后，承颜顺志，孝敬无违。上年十二月痛经大行皇帝龙驭上宾，毁伤过甚，遂抱沉疴，兹于本日寅刻崩逝，哀痛实深。着礼亲王世铎、礼部尚书万青藜、内务府大臣魁龄、工部右侍郎桂清，恭理丧仪。其余典礼，着各该衙门酌核例案，敬谨办理。"

这两道上谕，用词冠冕堂皇，较为中肯地评价了嘉顺皇后。从两道谕旨中，人们只知道皇后由于哀痛不已而从殉同治帝，至于慈禧相逼之事，则缄口不言。

至于慈禧相逼之事，则缄口不言。可是，若要人不知，除非己莫为。无论怎样巧于掩饰，即便使出瞒天过海的伎俩，又岂不是掩耳盗铃，贻笑大方？

对嘉顺皇后的死，后人多对她从殉同治帝表示同情和哀悼。因为在中国历史上，上下五千年，只有三皇五帝时代，舜帝崩于苍梧，他的两位妻子娥皇、女英双双以殉，这也仅仅是远古传说。稽考历朝信史，皇后殉帝之举，唯有嘉顺皇后一例，她创下了一个空前绝后的记录。

至此，慈禧太后又赢了，四岁的载湉年幼无知，两宫皇太后得以再度垂帘，年方39岁的慈禧太后重新把持了朝政。

附　录

政治生涯

同治帝继承皇位后，在位的 13 年间，主要发生了四件大事：第一件就是即位当年发生的辛酉政变。第二件是清军攻占南京，太平天国失败。第三件是同治新政。第四件是重修圆明园。

辛酉政变

同治帝继位后，朝廷主要分为三股政治势力：其一是顾命大臣势力，其二是帝胤势力，其三是帝后势力。三股政治势力的核心是同治皇帝，哪股政治势力能够同帝后势力相结合，它就会增加胜利的可能性。当时朝廷大臣实际上分为两部分：一半在承德，另一半在北京。前者是以肃顺为首的"承德集团"，主要人物有赞襄政务八大臣：载垣、端华、景寿、肃顺和军机大臣穆荫、匡源、杜翰、焦祐瀛等。后者是以奕䜣为首的"北京集团"。在北京的大臣，又发生了分化，一部分倾向于顾命大臣，大部分则倾向于帝胤和帝后势力，从而出现错综复杂的局面。

帝后集团的慈禧太后不满八位大臣专权，联合东宫慈安皇太后和恭亲王奕䜣合谋发动辛酉政变，在护送咸丰帝梓宫回京之际，慈安、慈禧和小皇帝先行到达，采纳恭亲王建议，将载垣、端华、肃顺处死，其他五人革职或遣戍，实行两宫太后"垂帘听政"，自己掌握实权，改年号为"同治"，以第二年为同治元年。

垂帘听政

垂帘听政是晚清政治中太后干预内政的特殊现象，皇帝年幼即位的产物。分别出现在同治、光绪两朝。

咸丰十一年（1861），咸丰帝奕詝去世，6 岁的独子载淳嗣位，临终前咸丰任命载垣等八大臣辅政。鉴于康熙初年曾出现辅政大臣鳌拜专权的先例，咸丰帝采取了对辅政大臣牵制之策，即把他的"同道堂"、"御赏"两玺印分别赐予载淳及皇太后钮祜禄氏，以二玺代替朱笔，辅政大臣所拟上谕必须加盖这两方印章才能奏效。

然而，载淳年幼，"同道堂"印就落到其生母慈禧皇太后手中，这为素有政治权欲的慈禧临朝预政提供了契机。她拉拢慈安皇太后，联合恭亲王奕訢，于咸丰帝死后不久发动了宫廷政变，将辅政大臣斩首抄家，解职戍边，彻底肃清了她的政敌集团。

在给载淳举行了不具实际意义的登极典礼后，两宫皇太后就立即以皇帝的名义发出上谕，令大臣汇编以往各代皇太后临朝预政事迹，赐以美名曰《治平宝鉴》，作为垂帘听政的历史依据。随后于咸丰十一年十一月初一日，她们携载淳于养心殿东暖阁正式垂帘听政，设两太后宝座于皇帝宝座之后，中间以八扇黄屏风隔开。为使此举更具合法性，恭亲王等人还制定了《垂帘章程》。至同治十二年（1873），载淳已成年，两宫皇太后被迫撤帘归政。

但同治帝亲政不及两年就因病而死。因无子嗣位，慈禧玩弄政治手段，精心设计择立同治帝年幼的叔伯兄弟载湉继位，使两宫皇太后二次垂帘终又得逞。至光绪七年（1881）慈安皇太后暴死，只剩慈禧一人垂帘听政。光绪帝成年亲政后，因支持戊戌变法而遭慈禧等顽固派的忌恨，他们发动戊戌政变，解除了光绪帝的皇权，慈禧再次临朝10年，却又美其名曰"慈恩训政"，直至去世。慈禧通过垂帘听政之途，操纵同治、光绪两朝皇帝，掌握清代朝政达48年之久。

实行新政

同治朝遇上了难得的历史机遇：在国内处于"太平天国"与"义和团"两次重大社会动荡之间，在国际处于英法联军与八国联军两次入侵之间，如同处在两次大风暴中间的缓冲期。同治之前的道光、咸丰，之后的光绪、宣统，都没有这样的有利条件。这就给同治朝实行新政提供了难得的机遇。日本明治维新也正在此时。两宫太后垂帘听政、议政王奕主持政务，互相配合，推行新政。在奕集团的主持下，新政的主要措施是：成立总理衙门、设立同文馆、办新式学校、派人出洋、办厂开矿、修筑铁路等，实行学习西方近代化举措，开始走向开放、进步。

（一）设立总理衙门

总理衙门全称为总理各国通商事务衙门，一般称作"总理各国事务衙门"，于咸丰十年（1861）十二月初十日正式批准成立。它的实际职能是总揽新政的中央政府机构，是面对世界局势、完全创新的机构。它不仅掌管清廷与各国间的外交事务，而且包括对外贸易、海关税务、边疆防务、海军建设、新式工矿业，以及建新式学校、兴修铁路、矿务等，实际上它相当于清廷的内阁兼外交部。这是两千年来第一个专门处理外事的中央机构。总理衙门由恭亲王奕䜣一人总领，实为首席大臣，其他大臣从军机大臣、大学士、尚书、侍郎等中指派充任。下设独立公所，计有英、法、俄、美和海防五股等机构。其中，俄国股，兼理俄、日两国外交事务；英国股，兼理奥地利交涉事务；美国股，掌办对美、德、秘鲁、意大利、瑞典、挪威、比利时、丹麦、葡萄牙各国交涉事务；法国股，兼理法国、荷兰、西班牙、巴西各国交涉事务；后设海防股，掌管南北洋海防等。总理各国事务衙门的主旨是办理同西方关系事务，创办近代化事业，它的出现是中国走向近代化的一个标志。随之，设立驻外使领馆。

（二）出洋考察

西方国家两次破门而入，清朝才被迫开门而出。中国走向世界，世界也走向中国。清朝向西洋考察，开始于同治五年（1866）。同治五年（1866）正月二十一日，斌椿率三名同文馆的学生及自己的儿子广英，离京从上海乘轮船出洋，经过一个月零八天的航程，到达法国马赛。他在欧洲游历110多天，访问了法、英、荷兰、丹麦、瑞典、芬兰、俄国、普鲁士、挪威、比利时等国，于九月十八日回到北京。斌椿写出《乘槎笔记》，第一次记录下亲眼所见，诸如火车、轮船、电报、电梯、机器印刷、蒸汽机、摄影、起重机、抽水机、显微镜、幻灯机、纺织厂、兵工厂等。还第一次参观并记述了欧洲博览会、芭蕾舞、大英博物馆、国家议院、近代报社、高等学院，以及法国的凡尔赛宫、凯旋门等西方近代的科技与文明。

（三）培养洋务人才

开办外国语学校、实业学堂、近代军事学校、派遣留学生等。同治朝建立的最早的新式学校是京师同文馆。从京师八旗子弟中选出10名学生，教员则由英国教士包尔腾担任。同文馆除了聘请洋人教授外语，还请徐树琳教授儒家经典。同治朝开设的新式学校，还有江南制造局附设的机械学堂、福州船政局附设的船政学堂等。福州船政学堂又称"求是堂艺局"，是同治五年（1866）由左宗棠主持福州船政局时附设。这所学校是近代较早开设的一所以学习自然科学为主的新式学校，同时又有军事学校的性质，以培养海军和造船人才为目的之一。

（四）派遣留学生

同治十一年（1872），首批30名"幼童"奔赴美国留学，史称"幼童出洋"。同治年间留学之风兴起，与容闳分不开。容闳（1828—1912），广东香山（今中山）人，道光二十一年（1841）入澳门马礼逊教会学堂读书，家长想让他学成后做买办。后该校教员、美国人布朗回美国时，容闳随他去了美国，成为近代早期留学生之一。容闳提出并把首批留洋的幼童分别安排在美国平民家庭中生活。美国的教师、医生、绅士们纷纷把中国幼童领到自己家中，每个家庭对幼童都关怀备至，为他们提供较好的吃住条件，关心他们的学习和生活。他们成为中西文化交流的桥梁。

但是，清政府派往美国监督留学的官员陈兰彬等，以留学生学运动、学跳舞，不穿长袍马褂而穿西服，不行跪拜留学生礼而行握手礼，甚至于有的学生剪了辫子等，认为"他们纵能学成归国，非特无益于国家，亦且有害于社会"，向清廷建议将留美学生撤回。他们在美国虽未完成计划的学业，但都受到西方的教育。这些留学归国的青年，后来逐步成为中国政界、军界、学界、工商界等方面的知名人物和科技骨干，为中国近代建设做出了贡献。据不完全统计：从事行政和外交者24人，其中成为领事、代办者12人，外交次长、公使2人，成为总长者1人，内阁总理1人；加入海军者20人，其中成为海军将领者14人；从事教育者5人，其中成为大学校长者2人；从事实业者30人，其中成为工矿负责人者9人、工程师6人、铁路局长3人等。

（五）洋务运动

曾国藩、李鸿章、左宗棠等在上海、南京、福州相继办起了近代军工厂，多聘请洋员充当技术指导。这就是所谓的"洋务运动"，它包括举办新式军用工业，编练新式军队，加强国防建设等，其宗旨是"求强"与"求富"。同治三年，清政府开办大型兵工厂，计有江南制造局、金陵制造局、福州船政局、天津机器局、西安机器局等20余个。而规模大、有典型性的为江南、金陵、福州、天津、汉阳等几个兵工厂。

江南制造总局是洋务运动中兴办的一个规模最大的军事工业，由曾国藩与李鸿章于同治四年（1865）共同创办。李鸿章委托海关道员丁日昌买下设立在虹口的美商旗记铁工厂，把上海、苏州两个洋炮局搬至上海，成立了大型军事工业制造局。同治六年，曾国藩主张在该厂制造轮船，又在上海海关拨出两成关税，为造船经费之用。此后，工厂逐年扩充，计有洋枪厂、洋炮厂、炮弹厂、火药厂、轮船厂、炼钢厂、子弹厂、水雷厂，并设有学校和翻译馆，其规模较为宏大。同治七年，造船厂造出了第一艘轮船，取名"惠吉"，至中法战争前共制出 15 艘军舰，最大者为 2800 吨，小者只有数百吨。

洋务运动

1860 年后，在中外反动派联合镇压太平天国革命的过程中，清朝封建集团中逐渐形成了一批具有买办性的官僚军阀。他们在与外国资本主义打交道的过程中，不但认为清政府与外国侵略者的矛盾可以调解妥协，实施"借洋助剿"，镇压国内人民的反抗，而且还可以采用一些资本主义生产技术，以达到维护摇摇欲坠的封建统治的目的。这部分人就是当时清政府内当权的洋务派，他们从 19 世纪 60 年代至 90 年代所从事的洋务活动，史称洋务运动。所谓"洋务"，是指诸如外事交涉、签订条约、派遣留学生、购买洋枪洋炮以及按照"洋法"操练军队、学习外洋科学、使用机器、开矿办厂等对外关系与外洋往来的事物有关的一切事情。

主持和提倡办洋务的洋务派，是在镇压太平天国革命的过程中，在外国侵略者的扶植下发展起来的清朝统治集团中的一个派别。起初人数不多，但他们的势力与日俱增。在朝廷里有总理各国事务衙门的大臣奕䜣和文祥等人，在地方上有握有实权的大官僚曾国藩、李鸿章、左宗棠、张之洞等人。其中以曾国藩为首的湘系集团和以李鸿章为首的淮系集团，以及后起的张之洞集团具有较大的影响。

洋务运动的内容很庞杂，涉及军事、政治、经济、外交等领域，它以"自强"为名，兴办军事工业并围绕军事工业开办其他企业，建立配备新式武器装备的陆海军是其主要内容。从 60 年代开始开办江南制造局、福州船政局、安庆军械所等近代军事工业。其中，江南制造局是中国第一个较大的官办军事工厂，1865 年由李鸿章在上海创办，全厂约 2000 余人，主要制造枪炮、弹药、水雷等军用品，同时还制造轮船，1867 年后开始制造船舰。福州船政局是清政府创办的规模最大的船舶修造厂，1866 年由左宗棠在福州创办，全厂约 1700 余人，以制造大小战舰为主。安庆军械所是清政府最早开办的近代兵工厂，1861 年 12 月由曾国藩在安庆创建，厂子规模不大，主要制造子弹、火药、炮弹等武器。

除创办上述一类工厂外，还派遣留学生学习技术。但是，洋务派兴办军事工业的过程中，遇到了难以解决的问题，主要集中在资金、原料、燃料和交通运输等方面。于是，洋务派在"富国"的口号下，从 70 年代起采取官办、官督商办和官商合办等方式，开办轮船招商局、开平矿务局、天津电报局、唐山胥各庄铁路、上海机器织布局、兰州织呢局等民用企业。与此同时，洋务派还开始筹划海防，在 1884 年初步建立起南洋、北洋和福建海军。在洋务派控制了海军衙门以后，又进一步扩建北洋舰队，修建旅顺船坞和威海卫军港。

洋务派经营的近代工业企业，是以不改变封建生产关系为前提的。所办企业，具有很强的对外依赖性、封建性和一定程度的垄断性。因此，洋务派要在中国兴办近代工业企业和筹办海防，都不得不在工业技术、资本乃至管理上受帝国主义的左右和牵制。因而也就加深了帝国主义对中国政治、军事和经济的控制，洋务派也就加速了自身的买办化。这样的企业不仅无法避免自身遭到破产的命运，而且严重地阻碍和压制了中国近代民族工业的发展。办

"洋务"30年间，中国被迫开辟的通商口岸，由1860年前的7个增加到1894年的34个，外国的进口额，也由1864年的5100余万两，激增为1894年的1亿6千余万两。进口货物中，80年代前鸦片占首位，80年代后棉织品跃居第一，鸦片退居第二，但绝对数仍一直上升。出口的货物，80年代前主要是茶和丝，80年代后棉花和大豆逐步增长。中国被迫卷入世界资本主义的漩涡，成为它们的商品销售市场和廉价原料产地。因此，洋务运动的过程，就是中外反动派进一步结合，中国半殖民地化逐步加深的过程，也是地主阶级的自救运动。

虽然中国近代民族资本主义工业，是在洋务运动同一个过程中艰难地成长起来的，这主要是受中国近代经济规律制约的结果，对洋务派来说是事与愿违的。但是，洋务运动毕竟是充当了历史的不自觉的工具。随着近代工业的兴建，引进了资本主义国家的一些近代生产技术，出现了一批近代产业工人。在洋务派创办的新式学堂里，也造就了一批掌握自然科学的知识分子和工程技术人员。同时，企业的利润，还吸引了一些官僚、地主、商人投资于近代工业，客观上对中国资本主义发展起了刺激作用。

"同治中兴"

"同治中兴"是指清朝中叶后，同治帝在位期间的一个中兴阶段。适逢1860年清政府与英法媾和，及太平天国被消灭（1864），政治上出现了一个和谐时期，清政府在这种情况下开展的洋务运动。主要的措施包括：

自然修补内部的政治秩序。基于利益及传统的儒家思想，部分儒生与农民在官僚带领下，组织湘淮团练，对抗太平天国。

对内乱后的经济调整。降低农村赋税，鼓励耕作及发放粮种。

大兴科举，增加考试取录名额以笼络人才，防止类似太平天国的出现。

办洋务，主要在外交方面，极力与西方列强维系友好合作的关系。

中兴之功臣主要是曾国藩、左宗棠、李鸿章和胡林翼。他们在平定内乱方面发挥了很大功用，同时亦成为了之后洋务运动的重要官员。

在同治年间，清朝统治者和帝国主义国家之间的矛盾缓和是有原因的。就帝国主义国家来说，他们看到中国爆发了为民族独立而战的太平天国起义，发觉到一个强势的汉人政权必然会损害它们的殖民利益，因此扶植清朝政府来压迫中国人民才是明智之策。就清朝统治阶层来说，在第二次鸦片战争中，英法联军攻陷北京，咸丰一伙仓皇逃窜，满清统治者认识到帝国主义国家不好对付，还是服从合作比较好，反正非己所有、弃如敝屣。于是新老殖民者就勾结起来共同压迫中国人民，慈禧还提出"量中华之物力，结与国之欢心"。两个殖民者的最初合作就是一起镇压了太平天国起义，在随后的中法战争中，清军虽然战胜，却仍然签订了不平等条约，这就是慈禧的统治政策。所以"同治中兴"只不过是中国殖民地化加深的一个时期，而不是什么所谓的"中兴"。

重修圆明园之争

同治十二年（1873）正月，同治帝亲政，时年 18 岁。他亲政时，诏"恪遵慈训"，就是要遵守圣母的懿旨。同治亲政只有一年多的时间，他亲自主持经办的一件大事就是重修圆明园。

慈禧退帘后，想到宫外游治愉悦，回忆起当年的圆明园生活，她懿旨重修圆明园。这项重大的工程，至少要花几千万两白银。九月，同治帝发布上谕：兴修圆明园作为两宫太后居住和皇帝听政之所，让王公以下京内外大小官员量力捐修。恭亲王不好完全拒绝，报效银 2 万两，指令户部先拨银 2 万两。拨款之后，朝廷震动。接着百官疏奏，反对重修圆明园。御史沈淮疏请缓修圆明园工程。同治览奏大怒，立即召见沈淮，严词申责。接着御史游百川再上疏谏阻，同治又下谕将游百川革职。经过一段准备，十三年（1874）正月，圆明园重修工程正大光明殿、天地一家春（原慈禧住处）等处先后开工。四月，同治视察圆明园，慈禧亲自看取图样，应修殿宇不下 3000 余间。七月初六日，发生广东商人李光昭自称"圆明园李监督"，借购修园木料诈骗白银 30 万两的事件，引起朝臣反对。同治帝仍不改初衷，继续其工程。七月十八日，恭亲王奕䜣、大学士文祥等十人（三位亲王郡王、三位御前大臣、三位军机大臣、一位师傅）联衔疏奏，请停止圆明园工程："宜培养元气，以固根本；不应虚糜帑糈，为此不急之务。"同治帝与十重臣几番面对面地辩论，他明知错误，仍不悔改。当大家一再反对时，同治帝准备发上谕，以十大臣"朋比为奸，谋为不轨"的罪名，宣布将十大臣革职。两宫太后见事情闹大，只好出面调解。据吴汝纶日记载：召见时"两宫垂涕于上，皇上长跪于下。谓十年以来，无恭邸何以有今日？皇上少未更事，昨谕著即撤销云云"。其结果是：革十大臣职的上谕没有发布，重修圆明园改为修葺三海。在奕䜣等谏阻下，同治说："我停工何如！尔等尚何哓舌！"二十九日，停止圆明园工程。重修圆明园工程是慈禧的懿旨，奕䜣等的谏阻，触怒了慈禧。三十日，同治帝上谕："著革去亲王世袭罔替，降为郡王。"此次补盖、添建、粘修、揭瓦后基本成型的殿阁亭榭等有 100 座 500 间。八月初一日，同治发出上谕："朕奉慈安端裕康庆皇太后、慈禧端佑康颐皇太后懿旨：皇帝昨经降旨，将恭亲王革去亲王世爵罔替，降为郡王，……著加恩赏还亲王世爵罔替"云云。谕修葺西苑三海工程。

边疆危机

从19世纪70年代开始，世界各主要资本主义国家先后向帝国主义阶段过渡。日本和德国的崛起，扩大了资本主义国家的队伍。日本经过1868年的"明治维新"，迅速走上了资本主义发展道路。德国于1870年的对法战争获胜，国内也实现了统一。日、德两国很快就扮演了与英、法、俄、美并驾齐驱的资本主义强国的角色。在此期间，资本主义列强为了扩大市场、倾销商品和争夺原料产地，加紧对外侵略扩张，开始了在全球范围内掀起夺取殖民地的高潮，分割世界领土的斗争愈演愈烈，达到了极其尖锐的程度。

远东地区是资本主义列强角逐的焦点，中国及其邻国是西方列强攫取的主要对象。西方列强在对外侵略扩张的过程中，对中国的周边造成了日益严重的威胁。它们在把中国周围的邻国逐个攫取为殖民地或保护国之后，便明目张胆地向中国边疆地区大举进犯。日、美出兵侵略台湾，俄、英争夺新疆，英国窥视云南、西藏，造成了中国边疆地区的新危机，使中国的边疆烽火连天，危机四伏。

这次边疆危机，首先燃起报警烽火的是东南海疆，来犯者则是东邻日本。随着日本向外侵略扩张野心的表面化，中国东南海疆的危机也日渐逼近，首当其冲的是我国的宝岛台湾。而要实现侵占台湾，又必须吞并琉球。1872年9月，日本便迫使早与中国有"宗藩"关系的琉球国王接受"藩王"的封号。

自从外国资本主义侵入中国，英、美等国的侵略分子都曾妄图侵占台湾。1847年和1849年，美国海军曾两次派舰艇驶往台湾，勘察矿藏。1867年，美国政府借口它的失事船只"罗佛"号的7名水手在台湾遇害，公然派出海军上将培尔率领的军舰两艘、陆战队181人，在台湾岛南部登陆，向当地的高山族人民进攻；美国驻厦门领事李仙得又以与高山族领袖谈判为名，亲赴台湾进行刺探情报，他先后对台湾岛的海岸、港口以及岛内政治、经济情况等搜集了大量资料。由于遭到台湾人民的有力抗击，美舰才不得不中止对台湾的侵略，李仙得也离开了台湾。

从 19 世纪 70 年代起，日本成了侵略台湾的最危险的敌人。它当时有强烈的向外侵略扩张的要求，目标是朝鲜和中国的台湾。日本在强迫琉球国王接受其"藩王'封号后，便于 1873 年 3 月利用 1871 年琉球船民几十人因船失事漂流到台湾遇难一事，派外务卿副岛种臣到北京，向清政府总理衙门提出交涉。1874 年初，日本决定向台湾进兵。4 月，日本设立"台湾藩地事务局"，任命大隈重信为局长，在长崎设立侵台的军事基地。又以陆军中将西乡从道为"台湾藩地事务都督"，负责指挥侵台军事。1875 年，日本出动陆、海军 3000 余人，在西乡从道率领下，悍然进攻台湾。5 月，日军在台湾登陆。日本的这一军事行动，是在美国支持下进行的。1872 年，美国驻日公使德隆就曾怂恿日本侵略台湾，并推荐曾担任过美国驻厦门领事、1867 年美国侵犯台湾时参与其事的李仙得充当日本外务省顾问，成为日本侵台的有力谋士。美国支持日本侵台，目的是企图从中渔利。日本侵略军于 1875 年 5 月在台湾登陆后，遭到当地高山族人民的英勇抗击，并先后打死打伤日军五六百人，迫使日军退踞龟山。

清政府得知日军侵台的消息后，一面向日本政府提出抗议，一面派福建船政大臣沈葆桢为"钦差办理台湾等处海防兼理各国事务大臣"，要他带领轮船、兵弁，以巡阅为名，前往台湾察看，又命福建布政使协同办理。在高山族人民的坚决抗击下，侵台日军伤亡不断增多，日军已经吃不消了。现在清军增援部队又开到台湾，日本要以武力霸占台湾更难以得逞。于是，日本便进行外交讹诈。日本政府在发动侵台战争后不久，便派柳原前光为驻华公使，随后又任命大久保利通为特使，来华交涉。英、美驻华公使也乘机出面"调停"，一起压迫中国。清政府主持外交事务的李鸿章也力主与日本议和。10月，清政府由奕䜣、李鸿章等为代表，与日本特使大久保利通在北京举行谈判。10月31日，中日订立《台事专约》（又称《北京专约》）3款，规定中国给日本"抚恤"、"偿银"50万两，作为日本从台湾撤军的条件；专约还承认台湾高山族人民"曾将日本国属民等妄为加害"，日军侵台是"保民义举"。后来，日本以此为依据，硬说中国已承认琉球为日本的属国，乃于1879年正式吞并琉球，废除其国王，将琉球改为冲绳县。

正当日本在中国东南沿海点燃侵略台湾的战火时，英国又在中国的西南边疆挑起了衅端。1876年，英国驻华公使威妥玛借口"马嘉理事件"对清政府大肆讹诈。马嘉理事件发生于1875年初的云南边境上，它有多年的历史背景，而根源在于英、法都想从边境外抢先侵入中国云南。1868年，英国第一次派出所谓的"探险队"从缅甸的八莫出发，闯入中国边境，妄图从腾越（今腾冲）进入大理，由于遭到控制这一地区的杜文秀回民起义军的阻挡，未能达到目的。法国不甘落后，1866年组成探测队，从越南的西贡出发，探测从湄公河通往中国的可能性，结果发现该河上游不能通航，于是把注意力移到北越，想从这里取得进入云南的通路。

1874年，英国又成立一支由193人组成的武装"探路队"，由上校军官柏郎率领，从缅甸的曼德勒出发，北上探测滇缅陆路交通。英国驻华使馆向清政府谎称这是少数人的"探路队"，是来华"游历"的，还特地选派英国驻上海领事馆的翻译官马嘉理前往云南接应。1875年2月，马嘉理带柏郎的武装"探路队"擅自越境，闯入云南的蛮允附近。2月21日，马嘉理被当地人民盘问，他态度蛮横，并开枪行凶，愤怒的群众把他打死。柏郎被迫退回缅甸。

马嘉理事件的是非曲直，明明白白，它是英国蓄谋侵犯中国边境的借口。英国驻华公使威妥玛却向清政府提出以断绝外交关系，增派军舰来华相威胁。1876 年 2 月，英国派出 4 艘军舰，由印度来华，为威妥玛的外交讹诈助威。在英国的多方威胁下，9 月 23 日李鸿章与威妥玛在烟台订立了中英《烟台条约》16 款，规定中国赔偿白银 20 万两，派专使赴英赔礼道歉。另外，还议定了英国人入藏"探路"专条，规定英国可派"探路队"从北京出发，经甘肃、青海，或者由四川进入西藏，转赴印度；也可派员由印度进入西藏。英国侵略者通过中英《烟台条约》和"另议专条"，除攫取更大的通商、领事裁判权外，着重注视中国的西南边疆，尤其是对西藏更是虎视眈眈。

在西北边疆，野心勃勃的沙俄把魔爪伸入中国新疆。1864 年 10 月，沙俄强迫清政府签订了《中俄勘分西北界约记》，割占了中国西部 44 万多平方公里领土。此后，沙俄妄图鲸吞整个新疆，进而南下与英国争霸南亚地区。

1864 年，新疆回民在陕甘回民反清斗争的影响下爆发了大规模的反清举事。这些武装暴动一开始就被反动封建主窃取了领导权，他们实行封建割据，有的甚至进行通敌叛国的罪恶活动。喀什噶尔的封建主金相印为了攻下汉城，竟向浩罕汗国乞师。浩罕的统治者派部将阿古柏于 1865 年乘机自中亚进入南疆，1867 年阿古柏宣布成立"哲德沙尔国"，自立为汗。1870 年，阿古柏控制了南疆全部和北疆的一部分。阿古柏虽力图同时勾结英国和沙皇俄国。但俄国为了防止阿古柏势力的进一步扩张，并乘机侵略中国，竟借口"安定边境秩序"，于 1871 年 7 月悍然出兵强占中国新疆的伊犁地区，美其名曰代为收复，实际上却设官分治，占地垦植，对当地中国居民征收重税，把伊犁地区置于阿拉木图的沙俄行政长官管辖之下。

英国见沙俄侵入新疆，也不甘落后，梦想以印度为基地，侵占西藏，插足新疆，以排挤沙俄侵略势力。1874年，英国同阿古柏签订正式条约，承认阿古柏政权，并以提供枪支弹药为条件，取得了在阿古柏统治区通商、驻使、设领事馆等特权。所以，中国西北边疆的危机，归根结蒂是英、俄两个资本主义国家的侵略扩张活动及其相互矛盾所造成的。

资本主义列强的加紧侵略扩张，对中国的边境造成了日益严重的威胁。中国的边疆地区普遍受到外国资本主义侵略的压力，危机几乎同时出现，标志着中国边疆普遍危机的开始。

死因之谜

1875年1月12日（清同治十三年十二月五日），北京气候严寒，紫禁城内弥漫着一片悲哀的气氛，因为年仅19、亲政未及三载的同治皇帝突然死去了。同治帝究竟死于何病？一直是个疑团。长期以来，流行着不同的说法。

一说是死于淫创，即花柳病。《清朝野史大观》卷一《清宫遗闻》中说："孝哲后，崇绮之女，端庄贞静，美而有德，帝甚爱之，以格于慈禧之威，不能相款洽，慈禧又强其爱所不爱之妃（指将军凤秀之女），帝遂于家庭无乐趣矣，乃出而纵淫，……专觅内城之私卖淫者取乐焉。……久之毒发，始犹不觉，继而见于面，盎于背。""太医知为淫毒，而不敢言，遂以治痘药治之，不效。"此外，蔡东藩的《清史演义》也持这种说法。

一说是死于痈，俗称毒疮或疔。李慈铭在《越缦堂日记》中说："同治十三年十二月酉刻，上崩。先是十一月朔，……上旋患痈，项背皆一，皆脓溃，先十日已屡昏，殆不知人。"《清宫遗闻。同治帝之殊趣》中也说"其病实染毒疮"。痈又名痈疽，发病原因与疔子相同，一般多由葡萄状球菌侵入毛囊汗腺的周围所引起，惟范围较大，多生于项背及臀部，小者如栗子，大者如手掌，疮口甚多，疼痛异常。此症在初起时，须速就医诊治，迟则易陷于危险。这个解释同李慈铭的记载比较接近。

一说是死于天花，据翁同龢日记中写道："十一月初二日，入至内务府大臣处，……见御医李德立、庄守和脉按言：天花三日，脉细口渴，腰疼耳脓，四日不得大便，项颈稠密色滞干艳，证属重险，不思食，咽痛作呕。""初八日，两宫皇太后在御榻上持烛令诸臣上前瞻仰。上舒臂令观，微语曰："谁来此？'伏见天颜，温晬偃卧向外，花极稠密，目光微露。"翁同龢是弘德殿行走，同治帝授读师傅，从同治帝发病到去世，曾多次奉命前往探视，他说的"天花三日"、"花极稠密"，都是亲眼所见，其记载当然可靠。无独有偶，就在同治帝病死的当月二十九日，大公主（慈安太后所生之女）也因天花"薨死"了。可见当时宫内流行天花确有其事。此外《清朝野史大观》卷一《穆宗微行》一节中也说："帝以痘疾竟至不起，人疑其为花柳病者以此，"也说明同治帝系因天花而死，所谓死于花柳病纯系疑误。

除了上述三种说法外，还有一种说法，即同治帝的死是慈禧太后所害。费行简在《慈禧传信录——穆宗致命》一节中说："王庆祺（同治帝师傅、昭仁殿行走）革斥后，辄语人云，穆宗亲政后，太后仍多干涉，乃请修园为颐养计，意在禁隔，使勿再干政耳，竟为太后所觉，遂致奇变。"金梁的《四朝轶闻》、黄濬的《花随圣人揾忆》也都这样说。金梁说："此说出自庆祺口，虽似妄言，证以沃丘（费行简）所述，则淫贪专恣之妇，其子固已先嫉之，不待后来德宗（光绪帝）戊戌围劫颐和园之谋。"从西太后一生的残暴、凶狠毒辣以及证之后来光绪帝一生不幸的遭遇来看，这一说法似乎有一定道理，但只是附会臆想，并无事实根据。从某种程度上说西太后干涉同治帝行政是可能的，说她因此而亲手杀死自己的亲生儿子似乎并没有这种可能。

宫闱内幕，讳莫如深。同治帝究竟死于何病，尚未得出一致的结论，需待人们作进一步考证。

生活逸事

视当皇帝为苦差事

从同治四年十一月十一日开始，在咸丰朝获状元，同治朝担任詹事府右中允的翁同龢受命教同治皇帝读书。

《翁同龢日记》说到同治帝 16 岁时（同治十年，1871）的读书情况。

正月初七："晨读极散，因极陈（极陈，极力上言）光阴可惜，当求日进之方，上颔之而已，照常退。"

初九："读甚散，敷衍而已。"

二十九日："……午初来，满书极吃力，午正二始毕，讲折尤不着力，真无可如何也！"

二月初八："课题'重农贵粟'，诗题'东风已绿瀛洲草'，得洲字。文思极涩，初稿几无一字可留，且虚字亦不顺，复逐字拆开讲过，仍凑泊而成数段，未毕退。午正再入，坐四刻而不成一字。遂作诗，诗亦不佳。如此光景，奈何奈何！"

16 岁的皇帝读书就是这样。丁国均《荷香馆琐言》还有这么一个记录：毅皇帝尝与翁师傅言，自谓当差劳苦。当皇帝，竟把管理国家大事说成是一种苦差事！

生活癖好

据《清朝野史大观》记载，同治有两个癖好，一是好玩，一是好奢。

同治皇帝喜欢两种游戏，一是蹴踘，一种是蹶张。前者类似足球戏，后者是以足踏弩，使之张开。

同治喜欢演戏，但他演的不是重要角色。有一次，演《打灶》，恭王奕䜣儿子载澄扮演小叔，一个妃子演李二嫂，同治演灶君，他身穿黑袍，手持木板，为扮演李二嫂的妃子一打一骂以为乐。

同治最喜欢玩的是掼交。他让小内监横卧板凳之上，他用手按在小内监肚子上，要下面的小内监旋转如飞。好些小内监都受不了。

同治生活奢侈。有一天，小内监拿着同治御笔批的字条到内务府要 500 两银子买木瓜吃。管内务府的荣禄到宫门口奏请说："各宫要的木瓜已由管理部门供奉，即须添加，怎么要这么多钱呢？"同治听后，发脾气。此事后来不了了之。

所以史学界得出了这样的评价："宣宗好俭，穆宗好奢。"

第十一卷

囚徒皇帝，郁郁而终

——清德宗光绪皇帝爱新觉罗·载湉

光绪一生大事记

同治十年

1871年，光绪帝生于北京宣武门外太平湖畔醇王府槐荫堂，为醇贤亲王奕譞次子。由于其兄早殇，同治十三年（1875年1月25日），同治帝病逝后以醇亲王长子身份入宫为帝，其时年仅4岁，成为满清入关后的第九位皇帝。

光绪元年

正月二十日（1875年2月25日），四岁的载湉在太和殿正式即位。

光绪三年

1877年，左宗棠击败阿古柏，阿古柏自杀。攻占乌鲁木齐，平定天山南北路。曾纪泽取代崇厚对俄谈判，取得胜利，收回伊犁和特克斯河地区。

光绪七年

1881年，慈安太后突然去世，从此慈禧一宫独裁。

光绪九年

1883年12月，中法战争爆发，由于李鸿章的妥协投降，中国不败而败，法国不胜而胜。

光绪十五年

1889年，光绪帝举行大婚典礼。慈禧太后把都统桂祥之女叶赫那拉氏硬塞给光绪帝做皇后，即后来的隆裕太后。正月二十六日册封，一月二十七日大婚。二月三日，慈禧太后归政。

光绪二十一年

1895 年，甲午中日战争爆发，主战。失败后签订《马关条约》。

光绪二十四年

1898 年，主持戊戌变法。同年，慈禧等发动政变，将其囚于瀛台。

光绪二十六年

1900 年，八国联军侵华，主和。同年 8 月 15 日被慈禧要挟，"逃"往西安。是日，慈禧处死其爱妃（实为爱妻）珍妃。是年，义和团与清军勇斗八国联军。

光绪二十七年

1907 年七月二十五日，《辛丑条约》签订。

光绪三十四年

十月二十一日（1908 年 11 月 14 日）酉时二刻三分驾崩于瀛台涵元殿内，时年 38 岁。

家庭成员

　　孝定隆裕宽惠慎哲协天保圣景皇后，叶赫那拉氏，满洲镶黄旗人，副都统护军统领承恩公后晋都统加辅国公桂祥之女，实孝钦显皇后之侄女也，同治七年戊辰正月初十日生，光绪十四年十月孝钦皇后为德宗纳聘，光绪十五年正月壬申，以册立皇后前期遣官告祭天地太庙后殿奉先殿，上礼服诣太和殿，遣大学士额勒和布为正使，礼部尚书奎润为副使，持节奉册宝诣皇后邸，册封叶赫那拉氏为皇后，颁诏天下，时年二十二，长德宗三岁，二十六年七月从车驾西巡驻跸西安，明年十一月同还京师，三十四年十月宣统帝入承大统，称兼祧母后，尊为皇太后，十一月拟定徽号曰隆裕皇太后，宣统元年十一月举行尊上徽号典礼，三年十二月二十五日，率同皇帝下诏逊国，越二年癸丑正月十七日崩于故宫，寿四十有六，上尊谥曰：孝定隆裕宽惠慎哲协天保圣景皇后。是年，崇陵工竣，十一月合葬，升附太庙。

　　端康皇贵妃，他他拉氏，满洲镶红旗人，总督裕泰女孙，原任侍郎长叙女，同治十三年甲戌八月二十日生，光绪十四年十月选为谨嫔，时年十五，光绪十五年二月甲午，遣协办大学士户部尚书福锟为正使，礼部左侍郎续昌为副使，持节册封原任侍郎长叙之女他他拉氏为谨嫔，二十年正月慈禧皇太后以是年六旬慈庆，命晋封谨妃，十月以事忤太后旨，命降为贵人，二十一年十一月仍册封谨妃，二十六年七月随侍西巡，三十四年十月宣统帝晋尊为皇考谨贵妃，逊国后之癸丑年二月晋尊端康皇贵妃，即今位号，宣统十六年九月二十二日薨逝，年五十一岁，旋遇政变废止优待条件，赠谥典礼未见举行。

　　赠恪顺皇贵妃，他他拉氏，满洲镶红旗人，端康皇贵

中华藏书

大清十二帝·最新整理珍藏版

中国书店

妃亲妹也，光绪二年丙子生，十四年，年十三，与姐同时
被选为嫔，光绪十五年二月甲午，遣礼部尚书李鸿藻为正
使，礼部右侍郎文兴为副使，持节册封原任侍郎长叙之女
他他拉氏为珍嫔，二十年复同时命晋珍妃，复同时降为贵
人，二十一年仍同时册封珍妃，二十六年七月京师陷，殉
难，或云慈禧皇太后恶之特甚，西奔时挤妃堕宫内井中死
也，年二十有五，明年十一月德宗还宫，追晋为珍贵妃，
葬西直门外，逊国后之癸丑年，移其棺附葬崇陵，辛酉三
月追晋今位号。

重要辅臣

李鸿章

介绍名片

李鸿章（1823—1901），安徽合肥人，世人多尊称李中堂，亦称李合肥，本名章桐，字渐甫或子黻，号少荃，晚年自号仪叟，别号省心，谥文忠。作为淮军创始人和统帅、洋务运动的主要倡导者之一、晚清重臣，他官至直隶总督兼北洋通商大臣，授文华殿大学士。日本首相伊藤博文视其为大清帝国中唯一有能耐可和世界列强一争长短之人。著有《李文忠公全集》。

一生简历

道光三年正月初五（1823 年 2 月 15 日），李鸿章出生于合肥县东乡磨店乡。李鸿章在兄弟中排行第二，大哥李瀚章（1821—1899），后来也官至总督；三弟李鹤章、四弟李蕴章、五弟李凤章、六弟李昭庆（1835—1873），后来也都非富即贵。

至于李鸿章本人，生前官至直隶总督兼北洋通商大臣，授文华殿大学士，身后被慈禧太后称赞为"再造玄黄"之人。清朝追赠其为太傅、晋一等肃毅侯、谥文忠，赐白银五千两治丧，在其原籍和立功省建祠 10 处，京师祠由地方官员定期祭祀。清代汉族官员京师建祠仅此一人。

李鸿章少年聪慧，六岁就进入家馆棣华书屋学习。他先后拜堂伯李仿仙和合肥名士徐子苓为师，攻读经史，打下扎实的学问功底。

道光二十三年（1843），李鸿章在庐州府学被选为优贡。时任京官的父亲望子成龙，函催鸿章入北京，准备来年顺天府的乡试。鸿章谨遵父命，毅然北上，赴京途中，曾写下脍炙人口的《入都》诗十首，为世所传诵。其一云：丈夫只手把吴钩，意气高于百尺楼。一万年来谁著史，三千里外欲封侯。定将捷足随途骥，哪有闲情逐水鸥？遥指芦沟桥畔月，几人从此到瀛洲？

　　入京后，他在时任刑部郎中的父亲引领下，遍访了吕贤基、王茂荫、赵畇等安徽籍京官，得到他们的器重和赏识；同时，由于科场顺利，使他得以有广泛的交游和开阔的眼界，当时与他同榜的甲辰（举人）、丁未（进士）两科中，人才济济，不少人日后膺任枢臣疆寄，李鸿章与这些同年一直保持着密切而特殊的关系。就科举正途而言，出身徽商又为苏州世家的主考官潘世恩，以及作为李鸿章太老师的翁心存（孙锵鸣之师），在青年李鸿章任翰林院编修时，对其经世致用世界观的形成，均有一定的启迪；而以潘、翁为领袖的苏南豪绅，对李鸿章后来组建淮军迅速崛起于江苏，也予以极大的支持。

　　道光二十四年（1844），李鸿章第一次科考落榜，住京曾国藩宅邸受曾补习教导，学习经世之学，奠定了其一生事业和思想的基础。

　　道光二十七年（1847），二十四岁的李鸿章考中进士，选入翰林院任庶吉士。同时，受业曾国藩门下，讲求经世之学。三年后翰林院散馆，获留馆任翰林院编修。

　　当时，曾国藩患肺病，僦居城南报国寺，与经学家刘传莹等谈经论道。报国寺又名慈仁寺，曾是明末清初思想家顾炎武的栖居所。面对内忧外患，强烈的参与意识使曾国藩步亭林以自喻。他在桐城派姚鼐所提义理、辞章、考据三条传统的治学标准外，旗帜鲜明地增加了"经济"，亦即经世致用之学一条。李鸿章不仅与曾国藩"朝夕过从，讲求义理之学"，还受命按新的治学宗旨编校《经史百家杂钞》，所以曾国藩一再称其"才可大用"，并把他和门下同时中进士的郭嵩焘、陈鼐、帅远铎等一起，称为"丁未四君子"。太平军起，曾、李各自回乡办理团练，曾氏又将自己编练湘军的心得谆谆信告李鸿章，足见期望之殷。

道光三十年十二月十日（1851年1月11日），以广州塾师洪秀全为首的农民，在广西桂平紫荆山麓金田村树旗造反，建号太平天国，军曰太平军，经过两年多的战斗，便从广西一隅直入长江流域，定都南京，建立了一个与清朝抗衡的政权，并开始北伐西征。

当时清朝的达官贵人和主要支柱绿营兵腐朽不堪，于是咸丰帝一面用高官厚禄和严刑峻法来制止文官武将和绿营兵的溃逃，驱使他们继续为国效力；另一面努力争取汉族士绅的支持，动员他们凭藉自己在本乡本地的的政治、经济和宗族势力，"结寨团练"，"搜查土匪"，配合清军镇压太平军。

咸丰三年（1853），从武汉顺江东下的太平军占领安庆，杀死巡抚蒋文庆。咸丰帝诏谕工部左侍郎吕贤基前往安徽，办理团练防剿事宜。吕贤基以李鸿章籍隶安徽，熟悉乡情，奏请随营帮办一切，遂受命回籍办团练。多次领兵与太平军作战。

咸丰八年（1858）冬，李鸿章入曾国藩幕府襄办营务，负责起草文书。他生活散漫，晚睡懒起，曾国藩教训他："少荃，既入我幕，我有言相告，此处所尚惟一诚字而已。"言讫拂袖而去，李鸿章"为之悚然"。其后安徽巡抚翁同书（同治帝、光绪帝之师翁同龢长兄）在太平天国战争时弃城逃跑，曾国藩起草《参翁同书片》时采用李鸿章之草稿："臣职份所在，例应纠参，不敢以翁同书之门第鼎盛瞻顾迁就"（当时翁同书之父翁心存正处高位），并因此更欣赏李鸿章的才华。但李鸿章也因此与翁同龢结下不共戴天之仇，日后翁同龢处处习难北洋水师，乃至甲午一战，一败涂地。

咸丰十年（1860），李鸿章统带淮扬水师。湘军占领安庆后，被曾国藩奏荐"才可大用"，命回合肥一带募勇。

是年，太平军二破江南大营后，清政府在整个长江下游地区已失去最后一支经制军主力。在太平军猛烈攻势下，江南豪绅地主，纷纷逃避到已经形同孤岛的上海。为了免遭灭顶之灾，在沪士绅买办一面筹备"中外会防局"，依赖西方雇佣军保护上海；另一方面又派出钱鼎铭等为代表，前往安庆请曾国藩派援兵。钱鼎铭先动之以情，每日泣涕哀求，言江南士绅盼曾国藩如久旱之望云霓；继而晓之以利，说上海每月可筹饷六十万两，这对时感缺饷的湘军，不啻是一大诱惑；同时，钱鼎铭还利用其父亲钱宝琛是曾国藩和李文安同年的关系，走李鸿章的门路要说动曾国藩。曾国藩最初属意派曾国荃领兵东援，但曾国荃一心要攻下天京，建立首功，而不愿往。随后，曾国藩又函请湘军宿将陈士杰出山，但陈亦以"母老"力辞，曾国藩最后转商于李鸿章，李欣然应命，于是开始了淮军的招募与组建。

两淮地区，民风强悍，尤其是"兵、匪、发、捻"交乘的皖中腹地，民间纷纷结寨自保图存。庐州地区的团练武装，以合肥西乡三山（周公山、紫蓬山、大潜山）的张（树声、树珊）、周（盛波、盛传）、刘（铭传）三股势力最大，百里之内，互为声援。咸丰十一年（1861）夏，西乡团练头目得知曾国藩就任两江总督，安徽人李鸿章在幕中主持机要时，就公推曾任李文安幕僚的张树声向李鸿章、曾国藩上了一道禀帖，洞陈安徽形势，并表示了愿意投效的决心。曾阅后大为赏识，亲笔批示"独立江北，真祖生也"。由于庐州团练的这些基础和李鸿章在当地的各种关系，淮军的组建、招募比较顺利。

李鸿章首先通过张树声招募了合肥西乡三山诸部团练。接着，又通过前来安庆拜访的庐江进士刘秉璋与驻扎三河的庐江团练头目潘鼎新、吴长庆建立联系。潘、刘自幼同学，又同为李鸿章父亲李文安的门生，吴长庆的亡父吴廷香也与李文安有旧交，自然一呼而应。同治元年（1862年）

春节过后，淮军最早的部队树（张树声）、铭（刘铭传）、鼎（潘鼎新）、庆（吴长庆）四营（淮军四字营或四大营）即陆续开赴安庆集训。与此同时，李鸿章还命令三弟李鹤章回合肥故乡招募旧部团练，响应投军的有内亲李胜、张绍棠，昔年好友德模、王学懋，以及父亲李文安的旧部吴毓兰、吴毓芬等（这些东乡团练与西乡周盛波、周盛传兄弟的"盛"字营，均属第二批成军的淮勇，后由陆路陆续开赴上海）。

首批四营淮军抵达安庆后，曾国藩极为重视，亲自召见各营将领加以考察，并亲为订立营制营规。曾国藩担心新建的淮军兵力太单薄，还从湘军各部调兵借将，其中整营拨归淮军的有：1. 属于湘军系统的"春"字营（张遇春）和"济"字营（李济元）；2. 太平军降将程学启"开"字两营；3. 湖南新勇"林"字两营（滕嗣林、滕嗣武）以及后到的"熊"字营（陈飞熊）和"垣"字营（马先槐）；4. 曾国藩送给李鸿章作为"赠嫁之资"的亲兵两营（韩正国、周良才）。其中，以桐城人程学启部"开"字两营作战最为凶悍，士卒多系安徽人（丁汝昌当时即在该部）。这样，李鸿章初建的淮军，就有了14个营头的建制（每营正勇505人，长夫180人，共685人）。

同治元年（1862），李鸿章编成淮勇五营，曾国藩以上海系"筹饷膏腴之地"，命淮勇乘英国轮船抵达上海，自成一军，称为淮军。旋经曾国藩推荐任江苏巡抚。在掌握地方实权后，在江苏大力扩军，采用西方新式枪炮，俨然乃新式陆军，使淮军在两年内由6000多人增至六、七万人，成为清军中装备精良、战斗力较强的一支地方武装。李鸿章到上海后，同外国雇佣军进攻太平军。

是年，常熟太平军守将骆国忠投降。李鸿章乘机率淮军发起收复苏、常的战役。经过与前来平叛的太平军反复激战，淮军最终攻克常熟、太仓、昆山等地。在初步扫清苏州外国后，李鸿章制订了三路进军计划，中路程学启统率，由昆山直趋苏州；北路李鹤章、刘铭传从常熟进攻江阴、无锡；南路则下攻吴江、平望，切断浙江太平军增援的道路。

同治二年（1863）七月，程学启部兵临苏州城下，太平天国忠王李秀成率军自天京往援，与北路淮军大战于无锡大桥角，太平军失利。是时，苏州太平军守将纳王郜永宽等发生动摇，与程学启部秘密接洽献城事宜。十一月初五，郜永宽等杀死守城主将慕王谭绍光，开城投降。但淮军入城后，太平军八降王率部屯居半城，不愿剃发解除武装，而是索要官衔及编制。为此，李鸿章采纳程学启的建议，诱杀了八降将，并遣散余众。苏州杀降，尽管引起戈登的不满，一度闹得不可开交，但就李鸿章来说，毕竟消除了"变生肘腋"的隐患，正如其在禀母亲的书信中所称"此事虽太过不仁，然攸关大局，不得不为"。曾国藩接报后，赞赏李鸿章"殊为眼明手辣"。

此后，淮军节节胜利。同治三年（1864），攻克常州，太平天国护王陈坤书被捕杀。苏南地区的太平军基本被肃清。

当时，湘军久攻天京不下，清廷屡次诏催李鸿章率淮军前往会攻。李鸿章从自己与曾氏兄弟的关系考虑，染指金陵必会被认为抢功，而得罪曾氏。于是，他一面在苏、常按兵不动，一面掉头南下攻入浙江，结果惹恼了闽浙总督左宗棠，左上奏朝廷，告李鸿章"越境掠功"，由此开始，二人做了一辈子对头冤家。五月十三日，李鸿章闻知湘军攻城地道将成，又因为朝廷一再催促，遂派刘士奇炮队及刘铭传、潘鼎新、周盛波等二十七营会攻天京。十五日，曾国荃出示李鸿章发来的出兵咨札，激示众将曰："他人至矣，艰苦二年以与人耶？"，众皆曰"愿尽死力！"，第二天，湘军终于攻克天京。事后，曾国藩曾执手向李鸿章表示感激："愚兄弟薄面，赖子保全"。江苏肃清，湘淮军将帅均得加官进爵，李鸿章受封一等肃毅伯，赏戴双眼花翎。

接着李鸿章又镇压了捻军，因功加封为协办大学士，且保住了即将崩溃的清王朝，因此被誉为"中兴名臣"，从此开始了他在晚清政治舞台上纵横捭阖的四十年。

李鸿章受任之初，形势极为严峻。当时上海是全国最大的通商口岸，华洋杂处，是江南财富集中之地；淮军抵达时，正值太平军第二次大举进攻，能否守住上海并徐图发展，是摆在李鸿章面前的最大考验。李鸿章牢记恩师的教诲"以练兵学战为性命根本，吏治洋务皆置后图"。而由上海官绅组建的"中外会防局"，一心指望外国雇佣军抵御太平军，对洋人百般献媚，他们和外国军队对淮军不以为然，"皆笑指为丐"。面对这种情况，李鸿章激励将士说"军贵能战，待吾破敌慑之"。不久，淮军果然于当年下半年独立进行了虹桥、北新泾和四江口三次恶战，李鸿章亲临前线指挥，成功守住了上海，顿时令中外人士对淮军刮目相看。

初步站稳脚跟后，李鸿章开始从"察吏、整军、筹饷、辑夷各事"入手，以进一步巩固自己的地位。在人事上，他罢免了以吴、杨坊为代表的一批媚外过甚的买办官吏，改为起用郭嵩焘、丁日昌等一批务实肯干的洋务派官员，同时建立了不同于湘军幕府，以务实干练、通晓洋务为基准的淮军幕府。在军制上，他从实战中领略到西洋军械的威力，从而产生"虚心忍辱，学得洋人一二秘法"的想法。淮军到沪未及一年，"尽改（湘军）旧制，更仿夷军"，转变成了装备洋枪洋炮，并雇请外国教练训练的新式军队，大大提高了战斗力；同时，李鸿章还采用一系列招降纳叛，兼收并蓄的措施，扩充实力，不到半年内，淮军就迅速扩军至50个营头，约2万人，此后更进一步急剧膨胀，至攻打天京前夕，淮军总兵力已达 7 万余人。在军费上，李鸿章采用"关厘分途，以厘济饷"的政策，以关税支付常胜军、中外合防局及镇江防军的军需，而以厘金协济淮军，随着军事进展和湘淮军力的壮大，厘卡也层层添设，从而确保了饷源。在对外关系上，李鸿章利用洋人赫德和士绅潘曾玮当说客，巧妙地平息了因苏州杀降而引起的戈登率常胜军闹事事件，并最终巧妙地解散了常胜军，初步显露出他的外交手腕。

太平天国失败后，在湘淮军的去留问题上，曾国藩与李鸿章采取了不同的做法。曾国藩在攻下天京后不到一个月，就将他统率的湘军大部分遣散，当时，北方的捻军起义正如火如荼，曾国藩不顾清廷责成他再顾皖省军务的命令而毅然裁军，固然是因为湘军"暮气已深"，更重要的是，曾国藩担心功高震主，给自己带来杀身之祸。而李鸿章则认为："吾师暨鸿章当与兵事相始终，留湘淮勇以防剿江南北，俟大局布稳，仍可远征他处"，他并进一步看到"目前之患在内寇，长远之患在西人"，因此他主张保留湘淮军的用意，不止于"靖内寇"，更在于"御外侮"。

同治四年（1865）四月二十四日，剿捻统帅僧格林沁全军覆没于山东菏泽。清廷即任命曾国藩为钦差大臣，北上督师剿捻，以李鸿章署理两江总督，负责调兵、筹饷等后勤事宜。由于湘军大部已裁撤，因此曾国藩北上率领的多为淮军。起初仅"铭"、"盛"、"鼎"、"树"四军共 2.7 万人，另带湘军刘松山部约 8 千人。后又命李鸿章的六弟李昭庆招练马队 2 千人，并增调淮军杨鼎勋、刘秉璋、刘士奇、吴毓芬、王永胜等部共 2.7 万人，加上刘铭传新募的新营，总兵力 6 万余人。曾国藩一到前线，即采用刘铭传、李鸿章等拟定的方针，决定"以有定之兵，制无定之寇"，在安徽临淮、河南周口、江苏徐州、山东济宁四镇屯扎重兵，一省有急，三省往援。后来，曾国藩又在运河、黄海、沙河和贾鲁河一带分兵设防，实行"画河圈地"之策。但是，一方面，当时捻军正值势旺，作战快速多变，枯守堵御一时难以奏效；另一方面，曾国藩也无法有效指挥淮军。

因此，历时一年半，曾国藩督师无功，清廷不得不于同治五年（1866）十一月初一，改命李鸿章为钦差大臣，接办剿捻事务，令曾国藩仍回两江总督本任。李鸿章于十一月二十三日抵达徐州时，捻军已一分为二，赖文光、任柱等率东捻军仍留在中原作战，张宗禹、邱远才等则率捻军入陕西。李鸿章首先决定倾全力对付东捻军。他虽然仍坚持采用"以静制动"的战略方针，但鉴于曾国藩分防太广，难以奏效的教训，改为"扼地兜剿"的战法，即力图将捻军"麇之于山深水复之处，弃地以诱其入，然后各省之军合力，三四面围困之"。

捻军覆灭后，清廷开复李鸿章迭次降革处分，并赏加太子太保衔，授湖广总督协办大学士。在湖广总督任上，李鸿章一度奉命入川查办四川总督吴棠被参案。他和吴棠是在皖办团练时期的"金石至交"，又深知慈禧对吴"圣眷颇隆"，因此曲意回护，以查无实据结案。

回武昌后，李鸿章于同治九年（1870）初，奉旨督办贵州军务，镇压苗民起义。尚未成行，复以甘肃回民起义军入陕，清廷因左宗棠远在平凉不及兼顾，又改命援陕。但李鸿章实在不愿与左宗棠共事，故一再拖延，直至六月下旬才抵西安。七天后，因天津发生教案，列强军舰麇集大沽口，奉密谕"酌带各军克日起程赴近畿一带相机驻扎"。匆匆赶赴直隶。后因成功调解天津教案，被任命为直隶总督，旋兼任北洋通商事务大臣。

同治十一年（1872），加授武英殿大学士。自此，李鸿章在直隶总督兼北洋大臣任上秉政达25年，参与了清政府有关内政、外交、经济、军事等一系列重大举措，成为清廷倚作畿疆门户、恃若长城的股肱重臣。随着李鸿章地位、权利的上升，他一手创建出的淮军，陆续被清廷派防直隶、山东、江苏、广西、广东、台湾各地，成为充当国防军角色的常备军；而以他为领袖，由淮军将领、幕僚以及一批志同道合的官僚组成的淮系集团，成为当时实力最强的一个洋务派集团，并在其带领下，开始了中国早期的洋务自强近代化运动。

在镇压农民起义的过程中，李鸿章不仅建立了一支用西式装备武装起来的军队，还创办了一批近代军事工业。同治二年，李鸿章雇用英国人马格里会同直隶州知州刘佐禹，首先在松江创办了一个洋炮局，此后，又命韩殿甲、丁日昌在上海创办了两个洋炮局，合称"上海炸弹三局"。同治三年，松江局迁到苏州，改为苏州机器局。

同治四年，李鸿章在署理两江总督任上，鉴于原设三局设备不全，在曾国藩支持下，收购了上海虹口美商旗记铁厂，与韩殿甲、丁日昌的两局合并，扩建为江南制造局。与此同时，苏州机器局亦随李鸿章迁往南京，扩建为金陵机器局。同治九年，调任直隶总督，接管原由崇厚创办的天津机器局，并扩大生产规模。于是，中国近代早期的四大军工企业中，李鸿章一人就创办了三个，已如他自己所言"练兵以制器为先"。尔后，在引进西方设备进行近代化生产的实际操作中，他又进一步得出："中国欲自强，则莫如学习外国利器。欲学习外国利器，则莫如觅制器之器，师其法而不必尽用其人。欲觅制器之器与制器之人，则或专设一科取士，士终身悬以为富贵功名之鹄，则业可成，艺可精，而才亦可集"，反映出其认识的深化。

19世纪70年代出任直隶总督后，责任愈巨，视野愈阔，综观世界各国的发展，李鸿章

痛感中国之积弱不振，原因在于"患贫"，得出"富强相因"，"必先富而后能强"的认识，将洋务运动的重点转向"求富"。

同治十一年底，他首创中国近代最大的民用企业——轮船招商局。先以朱其昂为总办，后以唐廷枢为总办，徐润、朱其昂、盛宣怀为会办。由此奠定了"官督商办"政策的基调。其后，在整个七八十年代，李鸿章先后创办了河北磁州煤铁矿、江西兴国煤矿、湖北广济煤矿、开平矿务局、上海机器织布局、山东峄县煤矿、天津电报总局、唐胥铁路、上海电报总局、津沽铁路、漠河金矿、热河四道沟铜矿及三山铅银矿、上海华盛纺织总厂等一系列民用企业，涉及矿业、铁路、纺织、电信等各行各业。在经营方针上，也逐渐由官督商办转向官商合办，从客观上促进了近代资本主义在中国的发展。

面对清廷内部封建顽固派的重重阻挠，李鸿章曾雄辩地提出"处今日喜谈洋务乃圣之时"。他认为在追求自强的过程中，必须坚持"外须和戎，内须变法"的洋务总纲，也就是在列强环伺，外侮日甚的环境中，尽最大可能利用"以夷制夷"的外交手段，为中国的洋务自强建设赢得尽可能多的和平时间。为此，他一生以外交能手自负，处理过许多重大的对外交涉。

同治十年（1871）七月二十九日，在办理完天津教案后不久，李鸿章代表中国与日本签订了《中日修好条规》，这是一个双方平等互惠的条约，但李鸿章从签约过程日本人的姿态中，看出日本"日后必为中国肘腋之患"。果然，十三年（1874），日本出兵侵台，李鸿章积极支持清政府派沈葆桢作为钦差大臣率舰队赴台湾巡阅，并调驻防徐州的淮军唐定奎部 6500 人分批前往台湾。此事最后虽以签订《中日台事条约》而暂时平息，但后来日本还是于光绪五年（1879）乘隙吞并了琉球。

在与日本交涉的前后，李鸿章还分别于同治十三年（1874）与秘鲁签订了《中秘通商条约》；光绪二年（1876）与英国签订了《中英烟台条约》。前者旨在保护华工；后者则是因"马嘉理案"导致的中英间的严重交涉。李鸿章在英国公使威妥玛以下旗宣战的要挟下，巧妙地利用国际法挽回决裂之局。在他建议下，清政府派郭嵩焘赴英国道歉，郭氏遂成为中国第一位驻外公使。但条约也因增开了宜昌、芜湖、温州、北海四个通商口岸，并允许英国人可以进入西藏，损害了中国主权。

光绪九年（1883），中法战争在越南境内初起，清廷命李鸿章统筹边防战事。李鸿章则认为"各省海防兵单饷匮，水师又未练成，未可与欧洲强国轻言战事"。他先与法国驻华公使宝海签订"李宝协议"，旋为法国政府反悔，继与法驻日公使洽谈未果；当战争进入胶着状态时，慈禧改组军机处，主和舆论渐起。

光绪十年（1884）四月十七日，李鸿章与法国代表福禄诺签订了《李福协定》，五月，随着法军进攻谅山，协议又被撕毁，直至清军在广西和台湾战场分别取得胜利后，李鸿章才最终与法国代表巴德诺签订了《中法会订越南条约》，结束了战争。法国取得了对越南的"保护权"，中越边境对法国开放等特权。因此，时称"法国不胜而胜，中国不败而败"。

光绪十一年（1885）清政府成立海军衙门，醇亲王总理海军事务，李鸿章为会办。他利用这个机会，开始筹建北洋水师。成军后的北洋海军，拥有舰艇25艘，官兵4千余人，在当时是亚洲最强大的海上力量。与此同时，李鸿章加紧旅顺、大沽、威海等海军基地的建设，以加强海防。但是，清廷文恬武嬉，内耗众生，户部迭次以经费支绌为借口，要求停止添船购炮，自此，北洋海军的建设陷于停顿、倒退的困境。

是年，李鸿章和伊藤博文订立了《中日天津会议专条》，规定朝鲜若有重大事变，中日双方出兵需要事先知照，为甲午战争爆发结下祸胎。

光绪二十年（1894），朝鲜爆发东学党起义，朝鲜政府请求中国出兵帮助镇压，李鸿章过于听信驻朝专员袁世凯的报告，认为日本"必无他意"，遂派直隶提督叶志超和太原镇总兵聂士成率军 1500 人赴朝。不料，日本此后立即向朝鲜派兵，在朝日军增至 8000 余人，事态趋于严重。李鸿章为设法避免战争，曾通过英、俄两国出面斡旋，但为日本拒绝。无奈下，只得增派军队入朝，和日本相抗衡。

六月二十三日，日本军舰在丰岛发动突然袭击，击沉中国运兵船"高升"号，甲午战争爆发。

八月十六日，驻朝陆军在平壤与日军激战数昼夜后溃败，总兵左宝贵战死，统帅叶志超等逃回国内。

八月十八日，北洋舰队与日本海军主力在黄海大东沟附近海域遭遇，丁汝昌执行李鸿章"保船制敌"的方针，消极避战，"仍心存侥幸，出海护航时竟然连弹药都没有带足，致使北洋海军在弹药不足的情况下与日本舰队进行了一场长达 5 个小时的海上会战，结果极大地影响了战斗力的发挥，也加重了损失的程度"。中国军舰沉没 4 艘，日本舰队亦遭重创。此后，清军在鸭绿江、九连城等战场与日军激烈交战，但终未能挡住日军的攻势。最终，旅顺、威海等重要海军基地失守，北洋水师覆灭。

另外，丁汝昌战前提出在主要舰船上配置速射炮以抵消日舰速射炮的优势，需银六十万两。李鸿章声称无款。北洋舰队在黄海海战中战败，他才上奏前筹海军巨款分储各处情况："汇丰银行存银一百零七万两千九百两；德华银行存银四十四万两；怡和洋行存银五十五万九千六百两；开平矿务局领存五十二万七千五百两；总计二百六十万两。"

光绪二十一年二月十八日，李鸿章受命，作为全权大臣赴日本议和。尽管行前清廷已授予李鸿章割地赔款的全权，但他仍期望"争得一分有一分之益"，与日方代表反复辩论。在第三次谈判后，李鸿章于会住处的路上遇刺，世界舆论哗然，日方因此在和谈条件上稍有收敛。

三月十六日，李鸿章伤稍愈，双方第四次谈判，日方对中国赔款2亿两白银，割让辽东半岛及台湾澎湖等要求表示不再让步，日方和谈代表伊藤博文谓，李鸿章面前"但有允与不允两句话而已"。事后日方继以增兵再战进行恫吓。李鸿章等连发电报请示，光绪皇帝同意签约，命令"即遵前旨与之定约"。

二十三日，《马关条约》签字。次日，李鸿章在日本商讨马关条约签定问题时，被刺客小山丰太郎开枪击中左面，血染官服，当场昏倒。一时间，现场大乱，行人四处逃窜，行刺者趁乱躲入人群溜之大吉，躲入路旁的一个店铺里。随行的医生马上替李鸿章进行急救，幸子弹未击中要害，李鸿章复原迅速。行刺事件发生后，日本警方很快抓到了小山丰太郎，据此人供认，他本人是日本右翼团体"神刀馆"的成员。他不希望中日停战，更不愿看到中日议和，一心希望将战争进行下去，所以决定借刺杀李鸿章，挑起中日之间的进一步矛盾，将战争进行到底。

马关条约签订后，在全国引起强烈反响。康有为等发动公车上书，掀起维新变法的高潮。李鸿章虽然也视马关签约为奇耻大辱，发誓终生不再履日地，并倾向变法。但在"国人皆曰可杀"的汹汹舆论下，成了清廷的替罪羊。甲午战后，李鸿章被解除了位居25年之久的直隶总督兼北洋大臣职务，投置闲散。

光绪二十二年（1896）春，俄皇尼古拉二世举行加冕典礼，李鸿章奉命作为头等专使前往祝贺。在此之前，俄国会同法、德发起三国还辽成功，清廷上下视俄国为救星，包括李鸿章、翁同龢、张之洞在内的元老重臣均倾向联俄。清政府的外交政策也由"以夷制夷"转向"结强援"。同年四月二十二日，李鸿章在莫斯科签订了《中俄密约》，中俄结盟共同对付日本，并同意俄国修筑西伯利亚铁路经过中国的黑龙江、吉林直达海参崴。

此后，李鸿章率随员先后访问德、荷、法、比、英、美、加诸国，由于系亲身游历，他对西方社会制度产生由衷的赞叹，并在演讲中一再大声疾呼："五洲列国，变法者兴，因循者殆"。回国后，面临方兴未艾的戊戌变法运动，他慨然以"维新之同志"自许。变法失败后，康有为、梁启超流亡海外，慈禧一再下令捕杀康、梁余党。时任两广总督的李鸿章却说："我决不做刀斧手。"

李鸿章出任粤督期间，北方爆发了义和团运动，英、法等国组成八国联军进行干涉，慈禧携光绪逃至西安，北方局势一片混乱。而东南地区的实力派疆臣如两江总督刘坤一、湖广总督张之洞等，则在盛宣怀联络下，倡导东南互保，即不卷入清廷这次对外宣战，以保东南半壁不陷入混乱中。李鸿章对此表示支持。

在此期间，经由革命党人陈少白和李鸿章的幕僚刘学询牵线，李鸿章一度有意与自日本前来策划"两广独立"的孙中山晤面，但由于双方互存戒心而作罢。

光绪二十六年（1900）六月十二日，为收拾八国联军之役的残局，清廷再度授李鸿章为直隶总督兼北洋大臣，并连续电催其北上。李鸿章乘轮船至沪后，以身体不适为由迁延观望，部下及亲属也都劝其以马关为前车之鉴，不要再北上，以免又成为替罪羊。直至七月三十日，北方局面实在无法收拾，慈禧在逃亡途中电催李鸿章北上。一个月后，李鸿章抵京收拾残局，向八国联军求和。

光绪二十七年（1901）七月二十五日，李鸿章、奕劻代表清廷签署了《辛丑条约》，赔款4亿5千万两。

签约后两个月，被李鸿章倚为强援的俄国政府再度发难，提出"道胜银行协定"，试图攫取更大权益，并威逼李鸿章签字。"老来失计亲豺虎"，气恼交加，李鸿章呕血不起，于九月二十七日去世，临终时"双目犹炯炯不瞑"，带着无尽的遗憾，走完了他78岁的人生历程。

李鸿章临终前有一首诗这样写："劳劳车马未离鞍，临事方知一死难。三百年来伤国步，八千里外吊民残。秋风宝剑孤臣泪，落日旌旗大将坛；海外尘氛犹未息，诸君莫作等闲看。"

另付一遗疏：奏为臣病垂危，自知不起，口占遗疏，仰求圣鉴事。窃臣体气素健，向能耐劳，服官四十余年，未尝因病请假。前在马关受伤，流血过久，遂成眩晕。去夏冒暑北上，复患泄泻，元气大伤。入都后又以事机不顺，朝夕焦思，往往彻夜不眠，胃纳日减，触发旧疾时作时止。迭蒙圣慈垂询，特赏假期，慰谕周详，感激涕零。和约幸得竣事，俄约仍无定期，上贻宵旰之忧，是臣未终心事。每一念及，忧灼五中。本月十九夜，忽喀血碗余，数日之间，遂至沉笃，群医束手，知难久延。谨口占遗疏，烦臣子经述恭校写成，固封以俟。伏念臣受知最早，蒙恩最深，每念时局艰危，不敢自称衰病。惟冀稍延余息，重睹中兴。赍志以终，殁身难瞑。现值京师初复，銮辂未归，和议新成，东事尚棘，根本至计，处处可虞。窃念多难兴邦，殷忧启圣。伏读迭次谕旨，举行新政，力图自强。庆亲王等皆臣久经共事之人，此次复同更患难，定能一心效力，翼赞讦谟。臣在九泉，庶无遗憾。至臣子孙，皆受国厚恩，唯有勖其守身读书，勉图报效。属纩在即，瞻望无时，长辞圣明，无任依恋之至。谨叩谢天恩，乞皇太后、皇上圣鉴。谨奏。

两宫"哭失声"，慈禧太后称赞他是"再造玄黄"之人，赠太傅，晋一等肃毅侯，谥文忠。赐白银五千两治丧。原籍和立功省建祠10处。京师祠由地方官员定期祭祀。清代汉族官员京师建祠仅此一人。

左宗棠

介绍名片

左宗棠（1812—1885），汉族，字季高，一字朴存，号湘上农人。晚清重臣，军事家、政治家、著名湘军将领，洋务派首领。左宗棠少时屡试不第，转而留意农事，遍读群书，钻研舆地、兵法。后因此成为清朝后期著名大臣，官至东阁大学士、军机大臣，封二等恪靖侯。一生经历了湘军平定太平天国运动，洋务运动，镇压陕甘回变和收复新疆等重要历史事件。

一生经历

左宗棠自幼聪颖，5岁时，他随父到省城长沙读书。14岁考童子试中第一名，曾写下"身无半文，心忧天下；手释万卷，神交古人"的对联以铭心志。

1827年（道光七年）应长沙府试，取中第二名。他不仅攻读儒家经典，更多地则是经世致用之学，对那些涉及中国历史、地理、军事、经济、水利等内容的名著视为至宝，对他后来带兵打仗、施政理财起了很大的作用。

1830年，左宗棠进入长沙城南书院读书，次年又入湖南巡抚吴荣光在长沙设立的湘水校经堂。他学习刻苦，成绩优异，在这年的考试中，7次名列第一。

1832年（道光十二年）中举。但此后的6年中，3次赴京会试，均不及第。

科场失意，使左宗棠不能沿着"正途"进入社会上层，进而实现他的志向。但左宗棠的志向和才干，得到了当时许多名流显宦的赏识和推重。早在1830年，仅18岁的左宗棠拜访长沙的著名务实派官员和经世致用学者贺长龄时，贺氏即"以国士见待"。其弟贺熙龄则是左宗棠在城南书院读书时的老师，对自己的这位弟子，贺氏非常喜爱，称其"卓然能自立，叩其学则确然有所得"，后来师生还结成了儿女亲家。赫赫有名的封疆大吏陶澍也以一代名臣之尊主动提议将他唯一的儿子与左宗棠的长女定婚。更为值得一提的是，名满天下的林则徐对左宗棠十分器重，两人曾在长沙彻夜长谈，对治理国家的根本大计，特别是关于西北军政的见解不谋而合。林则徐认定将来"西定新疆"，舍左君莫属，特地将自己在新疆整理的宝贵资料全部交付给左宗棠。后来，林则徐还多次与人谈起这次会见，极口称赞左宗棠是"非凡之才"、"绝世奇才"，临终前还命次子代写遗书，一再推荐左宗棠人才难得。

1852 年（咸丰二年），当太平天国大军围攻长沙，省城危急之际，左宗棠终于经不住老朋友郭嵩焘等人的劝勉，应湖南巡抚张亮基之聘出山，投入到了保卫大清江山的阵营。左宗棠在炮火连天的日子里缒城而入，张亮基大喜过望，将全部军事悉数托付给左宗棠。左宗棠"昼夜调军食，治文书"、"区画守具"，各种建议都被采纳，并立即付诸实施，终于使太平军围攻长沙 3 月不下，撤围北去。左宗棠一生的功名也就从此开始。

1854 年 3 月，左宗棠又应湖南巡抚骆秉章之邀，第二次入佐湖南巡抚幕府，长达 6 年之久。其时，清王朝在湖南的统治已岌岌可危，太平军驰骋湘北，长沙周围城池多被占领，而湘东、湘南、湘西广大贫苦农民，连连举事，此起伏彼起。左宗棠焦思竭虑，日夜策划，辅佐骆秉章"内清四境"、"外援五省"，苦力支撑大局。同时，革除弊政，开源节流，稳定货币，大力筹措军械、船只。骆秉章对他言听计从，"所行文书画诺，概不检校。"由于左宗棠的悉心辅佐和筹划，不但湖南军政形势转危为安，出省作战连连奏捷，其它各项工作也取得显著成效。

左宗棠出佐湘幕，初露峥嵘，引起朝野关注，时人有"天下不可一日无湖南，湖南不可一日无左宗棠"之语，一些高官显贵在皇帝面前竞相举荐，咸丰皇帝亦给予了极大的关注。但也因此而引起了一些人的忌恨和诽谤，特别是湖南永州镇总兵樊燮的构陷，险些使左宗棠性命不保，幸得好友胡林翼、郭嵩焘等人的仗义执言，潘祖荫、肃顺等大臣的披沥上陈，才使一场轩然大波得以平息。

1856 年，因接济曾国藩部军饷以夺取被太平军所占武昌之功，命以兵部郎中用。

1860 年，太平军攻破江南大营后，随同钦差大臣、两江总督曾国藩襄办军务。曾在湖南招募 5000 人，组成楚军，赴江西、安徽与太平军作战。

1861 年太平军攻克杭州后，左宗棠由曾国藩疏荐任浙江巡抚，督办军务。

1862 年（同治元年），组成中法混合军，称常捷军，并扩充中英混合军，先后攻陷金华、绍兴等地，升闽浙总督。

1864 年 3 月攻陷杭州，控制浙江全境。论功，封一等恪靖伯。旋奉命率军入江西、福建追击太平军李世贤、汪海洋部，至 1866 年 2 月攻灭于广东嘉应州（今梅县）。镇压太平天国后，倡议减兵并饷，加给练兵。

1865 年升任闽浙总督。

1866 年上疏奏请设局监造轮船，获准试行，即于福州马尾择址办船厂，派员出国购买机器、船槽，并创办求是堂艺局（又称船政学堂），培养造船技术和海军人才。旋改任陕甘总督，推荐原江西巡抚沈葆桢任总理船政大臣。一年后，福州船政局（又称马尾船政局）正式开工，成为中国第一个新式造船厂。

1867 年，奉命为钦差大臣，督办陕甘军务，率军入陕西攻剿西捻军和西北反清回民军，镇压了陕甘回民起义，并助胡雪岩拿到了象征着慈禧太后近臣的黄马褂。却终因胡雪岩被革职查抄而身败名裂，也因李鸿章的镇压而无能为力。但他还是为晚清做出了巨大的贡献。

1872 年 6 月，阿古柏在新疆的喀什、英吉沙、莎车、和田、阿克苏、乌什、库车悬挂出奥斯曼土耳其帝国国旗并发行货币；

　　1874年，日本国入侵台湾。在这种局势下，清廷内部爆发"海防"、"塞防"之争。李鸿章等认为两者"力难兼顾"，主张放弃塞防，将"停撤之饷，即匀作海防之饷"。左宗棠力表异议，指出西北"自撤藩篱，则我退寸而寇进尺"，尤其招致英、俄渗透。同年5月，左宗棠以64岁的高龄，被任命为钦差大臣，督办新疆军务。次年4月，左宗棠坐镇甘肃酒泉，收复新疆战役打响。

　　1876年，左宗棠指挥多路清军讨伐阿古柏，次年1月占和阗（今和田），收复除伊犁地区外的新疆全部领土，阿古柏在绝望中服毒自杀。左宗棠随即上疏建议新疆改设行省，以收长治久安之效。

　　1879年中俄在伊犁交涉时，左宗棠抨击崇厚一任俄国要求，轻率定议约章，丧权失地，主张"先之以议论"，"决之于战阵"。

　　1880年春，在新疆部署兵事，出肃州抵哈密坐镇，命令三路大军并进，彻底击溃了阿古柏残余势力，收复大片国土。

　　1881年初，中俄《伊犁条约》签定，中国收回了伊犁和特克斯河上游两岸的领土。左宗棠应诏至北京任军机大臣兼在总理衙门行走，管理兵部事务。左宗棠在新疆期间，为保证军粮供给，发展地方经济，曾大力兴办屯垦业，其功绩遗泽至今。入夏，调任两江总督兼南洋通商大臣。

　　1884年6月，奉召入京，再任军机大臣。时值中法战争，法国舰队在福州马尾发动突然袭击，福建水师全军覆灭，左宗棠奉命督办福建军务。11月抵福州后，积极布防，并组成"恪靖援台军"东渡台湾。

　　1885年正月，属于左宗棠的湘军系统的黑旗和恪靖定边军在"镇南关之战"中取得了陆地战场上的决定性胜利，法国茹费理内阁垮台之后，李鸿章却罕见地在世界外交史上搞出一个特例，中国"不败而败"，法国"不胜而胜"，最后签订了一个有利于法国的《中法新约》。《中法新约》的主要内容就是确认了1884年战局对中国不利时，法国和越南签订的条约，其中否定了中国对越南的宗主权，改由法国全权管理越南，中国西南的门户被打开了。

左宗棠对李鸿章这种在1885年战局大逆转的情况下，却要去签一个对1884年才成立的条约的自伤行为完全不能理解，对当时主和的李鸿章作出以下批评："对中国而言，十个法国将军，也比不上一个李鸿章坏事"，"李鸿章误尽苍生，将落个千古骂名"。李鸿章恼怒之余，决定拿左宗棠的下属开刀，指使亲信潘鼎新、刘铭传等陷害攻击"恪靖定边军"首领王德榜、台湾兵备道刘璈，使他们失去兵权。左宗棠上书为属下鸣冤叫屈，但因为一个月后就在福州病故，从此，左宗棠系的湘军人马不振，以至于李鸿章的淮军自此在清廷的派系斗争中压倒湘军，控制了军事大权，一直到北洋军，都是清廷的主要军事力量。

纵观左宗棠的一生，最辉煌的是收复六分之一的国土。这是他个人的荣耀和骄傲，更是国家之福。浙江巡抚、左宗棠的老友杨昌浚在清廷恢复新疆建省后到西域，所到之处，杨柳成荫，鸟鸣枝头，人来车往，百业兴旺，当即吟出一首《恭诵左公西行甘棠》：大将筹边尚未还，湖湘子弟满天山；新栽杨柳三千里，引得春风渡玉关。

张之洞

介绍名片

张之洞（1837—1909）字孝达，号香涛、香岩，又号壹公、无竞居士，晚年自号抱冰。汉族，清代直隶南皮（今河北南皮）人，洋务派代表人物之一，其提出的"中学为体，西学为用"主张，是对洋务派和早期改良派基本纲领的一个总结和概括。毛泽东对其在推动中国民族工业发展方面所作的贡献评价甚高，曾说过"提起中国民族工业，重工业不能忘记张之洞"。张之洞与曾国藩、李鸿章、左宗棠并称晚清"四大名臣"。

一生简历

张之洞祖籍直隶南皮（今河北南皮），道光十七年（1837）八月初三出生于贵州兴义府，少时在贵州兴义府署长大。其人博闻强识，文才出众，年方十一，即为贵州全省学童之冠，作《半山亭记》，名噪一时。此记全文，刻于安龙招堤畔之半山亭。十二岁在贵阳出版第一本诗文集。

1853年，张之洞回直隶南皮应顺天乡试，名列榜首。

1863年，张之洞与贵州人李端棻同为进士，后历任翰林院编修、教习、侍读、侍讲学士及内阁学士等职。其间，为清流派重要成员，与张佩纶、黄体芳、宝廷、陈宝琛、吴大澄、张观准、刘恩溥、吴可读、邓承修、何金寿等人一起，放言高论，纠弹时政，抨击奕?、李鸿章等洋务派官僚，有"四谏"、"六君子"、"十朋"之称。

1881年（光绪七年），授山西巡抚，为任封疆大吏之始。以后政治态度一变，大力从事洋务活动，成为后期洋务派的主要代表人物。

1884年春，中法战争前夕，奉命署理旋又补授两广总督。任内力主抗法，筹饷备械，起用前广西提督老将冯子材等，击败法国军队。同时，在广东筹建官办新式企业，设立枪弹厂、铁厂、枪炮厂、铸钱厂、机器织布局、矿务局等；以新式装备和操法练兵，设广东水陆师学堂。

1889年，调湖广总督。以后十八年间，除两度暂署两江总督外，一直久于此任。他将在广东向外国订购的机器移设湖北，建立湖北铁路局、湖北枪炮厂、湖北纺织官局（包括织布、纺纱、缫丝、制麻四局）。并开办大冶铁矿、内河船运和电讯事业，力促兴筑芦汉、粤汉、川汉等铁路。

其中汉阳铁厂于 1894 年建成投产，开炉炼钢。炼铁厂共有铸铁厂、打铁厂、机器厂、造钢轨厂和炼熟铁厂等 6 个大厂，4 个小厂，两座钢炉，工人 3 千人，外国技师 40 人，这是我国第一个近代大型钢铁工厂。炼铁需要铁砂和煤等原料和燃料，于是张之洞又派德国技师在大冶附近勘察，发现此处铁矿蕴藏丰富，从而又兴建了中国第一个用近代技术开采露天铁矿——大冶铁矿。张之洞先后下令开发大冶三石煤矿、道士洑湫煤矿、江夏马鞍山煤矿和江西萍乡煤矿。这样，就以炼铁厂为中心，兼采铁、和采煤和炼钢为一体，创建了我国近代第一个、也是远东第一座的钢铁联合企业。它的建成，标志着中国近代钢铁工业的兴起，为我国重工业开了先河。除此之外，张之洞还创建了我国首家系统完备的军工厂——汉阳兵工厂，"汉阳造"从此闻名天下，在中国近代军事建设以及国防中起到重要作用。

芦汉铁路建成之日，也是张之洞督办粤汉、川汉铁路之始。在其督鄂期间，湖北武汉在商业、工业、教育、金融、交通等方面确实取得了长足发展，成为武汉城市早期现代化的一个重要界标。另外，"湖北新政"之所以成功，制度创新是关键。据统计，张之洞督鄂期间，设置各类新机构 36 个，其中 25% 是按清廷的指示而设，75% 是按张之洞设。明确标示出张之洞的自主性和创新性。新机构的设置，既是张之洞锐意创新的标志，也是张之洞推行"新政"的重要手段。因"湖北新政"所孵化的社会生产力、民族资产阶级、新式知识分子、倾向革命的士兵，最终成了封建王朝的掘墓人。

1894—1895 年张之洞署督两江时，仿德国营制，在江宁筹练江南自强军，后又以之为基础在湖北编练新军。为培养洋务人才，尤注重广办学校，在鄂、苏两地设武备、农工商、铁路、方言、普通教育、师范等类新式学堂，并多次派遣学生赴日、英、法、德等国留学。在举办洋务事业中，还大量举借外债，是为中国地方政府直接向外国订约借款之先。

1894 年 8 月 1 日甲午中日战争后，张之洞曾奏请派马队"驰赴天津，听候调遣"，并想以"外洋为助"。他鉴于"倭势日强，必将深入"，建议"慎固津沽及盛京"。10 月 26 日致电李鸿章，提出"购兵船、借洋款、结强援"三项主张。10 月底，日本军队强渡鸭绿江后，辽沈危急，张之洞再提出"购快船、购军火、借洋款、结强援、明赏罚"五事。11 月 2 日，调署两江总督。11 月 7 日，他在致李鸿章电中指出"无论或战或和，总非有船不行"。11 月下旬，日军围困旅顺，张之洞先后致电李鸿章、李秉衡，要求急救旅顺，均无效。

1895 年初，日军进犯山东半岛，张之洞给山东巡抚李秉衡发急电，建议李"责成地方官多募民夫，迅速星夜多开壕堑，于要路多埋火药，作地雷"，以阻止日军进犯。并表示拟拨枪支弹药支援山东守军。在丁汝昌自杀殉国后，他曾建议将驻扎台湾的刘永福调来山东抗日，保卫烟台。当张之洞得悉清廷有割台海于日之说，于 2 月 28 日致电朝廷，沥陈利害，极力反对割台，并提出保台的"权宜救急之法"有二：一、向英国借巨款，"以台湾作保"，英必以军舰保卫台湾；二、除借巨款外，"许英在台湾开矿一、二十年"，对英有大益，必肯保台。3 月 29 日，张之洞致电唐景崧，一方面鼓励御倭；一方面建议起用百战之将刘永福，同时致电刘永福，建议他"忍小任大，和衷共济，建立奇功"。

《马关条约》签订后，张之洞于 4 月 26 日向清廷上奏，提出废约办法"惟有乞援强国一策"。5 月 20 日，清廷谕令唐景崧"著即开缺，来京陛见。其台省大小文武各员，并著唐景崧令陆续内渡"。张之洞认为"此时为台之计，只有凭台民为战守，早遣无用客勇，以免耗饷，禁运银钱内渡，以充军实"。24日，张之洞从唐景崧来电中得悉"日内台民即立为民主国"之事，27日上奏，认为台湾"现自改为民主之国，以后筹械等事，自未便再为接济，以免枝节"。

6月3日，日军攻陷基隆港。5日，张之洞仍致电唐景崧，希望他激励士勇民众坚守台北府，并鼓励唐"自率大支亲兵，获饷械，择便利驻扎，或战、或攻、或守，相机因应，务取活便，方能得势。"可是唐景崧辜负了台湾人民的期望，7日乘船退回厦门。最后只剩刘永福在台湾领导军民坚持抵抗日本侵略军。但是"饷械奇绌"，多次向张之洞求援，张之洞虽有饷械，却不敢接济，10月19日，刘永福战败，退归厦门。

1895年秋京师强学会成立时，捐金五千为助；未几上海强学分会成立，被推为会长，并派旧属汪康年助办《时务报》；同时对湖南南学会和《湘学新报》亦颇表赞助。但当维新运动日益发展、新旧斗争渐趋激化后，即表明与维新派的分歧，登报声明自除会长之名，对《时务报》的进步言论大加干涉，并严斥积极支持变法维新的湖南巡抚陈宝箴、学政徐仁铸等。

1898年4月，撰《劝学篇》，提出"中学为体，西学为用"，维护封建纲常，宣传洋务主张，攻击维新思想，反对变法运动。

是年，张之洞在省城东门外卓刀泉创建农务学堂。1900年正式开学，聘请美国农学教习2人指导研究农桑畜牧之学。

1900年义和团运动爆发后，主张"安内乃可攘外"，多次上书清廷，要求对义和团严加镇压。是年夏，八国联军进逼京津，清政府对外宣战，乃于地方拥兵自重，并在英国策动下，与两江总督刘坤一、两广总督李鸿章联络东南各省督抚，同外国驻上海领事订立《东南互保章程》九条，规定上海租界由各国共同"保护"，长江及苏杭内地治安秩序由各省督抚负责。8月间，在汉口通过英国领事，破获设于英租界的自立军机关，捕杀唐才常等人。随后又在鄂、湘、皖镇压了由维新派唐才常、林圭、秦力山等联络长江中下游哥老会发动的自立军起义。

1901年清政府宣布实行"新政"，设督办政务处，命张之洞以湖广总督兼参预政务大臣。旋与刘坤一联衔合上"江楚会奏变法三折"，提出"兴学育才"办法四条，及调整中法关系十二事，采用西法十一事，为"新政"活动的重要蓝本。

1903年，会同管理学务大臣商办学务，仿照日本学制拟定"癸卯学制"（即1903年经修改重颁的《奏定学堂章程》），在全国首采近代教育体制。

1905年后，资产阶级革命运动兴起，在东南地区破坏革命组织，镇压革命派领导的武装起义，因此受到社会进步舆论的强烈谴责。

1906年，农务学堂校址迁移到武胜门外多宝庵，开设高等正科，改名为湖北高等农业学堂，并附设实验场。这是湖北最早的近代农业学堂和现今华中农业大学的前身。张之洞还在湖北铁政局内创建工艺学堂。课程有汽机、车床、绘图、竹器、洋脂、玻璃各项制造工艺。张之洞改书院、兴学堂、倡游学，使包括汉口在内的武汉三镇形成了较为完备的近代教育体制。传统的书院教学以研习儒家经籍为主，张之洞致力于书院改制，相继对江汉书院、经心书院、两湖书院的课程作出较大调整，各有侧重，以"造真材，济时用"为宗旨。

在兴办新式学堂方面，其创办的算学学堂（1891）、矿务学堂（1892）、自强学堂（1893）、湖北武备学堂（1897）、湖北农务学堂（1898）、湖北工艺学堂（1898）、湖北师范学堂（1902）、两湖总师范学堂（1904）、女子师范学堂

（1906）等等，则涵盖了普通教育、军事教育、实业教育、师范教育等层面。

1907 年调京，任军机大臣，充体仁阁大学士，且兼管学部。次年清政府决定将全国铁路收归国有，受任督办粤汉铁路大臣，旋兼督办鄂境川汉铁路大臣。光绪帝和慈禧太后死后，以顾命重臣晋太子太保。

1909 年病故，谥文襄。遗著辑为《张文襄公全集》。

纵观张之洞的一生，他始终保持着对国家和民族的忠诚，对国家利益的维护以及对教育、实业的发展贯穿他的整个政治生涯；他为南疆抗法的伟大胜利做出了卓越贡献，也是武汉成为中国近代重工业基地的奠基人；他兴建了贯穿中国的大铁路，兴办的各种学校和新式军队培养了大量人才，并直接孕育了武昌起义的革命火种。他是当之无愧的晚清第一功臣。

谭嗣同

介绍名片

谭嗣同（1865—1898），汉族，湖南浏阳人，中国近代资产阶级著名的政治家、思想家，维新志士。他主张中国要强盛，只有发展民族工商业，学习西方资产阶级的政治制度。公开提出废科举、兴学校、开矿藏、修铁路、办工厂、改官制等变法维新的主张。并写文章抨击清政府的卖国投降政策。1898 年戊戌变法失败后被杀，年仅三十三岁，为世称"戊戌六君子"之一。

一生简历

谭嗣同的父亲谭继洵曾任清政府户部郎中、甘肃道台、湖北巡抚等职。生母徐氏出身贫寒，作风勤朴，督促谭嗣同刻苦学习。

10 岁时，嗣同拜浏阳著名学者欧阳中鹄为师。在欧阳中鹄的影响下，他对王夫之的思想发生了兴趣，受到了爱国主义的启蒙。他读书务求广博，好讲经世济民的学问，文章写得很有才华。他非常反感传统的时文八股，在课本上写下"岂有此理"几个字。他仰慕那些锄强济弱的草莽英雄，曾和当时北京的一个"义侠"大刀王五结交，二人成为生死不渝的挚友。

1877 年，12 岁的谭嗣同在浏阳与唐才常订交，他又师涂启先，系统学习中国的典籍，开始接触算学、格致等自然科学。此后又到兰州，在他父亲的道署中读书。

1884 年，他离家出走，游历直隶（今河北）、甘肃、新疆、陕西、河南、湖北、江西、江苏、安徽、浙江、山东、山西等省，观察风土，结交名士。劳动人民反封建斗争精神的濡染，开阔了他的视野，使他的思想富于斗争性。

1888 年，他在著名学者刘人熙的指导下开始认真研究王夫之等人的著作，汲取其中的民主性精华和唯物色彩的思想，同时又广为搜罗和阅读当时介绍西方科学、史地、政治的书籍，丰富自己。

1894 年，中日甲午战争爆发。由于清政府的腐败无能而妥协退让，中国战败，签订了丧权辱国的《马关条约》。

1895 年 5 月 2 日，康有为联合在京参加会试的 1000 多名举人上书清政府，要求拒和、迁都、变法。深重的民族灾难，焦灼着谭嗣同的心，他对帝国主义的侵略义愤填膺，坚决反对签订和约，对清政府"竟忍以四万万七千万人民之身家性命一举而弃之"的妥协行径极为愤慨。在变法思潮的影响下，开始"详考数十年之世变，而切究其事理"，苦思精研挽救民族危亡的根本大计。他感到"大化之所趋，风气之所溺，非守文因旧所能挽回者"，必须对腐朽的封建专制制度实行改革，才能救亡图存。

1897 年夏秋间，写成重要著作《仁学》，它是维新派的第一部哲学著作。他认为物质性的"以太"是世界万物存在的基础，世界万物处于不断运动变化之中，而变化的根源在于事物的"好恶攻取"、"异同生克"。他把"以太"的精神表现规定为"仁",而"仁"的内容是"通","通之象为平等","仁——通——平等"是万物的发展法则,是不可抗拒的规律。他在这部著作中,愤怒地抨击了封建君主专制所造成的"惨祸烈毒"和三纲五常对人性的摧残压抑。指出,封建纲常礼义完全是那些独夫民贼用作统治的工具,特别是君臣一伦,更是"黑暗否塞、无复人理"。因此,对于那些昏暴的专制君主,不仅可以不为其尽忠死节,而且可以"人人得而戮之"。

1898年初,谭嗣同接受了倾向维新的湖南巡抚陈宝箴的邀请,回到湖南协助举办新政。他首先加强了时务学堂中维新派力量。自己担任了分教习,又安排唐才常任中文教习,协助任总教习的梁启超,在教学中大力宣传变法革新理论,"所言皆当时一派之民权论,又多言清代故实,胪举失败"。孔子改制、平等、民权等学说由此而乘风扬波,日益恢张。他还把《明夷待访录》、《扬州十日记》等含有民族主义意识的书籍发给学生,向他们灌输革命意识,使时务学堂真正成了培养维新志士的机构。

1898年3月,他又与唐才常等人创建了维新团体南学会。南学会以联合南方各省维新力量,讲求爱国之理和救亡之法为宗旨,"演说万国大势及政学原理"。为了加强变法理论的宣传,他还创办了《湘报》,作为南学会的机关报,由他任主笔。由于对湖南新政的尽力,使他以"新政人才"而闻名。不久,就有人向光绪帝推荐谭嗣同,光绪帝同意召见。

8月21日,他抵北京。9月5日,光绪下诏授给他和林旭、刘光弟、杨锐四品卿衔,参预新政。次日,光绪又召见他,表示自己接受变法的意愿,只是太后和守旧大臣阻挠而无可奈何,并说:"汝等所欲变者,俱可随意奏来,我必依从。即我有过失,汝等当面责我,我必速改。"光绪帝变法的决心和对维新派的信赖使谭嗣同非常感动,觉得实现自己抱负的机会已经在握。他参政时,维新派与顽固派的斗争已是剑拔弩张。慈禧太后等人早有密谋，要在 10 月底光绪帝去天津阅兵时发动兵变，废黜光绪帝，一举扑灭新政。

9 月 18 日，谭嗣同夜访袁世凯，要袁带兵入京，除掉顽固派。袁世凯假惺惺地表示先回天津除掉荣禄，然后率兵入京。袁世凯于 20 日晚赶回天津，向荣禄告密，荣禄密报西太后。

9 月 21 日，西太后发动政变。慈禧连发谕旨，捉拿维新派。他听到政变消息后毫不惊慌，并置自己的安危于不顾，多方活动，筹谋营救光绪帝。但措手不及，计划均告落空。在这种情况下，他决心以死来殉变法事业，用自己的牺牲去向封建顽固势力作最后一次反抗。谭嗣同把自己的书信、文稿交给梁启超，要他东渡日本避难，并慷慨地说："不有行者，无以图将来，不有死者，无以召后起。"日本使馆曾派人与他联系，表示可以为他提供"保护"，他毅然回绝，并对来人说："各国变法无不从流血而成，今日中国未闻有因变法而流血者，此国之所以不昌也。有之，请自嗣同始。"

9 月 24 日，谭嗣同在浏阳会馆被捕。在狱中，他意态从容，镇定自若，写下了这样一首诗："望门投止思张俭，忍死须臾待杜根。我自横刀向天笑，去留肝胆两昆仑"。

9 月 28 日，他与其他 5 位志士英勇就义于北京宣武门外菜市口。当他们被杀时，刑场上观看者上万人。他神色不变，临终时还大声说："有心杀贼，无力回天，死得其所，快哉快哉！"充分表现了一位爱国志士舍身报国的英雄气概。

1899 年，他的遗骸运回原籍，葬在湖南浏阳城外石山下。墓前华表上挽联写道："亘古不磨，片石苍茫立天地；一峦挺秀，群山奔赴若波涛。"其著作编为《谭嗣同全集》。

康有为

介绍名片

康有为（1858—1927），又名祖诒，字广厦，号长素，又号明夷、更甡、西樵山人、游存叟、天游化人，晚年别署天游化人，广东南海人，人称"康南海"。清光绪年间进士，官授工部主事。出身于士宦家庭，乃广东望族，世代为儒，以理学传家。近代著名政治家、思想家、社会改革家、书法家和学者，他信奉孔子的儒家学说，并致力于将儒家学说改造为可以适应现代社会的国教，曾担任孔教会会长。主要著作有《康子篇》、《新学伪经考》。

一生经历

康有为最早的老师是他的祖父康赞修。他19岁时拜南海九江有名的学者朱次琦为师。康赞修、朱次琦都崇信宋明理学，因此，康有为在宋明理学的影响下，鄙弃所谓汉学家的烦琐考据，企图开辟新的治学道路。学习一段理学之后，他对理学也不赞成了。因为理学"仅言孔子修己之学，不明孔子救世之学。

22岁那年，他离开了朱次琦，一个人到西樵山白云洞读书，读了不少经世致用的书，如顾炎武的《天下郡国利病书》、顾祖禹的《读史方舆纪要》等。同年他游了一次香港，使他大开眼界。以后他又阅读《海国图志》、《瀛环志略》等书，"购地球图，渐收西学之书，为讲西学之基矣"。这一年是康有为从中学转为西学的重要开端。

1882年，康有为到北京参加会试，回归时经过上海，进一步接触到了资本主义的事物，并收集了不少介绍资本主义各国政治制度和自然科学的书刊。经过学习，康有为逐步认识到资本主义制度，比中国的封建制度先进。帝国主义的侵略，清朝的腐败，使年轻的康有为胸中燃起了救国之火；西方的强盛，使他立志要向西方学习，借以挽救正在危亡中的祖国。

1888 年，康有为到北京参加顺天乡试，没有考取。当年 9 月，他上书光绪帝，痛陈祖国的危亡，批判因循守旧，要求变法维新，提出了"变成法，通下情，慎左右"三条纲领性的主张。

1891 年，康有为回到广东，开办万木草堂学馆，聚徒讲学，并为变法运动创造理论。先后写了《新学伪经考》和《孔子改制考》两部著作，这两部书都是在尊孔名义下写成的。前一部书把封建主义者历来认为神圣不可侵犯的某些经典宣布为伪造的文献；后一部书把本来偏于保守的孔子打扮成满怀进取精神，提倡民主思想、平等观念的人。康有为的这些看法，虽都不科学，但他的改革精神却在知识界产生了强烈的震动和反响，而对封建顽固守旧分子构成了很大的威胁，因而这两部书被他们视为异端邪说。

1894 年，康有为开始编《人类公理》一书，这本书经多次修补，后来定名为《大同书》发表。《大同书》描绘了人世间的种种苦难，提出大同社会将是无私产、无阶级、人人相亲、人人平等的人间乐园。这当然是荒谬的，因为"康有为写了《大同书》，他没有也不可能找到一条到达大同的路。"

1895 年 4 月，正在北京参加会试的各省举人，听说清政府要与日本订立丧权辱国的《马关条约》，极为愤慨。康有为连夜起草了一份一万四千多字的上皇帝书。各省举人一千三百多人集会，通过了这个万言书。

5 月 2 日，这份万言书送交都察院。这就是有名的"公车上书"。在上书中，康有为从爱国的立场出发，强烈主张"拒和、迁都、变法"，建议皇帝"下诏鼓天下之气，迁都定天下之本，练兵强天下之势，变法成天下之治。"在这次会试中，康有为中了进士，被任命为工部主事。以后，康有为又连续给皇帝上了几次书。光绪皇帝对康有为提出的问题，很受感动。在这些上书中，康有为系统地阐述了自己的变法思想，从政治、经济、文化教育等几个方面系统地提出了自己的见解。政治方面，康有为提出了变君主专制为君主立宪的要求。他指出："东西国之强，皆以立宪法，开国会之故。国会者，君与国民共议一国之政法也"。经济方面，康有为提出了发展工业，振兴商业，保护民族资产阶级利益的主张。文化教育方面，康有为提出了"开民智"、"兴学校"、"废八股"的主张。这几个方面构成了康有为变法维新的基本纲领。

为了组织和发展维新派力量，1895年8月，康有为在北京组织了强学会。强学会成立之后，每三天举行一次例会，相互讨论"中国自强之学"，批判顽固派的投降卖国。这就惹怒了李鸿章等人，他们下令封闭了这个学会。在这个学会被封闭之前，康有为已感到形势紧张，于同年11月离京南下在上海组织了强学分会，不久也被封闭。

1897年11月，德国出兵占胶州湾，引起了全国人民的激烈反对。1898年3月，康有为在北京又组织了保国会。在成立大会上，康有为慷慨陈词，说："二月以来，失地失权之事已二十见，来日方长，何以卒岁？"康有为的话深深地打动了听众的心，保国会员很快发展到数百人。这就引起了顽固派的恐惧和诽谤。有人上书大骂保国会是"名为保国，势必乱国。"有的人还上书弹劾，准备对康等进行查究。只是光绪皇帝说了"会为保国，岂不甚善"才算作罢。不过从此以后，保国会的活动也就很少了。康有为和他的同事们通过组织学会，宣传了爱国主义思想，进一步动员了群众，扩大了变法维新的影响。

1898年强学会成立时，改良派还通过发行报刊进行舆论宣传。康有为就在北京创办《中外纪闻》，开始印一千份，后来加印三千份。当时许多官员都能看到，一时在朝廷内外影响甚大。同年，康有为又在上海组织发行了《强学报》。改良派通过报纸，动员力量，扩大了自己的阵地。

1898年6月11日，光绪皇帝发布《明定国是诏》，宣布实行新政，"变法自强"。五天以后，光绪皇帝正式接见康有为，并赏给六品衔，任"总理衙门章京上行走"，同时给他以专折奏事的权力。不久，梁启超、谭嗣同也都在政府中任了职。这样康有为和他的同事们总算参与了变法维新的机要。在三个来月的时间里，他们根据皇帝的授意，发布了不少实行新政的诏书，如设立学堂、提倡一定的言论自由、奖励发明创造、保护和奖励农工商业、改革财政等。

康有为等人以为，只要抓住了皇帝好像就能无事不成，其实，光绪皇帝只不过是个空架子，实权完全掌握在慈禧太后等人手里。正当康有为等踌躇满志的时候，反对派发动了"戊戌政变"，把改良派打压了下去。光绪皇帝被囚禁，谭嗣同等人被杀，康有为、梁启超逃往国外。戊戌变法，前后一百零三天，又称"百日维新"。

辛亥革命后，康有为于1913年回国，主编"不忍"杂志，宣扬尊孔复辟。作为保皇党领袖，他反对共和制，一直谋划清废帝溥仪复位。

1917年，康有为和效忠前清的北洋军阀张勋发动复辟，拥立溥仪登基，不久即在当时北洋政府总理段祺瑞的讨伐下宣告失败。康有为晚年始终宣称忠于清朝，溥仪被冯玉祥逐出紫禁城后，他曾亲往天津，到溥仪居住的静园觐见探望。

1923年，康有为迁居青岛汇泉湾畔，购宅居住，题其宅为"天游园"。后其几个子女在青岛读书时也都居住在此。初居青岛时，有意兴建大学，并拟好大学章程，后因胶澳商埠督办高恩洪先行一步而作罢。

1927年3月8日，康有为在上海做毕70大寿，于21日抵青岛。30日晚，一位广东同乡请他吃饭，未终席而腹痛，翌日身死异乡。

康有为在其所处的时代，先行看到了国家的危机，并进行了大胆尝试，为孙文领导的辛亥革命做了实践上的指导。

中華藏書

第十一卷 囚徒皇帝，郁郁而终

中国书店

二五一九

历史评价

光绪，清朝第十一位皇帝，也是清军入关以来第九位皇帝，年号光绪。同治十年（1871年）六月二十八日生于北京太平湖畔醇亲王府邸，为醇亲王奕譞之第二子，在位34年（1875—1908年）。光绪三十四年十月二十一日崩于中南海瀛台涵元殿内，终年38岁。庙号"德宗"。

范文澜先生曾这样评价光绪帝："光绪帝是满洲皇族中比较能够接受新思想的青年皇帝，颇有所作为。"

光绪帝作为"能够接受新思想"、"颇有作为"的青年皇帝，主要表现为他在亲政后的十年间（1889—1898年）所发生的两件震撼世界的大事件中做出的积极表现。一是中日甲午战争，二是维新变法运动。

光绪帝在甲午战争中站在爱国家、爱民族的立场上"一力主战"，他反对妥协痛斥顽固派割地求和的可耻行径。尽管最后这次战争的结果是签订了丧权辱国的《马关条约》，加深了中国封建社会的半殖民地程度，然而，无论是在战争过程中，还是在后来签约的时候，光绪帝始终以鲜明的态度为维护国家的独立和民族的尊严做出了最大的努力，因而历史对他是无可指责的。

光绪帝作为衰世皇帝，英姿勃发，维新变法，力搏狂澜，拯救中华，但还是没有扭过慈禧太后。慈禧太后的独断专横造就了他逆来顺受的软弱性格，加上当时的情势，使他不敢也不能与太后彻底决裂。所以造成了国家的悲剧，同时也造成了光绪个人的悲剧。

光绪皇帝正传

第一章　先帝遗谜

一

大阿哥载淳是懿嫔的亲生儿子，但母子之间却没什么感情。

这首先归因于清朝有悖人情的宫廷制度。按照大清祖制，皇子出生后，无论嫡庶，一出生，就由保姆抱走，送到事先已经选好的妈妈手中。每个皇子按规定应有四十个人照料。其中包括八个保姆、八个乳母，还有针线上人，浆洗上人，灯火上人，锅灶上人。婴儿断奶后，就把奶妈打发走，再增加若干名太监，做皇子的谙达，专门负责教小皇子吃饭、说话、走路、礼节等事。到六岁，就准备好小冠、小袍褂、小靴，教他们跟着王公大臣站班当差，并正式去书房读书。按规定，他们不仅不能与生母生活在一起，而且还不许生母任意去看儿子。

对于皇子来说，所有的后妃都是他的母亲。他的父亲只有皇上一人，而他的额娘则有十几个甚至几十个。因此，哪个额娘慈爱有加，小皇子就对哪个额娘有感情。

普通百姓家，儿子对母亲一往情深，除了血脉相连的骨血关系外，还有一个原因是"儿是吃娘奶长大的"。但是，大清皇宫的规矩，就是儿不吃母奶。后妃们在产子后，须立即服用回奶药，断掉乳汁。

大阿哥载淳刚生下时，御医先用"福寿丹"给他开口。所谓"福寿丹"，是宫内特制的一种婴儿药，配方是：朱砂一分末、黄连一分末、甘草五厘末，蜜水调服。朱砂能安神、定惊，黄连可清热解毒，甘草润肺，也能解毒。

产后，总管太监韩来玉领来两个奶妈，让懿嫔挑选一名，留下来喂养大阿哥。按规定，从这天起，奶妈每天需要吃些下奶的食品，包括：鸭子半只，或肘子、肺头若干，轮番食用。这些都是下奶的食品。

至于懿嫔，在产后的第三天，御医就给她喝了"回乳生化汤"，一直用八天，到四月初三日，"乳汁渐回，结核亦消"。可见这种药回乳效果不错。因不用下奶，懿嫔坐月子期间不吃油腻，她每天的食谱是：用粳米、碎粳米、碎红米、黄老米、碎黄老米、小米、凉谷米等八种米，每种七合五勺，再用芝麻四合，熬粥。此外，每天还供应鸡蛋二十个。

同治从出生那天起，就没有吃过生母一口奶水。他很少能得到温馨的母爱，却更多地感受了生母严厉的斥责和看不上的白眼。

但是，大阿哥的出生，却给懿嫔带来了数不尽的好处。她在分娩的当天就被晋封为懿妃。第二年的正月，懿妃又晋封为懿贵妃。在不到一年的时间里，她连升二级，其地位稍次于皇后。她凭着母以子贵这张王牌，咸丰宾天后的第二天，被她儿子亲口封为皇太后。她又以同治帝年幼为借口，垂帘听政，成为大清王朝的最高统治者。她给了同治骨血，而同治帝回报给她的则是无限的荣华富贵，得到了她朝思暮想的权力和地位。

对于慈禧来说，同治只是她谋取权位的工具。她对大阿哥绝少有慈母之心，却非常热衷于宫廷的争权夺势，以至于在亲生儿子面前也放不下架子。大阿哥去给她请安，她经常板着面孔，动不动教训一顿。她那狭隘的妇人之心更是令人无法容忍。她自己对儿子严厉不算，对关心、爱护小皇子的人非常忌恨。在宫中，有几次看到小皇子依偎在皇后怀里，和皇后亲热无间，她打心眼里恼火。小皇子是她自己的私有财产，是她自己满足权欲的一个工具。她要牢牢地把儿子控制在自己手里，让他绝对服从自己，绝对孝顺自己，而不允许他和别人有感情。

小皇子载淳是龙年龙月出生的龙子，按照迷信说法，他龙运兴旺，命术不错。但他偏偏投胎于这样的一个女人，注定他的命运是悲惨的。

载淳不愿与生母亲近，对她总是敬而远之。每次请安的时候，总是觉得和她无话可说。在生母面前，他觉得自己是个受严厉管束的奴才，只有在皇后跟前，他才能感受到宠儿的一些欢乐。慈禧身边有随从太监多人，但最受宠的要算是安德海，他是慈禧的心腹。在热河期间，慈禧处于困境之时，安德海冒生命危险窥测咸丰皇帝的起居，打探权臣肃顺的动静，观察东宫皇后的言行举止。最令慈禧感动的是苦肉计中安德海十分成功地扮演了黄盖的角色，被慈禧借故一顿毒打赶出宫去，他拖着沾满血迹的双腿，含辛茹苦地来到北京，将重要情报传给恭亲王奕䜣，并参与了政变的策划。在这件大事上，他干得很出色。这一切都为慈禧得以垂帘听政做了很大的贡献。慈禧从热河的特殊环境下见到了安德海的精明能干及对自己的忠心无二，所以对安德海信任百倍，使安德海得到了与日惧增的权势。安德海借慈禧的宠信，狐假虎威，横行霸道，激起了朝廷内外的不满，也使皇帝同治感到十分厌恶。

安德海，南皮人，生于咸丰初期，得荣禄推荐入宫，精通于房中术，虽身为太监，贿使御医未能去势，致与慈禧暧昧逾恒，终日宣淫，因而恃宠显贵，为慈禧结党夺权。后来因开罪穆宗与恭亲王，两人设计，于安受命采办织衣时，命山东巡抚丁葆桢捕诛于济南。

据清史考铨记载：安德海出生在南皮（今河北南皮县），十三岁的时候，曾在一家载员外府中当小厮，由于他的异相，常常和一般丫环使女混在一起，时间一久，没有一个人把他当男子。

载员外是正白旗人，有一位千金叫双喜，原已许配给一门远房表亲戚，住在北京的荣家，这位喜姑娘，长得亭亭玉立，貌似仙女，但因从小娇宠，脾气特大，而且冷若冰霜，使女们都非常畏惧。

有一天，安德海和使女们在后花园中，玩捉迷藏的游戏，双眼蒙着丝巾。

"小海哥！我们在这里，你快来捉嘛！"

"小海哥！再往前走，前面有一颗黄樱树，树后面就是小翠丫头！"

使女们逗笑着，安德海被她们呼来叫去弄得团团转，一会儿跌倒，一会儿抱住花木，逗得使女们哈哈大笑。

双喜正巧在阁楼上观看，常听底下的丫头们说起安德海何等乖巧，学女孩子走路是何等像，内心就有点好奇，现在见他被人嬉耍，弄得灰头灰脑，也确实逗人喜爱，因此信步走下楼来，进入花园之中。

使女们一看小姐出现了，赶忙躲了起来，无人敢吭一声。

"好！"安德海细声细气地说："你们都躲起来，其实我已经听到翠丫头走动的声音，这次非抓着你不可。"

说着，安德海向双喜姑娘站立的地方走过去，感觉上一个人就在自己身旁，他稍稍一停，便猛力抱住，刚好将双喜姑娘抱个满怀。

"抓住了！抓住了！"安德海一面兴奋地大叫着，一面拉下眼上的丝巾，却发现是员外的千金小姐，不禁大吃一惊，随后露出满脸惶恐，张口结舌地说："小……姐，小……的该死！"

说来也怪，双喜姑娘经安德海这么一抱，全身像触电一般，及至见他一脸憨态，自己也感到无限羞惭，粉颊飞红，半晌，方说："你就是安德海？"

"是！小姐！"安德海躬身退至一旁，头也不敢抬起来。双喜看在眼里，心里越发地喜欢，何况自己也还是个不懂事的孩子，因此童心大发，笑着说："挺好玩的，你再把丝巾蒙起来吧！"

小姐的话刚说完，躲在花树后的使女们立即一拥而出，他们没有料到，小姐终于笑了，而且和她们一样，对安德海也是倍加喜欢。

这一次，双喜姑娘玩得很高兴，安德海也从此进入了千金小姐的阁楼。

由于经常出入小姐的阁楼，和小姐亲近的机会增多了。有一天，由于白天的疲乏，他居然在小姐的床上睡着了。双喜见他睡得很甜，不忍心叫醒他。夜深，双喜和衣而卧，也倒在床上，昏昏沉沉地进入梦乡。

在梦中，她看见一名白马王子似的美少年将她轻轻地抱起，放在四周满是野花的草地上，那少年亲切而温柔地亲吻着她，使她情不自禁地和他紧紧相拥；少年的手轻柔地伸向她的酥峰，随后又脱下她的外衣、内裤，她无力反抗，也不愿反抗，终于她全身一丝不挂，感到少年健美的胸膛紧紧地压在自己的身上，烈火在她内心燃烧着。猛然，一阵痛彻心腑的冲击，使得她愕然大惊，一下从睡梦中醒了过来。但是，这并不是梦，因为她身上确实有个人。

情窦初开的双喜姑娘，经过这次人生的历程后，一天也离不开安德海了。

安德海与载双喜的这段孽缘，是造成他进入宫掖的主要原因，因为双喜的未婚夫荣澄有一位堂弟叫荣禄，正是当今皇上宠爱的兰贵妃的内侄。

这荣家虽然有兰贵妃这门亲戚，却一直官运不佳，载双喜惟恐长期和安德海私通，发生事故，便提早嫁给荣家，又深悉兰贵妃娇淫，便推荐安德海进入宫中。果然安德海很快被贵妃视为至宝，荣禄也因此入宫得到职位。

兰贵妃不久便被封为懿贵妃，虽然得到了安德海，但是却不敢过分放肆，主要因东宫孝贞皇后是一位很正直的人。

不久，咸丰生病，又传闻有遗诏要赐死懿贵妃，懿贵妃越发地小心慎谨。及至咸丰一死，懿贵妃母以子贵，儿子继位后，她被封为慈禧太后，她和安德海便无所忌惮了。

安德海和慈禧的亲昵和宣淫，内宫之中，无人不知，无人不晓。有时同治皇帝来请安，安德海与慈禧仍然高卧未起，这些事，在十几岁的同治眼中，极其反感。

咸丰死的时候，慈禧才三十岁，正是虎狼之年，在性方面的饥渴，不言自明，而安德海天生柔媚，处处侍候得妥妥贴贴，加上异常的床上功夫，慈禧对他的娇宠，也就日盛一日。

同治时代的穆宗，秉性正直、天性纯良，在名义上，他虽然是慈禧的儿子，却和东宫慈安更为亲近，慈禧时常加以训斥。

"你与我听着"，慈禧一脸怒容，指着跪地请安的穆宗说："以后无事，不准你到东宫。"

"母后！"穆宗大为不平，却非常婉转地说："祖宗的礼数啊！总不能不去请安吧！"

祖宗的规矩，这是大清王朝最厉害的法宝，儿子渐渐长大，居然搬出祖训来顶撞母亲，慈禧一时无言以对，但却气得双手发抖："皇上！"安德海在一旁趁势说："太后的意思，除礼数外，最好少与东宫太后接近！"

穆宗本对安德海不满，立即双眼一瞪，怒斥着："你是什么东西，也敢插嘴！"

"不可无礼"慈禧太后立即厉色说道："你下去吧！"

穆宗大为一愣，满肚子不高兴，却仍忍声向慈禧躬身施礼："孩儿告退！"

皇上一走，慈禧立即转怒为喜，柔声叫着："小安子！"

"奴卑在！"

"以后在皇上面前，你还是少说话！"

"是！太后！"

"唉！"慈禧感喟地叹了叹气："这孩子愈来愈不听话了，你与我多留神他的行动。"

"遵旨！"

这位少年天子对历代权宦专权所知甚悉，经常把安德海比作明代权宦魏忠贤。对于安德海的仗势欺人，同治愤恨不已，常常在师傅、慈安面前表示要杀掉他。并做一些泥人作为安德海，然后割去头，以此发泄其心中的愤恨。而且同治两眼盯住安德海，总想找他的差错惩罚他。一次，忙于走路的安德海，竟未看见同治迎而走来，未行大礼就匆匆而去。同治见状怒不可遏，新仇旧恨一齐涌上心头，他立即大叫道"安德海，如此无礼，难道你眼里连朕也没有吗？"听到叫声，赶路的安德海才转过身来，见同治满面怒容，知道是有失大礼了，他暗自叫苦，怎么能如此粗心，居然连皇帝也没有看见呢？本来他早有耳闻，知道这位小皇帝对他看不惯，指责的话时而入耳。他尽力不去招惹同治。反正有太后保驾，只要不失大礼，谅他小皇帝能把我怎么样？可惜今天竟让这位皇帝抓住了把柄，只有自认倒霉。他回身急走几步，将两袖向下一甩，双膝跪地叩头，口中说道："奴才该死，奴才该死，奴才是瞎了眼了，没有看到万岁爷驾临，求万岁爷开恩，奴才实在是瞎了眼。"

同治满腔怒火,一直想找个机会发泄一下,今日见安德海跪在脚下,如同捣蒜一样磕头,他得意地冷笑一声。但是当听到安德海的辩词时,又增加了他的愤怒,于是怒斥道:"该杀的奴才,难道你不懂祖制吗?种种秽行,不堪入耳,擅入寝宫已是有罪,窃权干柄,构谗忠良,更是罪该万死!"

安德海还从未见过小皇帝发这么大的火,更没有想到从他的嘴里滚出这样的话,这那里象个未亲政的小皇帝,简直是坐在御座上的咸丰。他汗流浃背,额头上渗出的汗水滴在那浮在地面上的黄沙里。此时,安德海才感到什么是可怕,他对这个小皇帝从来没有过这样的感觉。

同治在众太监面前总算出了一口气,把这个趾高气扬,自以为是的太监整治得如此颤颤惊惊,也算显了显皇帝的威风。他看着爬在地上的安德海那可怜的样子,心里于心不忍便想要饶他一回。于是,他说道:"起来吧!记住,今后还如此胡作非为,小心你的狗头。"

听到放他滚蛋的声音,安德海如释千斤,慢慢地从地上爬了起来,向皇帝叩头谢恩后说道:"奴才遵旨,奴才一定记住万岁爷的嘱咐!"同治一挥手,安德海便灰溜溜地走开了。在一旁围观的太监们的嘻笑声,给了安德海以很大的刺激。他顾不了这些,竟连瞧也不瞧这些人,低着头急匆匆地走开,他再也不愿回过头来。见到安德海走了,围观的太监们又放声大笑起来,他们笑得是如此地开心。

安德海真的懊恨极了,他从出生以来从没有人如此捉弄过他。今天,当他入宫以来最为得意、最受当今掌权者宠幸的时刻,却让一个小皇帝如此捉弄了一场。想来又气、又怕、又恨。小皇帝的责骂声,围观太监的嘻笑声,不时在耳中回响。丢人现眼的,从此还怎么在宫中处事呢！他想到了慈禧，他要让慈禧替自己出这口窝囊气！

次日，当慈禧发现安德海不在身旁时，就传旨召他。往日安德海一见慈禧必定满脸笑容，表现出喜不自禁的样子，当慈禧说几句体贴话后，他必定会装出受宠若惊的样子。这些会使慈禧很高兴，她喜欢安德海这些表情和动作。今天，安德海却象换了一个人似的，苦丧着脸，慈禧感到迷惑，就要安德海说明原因。安德海这才把他编好的假话讲了出来，他把昨日路遇皇帝受惩的事，添油加醋地讲了起来，尤其在"擅入寝宫"上大作文章，说皇帝在众太监面前指名道姓出太后的丑，把个慈禧说得怒火中烧，于是她立即命令身边的太监："召皇帝来见！"

同治自昨天怒斥安德海之后，总算出了一口心中的怒气，心情也舒畅多了。他认为这一次对安德海的惩罚实在是大快人心，今后如果安德海有所悔悟，那也就算了；如果他继续为虎作伥的话，这样的事还会发生，非让他知道皇帝的厉害。沉浸在自喜之中的皇帝，没有想到就在他自我陶醉的时候，慈禧召见的懿旨来了。听到宣召的同治那里敢怠慢，立即就随传旨太监很快来到了长春宫。一入宫门，就瞧见来回踱步、怒容满面的慈禧，同治不由地打了一个冷颤。壮着胆子向前慢慢地移动着脚步，然后双膝跪地说道："给圣母请安"。

慈禧见到同治，怒从心头起，安德海的话反复在她的脑海里浮现，她气愤极了，便张口斥责："你这个不孝之子，整日不遵祖训好好读书习武，禧笑放浪，毫无宫规，不能严格要求自己何以表率臣僚？喜怒无常，赏罚无章，何以治理天下？……"慈禧越说越来气。拆责源源不断地从她嘴里说出，夹带着怒骂，使这位少年天子真有些受不了了。只见他双手撑地，两眼已被泪水充满，但是没有掉下来，因为他咬住了牙。

慈禧大怒之后，气乏力绝，见跪在地上的皇帝一言不发，再斥骂下去也不行。不过，她始终未让皇帝起来，更未赏赐座位，她要让这位皇帝多跪一会儿，以示惩罚。站在一旁的太监都对皇帝遭遇露出了同情的神色，惟有安德海异常高兴，他看到慈禧怒斥皇帝的样子，感到舒畅，真是痛快极了。他心中唸叨的是："这就叫作一报还一报。"

恭亲王有次为江南军务，向慈禧请示，安德海在前面走，明明瞧见恭亲王，却视若不见，等安德海进宫后，又故意命太监挡驾，整整等候了一天，仍见不到慈禧太后。

恭亲王知道是安德海在捣鬼，内心非常愤怒。第二天，恭亲王忽被皇上召见。

"叩见皇上！"

"叔叔平身，朕有一件大事要商量。"

"哦！敢是为了江南军务？"

"不！早上请安，太后命安德海前往江南置办龙衣，问我的意见。"

恭亲王一呆："皇上如何说？"

"我说一切由母后作主，并且表示这件事让安德海去办，一定放心。"

"好极！好极！"恭亲王很兴奋地说："机会来了！"

恭亲王现在相信，皇上是真的长大了，因为大清御律规定，太监出宫，违背祖训，可就地正法。

恭亲王知道，皇上心中对安德海也是痛之入骨。皇上说了一句肺腑之言："此贼长期秽乱内宫，他日九泉之下，亦无颜见父皇了！"

这话出自儿子对母亲的批评，恭亲王听后大为感动，立即着手策划，在他的心目中，山东巡抚丁葆桢，是一位忠谏耿直的清官。于是，皇上终于下了一道密诏，命丁葆桢等待时机，务必将安德海伏诛。

这一切安排，都是同治皇帝暗地里布署的，慈禧太后与安德海并不知晓。这趟肥差事，至少可捞上百万两银子，安德海自然是洋洋得意。

安德海启程了，走的是水路。瞧他的声势，坐的是大号太平船两只，船上插的是日形三足乌旗，高悬"钦差大臣"匾额，船的两旁，分挂着龙凤旗，又携带童男童女，沿途传呼官妓，上船作丝管之乐，吹吹闹闹，真是八面威风。

安德海所到之处，不但骚扰地方，而且逼勒官府奉献金银，这年正是同治八年的七月。

七月二十一日，又恰好是安德海的生日。船过德州，安德海大做起生日来，官舱中陈设龙衣，男女罗拜，大有称孤道寡之势。

德州知县赵新，早在安德海未到之前，便接到了丁葆桢的密命。但是赵新犹豫了，如果奉命捉安德海，万一不成，反累其祸；不这么办，就是违抗上令。

在赵新犹豫间，安德海的船已过德州。赵新与师爷商量，决定以快马将实情呈报巡抚。丁葆桢一面急修奏章，呈报给京师，同时下令东昌、济宁，继续追踪缉拿。

丁葆桢的奏章到了军机处，恭亲王首先看到，立即呈秉慈安太后，一直从置办龙衣到安德海沿途不法之事。慈安太后事先一无所知，及至看到修奏，不禁大吃一惊，慈安怒骂着说："这奴才如此妄为，可不得了，连咱们大清的祖训也不看在眼里。"

恭亲王知道慈安太后发火了，深信一切将不负皇上所托，于是，在东太后的同意下，立即着手下了一道圣谕：

"据山东巡抚丁葆桢呈奏太监在外招摇煽惑一折，德州知县赵新禀报，七月间，有安姓太监乘太平船二只，声势炫赫，自称奏旨差遣，采办龙衣，船上有日形三足乌旗一面，船旁有龙凤旗帜，带有男女多人，并有女乐，品竹调丝，两岸观者如堵。又称本月二十一日，系该太监生辰，中设龙衣，男女罗拜，该州正访拿间，船已扬帆南下，该抚已饬东昌、济宁各府州，属跟踪追捕等语。览奏深堪骇异，该太监擅自远出，并有种种不法情事，再不从严惩办，何以肃官箴以儆效尤？着马新贻、张之万、丁日昌、丁葆桢迅速遴派干员，于所处地方，将六品兰翎安姓太监，严密查拿，令随从人等，指证确实，毋庸审讯，即行就地正法，不准任其狡饰，傥有疏纵，惟该抚是问。其随从人等，有迹近匪类者，并着严拿，分别惩办，毋庸再行请旨，将此方百里密谕知之。钦此。"

这道圣谕，无疑加快了安德海死期的到来，从文字上来看，只指"安姓太监"，而不提"安德海"三字正是恭亲王的高明处，他深信，安德海被诛之后无法瞒过西太后，到时候也好有个推托。

丁葆桢接到圣谕，即命总兵王正起，在泰安追获，解往济南。丁葆桢亲自坐堂，安德海仍然大言不惭地说："我是奉西太后的钦命，谁敢犯我，只是自找死路。"

丁葆桢极为震怒，将圣谕当堂念了一遍，立即命刀斧手拖出正法。这名赫赫一时，以媚术异秉受宠的太监，终于和吕不韦的舍人嫪毐一样，落了个死无葬身之地。

安德海被诛后，在他的两只太平船上，截获了一批财物，一并呈库，看这份清单，颇值玩味，从中可见他的奢侈和搜刮之一斑；计有骏马三十余匹、黄金一千一百五十两、元宝七十枚、巨球五颗、珍珠鼻烟壶一枚、翡翠碧霞朝珠各一褂，碧霞玺数十枚，重者七两，此外还有其他珠宝等，这些财物被一并呈交内务府。

"毋庸讯供，就地正法"。由于慈安、同治与恭亲王奕䜣的共同坚持，加之廷议也附和，使慈禧孤掌难鸣。况且，在祖制的压力下，她也不得不让步，在处死安德海的谕旨上盖了印。安德海终于被丁葆桢处死，并且暴尸荒野，以示严惩，与安德海狼狈为奸的也同时处置。"宦者六人，假充前站官二人，马票客五人皆绞决，其家属二人、僧一人、苏拉数人发黑龙江"。

安德海之死，对于朝中公正廉明的大臣可以说是大快人心。曾国藩说："吾目疾已数月，闻是事（安德海被诛杀），积翳为之一开，稚璜（丁葆桢字）真豪杰也！"翁同龢听到安德海在济南被收系且家财已查封后，拍手叫道："快哉！快哉！"为民除害，不仅文武百官欣慰，而且又使"中外钦服"。但是，慈禧却心中难过。她不仅因为失去一个心腹而痛心，而且为慈安、同治、恭亲王奕䜣联合与她作对感到愤怒。当然，对于自己的亲生儿子同治在这一事件中表现出来的刚毅与机智，慈禧自然更是怒不可遏，这促使母子关系进一步恶化。

在慈禧与同治的关系恶化之际，同治却干了一件很不明智的蠢事。这件事益发激怒慈禧，在她心中形成了难以愈合的鸿沟，并最终导致母子关系的完全破裂。

同治降生后，按照清朝宫规，由身居六宫之首的皇后奉养，所以同治与慈安自幼接触最多。吃食穿衣之外，当他懂得"额娘"的意思时，就首先知道慈安是"皇额娘"。慈安自身无子，对这个惟一的皇子十分爱护，关照备至，视同己出。而慈禧却因为同治是亲生儿子，母以子贵，有居功自傲之感。而且对同治的要求比慈安也严厉许多。因此，在同治脑海里，"皇额娘"要比"额娘"的印象好得多。每遇大事同治总爱去找皇额娘，特别是在额娘那里受了训斥，受了委屈，他便要到皇额娘处倾诉一番。皇额娘的和颜细语一次次打动他那颗幼小单纯的心灵。日久天长，同治倒觉得他与皇额娘慈安是真正的母子关系。

慈禧对同治越来越看不惯。既是出于同治的不争气——不爱学习、专爱冶游，没有个皇帝的样子；还是出于他太亲近慈安，竟然比亲生母子关系还好；或者是随着同治年龄的增长渐渐认识到了身为皇帝，他应该是天下之主，应该亲裁大政，而慈禧却在那里指手划脚，朱笔在握，因而两人在"权"字问题上产生了分歧；或者是因为他与皇后恩爱，而冷落了慧妃，慈禧恼怒了，屡次指斥，二人不和。

当然也不排除各种因素的综合作用，这一切使同治与慈禧的关系日趋破裂。不过，从同治这方面言，虽说他对慈禧不满，但两人尚未疾恶如仇，因为他们毕竟是母子关系，他还是慈禧的亲生儿子呢！亲生儿子对母亲怎能不孝敬呢！但就在这时，又吹起了在热河时已吹过的风。咸丰驾崩以后，肃顺党人同两宫的斗争已达到白炽化的程度，双方都在明争暗斗，竭尽全力打倒对方。肃顺、载垣、端华等虽然论势力远远大于两宫，但却有一个问题使他们放心不下，那就是两宫手中掌握着皇帝。皇帝这张王牌一旦用起来，那可是无法预测的。肃顺虽然对他们有些轻视，但也不能不防着一手。特别是慈禧借皇帝生身母亲的有利条件，高傲无比。况且，一旦有朝一日让她完全控制了皇帝，唆使皇帝做出什么事来，特别是在召见群臣时突然宣布一个什么上谕，就有可能遭殃，为了让小皇帝不要听信于慈禧，肃顺等人冥思苦想，终于计从心来千方百计让小皇帝亲近慈安，冷落慈禧，母子关系日趋转淡。

二

清穆宗同治帝，入关后第八代皇帝，爱新觉罗家族中继顺治之后，又一个幼年登基的小皇帝，名载淳，为咸丰帝之独子，母叶赫那拉氏，即后来掌握朝政数十年的慈禧太后。载淳于咸丰十一年登基，年仅六岁，同治十二年（1873）正月宣布亲政，不到两年，即于十三年十二月初五日死去，年仅十九岁。

同治因病而死，毫无疑问，但其究竟死于何种疾病，历来众说纷纭，莫衷一是，也就成了历史上的一个谜团。本来，既为病死，死于何疾大可不必纠缠不休。但是，载淳死因，牵涉当时一系列政治事件和历史人物，因而引起人们关注。所以，传说甚多，有说死于天花，有说死于疥疮，有说死于梅毒，尤其是后一种说法，传闻甚广，疑窦丛生。堂堂一国之主，怎么会染上性病，且延至于无可救治呢？种种争论，遂成一代疑案。

同治帝微服出宫，嬉戏游乐，甚至出入烟馆妓院，这种说法不仅见于野史传闻，而且也见于正规学术著作。如萧一山所著《清代通史》即持是说，谓同治由出游而患梅毒，终至死于此种淫创。

至于载淳为何在宫中生活不快乐，每每微服外出，其原因大致有三种传说。

一种，传说同治帝并非慈禧亲生，他懂事后，微闻其事，抑郁不乐，乃私自出游。相传，咸丰时，那拉氏得宠，但久而无子。时某宫女怀孕，那拉氏秘不使咸丰帝知之，待其生子，那拉氏将其毒死，谎报婴儿为自己所生。同治帝年龄稍大，不知怎么听到了一点风声，暗中访求生母遗像，事为慈禧所知，母子遂不和。同治处处受到箝制，深怀不满，于是和小太监们嬉戏游荡，微服出游。

第二种说法是，同治帝因不满于慈禧对自己婚姻生活的限制而微服出游。同治帝生长深宫，出于慈禧太后喜爱戏曲的缘故，他耳闻目濡，自幼即熟悉戏曲，粉墨登场，于其中儿女痴态，眉目传情，久有心会。亲政之时，年近十八，血气方刚，发育早熟。本来，同治所娶立皇后之阿鲁特氏，深得同治宠爱，夫妇相得，并无不满之念。但是，慈禧不喜欢皇后。原来，同治册立皇后时，慈禧选中了凤秀女，慈安（东太后）选中了阿鲁特氏，两宫太后争持不决，即命载淳自己在二人中挑选。同治选中阿鲁特氏，立为后，凤秀女立为慧妃。自那以后，慈禧每见到阿鲁特氏，不由得心生恼恨。因而，限制同治帝婚姻生活，不准他常到皇后那里，又强令其移爱于慧妃。同治帝对此深怀不满，但又无可奈何。于是，在佞臣太监们的引导下，他始则独居乾清宫，继则游宴嬉戏，乃至微服出游，放纵成性。

第三种说法，认为同治出游，基本原因在于佞臣引导。同治帝不满意于宫中枯燥乏味的生活，太监及佞臣乘机引诱他微服出外游玩。相传，同治时有个叫王庆祺的翰林侍讲，京师世家子。起初，人值南书房，美姿丰仪，精戏曲，擅献媚，与同治帝相得甚欢，以五品官加二品衔，兼毓庆宫行走，恩宠有加。王庆祺将春宫图、春药之类进献给年轻皇帝，更得宠幸。俩人有时同卧同起，毫不顾忌君臣礼仪。一次，小太监见同治与王庆棋共坐一处，低头同阅一小册书，太监装作进茶，走近偷看，原来两人正津津有味地同看一本春宫图，连旁边来人都未觉察。当时，太监在东华门内私设烟馆，藏污纳垢，导引男女，供同治取乐，甚至市井小偷也混迹其间。不久，同治帝就厌烦了这种取乐方式，在王庆棋、载澂及太监们引导下，经常微服出游。

就同治当时情况和记载来看，同治的确对宫中生活不满，对典学读书不感兴趣，生活上又处处受到慈禧太后限制。据载，同治亲政以后，对批阅奏章十分倦怠，读书时精神不聚，禧笑不止。太后及帝师李鸿藻等督责甚严，而同治帝桀傲不驯，惟我独尊，不免走向反面，以至于写诗无可成诵者，"论文多别字"，甚至连臣下奏章也读不通顺。当时李鸿藻上章劝谏，即有停无益游观，止无名兴作之语，暗指同治微行及大兴土木。恭亲王、醇亲王等一再劝谏，触怒同治，引起朝内激烈斗争。这种情况，使同治更加厌烦朝廷政事，后期批阅奏章，不看内容，一律批上"依议，知道了"，有的奏疏内有两种意见请他裁定，也是如此，致使办事衙门无所适从。

当然，也有一种相对立的说法，认为传闻中同治出游一事，毫无实据，史书中找不到任何有关记载。

至于同治帝微服出游的各种传说，野史、笔记记载极多。

相传，湖南某举人入京候试，居会馆，与湖南名臣曾国藩邸舍相邻。一天，这位举人午睡，朦胧中见一少年入室，俯案翻阅他的文章，提起笔来，满纸涂改，然后匆匆而去。举人感到奇怪，问仆人。仆人回答说，这是曾大人的客人，曾大人不在，信步至老爷处。待曾国藩归，举人以其情告之。曾大惊道："这就是当今皇上啊。"举人十分惊骇，不敢参加考试，赶紧收拾还乡了。曾国藩死于同治十一年初，以此推测，传说中的同治出游，应开始于亲政之前。

一日，京中琉璃厂来了一位衣着华贵的青年人，买了些玉版宣纸，一时手上没有银钱，拿出罕见的瓜子金给掌柜。掌柜不敢收，嘱咐一个伙计随客人去取钱。走到午门内，伙计不敢进，仓皇逃归，才知来人便是当今皇上。第二天，同治命一小太监将银如数送至店家。

相传有一次，同治帝微服出游到一僧寺遇到下雨，见一人穷愁潦倒，十分可怜，问其以何谋生。那人说他原来是一个富豪的家奴，被主人赶了出来，无奈只好在僧寺当厨役，混口饭吃。同治帝又问："干你们这一行，以到何处干活最有出息。"那人回答说："去广东海关最好。"同治向寺中借来纸笔，写了一封书信，嘱咐那人拿着信去找步军统领衙门。后来，那人果然在粤海关谋到了职位，并由此发家。

同治帝外出时，曾自称是江西选送入京参加会试的学生陈某，在一家酒店偶遇翰林学士毛昶熙，同治点头微笑。毛认出是当朝皇帝，急忙奔告步军统领，派勇士十余人暗中跟随其后。几天后，同治在宫中见到毛昶熙，一再责怪他多事。

由于同治帝在位时，微服出行的事已有传闻，所以人们将京中不少怪事，都与他的出游联系起来。一次，某翰林独饮于酒楼，酒酣自得，忽闻邻座有客引吭而歌，抑扬顿挫，铿锵有力，禁不住大声喝彩。当时京中风俗，凡戏子之流演唱，则可扬声奖励，若是上流社会之人练唱取乐，喝彩便是一种讥讽。这天，唱歌者也是一人独饮，只带着一个仆人服侍左右。仆人听了翰林喝彩，反唇相讥，说他不懂规矩。这位翰林先生当时已多喝了几杯，略有醉态，正准备归去，大声说道："我没时间跟你争论，我就是翰林某某，住在某处，你要想评理，到我寓所来就是了。"说罢扬长而去。几天后，翰林院长官召见这位翰林，密语多时，这位翰林大为惶恐，匆匆告假出都，不敢再归。同僚都不知他所为何故，得罪何人。据猜测，这位唱歌的人就是同治皇帝。

相传，同治帝与皇后阿鲁特氏感情很好。但阿鲁特氏不招慈禧太后的待见。慈禧好看戏，起初，常命皇后等人陪看。但皇后生性端静，不喜观戏，每遇演到一些男女私情之戏，则面壁而坐，不看戏台。慈禧本来即因选后之事对皇后很不满意，这时就更加恼怒，几次谕责而不改，觉得皇后是有意揭自己的短，深恨之。而皇后见到同治帝，则笑脸相迎，慈禧更加之以狐媚惑主之罪，不准同治帝常去后宫，强令其移爱慧妃。而同治偏偏讨厌慈禧所喜欢的慧妃。于是，同治帝与太监佞臣出宫纵淫。但同治好虚荣，不敢去京中较大的妓院名楼，怕臣下看见，脸上无光。专门找隐蔽去处的小妓院、暗娼等处寻欢作乐，随行者也不过是一两个小太监。起初，人们不知道他是皇帝，后来知道了也假装不知。

相传，同治帝微行纷传于内外，一些王公大臣注意到了，屡有劝谏，而同治根本听不进去，照行不改。一次，醇亲王奕譞当面劝谏，同治帝却一再抵赖，醇亲王只好指出时间、地点，同治帝却又一再追问他从何而知。

这些当然多属传闻，并不一定可信，但这些传闻纷扬于内外，而同治帝之病症及逝世，又颇有可疑之处，这就难怪许多人怀疑他死于梅毒了。

了解同治帝病中情形，是确定他死因的基本前提。由于社会上风传载淳从很早就喜欢微服出游，后来人们对他的死因也略有异词，因而人们对载淳病情很注意。

关于这一点，许多重要官书不置一词，野史笔记却传言纷纷，绘声绘色。

据说，载淳因经常出入烟花巷院，久染梅毒，起初尚不觉得，后来渐渐显露于脸面、背部，才引起注意，召太医诊治。御医一见，大惊，知为淫事，不知如何是好，反而请命于慈禧。慈禧传旨，说皇帝是出天花。于是，御医们按照出痘的医法开药，当然无效。皇帝躁怒，责问："我非患天花，何得以天花治？"太医回奏："奉太后之命治之。"载淳无话可说，愤恨而已。梅毒为当时不治之症，以天花治之，当然是为了掩盖丑闻，以免皇家面上无光。后来，载淳病情日重，死前数日，下部溃烂，恶臭难闻，至洞见腰肾而死。

野史所传，未足全信，而正史于此类不利皇家之事，往往采取遮掩回避的态度，因而难以澄清。史书所载，同治帝病发于十三年十月，在此之前，各项活动正常，九月在晾鹰台打围行猎，并检阅神机营兵丁，可见其病发于促之间。

对于载淳病中的情状，历史资料记载较为详细的是《翁同龢日记》。翁氏为当时著名学者，载淳老师之一，亲信大臣，在载淳染病期间，几次被召见，亲眼看到同治病中情况，当较可信。据翁氏日记所载，同治十三年十一月初九日，翁同龢奉召至东华门，内传言皇上有天花之喜，"易花衣，以红绢悬于当胸，入请安，道天喜"。随后，翁与军机大臣等至养心殿东暖阁朝觐。当时，两宫太后均在，命持烛，令诸臣上前细看，只见载淳脸色红燥，痘疹极为稠密。次日，再入觐见，见帝头面痘疹皆灌浆饱满，声音有力。同治亲命各奏章由太后代阅，各臣应敬事如常。

以日记所载，这一段时间，载淳病状发展正常，明显系天花。但是，十一月二十九日再入觐，病情已发生变化，危险来临。只见载淳病颜憔悴，疹痂一半未落，并觉胸中闷热，慈禧太后这时也"涕泗交下"。随后，御医挤脓，"色白而气腥，漫肿一片，视之可骇"。至当年十二月初二日，再召人，见同治平卧，"两颊肿甚、唇鼓、色红"，已进入危险状态。三天后，忽传急诏，再人见，御医李德立正向太后奏报病情，慈禧"哭不能词"。诸臣再觐见，载淳扶坐瞑目，已进入弥留状态。

翁同龢作为同治帝的老师，在同治帝病重期间，五次受到召见，如果不是出于有意隐讳，他的记录应该是比较可靠的。以载淳病中屡次召见群臣的情形看，他所患也并非有碍皇家声誉的恶疾，所以不避臣僚，甚至令臣下掌灯近观。

同治帝载淳病中的情形，虽然在翁氏日记中有详细的记载，但由于社会上广传同治微服出游的故事，各种官书对病情又都略而不详，而且，有的还记录了许多载淳病前活动正常的情况，人们不免生疑，个中似有隐情。因为，官家需要避讳某事，史书回避不载甚至被修改的事，在历史上并不少见。即使是《翁同龢日记》中，也有恐"风声过大，且非两宫圣意"之类令人生疑的话。所以，历来人们对同治帝死因，就有各种看法。有人认为是死于天花，有人认为死于疥疮，也有人认为是死于梅毒，甚至也有人认为是被害的，所有各种病情记录，不过是为了掩人耳目而已。

就认定载淳为病死的三种看法而论，不足为怪，因为天花、疥疮、梅毒三种病症有其相似之处，再加上一些人不懂医道，自然会有模棱两可之处。

一九八○年，《故宫博物院院刊》发表了一篇专题论文——《同治帝之死》。文章的基本依据，是在故宫档案中发现的《万岁爷用药进药底簿》，即对同治帝病情及治疗的详细记录。它比较详细地记录了同治十三年十月三十日下午载淳发病，召御医李德立、庄守和入宫请脉，直至十二月初五日载淳病死，前后三十七天的脉案及所开处方，共用了一百零六服药的情况。脉案由侍候皇帝起居的敬事房太监，根据御医每天请脉的记录、处方，誊抄汇辑成册。脉案为第一手原始资料，又为御医记录之病状，当较可靠。文章作者对脉案进行了较详细的研究，认定载淳确系死于天花而非梅毒，并通过脉案与其他各种历史资料的比较，证实了自己的论断。最后，作者又将脉案记录送呈医学界专家教授研究论证，并请北京医院医务处开具证明，得出一致结论，认定确系天花。

这篇文章一出，言之凿凿，持之有故，资料充分，看来，认为同治帝死于其他原因的人似亦无话可说。但是，争论并未因此结束。1989年《文史哲》杂志刊载《清御史后代谈同治之死》的文章，断然否定了上述关于同治死于天花的论证。作者是当时为载淳治疗的主治御医李德立的后裔，引证李德立亲口所言，亦应属较为可靠的说法。文章说，据祖父面告：曾祖父（即御医李德立）奉诏入养心殿请脉之初，已经看出是梅毒之症。为了慎重起见，曾约请有名的外科御医张本仁会诊，一致认为同治帝得的是梅

毒大疮。自忖若奏明载淳生母慈禧太后，她通晓医道，喜怒无常，如若一时火起，指责有辱九五之尊，必遭杀身之祸。倘若知情不报，隐瞒病情，又怕责任重大，最终难免治罪，真是左右为难。经与右院判庄守和商议，认为反正是治不好的病，何况这是自古以来少见的帝王之绝症，难告于天下，不如装糊涂吧。既然宫中都说是出水痘，就照天花来治。

这种说法，与野史所传吻合。同治病发后，至少略知医道的慈禧太后，看出是梅毒，当然不能以实相告，传御医入内请脉时，即以水痘相告，甚至御医拿不定主意时，还曾请示太后。

以李德立后裔所言，也不无道理，细想之下，天子得此恶疾，当然不能明言，糊涂医治糊涂病。自然，当时所留下的所谓《万岁爷用药进药底簿》也就不足为凭了。但李氏所言，仅凭口传，亦觉证据不足。

由此看来，完全弄清同治死因之谜，尚须假以时日。

同治帝之死，之所以成为历史上一大疑案，是因为除了死因的疑团外，还牵涉到另外一些较重要的历史事件，也可以称做疑案以外的疑案吧。这就是围绕同治帝之死的遗诏案。

据传说，同治帝在弥留之际，曾对自己的后事作了安排，立有一份遗诏，指定了自己的继承人。

一天，同治帝觉得自己快不行了，便召自己一生中相处时间最长、自己最敬爱和信赖的首席帝师李鸿藻入宫，李鸿藻匆匆赶到养心殿西暖阁的寝宫，当他挑帘进去时，见皇后正坐在同治帝旁边。皇后见李鸿藻进来了，便起身要躲避。同治帝连忙制止：

"师傅年老，又是先帝亲信旧臣。你就在这听我们谈话吧，我有重要事情要说，你不必回避！"

李鸿藻连忙上前给皇上和皇后叩头请安。

中華藏書

大清十二帝·最新整理珍藏版

同治帝说："师傅，不必多礼，起来吧。"然后，他拉着师傅的手，悲戚地说："我自己知道病好不了啦。"

一听这话，李师傅和皇后都哭了起来。

同治帝说："你们别哭了，我有话要说。"然后，他把脸转向皇后，问她："朕驾崩后，你认为谁可以继承皇位？"

皇后忍住眼泪，答道："国家需要长大成人的君主，臣妾不愿抚养一个冲龄幼主，自己好享太后的尊荣。主少国疑，无益于朝廷。"

同治帝听了，露出了欣慰的笑容。说："这个主意太好了，你有这样贤明的见识，朕实在高兴。"

然后，他转过脸来对李师傅说：

"这件事我已有了主意，我想立贝勒载澍承嗣皇考。"

于是，同治帝便开始口述遗诏。李师傅一边听，一边遵命记录下皇上的旨意，形成了一份不到千字的遗诏草稿。遗诏大体内容是讲自己为何生前立嗣，为何立载澍为嗣君，其中有几句很关键的话含有抵制太后垂帘的意思。记录完毕，他把草稿呈给皇上。皇上看了一遍，便把遗诏草稿交给他，让他先退下休息，等一会再进来商定这件大事。

李鸿藻这个人胆小怕事，他对朝中政柄归属了如指掌，同治虽是自己的学生，对自己也很有感情。但毕竟一直是个傀儡皇帝，怎能与阴狠的慈禧太后抗衡？而且同治帝病中已有明诏，把朝政委诸太后，皇上现在只是一个行尸走肉的牌位，而在皇位立嗣这件大事上却想独立做主，是万万不可的。想到自己被卷进这场宫廷权力斗争，自己何去何从关涉到身家性命，他不禁浑身战栗，脸色苍白。但凭自己多年的官场经验，很快恢复了镇静，一咬牙一顿足，竟拿着那份遗诏来到慈禧寝宫，请求立即召见。慈禧召他进见，他立即从衣袖中抽出那份遗诏，呈给慈禧观看，慈禧拿过来细细阅读，一开始还装作若无其事的样子，但当读到那几句含有抵制太后垂帘的遗言时，不禁勃然大怒，从御座上忽地一声站了起来，撕碎了那份遗诏，然后抛到地上，用脚气狠狠地踏着，对李鸿藻说："你给我下去吧！"

随后，便听到慈禧太后传谕，停止给皇帝进药，也不许外臣入皇帝寝宫探视。不久，大臣们便得到了同治帝驾崩的消息。

关于同治帝的遗诏还有另一种传说。同治帝病后，慈禧下令，没有太后旨意，别人不许随便进宫探视，就连皇后也不例外。她怕皇帝夫妻俩背着自己商量事儿，便想让皇后随自己一起探病。但皇后不愿和她一起去，而是常常私下去看皇上，这可惹恼了慈禧。一天，她在探病时，见皇后没有在跟前侍候皇帝，便借故大骂起来：

"这个妖婢，一点夫妻感情也没有！"

这时，皇后恰好也到了，听到婆婆这样毫无道理地骂自己，不禁十分气愤，便理直气壮地为自己辩白：

"没有奉到太后懿旨，怎敢擅自来看皇上。"

慈禧被皇后抢白一句，竟一时语塞无言，脸上青一阵红一阵，愤然而去。

一天，皇后听说同治帝病危，便不顾一切地哭着奔往皇帝寝宫。她一边给他擦拭脓血，一边安慰皇上。她看皇上神志还清楚，便问皇上有没有遗旨。同治帝使出吃奶的力气，在一张纸上写了几个字，递给皇后。皇后接过来刚看一眼，忽然慈禧挑帘进来，大声骂道：

"你个妖婢，这个时候还来狐媚，是想让你丈夫快死怎的？皇帝给你什么东西，快给我！"

皇后不敢隐匿，便把那张纸条递了过去。

慈禧拿过来看了一遍，冷笑着说："你的胆子可真不小啊！"她把脸一沉，对太监说："来人哪，把那张纸给我

中華藏書

大清十二帝·最新整理珍藏版

烧了!"

皇后一见慈禧要烧遗旨,急了,忙说:"那是皇上立嗣的遗诏!"

慈禧听了大怒,不由分说地扑了上去,啪啪地抽了皇后几个耳光。慈禧平时手戴金护指,几巴掌打下去,皇后脸上顿时出现一道道血痕。同治帝吓得瘫爬在龙床上,恳求慈禧别打皇后。慈禧这才住手,斥令皇后退下。

遭受这番惊吓,同治帝的病情急剧恶化,不久便饮恨死去。

关于同治帝遗诏的内容,有不同的记载。有的说是立贝勒载澍为帝,这种传说不可信,因为当时载澍还是个五岁的小孩,立他为嗣帝既与皇后不愿抚育相矛盾,也不能抵制慈禧垂帘。而且载澍原名载楫,其父奕瞻是康熙帝长子胤禔的六世孙,同治帝死后第四年,同治帝的九叔,即孚郡王奕譓的嗣子载沛死了,慈禧便做主把载楫过嗣给孚郡王,并更名为载澍,从此才有载澍其人。

第二种传说,是同治帝决定立自己的好朋友,恭亲王长子载澂为嗣帝。这种说法,也有几分可信的程度,因为载澂当年已十七岁,他继位后能够自行亲政,可以达到抵制慈禧垂帘的目的。而且"澍"和"澂"二字相近,易于混淆,可能是后人误记,也可能是为奕䜣避忌,故意将载澂改写成载澍。陈夔龙在《梦蕉亭杂记》一书中曾记载了这样一件事。当同治帝驾崩,宣诸王大臣进宫议皇嗣问题时,奕䜣突然冒出一句话:

"我要回避,不能上去。"

第三种传说,是同治帝在遗诏中要立载治之子溥伦为嗣帝。这是于情于理最为可信一种说法。自从得知同治帝患天花以后,王公大臣大多认为皇上是九死一生,因而早已私下议论帝位承嗣大事。按照清室祖宗家法,皇帝死后无子,应从皇族近支选一个晚辈的人过继给他,立为嗣帝。同治帝的下一辈属"溥"字，而"溥"字辈中有个大家认为比较合适的人选，便是道光帝长子奕纬的长孙。尽管其父载治是由别支过继给隐志郡王奕纬做长孙的，但在名份上，溥伦毕竟是道光帝的长子长孙之子。因此，由溥伦继位的呼声很高。身兼军机大臣与帝师的李鸿藻，对此不能毫无所知，同治帝在与他商量帝嗣问题时，他一定会把这种意见反映给皇上，而立溥伦既合乎家法，又可为同治帝自己立嗣；既可为自己心爱的皇后安排好出路，又能把慈禧置于太皇太后的高位，防止她继续以太后之名干政。因此，同治帝遗诏的内容，极有可能是立溥伦为帝。

有人认为，同治帝患病后期，身体已基本上没有知觉，已处于僵死状态，因而不可能留有遗诏。从当时史料记载上看，这种说法与实际不符。因为同治帝虽然身体多处溃烂，但神智还十分清楚。十一月二十九日，也即驾崩前的第六天，他还能召见群臣，布置腊月事务。在崩逝的前三天，也即十二月初二日，他又一次召见群臣，翁同龢亲眼看见同治帝面颊甚肿，唇鼓色红，虚火满面，但目光仍很明亮，而且还能和大臣们交谈，说自己不想吃饭，只想睡觉。他在去世的前一天，还能进食腊八粥数匙，茶汤两次，苡米粥半碗，老米粥半碗。直到十二月初五日，才出现神志不清的情况。因此，他在生前为自己立遗诏不仅有必要，而且身体状况也允许。

总之，在慈禧的淫威下，同治帝的遗诏没等公布，便被权欲熏心的慈禧销毁了。从此，人们对遗诏噤若寒蝉，除了从太监那里透出一点风声外，外人一概不知，终成千古疑案。

由于同治之死本身就带来了种种猜疑，扑朔迷离，所以是否有遗诏已难考证了。又有一种说法：载淳病重，自知将不久于人世，强起，手书遗诏，交给孝哲皇后，事为慈禧所知，同治遂亡，孝哲亦不得善终。种种传说，不胜枚举。

总之，同治帝死因之疑案，涉及同治、光绪之交的一系列事件和宫廷政治斗争，并牵涉慈禧太后那拉氏、孝哲皇后阿鲁特氏、军机大臣、帝师李鸿藻及恭亲王奕䜣、翁同龢等臣僚、王公之间的关系，以及生平和评价，等等。也正由于这些的复杂性，这件事才成了人们关注的一大疑案。

三

清朝入关后的第七位皇帝——咸丰帝，在咸丰十一年（1861）七月十七日，于承德避暑山庄的"烟波致爽"殿离开了人世。他惟一的儿子，当时只有六岁的载淳继承了皇位，这就是清穆宗。

载淳虽当了皇帝，但终究还是个孩子，不可能料理国家大事，处理军国要事的担子就落到了两位太后——慈安和慈禧的肩上。因此载淳继位后的年号改为"同治"，取两位太后同时治理之意。载淳呢，除大臣票报时，装模作样地听听以外，依然过着上课、玩耍的生活。

同治帝在少年时代很调皮。他曾经在旧历除夕晚上，因为吃得太快，把一枚金钱咽到肚里，三天以后才随大便排出。宫人们都吓坏了，他却不当一回事，还说这是大吉大利。他在弘德殿学习，听倭仁、翁同龢、李鸿藻讲课。一次，李鸿藻教他写字，他故意写得歪歪扭扭，直到李鸿藻走到前面，捧着他的手说："皇上心不静，该休息了。"他才严肃地表示感谢老师的指导，并专心致志地写起来。不过，他虽然调皮，却很聪明。有一次，倭仁教他对对子。倭仁出的上联是："天临南极近。"他马上答出："星共北辰明。"他在一首《寒梅诗》的诗稿中，曾写下这样的诗句："百花皆未放，一树独先开。"他还在一篇《任贤图治》的文章中写道："治天下之道，莫大于用人。然人不同，有君子，有小人，必辨其贤否，而后能择贤而用之，则天下可定矣。"当然，这些东西免不了有些八股味道，但对一个十几岁的孩子来说，也还是很不错的。同治帝小时候，在弘德殿庭院中也学过射箭。有一次他三发两中，大臣们都高兴不已。

少年时代的同治帝也有他的烦恼。慈禧是他的生母，慈安是他的养母，为什么生母反不及养母对自己的态度好呢？他不能解释这种现象，经常陷于苦闷之中。他到生母那里请安，慈禧太后总是绷着脸，说话也是训斥的口气，从没见她有过笑容，更没从她那里得到过爱抚。到养母那里却截然不同，慈安太后总是温和地和他说话，问他学习的情况，告诫他不要太劳累。还经常拿出许多点心给他吃。于是，同治帝和慈安太后的感情日益亲近，对慈禧太后则越来越疏远。

宫廷中的生活虽然单调乏味，但孩提时代还是很快过去了。同治十一年（1872），同治帝已经十七岁，两宫太后决定为他选后妃。懿旨传下，满蒙大臣纷纷把自己的女儿送入宫中备选，最后确定了五人。在她们之中，到底谁正位中宫，被立为皇后呢？慈禧太后喜欢侍郎凤秀的女儿，因为她长得漂亮。但是慈安太后和同治帝却不太喜欢，嫌她过于轻浮。慈安太后喜欢侍郎崇绮的女儿。崇绮的女儿虽然长得不是很漂亮，但雍容端雅，让人一看就知道有德量。慈安太后曾背地里问同治帝，这两个人中他到底喜欢谁？同治帝回答喜欢崇绮的女儿。选皇后的事情就这样定下来了。慈禧太后的意见没被同治帝采纳，她不仅对同治帝有意见，对未来的皇后也开始有了成见。这年九月，崇绮的女儿阿鲁特氏被正式册立为皇后，她就是孝哲毅皇后。凤秀的女儿只被封为慧妃。

新婚之后，同治帝和皇后的感情非常融洽。皇后气度端庄凝重，不随便说笑，对同治帝始终以礼相待，同治帝对皇后也很敬重。当宫中没事时，同治帝便提出唐诗中的问题让皇后回答，皇后总是背诵如流，这使同治帝愈加爱慕皇后，他们之间的感情顿时变得如胶似漆了。不料，这却激怒了慈禧太后，她不能容忍同治帝对皇后有敬重的感情。于是，皇后每次到慈禧太后处请安，都要遭慈禧太后的"白眼"。时间长了，同治帝和慈禧太后的关系也更加疏远，感情也越来越淡薄了。一天，同治帝请安的时候，慈禧太后说："慧妃为人贤明，应当对她格外眷遇；皇后年纪还轻，不太懂得礼节，不要经常到她那里去，以免妨碍政务。"从十二年（1873 年）开始，同治帝已经亲政，慈禧太后说这番话，显然是打着勤政的幌子，挑拨同治帝和皇后的关系。慈禧太后还暗地里派太监监视同治，密切注意同治帝和皇后的情况，这使同治帝非常不高兴。迫于慈禧太后的压力，同治帝常常独宿于乾清宫，他和皇后见面的机会越来越少。

据说，就在这个时候，同治帝开始误入歧途。他一个人住在乾清宫，晚上感到寂寞无聊，便在小太监的唆使下，常常换了衣服从后宰门出宫。一天，他来到曾国藩的寓所，恰巧曾国藩不在家，就信步来到和曾家斜对过的湖南会馆，一个举人正要铺床睡觉，看见进来一个少年，不说话，只在书案上翻了翻，随便写了几个字就急匆匆走了，感到很诧异，举人问仆人这个少年是谁？仆人回答："他是曾大人的客人，因曾大人外出未回，便到老爷您的住处呆会儿。"第二天，举人向曾国藩谈起这件事，又描述了年轻人的长相，曾国藩才知道是同治帝。

也有人说，同治帝从这时候开始和社会上的娼妓发生了关系。慈禧太后不让他和皇后见面，还要他去爱不喜欢的人，这使他非常苦恼，便到内城找那些私自卖淫的人取乐，和他同行的只有一两个小太监。开始，人们还不知道，时间长了，很多人知道了，但也不敢说。同治帝就这样染上了梅毒。一开始他没觉察，过些时候，脸上，背上表现出来了，才让宫中的御医看。御医看后大吃一惊，知是梅毒，也不敢说，就向慈禧太后询问治疗办法。慈禧太后说是天花，御医们便当天花治，一直不见好转。同治帝便骂御医："我得的不是天花，为什么当天花治?"御医回答："这是太后的懿旨。"同治帝不再说话，感到非常气愤。不久，他便因梅毒而死。

还有人说，同治帝最后的死和慧妃有关。从明朝世宗以后，皇宫中规定，皇帝到哪个宫去，先要由皇后传谕某妃嫔准备伺候，然后皇帝才能前往。给妃嫔的谕示必须盖有皇后印玺，否则，皇帝虽来，嫔妃也可以不接待。同治帝有病刚好，一天，他想到慧妃宫中，皇后没有答应，同治帝就长时间地给皇后跪着，皇后没办法，只好同意了。第二天，从慧妃那里回来，病情恶化，不久，便死了。

上面这些关于同治帝的传说是真的吗? 截至目前，还没有一个统一的看法。不过，大体来说，是不确实的。

事实是，由于慈禧太后的刁难，同治帝和皇后阿鲁特氏的婚姻生活受到了破坏。他们尽管被人为地隔开了，但双方之间依然保持着真挚纯洁的感情。只是由于心情过分地忧郁，从同治十三年（1874 年）十月三十日开始，同治帝就卧床不起。他得了天花，给他治病的是清宫御医李德立、庄守和。得天花之后又患了感冒，于是各种并发症都出现了。前后经过三十七天的治疗，共用了一百零六服药，也没见好。进入腊月，绝望和悲泣笼罩了整个皇宫，十二月初五日夜里，同治帝终于离开了人世，年仅 19 岁。

同治帝死后不到一百天，孝哲毅皇后也离开了人间。这一对宫廷中的弱者，在慈禧太后的高压下，过早地叩开了地宫的大门。关于孝哲毅皇后的死，民间也有种种传说。

有人讲，同治帝病危之际，曾召军机大臣侍郎李鸿藻入见。李鸿藻走进同治帝寝室，看见皇后在旁，想回避，同治帝把他制止了，说："师傅是先帝老臣，她是门生媳妇，我正要有重要的事情说，何必回避呢！"随后，同治帝拉着李鸿藻的手，对皇后说："倘若我不行了，要立嗣子，你意中是什么人，赶紧说。"皇后忍住泪讲道："国家需要长大成人的君主，我不愿居太后的虚名，再立一个无知的孩童，而耽误了国家大事。"同治帝听完，叹了一口气"你这样想，我就放心了。"于是和李鸿藻商议，决定以贝勒载澍继承皇位。同治帝口授了遗诏，李鸿藻在床旁记录了下来。谁知，李鸿藻本身就是一个胆小怕事的人，离开同治帝以后，吓得战战兢兢，面无人色。他立即来到慈禧太后住处，把同治帝的遗诏献了出来。慈禧看后，大发脾气，当即把遗诏撕成碎片，扔到地上，把李鸿藻也呵斥出来，还命御医不再给同治帝看病，御膳房也不要给同治帝送饭。同治帝死后，慈禧太后让她的妹妹的孩子载湉继承了皇位。孝哲毅皇后感到这与同治帝遗诏不符，极为悲痛。慈禧太后知道了，把孝哲毅皇后召去，劈头盖脸地打了几个耳光，然后骂道："你害死了我的儿子，还想做皇太后吗？"还强迫她在地上跪了很长时间。孝哲毅皇后回到自己宫中后，越想越悲痛，只是哭，眼睛都哭肿了。一天，皇后的父亲崇绮入宫，把见到的情况禀报了慈禧太后，慈禧说："皇后既然这么伤心，那就让她随同治皇帝去吧！"崇绮从慈禧太后那里出来不久，孝哲毅皇后便死了。

也有人讲，慈禧太后爱看戏，每次孝哲毅皇后都陪同去看，见演到淫秽的地方，总是回过头去面对墙壁。慈禧太后多次说她，她也不听，便怀恨在心，认为孝哲毅皇后是有意出自己的丑。对同治帝爱慕皇后，慈禧也说是皇后狐媚惑主，应当治罪。有人劝皇后说："对慈禧太后应当亲近些，否则对你不利。"皇后回答说："尊敬可以，亲近谈不上。我由大清门迎入，地位不是能轻易动摇的。"皇后的这番话传到了慈禧的耳朵里，从这时开始，慈禧太后就有害死皇后的意思了。同治帝病后，慈禧去探视，有时看到皇后不在，就开口大骂："贱人！没有一点夫妇的感情。"在同治帝死前，孝哲毅皇后前往照顾，她一边为同治帝擦洗，一边从同治帝手中接过遗诏。赶巧这时慈禧太后来了，见皇后在哭泣，手中还拿着东西，便骂："小贱人！你还装相，是存心把丈夫害死。手里拿着什么？快给我！"皇后不敢不给，便递了过去。慈禧接过，见是遗诏，冷笑着说："你竟如此大胆！"随手把遗诏撕碎，又顺手打了皇后几个耳光。慈禧带着金指甲，皇后的脸被划出了一道道血痕。同治帝死后，皇后问她父亲崇绮怎么办，崇绮说了一个"死"字，皇后便决心殉死了。

其实，上面这些说法也都是后人编造的。同治帝临死前，瘫在床上，浑身的痘痈已经溃烂，而且早已失去了知觉，不可能留下什么遗诏。孝哲毅皇后在同治帝死后，精神上受到沉重打击，再加上慈禧太后不断的斥责殴打，对人生失去了信心，最后绝食而死，死时才二十二岁。慈禧太后以她的残忍和淫威，逼死了清末宫廷中这一对年轻的帝后。

第二章　入嗣即帝

一

同治十年（1871年）六月二十八日夜。

浓云翻滚，天空漆黑，狂风呼啸，大雨倾盆。巍峨壮丽的醇亲王府邸在这可怕的雨夜中竟显得那样孤寒渺小。黑暗几乎淹没了府邸所透出的烛光。

身材高大、面容清瘦的醇亲王奕譞坐在书案前，独守着漫漫长夜。他的一双眸子牢牢地盯着面前的两支红烛，一支在身左，一支在身右，燃得正亮。他希望通过蜡烛显示出一个吉祥的预兆。他默默地、耐心地等待着。

今晚，他的福晋就要生产了，他的心中自然充满希冀和憧憬，但与此同时，不知为什么心头却不时掠过几丝莫名的恐惧。在亲生骨肉诞生之前，他不禁又想起了自己的特殊身世，并思虑着未来的处境。

说到这位奕譞，在当时的清廷中确实来头不小，有着特殊的地位。奕譞是显赫的天潢贵胄，他是道光皇帝的第七子，咸丰皇帝是他的四兄，而当今的同治帝载淳则是他的皇侄。在咸丰帝统治时期，奕譞除了按清廷宗室的惯例被封为属于二等爵位的醇郡王之外，据溥仪所说，在那时他并没有再得到过其他特殊的"恩典"。不过，到咸丰十年（1860年），奕譞"奉旨"与受到咸丰帝宠爱的懿贵妃（即后来的西太后）之妹——就是即将生产的福晋成亲后，情况又发生了重大变化。这不仅影响了他自己的政治地位，更决定了他子孙的未来命运。当然，对于后者，他并未能作出充分的估计。

醇亲王默默地祈祷着，同时留心地瞧着红烛上的烛煤，想要以此得出一个预兆，以定将生孩儿的命运。那种蜡烛的烛芯，是用一种质地坚韧的纱线做成，随着烛油的燃烧，那烛芯却不马上跟着燃掉，总是留着一段墨黑的烛煤，这就需要那些值班的侍者不时用筷子把烛煤夹断，丢在旁边的水碗里。

现在，醇亲王亲自小心谨慎地夹下了两段烛煤，分别放在两个水碗里。第一段烛煤一下水便立即沉没了，水面上不曾留下任何痕迹，这显然不是吉兆，醇亲王哀叹了一声。幸好，第二段烛煤沉得并不那么快，他高兴地全神贯注地瞧着。突然，碗里爆出一缕黑烟，醇亲王不禁为之一惊。再看那黑烟消散之后，那烛煤本身也在水里渐渐涨大，忽而又在水面上爆开了，分成无数的黑色小点，布满了一碗，然后慢慢地沉了下去。醇亲王瞪着惊异的眼睛，张着嘴，怔怔地盯着水碗，紧张地思考着，却断不出这第二段烛煤的预兆是吉是凶。

窗外的风雨之声一阵比一阵更大，但醇亲王似乎浑然不觉。他的目光离开水碗之后又长久地停留在蜡烛那红红的火焰上，渐渐地合上了眼皮进入睡乡。但那烛火并未离开他的幻觉，他看到那火焰正在逐渐变大，直到面前出现一片通红的漫天大火。大火愈燃愈旺，突然，又响起一阵巨大的爆裂声。醇亲王大吃一惊，不禁叫出声来，猛然从睡梦中醒来。一阵急促的脚步声自外而入。

"恭喜王爷！王爷大喜！福晋给您生了一位大爷，真是大喜呀！"来人异口同声地喊道。

闻听此信，奕譞立即兴奋地跳下炕来，情不自禁地喃喃自语道："我又有儿子啦！我又有儿子啦！……"要不是身为王爷，需要保持一点矜重，他简直会大声呼喊起来。

奕譞所以说"又有儿子"，显然是说这新生儿并非他的长子。恽毓鼎在《崇陵传信录》中说，载沣是奕譞的长子。《清史稿·奕譞传》则说载沣是奕譞的第二子。爱新觉罗·溥仪在《我的前半生》一书中也说，奕譞的长子早殇，载沣是其第二子。参照各种资料，当以载沣为第二子之说为准。

奕譞来到产房，看到福晋安详地躺在那里，总算放下了一颗一直悬着的心。他走到福晋面前，轻轻握住了福晋的手，用一种温柔体贴的声调说道："我们真是叨天之福，这个造化可算是大极了！"

"是啊，王爷，想不到我们果然生了一个男孩儿，我真有说不出的高兴！"福晋的身子虽然虚弱，但憔悴的脸上仍然洋溢着十分兴奋的神情。

醇亲王用手轻轻地在福晋的额上抚摸着，一边以祈祷式的语气说道："但愿我们的儿子将来能够成为一个高贵而又伟大的人物，而不要玷辱我们家的门楣。"

"是啊，我希望他能像父亲一样出色，长得威武雄壮，能够骑马打猎，还能作出一手好诗，以给父母争气。"

醇亲王在满怀欢欣与希望的同时，心中又藏着疑虑。刚才烛煤爆裂的情景和梦中所见的场面，总使他感到这是不吉之兆，但他又不愿把这告诉福晋。

就在醇亲王与福晋絮絮而语之时，收生婆小心翼翼地捧着一个丝绵包裹走了上来。她略略地将手臂放低一些，一个新生儿便展现在醇亲王面前。

醇亲王低下头非常仔细地看着儿子，小家伙的眼睛还紧紧地合着，长着茸毛的皮肤显得很松弛，身子十分瘦小孱弱，给人一种可怜巴巴的感觉。这更加重了醇亲王心中的阴影。

"快，赶快去找两个命相家来！"醇亲王吩咐下人。虽然小孩儿出生后看命相已成惯例，许多人并不完全相信它，但今天醇亲王态度却十分认真，郑重其事。

天刚亮，两个命相家便急急赶到了醇王府：一个绰号"张瞎子"，一个绰号"刘铁口"。醇亲王犹豫了一阵子，终于把烛煤之兆和梦中情景以及心中的疑虑说了出来。

"王爷，依小的看来，这可不是吉兆，恐怕小王爷成长不会顺利，要多磨难哪！"刘铁口坦率地说出了自己的看法。听后，醇亲王的脸色显得十分难看。

此时，张瞎子正在瞪着一双瞎眼，扳着粗黑的手指掐算着，嘴里不住地嘟嘟嚷嚷。突然，他颤抖着朝醇亲王走了过来，把嘴凑到亲王耳边低声说道，"我的王爷啊，小王爷将来是要做皇帝的呀，就是大清帝国的皇帝！"

醇亲王闻听此言，不禁大惊，他绝未想到命相家竟作出如此的预测。

"大胆！真是胡说八道！我哥哥的儿子同治帝现在不是好好地坐在龙廷上吗！"醇亲王虽然说话声音不大，但语气十分严厉。

"但这是命里注定的呀！"张瞎子固执己见。

"不，不，不可能，这孩子与同治帝是同辈啊。"醇亲王提出质疑。

"那就走着瞧吧！"张瞎子仍然坚信自己的占断。

清朝入关以后，传下了一个牢不可破的规矩：严禁帝位兄终弟及。老皇升天之后，必须是小一辈的人继位，同辈人断乎不可染指。所以醇亲王不敢相信张瞎子的推断。更何况，同治帝现在正值童龄，健康活泼，整日耍枪弄箭，还根本谈不到皇位继承问题。

"命里注定的事，是无论如何也要来的，王爷您别不信，王爷不要忘记，您也是天潢贵胄啊！……"

"休再胡说！"醇亲王厉声打断了张瞎子的话，令下人付给张瞎子和刘铁口赏银，将他们很快打发出了亲王府。

"皇帝……命里注定……？"醇亲王自言自语着，半信半疑，心里感到惊讶而慌乱。

二

小载湉一天天在长大。时光很快过去了四年，小载湉也不知不觉满了四岁。

算命先生的预测看来还真有些应验，小载湉生在富贵乡里，说不尽娇生惯养，但却非常瘦弱。醇亲王夫妇心中很是不平，为什么普通百姓人家甚至穷人的娃娃都能长得结结实实，白白胖胖，而自己的孩子贵如王子，却瘦得可怜巴巴呢？他们感到十分不安，生怕小载湉有夭折之虞，因而对孩子就越发爱护，真可谓无微不至。

小载湉虽然瘦弱，但并未发生过什么大的灾痛，一切倒也安然。这四年，小载湉感到十分惬意快乐。父母的爱抚，仆人们的精心护理，使他幼小的心灵朦胧地意识到自己位置的崇高，这样，自然感受不到有什么拘束和烦恼。

小载湉颇有语言的天赋，学习说话并不感到吃力。但奇怪的是，他不喜欢在众人面前讲话，却愿意一个人自言自语，看他那神气，似乎喜欢一个人独处。可见载湉自幼生性腼腆。

每个人都有他自幼喜爱的东西，载湉自然也有自己的爱好。他最喜欢的是花和鸟，而且态度颇有些神秘。只要有一只小鸟进入眼帘，他是绝不会轻易移开自己视线的。小鸟飞，他的目光也追着飞；小鸟落了下来，他的目光也停下来不动。他会专心地长时间地看着小鸟，而且喃喃自语，若有所思，神情颇显激动，似乎他已听懂了那啾啾鸟语，在和小鸟亲切地交流思想，诉说着自己内心的秘密。

鸟，能飞能唱，可给小载湉带来欢乐；花，虽然不能给予他流动的快意，但那静谧鲜朗之美也足以令他神往。他照样也能长时间地与花相视对语。他从来不肯伸手摘下花朵，也从不去伤害一片花瓣儿。

载湉从小就长得非常清秀，五官端正，皮肤白皙。最有特色的是他那一双大而深邃的眼睛。那清澈的眸子透出聪明与善良，又不时现出羞怯与疑惑。载湉虽然瘦弱，仍不失为一个可爱的孩子，他足以令世间冷漠的人一见而生怜爱之情。

载湉有一种特别的天赋，就是左右两手有相等的功能，没有明显的左右撇之分。他无论拿东西、写字，都可以两手并用。

载湉四岁这一年，醇亲王特地给他请了一位饱学端行的门馆先生，开始教他读书写字。小载湉天资聪颖，先生按规定所教的十几个字，他学起来并不感到吃力，而且一旦学会则不再忘记。除了习字，载湉还爱上了图画和剪纸——虽然先生并未给他规定这样的学习任务。什么花啊，鸟啊，人啊，兽啊，他都喜欢画。他不仅在纸上画，而且更喜欢在墙壁上画，墙的下面画满了，就索性站在凳子上画，竟把蛮好的墙壁弄得一塌糊涂。对此，门馆先生感到无可奈何，醇亲王感到啼笑皆非。每逢此时，载湉便一改其平时腼腆的性格，又表现出十足的顽皮，也显现出他高超的想象力。

也就是在载湉四岁这一年，宫中传出了一个惊人的消息：同治帝载淳染病，而且病势相当严重，已不能下床，看来凶多吉少。

三

国不可一日无君，因此，同治新逝，立嗣的事随之而行。在这个问题上又出现了一台闹剧。

同治生前未留下一儿，后继无人。谁来继位成了朝野上下关注的焦点，也是清王朝迫在眉睫的大问题。当时同治帝的皇后阿鲁特已身怀六甲，不久就要生产。但慈禧太后借口国不可一日无君，急于早定新皇人选。她还认为同治帝青壮年患恶疾而死，不论皇后所生是男是女，身体均不会太健康，已不适合立为君主，应另选其他宗室子弟。按清代立嗣规定，同治帝是"载"字辈，他死之后，应在下辈即"溥"字辈中选拔继承人。但如果依照这个规矩的话。慈禧就成了太皇太后，没有理由辅佐幼帝、垂帘听政了，权力应转交阿鲁特氏。这是具有强烈权力欲的慈禧所难以容忍的。于是她采取坚决的态度力主立"载"字辈宗室子弟为新皇帝。

阿鲁特氏腹中的婴儿继位无望，阿鲁特氏本人当太后执政的幻想化为乌有。慈禧太后跟阿鲁特氏的关系原本就不好，光绪即位后，阿鲁特氏充其量只是一个皇嫂，政治上无依无靠。慈禧还利用其特权，对她百般排挤和打击。阿鲁特氏为自己渺茫的、不堪设想的前程感到绝望，同时，为了抗议慈禧的折磨，竟吞金自杀。后虽经抢救不死，但她心如死灰，毫无生念，又绝食数日，终于光绪元年（1875 年）二月二十日绝命西归。这时，距同治之死仅五十多天。

阿鲁特皇后的死震惊了朝廷上下，反应强烈。有一些大臣甘冒风险，直言上书。御史潘敬俨给慈禧上一奏章，说皇后无论是因悲伤过度而死或者是自杀，都表明她的气节，值得大力表彰："不作任何表示，不能安慰亡灵；不加封号，不足以安定人心。"慈禧知道他在借题发挥，恼羞成怒，斥之为狂言乱语，目无君主，将他罢免赶走。内阁学士广安，在阿鲁特氏未死之前就要求慈禧在铁券上写明待皇后生有皇子即让他继承大统，因此慈禧把他叫来训斥了一番。

但这件事并没有因为阿鲁特氏的死就平息了下去。光绪五年（1879 年）三月，吏部主事吴可读参加了同治帝棺椁安葬仪式之后，触景生情，感慨万千。他想就此事再上书一封，希望引起慈禧太后的重视。但他知道自己官卑言微，一书进宫无异于石沉大海，音讯全无。于是他选择了"尸谏"。返京途中，他在蓟州三义庙里题了一首绝命诗，然后服毒自杀。当吏部官员闻讯来收尸时，发现了他临终前写的一份奏折。全文一千六百五十多个字。文中谈到光绪帝即位的背景，清代历朝皇位传继的规定，希望两宫皇太后不要破坏祖宗及朝廷的法规，力改前面的错误，以安同治帝在天之灵，杜绝朝野种种流言。

吴可读的尸谏搞得慈禧非常难堪，又不便发怒。读罢遗奏，她只是轻描淡写地说："这个人未免有点饶舌。这件事谕旨里已经写得很清楚了，要他来说些什么闲话？"慈安太后说："一个小小的主事，敢发这般议论，而且以死表明自己的忠心，总算难得。"慈禧太后不准臣下再议论此事，令将吴可读的奏折抄录一份存档，将尸身好好安葬。

从此，再没有人为光绪即位的事挑起风波，慈禧垂帘听政的目的终于达到了。

同治皇帝去世的那一天，慈禧令其心腹太监传出懿旨召王、军机大臣及皇族近亲入宫议要事。众人接旨后火速入宫，于是惇亲王奕誴、恭亲王奕䜣、醇亲王奕𫍯、孚郡王奕譓、惠郡王奕详，贝勒载治、载澂，公奕谟，御前大臣伯颜，讷谟祐、奕劻、景寿，军机大臣宝鋆、沈桂芬、李鸿藻、荣禄，以及弘德殿行走徐桐、翁同龢，南书房行走黄钰、潘祖荫、孙贻经、徐郙、张家骧等人奉命入宫。慈禧传旨召王、大臣入议要政，但当王、大臣们火速赶来时，她却静静地坐在那里，看上去就像什么事都未发生一样。她在思虑着什么？可想而知，今天召见这些人、无非是宣布同治驾崩，与众人商议另立嗣君的事情。然而，这一次非同往常，因为过去各代帝王均有子承嗣，况且又有祖制，立嗣的事无须费多大心。特别自雍正确定储位制后，历代承袭，新君即位，只须打开藏于正大光明匾额后面的金匣宣布遗诏即可。这一次不同的是，同治无子嗣位，必须从近支内挑选一人。这是个十分重要的问题。因为它关系到慈禧本身的权力，不能不慎重考虑一番。自同治病危时起，慈禧就已开始考虑这个问题了。她对清制了如指掌，按照祖制，选继承人必须是晚辈，就同治说来，就是爱新觉罗氏溥字辈的人。在溥字辈的近亲中恭亲王奕䜣的孙子们无疑是最合适的人选，而且若让王、大臣们议定，也必会集中到这里。这可不行啊！因为，她对奕䜣是了解的，此人非等闲之辈，在权力问题上有很强的欲望。为此，他们不是已经斗过几个回合吗？自那次公开的斗争之后，虽然奕䜣表面上装得很恭谨，但内心并不服气，而且仍然在积蓄力量，准备东山再起，一揽大权，慈禧对此是早已心存戒心的。假如再从他的孙子中选立嗣君，那么，这位奕䜣便会重操他的"挟天子以令诸侯"的旧伎。慈禧是不会甘心居人之下，拱手让权的，她在想个万全之策，以求保住垂帘听政大权。经过多少个日日夜夜的反复考虑，慈禧皱紧的眉头终于展开了。今天，她传旨召见王、大臣，但当王、大臣前来领旨时，她却又慢腾腾地不出来召见，这是为什么？她是在思考对策，即如何使王、大臣们按她的意思决议。当胸有成竹之时，她便站起了身，缓缓地到了阁中御座旁。今日慈禧不同往日，她既没有穿礼服，只是身穿便服出场；也没有登御座，只是站在御座旁，一只胳膊压在御座上，手里摇晃着一把淡色的筇箭。

站在阁门之外的王、大臣们万万没有想到，把他们十万火急地召来，却让他们在门外侍立候旨。他们各自内心像十五个吊桶打水一样七上八下，都极尽全力琢磨今天召见的内容，想着自己应该如何应付局面。过了好一会儿，终于传旨进见，王、大臣们便鱼贯入阁。他们进入西暖阁向两宫行礼后分立两排，一排是宗室王亲，一排是朝廷大臣。他们站在那里低头听旨，半晌两宫竟没有一句话。这些王、大臣们不知究竟是为了什么，又不断在猜测着究竟发生了什么事情。沉默持续了许久，惇亲王耐不住性子终于开口打破了这沉闷的局面："敬问两宫皇太后，不知万岁龙体如何？"慈禧微微一笑，答复了惇亲王四个字："皇帝无恙。"

西暖阁又陷入了沉默。这种沉默使前来奉旨的王、大臣们深感不安。他们虽揣知宫中必有大故，但谁也不敢贸然发问。正在这时，慈禧不急不忙地开了口："圣躬颇虚弱，未有子，或有不测，必立嗣，卿辈试思宗室中，谁可承继大统？"

诸人现在才明白此次召见的用意何在。虽然，这几日这些在场的诸王、大臣都作过一些考虑，但因摸不准两宫底细，所以都不想先发表自己的意见，西暖阁再次陷入了沉默。总不能如此沉默下去吧，文祥终于开口了："若为皇上立太子，溥字辈中近支已有数人，请择其贤者立之。"此端一开，众大臣议论起来。只听有人出班奏道："溥伦长，当立。"话音未落，又站出了一个惇亲王，他提出了反对意见："溥伦疏属，不可！"

在王、大臣们纷纷议论之际，有两个人没有加入这场议论，他们就是奕䜣和奕譞。在他们看来，他们的儿孙最有可能入嗣，怕遭嫌疑，因此，沉默无言，只是洗耳恭听。慈禧对王、大臣的议论虽也听着，但她始终注意着那两个关键人物——奕訢和奕譞。参议诸人的议论已接近尾声，该到关键的时候了，可是奕訢和奕譞还是未开口。于是，慈禧把眼光对准了奕訢，这严厉的眼光明白地告诉奕訢：你必须表态！奕訢张了张嘴又闭上了，他还是未发表见解。慈禧看奕訢那欲说还休的样子，知道他不想说话，于是开口直问："六爷之意如何？"

奕訢听到问话，心中猛然紧张起来，为了避免重蹈覆辙，他演出了一场耐人寻味的剧。只见他表现出十分悲痛的样子倒在了地上。慈禧见状，心中高兴异常，她最担心朝中大臣推举奕訢的子孙，更怕奕訢出其不意给她难堪。如今见奕訢如此表现，知道大事将按她设计的方案进行。于是，慈禧装出不得已而为之的样子说道："看来六爷不想担天下的重任啊！"说完便把目光移向了奕譞，慢慢地但又用十分坚定的口吻说出了她蓄谋多时但却不可改变的决定："文宗无次子，今遭此变，若承嗣年长者实不愿，须幼者乃可教育，现在一语既定，永无更移，我二人同一心，汝等敬听。"然后慈禧道出了两宫议定的人选："溥字辈无当立的人，奕譞长子今年已经四岁，且是至亲，使之继统十分妥当。"

慈禧此言一出，惊倒了在座的王公大臣。无论谁也没有想到（当然不包括奕譞在内）慈禧会作出这样出乎意料的决定。于是，大家在惊讶之余又默声无语，只有那位醇亲王奕譞突然失去常态，"惊遽敬唯碰头痛苦，昏迷伏地，掖之不能起。"同奕訢一样"昏绝于地"。当大家把目光集中在倒在地上的两位亲王身上观看他们的精彩表演时，惇亲王奕誴提出了新问题："然而，若立醇亲王之子，那么，难道当今皇上不立后嗣吗？"慈禧对这个问题一点也不感到出乎意外，因为这早已在她的预料之中。因此，当她听完问话后，立即作了如下回答："醇亲王之子载湉，甚聪睿，必能承继大业，我欲立之为文宗显皇帝嗣，卿辈以为如何？"

事已至此，大家见慈禧之意已定，而慈安也点头称是，说明两宫是事先议定了的，于是，王、大臣们便拱手唯诺："还是皇太后的主意高明，请皇太后圣裁。"就这样，此次会议决定拥立奕譞之子载湉为太子。

王、大臣会议定嗣君后，慈禧传旨令军机处速拟诏旨，颁示天下。为防止族人争斗或者发生不测，慈禧又密令李鸿章亲统重兵，在京师待命。当李鸿章遵旨统重兵驻防京师已定后，慈禧才长长地吐了一口气，令内阁明发上谕，颁布了所谓同治遗诏，向天下宣布："醇亲王奕譞之子载湉著承继文宗显皇帝为子，入承大统，为嗣皇帝。"遗诏颁布不久，又有慈禧的懿旨传示内外，向天下解释立新帝之苦衷："皇帝龙驭上宾，未有储贰，不得已以醇亲王奕譞之子载湉承继文皇帝为子，继承大统为嗣皇帝，俟嗣皇帝生有皇子，即承继大行皇帝为嗣。"遗诏与懿旨颁布后，宫内外到处议论纷纷，人们对立载湉为帝颇感意外，认为这又是慈禧开大清先例，与情与理均不恰当。当然，这些议论并不能上达"圣聪"，更不能动摇慈禧立嗣的决心，只是作街头巷议的私语而已。因此，载湉照样入了宫。但是另一方面，慈禧所为实与祖制不合，她想到天下臣民在议论她，为了减少阻力，她挖空心思地找出了一些借口来。就在颁诏的当日，对宗室要员和近亲作了解释。此次慈禧是坐在御座上召见宗亲国戚的，她没有兜圈子，而是用悲伤的腔调向大家作讲演："虽然我们的儿子是已经升天了，但我们不能因为他一死而就彻底把他忘记了。我们要使他的一代依旧延续下去，不因此而中断。……我们只当他自己仍然好好地留在他的皇位上，好像没有死一样。"

　　听到这里，前来受召见的人都忍不住哭泣起来，有的是为新死的同治皇帝悲伤，有些是听到慈禧那动听的话而伤感，当然，也有一些人在装样子。因为，他们如果不抽泣几声，好像就会被太后训斥，或者以后会有一些报复似的。

　　慈禧一边说着，一边伤心地流下了泪水。她不时地拭一下自己脸上流下的那几滴伤心的泪。可是，今日召见的主要目的不是让大家哭丧来的，而是另有他谋，于是在稍一停顿擦干眼泪之后她又说道："为了这个原因，我们这一次便决计不根据习惯做，我们将另有一种选择。"

　　众人一听便停止了抽泣，静静地听着。他们谁都心里清楚慈禧刚才所云是说立奕譞之子载湉的事，于是，众人静静地洗耳恭听。慈禧继续说道："外人对我们这番作用，大概不免要有相当的惊异，甚至还会带来某种纷扰；可是，我相信只要我们把我们的理由一讲明白，那是无论谁都会谅解的，并且可以知道这一决定确是最好的办法。首先，我可以给你们说，我们现在打算教他嗣位的那个孩子，是和我们有着最密切关系的；其次，用他来做我们的儿子的替身，是最相像的，无论谁都比不上他。因为这个儿子也是我妹妹的儿子，一方面是我们的姨甥，而同时他又是先皇的侄儿，也就是我们的侄儿。因此除了他之外，便没有第二个人和我们更亲近的了。他便是醇亲王的儿子载湉。除掉上面所说的各种关系之外，为着要使我们格外容易打成一片着想，我们准备把他承继做我们的儿子，像他自己母亲一样地培养着他。"

　　在场的人，听着慈禧叙说的种种理由，有些人真想起来表示反对，可是，又有谁敢冒生命危险呢？不要说公开反对，就是流露出不满的表情，恐怕也躲不过慈禧的眼睛，那样，大祸迟早会临头的。所以大多数人表示的是十分服从、十分满意的样子。慈禧扫略了一下大家的表情，信心更增，于是又提高了嗓门谈到了立嗣的意义："所以这一次的立嗣，其意义真是很深刻。除掉为国家慎选嗣君之外，我们还有另一种重大的作用，就是要使我们的儿子像继续生存一样。因此这一代的年号，也应特别题得有些意义，那两个字必须含蓄着承接我们的儿子所留下的光荣的解释。现在假使有谁反对我们这种主张，我希望他还是先好好考虑一下。要知道我们所要立的这位嗣君，在表面上看，好像因为他是和我们儿子同一辈的缘故，已经破坏了本朝的规例；而实际上，我们原不是要选他做嗣君的，我们是要选他来做我们儿子的替身，他本人就像未死的同治皇帝一样。"

这个讲演是说服加强制，引导加威胁，这样下来，有谁还敢反对呢？慈禧扫视一下众人，毫无反应，于是她就宣布了决定："现在我们就可以决定了，醇亲王奕譞的儿子载湉应该立即入嗣大位，改年号为光绪。"

就这样，出乎意料的决定颁布了。因此，醇亲王奕譞四岁的儿子载湉被迎入宫内，继承大清皇帝之位，改元光绪，随之而来的便是两宫的再次垂帘。

慈禧费尽心机，终于顺利地实现了二次垂帘。第二天，垂帘的诏书便明发天下。

"垂帘之举，本属一时权宜。惟念嗣皇帝此时尚在冲龄，且时事多艰，王、大臣等不能无所禀承，不得已姑如所请，一俟嗣皇帝典学有成，即行归政，钦此。祗承懿训，寅感实深，因思朕以薄德藐躬，钦承两宫皇太后懿旨入承大统，诞膺景命，仰荷大行皇帝付托之重，遗大投艰，茕茕在疚，幸赖两宫皇太后保护朕躬，亲裁大政。尔王、大臣暨中外大小臣工，惟当翼为黾勉，各矢公忠，共襄郅治，以上慰大行皇帝在天之灵，下孚薄海臣民之望，朕实有厚幸焉。所有垂帘一

切事宜，著该王公大臣等，妥议章程，详细具
奏，将此通谕中外知之。"

至此，慈禧终于实现了再度垂帘的心愿。

同治十四年（公元1875年），年仅四岁的载湉当上了
大清王朝的皇帝。从此，开始了他几十年的宫廷生活。

四

懿旨一下，迎立新皇上的大典就开始抓紧筹备了。国
不可一日无君，必须使新皇上早早登基。

首先由钦天监推算黄道吉日和最吉利的时辰。推算的
结果，吉时竟在吉日的半夜，为了大清王朝千秋万代的基
业，便是皇上也只好委屈一点了。这一天夜里，迎接皇上
的仪仗来到醇亲王府，府门大开，灯火辉煌。带队的孚郡
王进府宣读了懿旨，然后向醇亲王夫妇道喜。醇亲王福晋
（夫人）不知是喜是悲，脸上堆着笑容，却又不断地擦眼
泪。她一面与孚郡王应酬，一面不住嘴地讲一些如何照顾
小皇上的话。她向孚郡王要求带奶妈进宫，因为皇上从小
跟惯了奶妈。孚郡王表示问题不大，但也要请示懿旨，宫
里事无巨细，都要有太后的懿旨。

时间紧迫，孚郡王说了几句客气话，就请皇上上轿。
最后分别的时刻到了，醇亲王福晋吻了一下熟睡着的儿
子，顿时热泪满面。此时，一切都已无可改变，她惟一能
做到的，就是在心里默默地祝福儿子身体健康，万事
如意。

小载湉早已进入甜蜜的梦乡，他对将要发生的重大事
变毫无感觉。当他被唤醒的时候，感到莫名其妙，无论大
人跟他怎样讲当皇上如何好，他都没兴趣听。他只想睡
觉，而人们偏偏要把他叫醒，于是他又哭又喊又跳，吵闹
个没完。母亲和奶妈费了好大劲才算把他哄好了，穿好了

衣服，把他抱进华丽的鸾舆，随即起轿。醇亲王福晋在中门口望了很久，听了很久，直到一点声音也听不到了，她才回到屋里去。醇亲王护驾进宫，而且以后也常有机会见到儿子，福晋则进宫的机会很少，所以这最后一眼，她看得太亲切、太认真了。

轿夫们个个小心翼翼，尽量使鸾舆平稳而又平稳。惟恐惹烦了皇上，哭闹起来，他们就罪该万死了。

载湉不知道这些，但轿子也确实平稳，所以一路上他一点动静也没有，——他睡着了。当鸾舆在宫中一座大殿前停下后，太监们打开轿帘，想扶皇上下轿的时候，还是一点动静也没有，等了半响才发现，皇上睡得正香呢！

钦天监选定的良辰不能错过，必须把皇上叫醒按时登基，这是任何人也替代不了的。太监们只好把小皇上叫醒了。这一次小皇上哭闹得更凶了，一夜之间被弄醒两次，确实令人气恼。而且小皇上睁眼一看，都是些陌生的怪脸，见不到母亲和奶妈，也不是躺在家里，而是一个完全没见过的地方，黑洞洞的，阴沉沉的，四岁的小孩子，如何能不哭闹！他哪懂得什么宫廷的规矩、皇帝的体统，只是哭喊着要回家，一直喊得嗓子都哑了。

但是这样一件大事，计划是不能改变的，小皇上还是被抱到殿上登基去了。醇亲王在旁边抚慰着，怕他闹得太厉害。太监们也前后紧忙活。黑灯瞎火一时也找不到什么好玩的，一个太监顺手拿一个棉花团给小皇上玩，居然很有效，他竟不哭了。于是人们传说，由于太监在登基的时候给了皇上一团棉花，造成皇上一生的性格软弱。但也有人猜测，大概皇上生性软弱，所以得了棉花团，性气相通，就不哭了。

人们早已为皇上准备了一顶小小的皇冠。这是一种同其他官员式样差不多的帽子，只是更加华丽，顶子用的是一颗价值特别昂贵的珍珠。这种皇冠只在皇上登基的时候戴一次，用过之后，就放入内库保存起来，成为历史文物，永不再戴了。以后，皇上另戴别的帽子。又有太监捧出御衣，尺寸是照小皇上的衣样制作的，所以穿上很合身。

吉时到了，两个太监把皇上扶到殿正中的御座上，让他端端正正地坐着，四周是太后和几位亲王、郡王，还有他的父亲。因为有父亲在身旁，所以小皇上虽然觉得不自在，还是照太监们的安排做了，没有大哭闹。但他怎么也搞不清，为什么要把他弄到这群大人中来，周围一个小孩也没有？为什么要戴那么重的帽子，穿上那种不舒服的衣裳，坐在那么高的椅子上？他哪里知道，多少人为了戴这顶帽子、坐这个座位，不惜伤天害理，不惜弑父杀兄，自残骨肉，不惜杀人如麻，血流成河；又有多少人费尽心机，终于美梦难圆，甚至招致杀身灭族之祸呢！

他尤其不明白，那些大人们，包括他的父亲，为什么要一齐向他磕头，嘴里还嘟哝着他完全听不懂的话。看着这莫名其妙的场景，他简直想笑，但他没有笑，因为在场的人们都太严肃了。

刚进宫的时候，小皇上想妈妈，想奶奶，也想他那个熟悉的家，所以哭闹不停。但后来看看哭闹也没用，就渐渐安静了。及至大典进行到结尾的时候，他竟很有兴致了，装腔作势地坐在那里看着人们参拜，以致给朝臣们留下的印象是：真有皇上的气派，果然与一般小孩子不一样！

登基仪式进行了一个半小时，慈禧从皇上没进宫的时候就在这里坐着，一直坐到典礼结束，而且毫不疲倦地始终注视着皇上。她要认真审视一下她选的这个皇上是不是能使她自己满意。

大典结束后，光绪被太监们护送到他的富丽堂皇的寝宫，从此开始享受皇上的一切富贵尊荣了。寝宫里除了奶妈（她是最主要的看护者），另有一大批太监、宫女，全都是恭恭敬敬的。只要光绪随便向哪个人说一句不管怎么无关紧要的话，那个人就要跪下来回答。他向哪个太监一挥手，那个太监就立刻退出去。

当然皇上毕竟太小，太后怕他举止言行不能完全合乎宫廷的程式和自己的心意，所以吩咐那几个服侍光绪的大太监，要尽力教导小皇上，要保持皇上的威严。光绪一进寝宫，这几个大太监便争先恐后地去做这项工作，七嘴八舌地告诉皇上，"你要这样……""你不能那样……"因为"你是我们的万岁爷"。

光绪虽然不知道万岁爷怎么做，但对于驱使手下人为他服务却很熟悉，因为他在王府里已经是一个婢仆成群的阔少爷了，进宫当皇帝不过是上了一个新台阶而已。

皇上很快就开始发话了："我是万岁爷吗？"

"是的，皇上，你要奴才们做什么事？"太监们齐声答话。

"给我拿些东西来吃！"

太监们原是随便问一句，却不料皇上真的提出了要求。只好齐声回答："万岁爷，现在夜深了，没有吃的东西了，请你等到明早上，就会有很多的东西可以吃了。"

"我到底是不是万岁爷？"

"当然是的，万岁爷！"太监们一齐喊。

"那快去拿东西给我吃！"小皇上坚持着。

太监们不敢违抗皇上命令，但又怕他晚上吃多了不消化，同奶妈商量了一下，去弄了几样最易消化的东西来敷衍。好在天已晚，光绪急着要睡觉，随便吃一点，也就不再提什么要求了。

太监们为了讨皇上的欢心，让他安心睡觉，又哄着说，到了明天早上就有一百样小菜可以吃——这是太后、皇上每餐的标准，结果又勾起了小皇上的兴奋。一百样小菜是多少，他心里也不一定有个准确概念，每样小菜是什么滋味他也没尝过，但从太监们那种甜蜜、谄媚、保证满意的神情里，他可以体会到吃一百样小菜一定是非常幸福的事。于是他不想睡觉了，恨不得马上能吃到这些菜。幸亏有一向服侍他的奶妈哄着，他也实在太困了，终于熟睡过去。一直到第二天早上，他还在熟睡，夜里发生的事和那些小菜他都忘掉了。

皇上有例行的公事，他要上朝去接受百官的参拜，要处理军国大事——他虽不能处理，但要在场，至少要端坐在那里让大臣们磕几个头。

看看时候不早了，太监们催促奶妈把皇上叫醒。小皇上睡得挺满意，醒来也没有哭闹，但却想起了那一百样小菜，奶妈给他穿衣服的时候就一再嚷着要吃。还好，太监们早就准备好了，赶紧布置上来。当皇上穿完衣服的时候，菜也摆好了，而且摆出许多花样，五光十色，整整齐齐。光绪看呆了，开始不敢吃，以为是摆着的，或是还有别人来一起吃，因为那菜太多了。当他知道这些菜就是供他一人享用时，他从椅子上爬起来，坐到桌子上，一手拿筷子，一手拿羹匙，大吃大嚼起来。这边挑，那边杵，弄得碗碟狼藉，菜汤洒了一桌子。太监们看弄得太过格了，赶紧劝："做万岁爷不能这样啊！"小皇上吃得开心，哪听他们说，只管按样吃去。一个太监灵机一动，大喊："'亲爸爸'要来了，她看见万岁爷这样子会不高兴的。""亲爸爸"指的是慈禧太后，慈禧不是让光绪称她"母亲"，而是要叫"亲爸爸"，这个称呼引起人们许多猜测。加个"亲"字很容易理解，她忌讳过继的名义，所以强调"亲"，其实也是多余。这称"爸爸"就很费解了。有人猜是她不愿让人叫她"母亲"，因为叫她"母亲"的同治帝死了，她太伤心了。也有人猜她怨恨自己不是男人，因而掌权受到诸多限制，她多么渴望是一个男人呢！所以她让光绪称她"亲爸爸"，略以弥补她实际上仍然是个女人的遗憾，得到一点心理上的满足。不管怎么说，光绪是一直称她"亲爸爸"的。太监们没办法了，只有拿太后来吓他。不过这时候光绪还不知道"亲爸爸"的厉害，也是吃得太高兴，所以一律不予理睬。

太监们和奶妈都着急了。万岁爷要吃，谁敢拦挡呢？但如果吃坏了肚子，太后要追究他们的责任，于是只好去报告太后。太后立即带着人赶来了。小皇上还在桌子上爬着，新衣服上溅满了油渍，小嘴塞得满满的。慈禧平时最爱干净，一见这模样，怒气油然而生了。幸亏是宫里好久没有小孩了，见了这副顽皮相，她又觉得很好笑。光绪从小在王府里娇生惯养，哪有什么规矩！虽然进宫前父母一再告诉他要听"亲爸爸"的话，不能违抗，这时也早不记得了。以致太后喊一声："你下来吧！"他竟像没听见一样，照旧吃喝，头也不回。——这样公然无视太后的命令，在宫廷里简直是绝无仅有的。人们都以为太后一定要发怒的，然而这一次实在出人意料，太后只是微微一笑。对于一个顽皮的孩子，专制独裁者也只能是网开一面。

光绪登基的那一夜，醇亲王夫妇都没有睡觉。醇亲王送皇上进宫，回去已快天亮了，而醇亲王福晋还坐在后堂上等着他，她想听听儿子的情况。可是醇亲王什么也没讲——他哪有心思讲呢？儿子被夺走了。他们只能相对流泪而已。

醇亲王想起了算命先生给光绪算过的命，说他能当皇上，但一生不顺利。那时同治帝正值年轻力壮，怎么能轮到王爷的儿子当皇上呢？所以醇亲王一点也不信，以为算命先生不过为多讨点卦金而随便说点逢迎主人的吉利话。现在这第一步真是应验了。如果先生算的真准，那第二句话——一生不顺利，不是就令人非常忧心吗？醇亲王的心头重重地压上了一块石头。

　　醇亲王能常常见到儿子，因为他上朝的时候可以看皇上一眼。福晋就惨了，她不能随便进宫。要求进宫一次也能获准，但不敢太多，怕慈禧不高兴，虽然她们是亲姐妹。只有慈禧传了话，她才能进去。进去了，也不能跟儿子单独见面，随便说说话。要先朝见太后，然后派人请光绪到太后这里来见面。见了面，母亲要向儿子请安。光绪见了母亲，自然心里很高兴，但也不能随便跑过去扑到妈妈怀里，奶妈把他楼住了。母亲也不敢当着太后和众人的面，把儿子亲亲热热地抱在怀里。所有这些，都只因为儿子是皇上。

　　第一次见面的时候，光绪失声大哭。太后立即挥手把他打发走了。醇亲王福晋也掉了眼泪，但必须忍着不能大哭。

　　在这种情况下，醇亲王福晋就只有自我安慰了：只当没养这个儿子，就让他好好为大清帝国当皇上吧；富贵人家孩子都是奶妈带领的，他现在不是由奶妈带领吗？只是不住在家里而已。她这样想过之后，就觉得感情上的损失减少了许多，心里平静一些了。最后，她只有在心中默默祝祷，真诚地祝祷，愿她的儿子平平安安地当皇帝，真正享受到皇上的尊荣和幸福！

第三章　少年皇帝

一

　　西太后总算长出了一口气，一切毕竟还能按自己的意志运行。小皇帝的选择和即位，实在是一举多得的好事。这不仅可以保证自己稳操"听政"大权；也可以此提高和昭示醇王在宫中的地位。尽管奕譞已不在枢机之任，但也可以使恭亲王奕䜣明白自己这一安排的意向，不敢再公然违忤抗言。而醇亲王的"谦恭"是意料之内的事，既然选其子为君，即或不对自己感恩无尽，投鼠忌器，谅也不能不俯首帖耳，惟命是从。在整个立嗣过程中，诸臣工还算忠诚无违，召之即来，挥之即去，言听计从。剩下的只是如何塑造小载湉，使之成为知恩图报、得心应手的"儿皇帝"了。

　　慢慢地，小载湉对宫中的环境有所熟悉了。可他毕竟还是个年仅四岁、人事不懂的小孩子。其实这个小皇帝，仍然很不习惯那些"奴才"的束缚，更不明白：既然成了"万岁爷"，为什么还要受那么多"规矩"的限制，不能这样、不能那样，甚至不能随便地哭闹。他离开了父母，来到了一个新天地。这里既无亲情的温暖，也失去了儿童所应享有的自由。皇额娘（东太后）和"新爸爸"（西太后在载湉入宫后即让他这样称呼自己），虽然对其很关心，但他一见到"亲爸爸"就有一种莫名的恐惧，感到很紧张。除了这些，小皇帝还经常地被群臣接来送去：到观德殿给先皇帝梓宫叩头；到奉先殿给列祖列宗牌位跪拜；去慈宁宫给长辈女眷拜年，往寿皇殿及大高殿祈雪、祈雨。"未亲政以前，恭遇时享及祫祭大祀，均于前一日亲诣行礼"。稍长大一点，每年春天还要到丰泽园去行耕藉礼等等。所有这一切活动，诸臣工都以他为中心，三跪九叩，毕恭毕敬。当时，小皇帝载湉虽然还不理解这些事有什么用，但他却逐渐知道只能这样做。

从载湉入宫为帝起一直到他十八岁（1889 年）亲政之前，虽有太后"垂帘听政"，可小光绪帝也很辛苦。每逢太后于养心殿召见臣工，时间或长或短，他都必须到场，正襟危坐。在十几岁之前，奏对时间稍长，他即有"倦色"，甚至"欲睡"，却又必须强打精神。两太后在其身后，有时垂帘，有时不垂帘，尽管他用不着说一句话（当然他也听不懂奏对的事都是什么），可却被要求有"帝王之风"。前有群臣跪对，后有太后的盯视，不规规矩矩怎么能行呢？当他稍稍懂事儿以后，更对此感到无奈，因稍有不慎，必招致"亲爸爸"的一顿"教训"。每次召对，西太后的目光几乎如芒在背。对于臣下来说，他是至高无上的帝王，天子；但对西太后而言，他只是奉命唯谨的"儿臣"。国家大政方针虽然表面上都是以他的名义作出决定发出诏旨，但却都冠以"钦奉懿旨"。实际上，当初载湉小皇帝既确实不能、也还没有能力拿什么主意，决定什么事情，而且只有这样，才最适合西太后的需要。他自从被接入清宫，登上皇帝宝座，也就完全被置于西太后的掌心之中了。光绪帝之所以能出现在清王朝的政治舞台上，从一开始就是清廷统治集团内部矛盾纷争的结果，就是西太后重握最高权力的政治工具。

二

历代封建王朝都十分重视对皇帝接班人的教育。自西周以来，历朝均有按照宗法嫡长原则，预先确立皇太子制度，所以对未来的皇帝也有专门的教育机构和教育制度，进行特殊的教育以培养封建王朝的"明君"。西周就有"帝人东学，上亲而贵仁。入西学，上贤而贵德。入南学，上齿而贵信。入北学，上贵而尊爵。入太学，承师问道"。根据王帝不同的年岁进行"仁"、"德"、"信"，"礼"、"智"等诸方面的专门教育。王宫专设太子太师、太子太傅、太子太保（三师）辅导太子读书的职官。清朝因无预立皇太子制度，因而也不设帝师专职（清代三师为朝廷荣典而设的虚衔），只置"上书房"于乾清宫左侧为皇子读书的地方。然，同治、光绪两帝都是"冲龄践阼"，故以弘德殿和毓庆宫为皇帝授读书房。载湉入宫即帝位一年之后，明年就到了入学读书的年龄（六岁），于是在光绪元年十二月，慈禧太后对光绪帝的"典学"作了慎重的部署。十二月十二日两宫"懿旨"宣告：

> "皇帝冲龄践阼，亟宜乘时典学日就月将，以裕养正之功而端出治之本。著钦天监于明年四月内选择吉期，皇帝在毓庆宫入学读书。著派署侍郎内阁学士翁同龢、侍郎夏同善授皇帝读书，其各朝夕纳诲，尽心讲贯，用收启沃之效。皇帝读书课程及毓庆宫一切事宜，著醇亲王妥为照料。至国语、清文，系我朝根本，皇帝应行肄习。蒙古语言文字及骑射等事，亦应典肄，著派御前大臣随时教习，并著醇亲王一体照料。"

对入学日期、帝师、课程等都作了具体规定，并命醇亲王奕譞总掌毓庆宫一切事宜。"钦天监奏选择入学吉期一折，著于明年四月二十一日皇帝入学读书，"光绪帝入学读书事宜基本安排就绪。

任何时代，教育都有其明确的政治目的，光绪皇帝"典学"是以继承大清基业为其出发点，从而进行精神塑造。所以除了选择帝师和课程安排以外，还得整肃教育环境，防止宫廷陋习劣俗的污染。数天以后（十二月十八日），慈禧太后又降"懿旨"指出：

> 皇帝于明年四月入学，允宜黜邪崇正，日进缉熙，所有毓庆宫一切事宜，前经降旨命醇亲王妥为照料。其随侍太监，自应慎选恂谨老成之人以供服役。著该王等随时稽查，如有积习未化，前后易辙者，即立予重惩，用示杜渐防微至意。

慈禧太后对光绪帝"典学"的重视和周密安排，并不能"说明西太后在光绪帝身上存在不可告人的隐秘心理"。这是每一代封建王朝乃至每一个地主官僚为了"荣宗耀祖"都要这样做的，无须过多指责。

光绪皇帝早在醇亲王邸第已进行启蒙识字教育，如今是以皇帝"典学"名分，其所授课程有特殊的要求。他六岁授读，至十六岁"亲政"（1876—1886）的十年间，所授的课程主要有这样几个方面。

（一）汉文：《钦定四书》为主要教材，此外有《诗经》、《二十四孝》和《孝经》、《左传》、《列圣遗训》等儒家经典及清朝历史《开国方略》。

（二）清文、蒙文：主要是满文《满洲实录》（图文并列）、清世祖御制《劝善要言》以及蒙古语言文字，师傅（教师）称谙达。

（三）"骑射技勇"，师傅（教师）称外谙达。

光绪二年四月二十一日（1876 年 5 月 14 日），是钦天监选定的"入学吉期"，小皇帝载湉于是日入学授读。清晨（寅时正），帝师翁同龢与夏同善于"上书房"恭候。

卯时正，光绪帝"诣圣人堂行礼"（向孔子像行礼），至毓庆宫，两位帝师及随侍大臣向皇帝"行三跪九叩，礼毕"赐坐。简单的"典学"仪式后由帝师给皇帝授课。其时，恭亲王奕䜣传两宫懿旨曰："上（光绪帝）连日体不甚适，功夫不过一二刻可退。"开学的当天读汉书四句即止。

光绪帝入学以后，"颖悟好学"，"行、立，坐，卧皆诵《书》及《诗》"。"记忆力很强，天性又很欢喜读书，所以无论是答复翁同龢提出的问题，或是背诵已经念过的书，他都能应付裕如"。翁同龢每天讲读《四书》一般四到六句，即着就是练习大小楷若干张，"写仿皆佳（即描红大楷字）"。给光绪帝授课的师傅主要是翁同龢一人，"因子松（夏同善字子松，浙江仁和人）口音不对，故特命摄教读了"，"摄教读"即辅导授读，夏同善浙籍乡音较重，光绪帝身居深宫不接触宫外世界，当然不易听懂浙籍乡音，故唯翁同龢一人执教授读。

光绪帝读书可谓是口到心到，从小就不死"啃"书本。一次课本上有"财"字，翁师讲释字义，光绪帝指书内"财"字曰："'吾不爱此'"，又曰："'吾喜俭字，此真天下之福矣。'"年仅六岁的小载湉，喜俭不爱财，志向高尚，所以他在"亲政"以后，关心民众疾苦，乃至以后树立雄心，变法图强，表明自幼就有较深的思想根底。据外人记述"除通常的科目外，载湉曾由在同文馆学习过的两个学生教授英语"。光绪七年十月开始授《开国方略》，八年正月授《左传》，其时，载湉年方十一、二岁，略明人间世事。然而，皇帝是人而不是神，光绪帝同普通人一样，也有他的喜怒哀乐，更有孩子的贪玩心思。小载湉体质虚弱，入宫以后失去父母之爱的天伦之乐，每天必去两宫"请安"，应酬召见和祭天祀祖等繁礼褥节，常常使他精疲力尽。每天授读，课目不断增添，适逢严师，背诵，朗读不下一二十遍，大小楷至少十几张，小载湉不胜负担，有时"静坐不开口"，无精打采。翁同龢在光绪七年十月初四日的日记中写道，"上近来不平之意居多，从不肯自悔。臣等云将启奏，亦毫不介意，此关系圣德者大矣"。这位一丝不苟的帝师焦急万分。数日以后（十月十五日），慈禧太后召翁同龢等至东暖阁询查皇帝学业，光绪帝也在座，帝师翁同龢如实对云：

近来心不专一，功课有减无增，并满书不读诸情形。太后恕以训，词急切。上为之悚勤。次述一年中病状云："近来肝弱胃强，腹中不调，脊背仍热，记性健忘。"

受到慈禧太后的训斥，光绪帝很不愉快，次日（十六日）"授读""满书不开口……勉强写清字一行。……忽涕下，遂不可收拾。余（翁同龢）亦失声骇呼！"这位严肃的帝师"亦失声骇呼"，多么悯怜体弱的学生——小皇帝啊！

据《实录》记载，帝师最初为翁同龢和夏同善，光绪四年命孙家鼐"在毓庆宫行走，与尚书翁同龢授上读"。几位帝师中与光绪皇帝关系最密，影响最深的要推翁同龢。

翁同龢（1830—1904年），字声甫，号叔平，晚号松禅，江苏常熟人，大学士翁心存子，出身于书香门第。翁同龢咸丰六年（1856年）一甲一名进士，授修撰入翰林院。同治元年慈禧太后受命他在"弘德殿行走"为同治帝师，并于帝前进讲《治平宝鉴》，受到"两宫太后嘉之"。自涉足宦海以后"周旋帝后，同见宠信"，"以帝师而兼枢密"，历官内阁学士、户部侍郎、左都御史、刑部、户部尚书，两入军机处兼总理各国事务，是清廷"久侍讲帏，参机务"的显要人物。

翁同龢其人，既不同于朝廷掌握大权的满洲贵族亲王，如恭亲王奕䜣，醇亲王奕譞、礼亲王世铎等人，也不

翁同龢看硬的不行，就来软的，"温言怡色，徐徐引得"，但千回百转，光绪帝就是不听。刚柔并用，均无效果，使他一筹莫展，有时也难免灰心丧气。在他的日记中，"如何如何"、"竭力斡旋"、"勉强对付"、"勉强迁就"、"无之如何"、"真恼人哉！"随处可见。两宫皇太后召见时，常常问起书房功课，翁同龢只好如实奏对。西太后对小皇帝很不满，竟用不准多吃的办法来惩诫光绪帝。翁同龢于心不忍，出于一片爱君之心，不得不另想办法，他求助于光绪帝生父醇亲王奕𫍲。于是奕𫍲时常到书房走动，颇能配合翁同龢管好书房。奕𫍲一到书房，先是厉声训斥，接着和颜悦色温语劝导一番。对父亲的一威一震，光绪帝颇有所畏惧。然而时间一久，又故态复萌，一切照旧。而奕𫍲为了"避嫌"，以后也逐渐减少了来书房的次数。

皇帝不好好读书，决不能姑息迁就。翁同龢与其他师傅协商后，当着光绪帝的面规定：生书读二十遍，熟书减到三十遍，采用"记书签"的办法，读完为止，不再增加。光绪帝欣然接受。旧式教育偏重死记硬背，学生整天不是读，就是背，孩子怕多读，怕背书，是常见的现象，光绪帝也不例外。因此时间一久，仍复旧景，不肯多读。光绪帝尽管小小年纪，却对读书还有自己的见解："既已熟矣，何多读乎?!"认为读熟不在遍数多少。翁同龢与其他师傅只得又一次想办法，与光绪帝当面协定：不计遍数可以，但以书读熟为准。然而对于"熟"的标准，师傅和学生的意见常常相左，不能一致。学生认为"熟"了，而师傅恰恰认为还"不熟"，因此，彼此"龃龉不已"。光绪帝对于翁同龢的爱抚还不能理解，他得寸进尺，读书遍数少的目的达到了，有时竟连读书声音也没有了。愈是迁就，愈是读不好书。孙家鼐平时寡言少语，此时也有些忍耐不住，他出了一个主意，叫"静坐法"。顾名思义，就是你不读不背，干脆让你坐在那里不许动。这实际是民间私塾先生惩罚学生站墙角的变种。结果是"大起龃龉"，光绪帝又是吵，又是闹，乃而"涕泪沾襟，几至不可收拾"。翁同龢本不同意这种做法，遂即宣布取消，才使事情平息下来。

1878 年（光绪四年）书房改为全功课，整天读书，光绪帝畏难情绪更严重。有人向翁同龢建议用罚读的办法。对于罚读，翁同龢当年入值弘德殿时就不赞同，因为罚的效果并不一定好。但出于尊重他人的意见，他同意不妨试一试。商定结果，规定：生书不熟，罚多读二十遍；熟书不熟，罚多读三十遍。光绪帝始惧而后玩忽，像当年同治帝一样，罚到后来，干脆不开口，就是不读。其他师傅开始动摇，主张让步，翁同龢反而认为长此放纵下去，他无法向两宫皇太后交待，规矩既定，不能轻易改动。甚至即使遇到光绪帝大声哭叫也全然不顾，仍持之以罚。对师傅们的这一招，调皮的光绪帝用拖延时间的办法，达到不背书、不读书的目的。"汉书攻读不得，变法于满书，满书既延，则生书不能读，生书既减，则仍归到熟书。"这时又是孙家鼐别出心裁，仿照"起居注"的形式，搞了一本《内省录》，换言之，就是记过簿。将小皇帝在书房内的过错逐日登记在上面，必要时呈给太后看，目的是想借此来约束光绪帝。谁知这一招可把小皇帝惹"火"了，气得大骂，甚至将案几上杯盏掷地打碎，不顾太监"一"字形跪请，师傅们的"序列"阻拦，竟哭着冲出书房，沿东阶趋角门，奔回宫内。

皇帝罢课，师傅们不免惶惧。翁同龢立即请总管太监转奏，宣布取消《内省录》，请皇上立即回书房。皇帝怒气未消，又碍于面子，就是不肯来。第二天，西太后召见翁同龢，当着翁师傅的面，把光绪帝教训了一顿，又以书房自有规矩，切不可这样，要他读书听话勿淘气。翁同龢也趁机承认师傅有错，皇帝这时才同意回到书房。

皇帝重新回到书房，师傅们如释重负。翁同龢代表师傅们再次向皇帝作了一番劝导。他说：师傅们的那些做法固然不好，但也都是出于爱护皇上，是为了让皇上把书读好，将来为天下做事。接着又表示，以后若有图画之类的书一定拿来给皇上看。但皇帝也提出了一个条件，就是膳前功课须在午正一刻（中午十二点左右）结束，否则回宫太迟，有劳慈倦，师傅们一口答应。至此，两天的闹学风波才算平息。

"闹学"风波刚告平息，翁同龢家中这时突然出了一件大事：翁同龢的嗣子翁曾翰因染伤寒不幸去世。翁曾翰，原为翁同爵第三子，举人，官至内阁侍读。还在翁母去世前，由翁母一手主持，将其过继给翁同龢为子。光绪三年八月（1877年9月）翁同爵病死湖北巡抚任上。翁曾翰回籍奔丧，次年五月回京途中，行抵天津，"时疫疠正行，触秽气遂病，仓卒与疾行，初十日抵京，越四日，遂不起"。曾翰的去世，对中年翁同龢来说，无疑是一个极大的打击。"天欲剪余祀"，"百痛交并，中怀瘀损"，内心极为痛苦。他"蒙生道念"，想辞官归田。五月十二日西太后召见时，翁同龢当面叩头请易师傅。西太后温谕再四，说目前时势艰难，择人不易，要他不要辞请，并以"知汝忠悃"相慰勉，再一次赞扬他在书房所作贡献和对朝廷的一片忠心。西太后的安慰和褒奖，感动得翁同龢泪流满襟。从此，更加一心一意地把大部分心血花在对光绪帝的教育上。

经过光绪帝"闹学"这件事，翁同龢和其他师傅得出一个教训：罚不当教。于是决定改用正面鼓励、以表扬为主的方法。决定先从生活关心入手，使师生之间的感情由僵持变为融洽。师傅们大都儿孙绕膝，当然知道爷爷如何疼爱孙子，所以翁同龢一讲，其他师傅无不表示赞成。每当光绪帝进书房，翁同龢总要先看看皇帝的气色如何，摸摸光绪帝的小手心烫不烫，轻声柔语地询问一番。如果发现光绪帝体有不适，当即表示读书的遍数可减，遇到实在无法读下去的情况时，干脆不再强求，或唤总管太监来，奏请提前下书房，有时干脆暂作停顿，让皇帝到庭中散步、休息，或进宫吃茶点。这样做的结果，效果很好。一次光绪帝因腹疼，未进早膳就来书房，书读到一半，忽然不开口。翁同龢经过仔细盘问，方知尚未进早膳，立即传太监送来点心，并表示提前下课，着实把光绪帝大大地表扬了一番。师傅的表扬，反使光绪帝精神振奋，流露出有一股说不出的高兴样子。又有一次，光绪帝根据《帝鉴图说》中的图画，在书房内画了一幅《天人交战图》，画中人团头虎脑、横眉竖眼，看了令人捧腹生笑，翁同龢与其他师傅高兴极了，当面夸奖光绪帝，说皇上颖悟异常，画得好。这天，光绪帝心情舒畅，书读得特别卖力，不仅生书照数全部读完，而且熟书主动要求多读了七遍。翁同龢在日记中写道："殿中日来阳气四溢，亦不复旧景矣。"经过一番苦心努力，书房终于走上了正规，师生之间的关系也变得愈来愈亲密。

直到光绪八年（1882年）以后，光绪帝才总算走上正轨，并开始养成了读书的兴趣。这也使光绪帝在枯燥无味的宫廷生活中，终于找到了寄托。如逢宫中节日、庆典时，西太后偏爱看戏，而光绪帝却对这些不感兴趣，很少坐陪，常常在这时独自一人到书房读书写字。他说："钟鼓雅音，此等皆郑声"，"随从人皆愿听戏，余不愿也"。

这位"冲龄践阼"的皇帝逐渐长大了。虽然有诸多不如意造成的情绪不稳定，尽管仍时有孩子气和身体不适的"倦怠"，毕竟在师傅的日记中记下了越来越多的兴奋：

读极佳，一切皆顺，点书不复争执矣（光绪四年十一月四日）。

读甚佳，膳前竟无片刻之停（光绪五年二月十六日）。

自是日起，上不俟军机起下即到书房，此于功课大有益也。卯正二来，读极佳，且能讲宫中所看《圣训》（光绪八年元月二十四日）。

事下极早，读甚奋发，功课虽未照常，亦复八九矣（光绪八年七月十一日）。

读极好，来不早而能奋发也，难得也（光绪八年八月初五）。

也正是在小光绪的"见识日新"中，使翁同龢增强了信心。

朝夕相处的典学过程，使光绪帝对师傅的依赖和感情日益亲密。翁同龢亦将自己的一片怜爱倾注在小光绪身上。不仅在学习上耐心细致、不厌其烦地开悟，且在生活和情趣上也无微不至地体贴照料。每逢小光绪情绪不好，他总是摸摸他的前额和小手看看是不是发烧，问问他早饭吃得好不好等等。太监们如对小光绪稍有不敬，小皇帝就向师傅陈诉，要师傅作主。光绪三年（1877 年），翁同龢回籍修墓，小光绪很不愿让师傅离去，读书遍数也日渐减少，且不出声。翁同龢回来后，他第一句话就是："吾思汝久矣！"然后一遍遍大声读书。对此，太监也说："久不闻此声也。"光绪五年十一月，快到元旦了，小皇帝端端正正地用朱笔写了"福"、"寿"两个大字，送给师傅。

由浅入深，日积月累，到光绪帝亲政前，仅翁同龢给光绪帝讲过的书就不下数十种。主要内容大致为封建政治理论、帝王之学、历史、地理、经世时文和诗词典赋等。如《十三经》、《通鉴览要》、《圣祖圣训》、《经世文编》、《明史》、《海国图志》、《圣武记》、《史记》、各国史地地图、《九朝东华录》、《唐诗》等。另外还学看折件、写诗作论、汉译满、骑射等。当然，光绪帝自己也开始主动读了一些书籍。

作为传统的、正统的封建知识分子，翁同龢显然不折不扣地履行着"至君于尧舜"的理想和责任。在他看来，为"帝师"者之所以"关系至重"，正必须将千古帝王的仁政爱民、君明臣贤的品质用以塑造小皇帝的言行举止，任何疏忽都是"罪不容诛"的重大过失。他因此而呕心沥血、恪尽职守，数十年如一日。在光绪帝面前，既"于列圣遗训，古今治乱反复陈说……其阐明政要以忧勤为先，尤能直言极谏"。同时他还"频以民间疾苦、外交之事，诱勉载湉"。光绪十年十一月（1884 年 12 月），翁同龢讲完"文景之治"，后，由光绪帝以《汉文帝》为题作诗。光绪帝很快写出：

> 白虎亲临幸，诸儒议五经，
>
> 惜哉容窦宪，谏净未能听。

他已有了自己的理解和认识。早在光绪帝读书不久，一天他指着书内的"财"字对师傅说："吾不爱此，吾喜'俭'字。"翁同龢喜不自胜："此真天下之福矣。"稍长后，他在论唐玄宗理财的短文中写到：

> 善理财者，藏富于民；不善理财者，敛富于
>
> 国；国之富，民之贫也。……以帝王之尊，而欲
>
> 自营其筐箧之蓄，其为鄙陋，岂不可笑也哉。

正因此，光绪帝虽生于天皇贵胄的帝王之家，又贵为天子，在早年的教育中就有"爱民"思想的初步认识，诸如他的诗作：

> 畿辅民食尽，菜色多辛苦，
>
> 遥怜春舍里，应有不眠人。

又有：

> 知有锄禾当午者，汗流沾体趁农忙。
>
> 荷锸携锄当日午，小民困苦有谁尝。
>
> 西北明积雪，万户凛寒飞；
>
> 惟有深宫里，金炉兽炭红。

这些小诗文简情浓。一个养尊处优的小皇帝，尽管没

有对人间民众疾苦的目击和体验，却能深加关注和理解，应该说已实属难能可贵。随着小皇帝身体的成长，其思想也在潜移默化中逐渐走向成熟。

"帝德"到底是什么？小载湉当然还不清楚。可在师傅的心里那个"圣君明主"的具体形象是清晰鲜明的。这就是言行举止、胸怀政风要像康熙皇帝那样。翁同龢为帝师后，曾在诗中写道："敬从光绪当阳日，追溯康熙郅治时"。他多么希望自己的皇帝弟子将来成长为乃祖康熙帝那样雄才大略的君王，重温大清王朝"郅治"盛世的旧梦。因此，翁氏不仅注意以书本启沃皇帝的心灵，更注意结合实际进行"帝德"的培养。他经常随侍光绪帝进行一些祭天祀祖、朝贺拜寿、祈雨演耕等礼仪庆典，嘱咐光绪帝要有天子风范，庆典要庄重威仪，祭祀要诚敬严肃。在这些活动中，还是孩子的小皇帝喜玩耍、好奇多动的天性一再显露。对此，师傅立即劝谏制止，并有针对性地加以解释和指导。

在这个塑造过程中，西太后的"帝德"，是要求宜涵育德性，俾一言一动，胥出于正，以为典学之本"。而她所谓"正"，即为对自己尽"孝"。因此，西太后十分关注光绪帝的典学，经常召见翁同龢等，询问光绪帝的学习情况，勤加指示。她特别注意从太监处了解情况，在光绪帝请安时对他时加"训责"，有时声色俱厉。小光绪帝初入学的三四年间，有时情绪极"抑郁"、"精神殊逊"，大致都与这种训斥有关。西太后在"关怀"之余还是相信"棍棒出孝子"的古训的。德龄在《瀛台泣血记》一书中说，西太后为了让光绪帝在将来长大成人后能够"孝顺她"，在典学期间，她"特地再三教人去传翁同龢，要他格外侧重孝的教育。除掉把启蒙时所读的'二十四孝'不断地继续讲解之外，《孝经》那部书，也是最注意的"。在闵尔昌《碑传集补》第一卷里也说，翁同龢在教授光绪帝时"以圣孝为本"。

所有这些清规戒律加上枯燥乏味的艰涩说教，已经彻底剥夺了光绪帝幼年时代应有的天真烂漫。他本能的一点"反抗"当然也是不允许的。对此，受命对书房事务"妥为照料"的，他的父亲醇亲王奕譞，无论有何想法，也只能按西太后的意思加以"关照"。既然如此，那就对儿子不能客气，有时他"词色俱厉"地进书房管束小皇帝；他决不敢动以父子之情。

最后奕譞不得不以"避嫌"为退着，渐渐地书房中不见了他的身影。不过他这亲王的两幅既是诫勉儿子，又是向西太后表明自己忠诚的诫勉诗，却破例被准许留在了毓庆宫内西墙上：

> 懔承列圣艰难业，永记东朝复载恩。
> 心似权衡持正直，事如泾渭辨清浑。
> 行成端赖研磨久，志减常因享用尊。
> 见善则从过勿饰，义为人路礼为门。
> 慎依家法敬临民，上下情联一点真。
> 借乐始容王在囿，有为应念舜何人。
> 简篇要鉴兴衰迹，舟楫全资内外臣。
> 天命靡常修厥德，隋珠赵璧总浮尘。

四

载湉入宫嗣位以后，他的近侍太监经内务府的严格挑选，均由"老成质朴"者任之，尤其是服侍起居的太监王商，"他始终是小心翼翼的看护着光绪……见他有做错的事情，便婉婉转转的劝正他，见他有不懂的事情，便详详细细的解释给他听。自从光绪的乳母出宫以后，他差不多就代替了她的位置，甚至还比她更小心周到"。可是，在宫里众多的太监都归总管太监管束，总管太监直接听从慈禧太后的指使。载湉入宫之时，任总管太监的已经是李莲英了。这位闻名天下的太监头目，专门同小皇帝作对，甚至后来光绪帝心爱的珍妃，她的一生都葬送在这个恶魔手中。

李莲英（1848—1911年），直隶河间人。他本是乡间不务正业的无赖，"落拓不羁，曾以私贩硝磺入县狱"。得释后改业补皮鞋，故有"皮硝李"的绰号。河间县多有入宫为太监者，他的同乡叫沈兰玉的，在清宫为内监，颇得慈禧太后欢心。沈兰玉素与李莲英有交往，李便恳托其"引进"自阉入宫为内监。其时，京城盛行梳新发髻，爱发如命的慈禧太后极为喜欢，她"饬梳头房太监仿之，屡易人，不称旨"。李莲英视此事为飞黄腾达的阶梯，便出宫走遍京城的歌楼妓院，"刻意揣摹"，很快掌握了时髦女郎新发髻的梳妆技巧。又得沈兰玉的"引进"，李莲英便入梳头房，当了慈禧太后的梳头太监，"从此得幸。每晨辄令李莲英执梳挽之，否则以为不适"。李莲英得到慈禧太后的宠爱，由梳头太监晋为总管太监，接替了原来安得海的位置，并赐二品顶戴，"渐著声势"。成了慈禧太后身边"营私纳贿，无恶不作"的恶棍。

李莲英是极端势利刻薄的小人，在他的眼里，唯独西太后"老佛爷"一人才有绝对的权威。事实也是这样，亲王贝勒、军机大臣、地方督抚等重臣大员，见了他都得恭维迎笑，鞠躬作揖。若想升迁肥缺，也得向他贿送重金、厚礼，凡是由他在慈禧太后跟前美言者，无不青云直上，官至要职，李莲英简直成为慈禧太后的一个影子。善于摸揣政治气候的李莲英，他知道从醇王府抱来的娃娃皇帝，即使长大"亲政"，也只不过是慈禧太后掌中的一个木偶，因而他根本不把小皇帝载湉放在眼里。而且李莲英也懂得必须同小皇帝做对，从小的时候做出"规矩"，让这位小皇帝知道，总管太监就是太后耳目和化身，在他面前事事都要矮着三分，这样他就可以长期在宫里肆无忌惮地作威作恶。

载湉入宫不久，就同这个阴险狡恶的李莲英结下了冤仇。其时，载湉年仅四五岁，当然不是因为他看透了李莲英的险恶用心，小孩子往往以貌相辨人之好歹。李莲英面相丑陋，还得意忘形地在光绪帝面前显露出地痞无赖的种种丑态，令小皇帝十分厌恶。有一次小载湉竟极干脆地对李莲英说道："你这人究竟什么缘故，会长得这样丑啊？我见了你真有些害怕，快给我走出去！"李莲英没料到这个小皇帝竟然会对他说出如此不客气的话来，心里当然是十分不快的。可是，尽管载湉是个乳气未干的孩子，然他到底是君临天下的"万岁爷"，当面绝对不能反唇相讥，做出任何放肆举动，并且在退出皇帝寝宫前还得照例向他恭恭敬敬地磕头才好走路。这一回光绪帝的失言使李莲英耿耿于怀，伺机报复。

说到李莲英捉弄载湉，同小皇帝做对，当然不可能是面对面的欺侮皇帝，他最初的方法是在慈禧太后面前搬弄是非，"孝钦（即慈禧太后）前短德宗"，让小皇帝渐渐地失去太后的宠爱，以后便直接向光绪帝发泄淫威。

首先从光绪皇帝和翁同龢的关系上找差错。翁同龢与光绪帝的师生感情融洽，李莲英非常不快，因为翁同龢自命清高，从不向李莲英恭唯好言，李早就想在慈禧太后面前恶言一番，苦于没有机会。尔今翁同龢却得到太后的器重，委以教授皇帝的重任，而且与光绪帝相处得十分热睦，李莲英更加妒忌这位在清朝官僚阶层中德高望重的二朝帝师。有一天，翁同龢坐着教授皇帝念书，被一个太监瞧见，立即报告了李莲英。按照君臣之礼，臣子是不能同皇帝并坐对语的，李莲英得到这个消息，喜出望外，认为这是报复小皇帝和翁同龢的好机会，就跑到慈禧太后的寝宫，跪着启奏道："奴才启奏太后，方才奴才经过皇上的书房，瞧见翁师傅不守规矩，竟是大模大样的坐在皇上的面前，求太后定夺。"慈禧太后是个"只许州官放火，不许百姓点灯"的独裁者，尽管她随心所欲地践踏祖宗"家法"，可是她对于宫里稍有不规行为，就要大发雷霆，轻则鞭鞑，重则处死。他听了李莲英这个报告，怒不可遏，便立刻差人把翁同龢叫来。翁师傅是深明封建礼教的老臣，遵守君臣之礼，每次进毓庆宫教授皇帝念书，总是要皇上赐坐后才得坐下。有几次小皇帝忘了赐坐，他就是站立教授至课毕，这次当然是光绪帝赐他坐的，并无破坏礼法。但翁同龢不愿光绪帝因此事而受到太后的数落，故不作辩解，只是俯身低头，忍受慈禧太后的训斥，回到书房，也不把委屈告诉光绪皇帝。事后，光绪帝从小太监那里听说翁师被太后训斥，他唯恐年高德劭的翁师傅招来更大的麻烦，因而就由王商陪着来到太后寝宫，替师傅说情。光绪帝跪在慈禧太后面前低声说着：

> 亲爸爸，孩儿想求你老人家宽赦了翁师傅一次。因为我方才听见小的们说亲爸爸怪他不该在孩儿面前坐下，已经说过他一场了。这件事实在是孩儿的不好，翁师傅原不想坐，只因今天的这课书比往常特别长一些，孩儿瞧他站着讲，样子好像很吃力，便自己教他坐了。并且他在坐下去之前，还照规矩，向孩儿磕了一个头谢过恩，然后再坐下。亲爸爸！你老人家能不能就赦过了他呢？多谢你，千万的多谢你！"

由于光绪帝的求情，这件事终于就此了结。然而，李莲英并不因为翁同龢受到慈禧太后的一顿训斥而罢休。平时，在光绪帝面前总是借指责小太监的机会，说几句冷话，或是故意弄些事情来失小皇帝的威仪。载湉是个极聪明的孩子，他对李莲英的故意提弄，日子久了他也能察觉出几分，回到自己的寝宫总要把李莲英痛骂一场。这样小皇帝越来越怀恨这个狡猾、阴险的总管太监李莲英了。

旧俗小孩七岁生辰是特别重视的大事件，有"男女七岁不同席"之谚，标志着人生从此时起，进入了一个新阶段。何况是小皇帝，所以他过七岁生辰，宫里更加郑重其事。光绪帝七岁生辰那天，即光绪三年（1876年）六月二十八日，举行了一次小皇帝独自临朝的演习。朝廷的军机大臣、部院尚书以及王公贝勒等依班次向小皇帝俯伏叩头，载湉大模大样地坐在龙椅上接受朝拜，一副威严气魄。他的心腹太监王商站在旁边，指挥着那些大臣的进退，正像慈禧太后坐朝时李莲英一样。这件事刺激了李莲英的神经，预示他将来的可悲下场。自从那天以后，李莲英对光绪皇帝的怨恨到了一不做二不休的地步，小皇帝同李莲英的暗斗与日俱增。

某年元宵节，李莲英向光绪帝发出了公开的挑战。元月十五日是民间闹元宵的节日，晚上玩花灯作乐，以为元宵之夜花灯闹得越盛，那末这年的国运，家运以及个人的命运也就越好，皇宫里更是如此。照例元宵供神的糕饼尤其是那种元宝形状的糕饼，要赐给慈禧太后最关切的人，表示宠恩与祝福，光绪皇帝当然是慈禧太后最关切的第一人。可是李莲英却没有这样做，故意把元宝形的糕饼搬到自己的私宅分赐给别的太监食用了。光绪帝知道以后愤怒极了，顷刻到慈宁宫向太后诉说，李莲英也被召来责问，他辩解说："外面就有许多重要的事情找到奴才那里来了。而且这些事情，统统都是关系老佛爷的事情。……万岁爷大概也明白，奴才是一向侍候惯老佛爷的，这些事情都不能教别人代替，而奴才自己也不肯随便让这些事情搁下来。因此奴才便忙着先干这些事情，只得暂时把万岁爷的糕饼搁一会。"李莲英最善于揣摩西太后的心理，这样一说慈禧太后果然平了气，还认为李莲英对她是最忠不过的人了，于是转过话题，换上几句奖勉他的话，这件事就此不了了之。李莲英的辩说含着这样一个意思，"只要我手里有别的事情要做的时候，光绪的一切事，是绝对不在我心上的。"这分明是对光绪帝地位的藐视和尊严的公开挑战。

光绪十二年（1886年）十一月廿六日是这年的冬至，"乙卯，大祀于圜丘，上亲诣行礼"。皇宫以冬至为新年之始，必须祭祀天地社稷，而是年冬至大祀，仪式尤为隆重，因为"本年冬至大祀圜丘为始，躬亲致祭，并著钦天监于明年正月选择吉期，举行亲政典礼"。明年是光绪十三年，是载湉入宫以来最为重要的一年，正月十五日要举行"亲政典礼"，从此时起，他要正式行使皇帝的权力了。因而十二年的冬至大祀圜丘可谓是明年"亲政典礼"的一次演习，是件极为重要的一件大事。光绪皇帝诣圜丘祀天这一场面也是向朝廷重臣要员显示新一朝皇帝智慧与权威的好机会。慈禧太后派了李莲英总管祭祀的一切事务，他把这次冬至大祀圜丘，视之为捉弄皇帝的良机，故意找差错要让皇帝当众出丑。那天李莲英"他什么事也不做，只在旁边冷眼觑定了光绪，脸上还假意装出一种极温和恭敬的态度，表示他很忠心的意思。可是逢到光绪有些做错的地方，他就要用尖刻的话指责了，他知道今天他可以尽情的指责，无论如何也不愁光绪会在天坛吵闹起来"。

圜丘是明清两代帝王祭天的地方，位于北京天坛西首，北接祈年殿。祭天时圜丘石台上按放着"皇天上帝"的神牌，左右还竖放着皇帝列祖列宗的神牌作为配祀，气氛庄严肃穆。参与祀天的官员进入祀天门以后，必须全神贯注态度庄重，不能有任何杂念，因为这里是至高无上的圣地。每次主祭的皇帝都要穿特定的服式，而这次由于太监的疏忽，光绪皇帝穿的是太和殿受朝拜时的皇袍，典礼进行时光绪帝第一次见到祭坛上的神牌和各式祭品，颇觉新奇，不时地目光环视。光绪皇帝这一微小的失敬举动，在身旁的李莲英故意大声嚷着："万岁爷不可太轻忽了，这是一所最庄严的地方，也是一件最庄重的礼节，岂可随便敷衍得的。而且今天是万岁爷第一次离开了太后，独自来主持这祀天大礼，尤其不能草草。……现在万岁爷已经不能算是个小孩子了。"这时的光绪皇帝确实不能算是个小孩子了，他已经快到十七岁了，明年就要"亲政"，正式行使皇帝的权力，然而当着众臣却遭太监头目李莲英的一顿训斥，他恨不得从神前的跪垫上跳起来，予以严厉的回击。可是，光绪帝不是以气用事的人，他知道如果在天坛祭祀大典上同李莲英闹翻，他的"亲爸爸"是决不会原谅他的，甚至会惹出大事来，所以他只得忍着气，看着李莲英的得意样子，快快完成这件祭天大事。

李莲英在光绪皇帝明年就要"亲政"的冬至祭天这一重要时刻，竟胆大妄为地教训皇帝，实际上要向朝廷大臣显示：皇帝亲政以后，大权仍在老佛爷手中，皇帝就是傀儡，只要慈禧太后握住政权，总管太监照样可以有恃无恐，权倾朝右。

中法战争过后的光绪十二年（1886年），光绪帝16岁，已进入青年时代。至此，他除了已经受西太后10余年"陶镕范铸"的塑造之外，其学习生活也历经整整10个春秋寒暑。这时的光绪帝，不仅"六经诸史，数年前即能举其词，然经义至深，史书极博"，对封建时代的典籍，均已有了较为广泛的领悟。

青年时期是思想上较为敏锐、活跃的时期，也是受外界影响由感受上升为理性逐步形成观念的重要阶段。年轻的光绪帝，由于其处于特殊的地位、环境并受到独特的教育，特别是在经受了宫内变故的磨砺与中外战争的冲击之后，他在思想观念方面似乎较一般人成熟得更早些。当然，教育仍然起着重要的作用。

帝师翁同龢教育光绪帝，在实际上他与西太后的目的并非完全一致。他是以在历史上所说的"明君"、"圣主"为模式的。因此，当其对光绪帝进行了启蒙性教育之后，到中法战争期间，鉴于光绪帝的成长，他认为，"皇上读经固然重要，然目下读史尤亟"。因此在讲史的过程中，翁同龢力图使光绪帝深识历代帝王成败得失、治乱兴衰的经验教训。从而启迪他为将来治理好国家，效法贤君圣主。并且，翁同龢又着重讲述康、雍、乾诸帝的文治武功和"开国"（鸦片战争）以来的国难危机。以激发光绪帝弘扬祖德、焕发祖先艰苦创业的奋斗精神，发奋图强，励精图治，在其统治时期干一番事业。

值得注意的是，翁同龢在向光绪帝灌输封建政治理论的同时，尤其突出经世致用的思想教育。就翁同龢本人来说，他年轻时本崇古文经学，认为"周公、孔子之道必可行之于今日"。然而在严重的民族危机和社会矛盾的刺激下，他开始改治公羊家的春秋学说，以汲取今文经学的"微言大义"和变通进取思想。企图从中找出社会兴衰治乱的原因，以挽救民族危亡和日趋没落的清王朝。在对光绪帝的经学教育内容中，翁同龢正是希望能通过对这些经籍的讲解，"启发和诱导光绪帝忧国忧民，弃陈规旧律，勇敢创新，有所作为，开创中国历史新局面"的志向。光绪十二年（1886年），他甚至向光绪帝荐呈了早期改良思想家冯桂芬的《校邠庐抗议》，希望光绪帝从其中"自选、自修、自用"，"师夷之长，以为自恃"。结果确实使光绪帝感到书中所论"最切时要"，对他很有用处，并将书中汰冗员、许白陈、省则例、改科举、采西学、善驭夷等六篇抄录成册，置于寝宫案头，日日浏览研读。这一洋务运动的理论纲领，对光绪帝产生了巨大的影响。在此期间，翁同龢还先后向光绪帝进呈和讲授了许多早期维新思想家的著作与主张。可以说，光绪帝之所以逐渐意欲有所作为，后来走上革新之路，就其思想缘起来说，又与他在早年学习期间受到"翁同龢突出经世思想的教育有关。是翁同龢一手点燃了光绪帝的改革思想之火"。

在 10 余年的书房教育中，光绪帝从师傅那里学到的当然不仅仅是一些治道理论和文史知识。比如光绪帝留心现实政治、中外大势就与翁同龢的引导有直接关系。国内和中外关系中每发生一件大事，师傅都要有针对性的进行讲解有关的知识和事件的影响；洋务新政、边疆史地、海塞防之争、周边概况、地理等，都使光绪帝在把握天下大势方面受到了启益。

这些知识和思想教育与为政能力锻炼的结合，不仅使光绪帝逐渐形成了自己的心志与抱负；而且也为他在亲政前培养了对问题分析、判断和处理政务的能力。